中国上空的鹰

苏联援华航空志愿队战史

1937—1941

张青松 著

中国致公出版社

China Zhigong Press

图书在版编目（ＣＩＰ）数据

中国上空的鹰：苏联援华航空志愿队战史：1937—
1941/ 张青松著. -- 北京：中国致公出版社，2018
ISBN 978-7-5145-1190-1

Ⅰ. ①中… Ⅱ. ①张… Ⅲ. ①苏联红军−空军−抗日
战争−史料−中国 Ⅳ. ①K265.06

中国版本图书馆CIP数据核字(2017)第326755号

中国上空的鹰：苏联援华航空志愿队战史 1937—1941
张青松　著

责任编辑：孙兴冉
责任印制：岳　珍

出版发行：	中国致公出版社　China Zhigong Press
地　　址：	北京市海淀区翠微路 2 号院科贸楼
邮　　编：	100036
电　　话：	010-85869872（发行部）
经　　销：	全国新华书店
印　　刷：	重庆共创印务有限公司
开　　本：	787mm×1092mm　1/16
印　　张：	27
字　　数：	317 千字
版　　次：	2018 年 4 月第 1 版　　　　2018 年 4 月第 1 次印刷
定　　价：	119.80 元

序

对于多数人而言，苏联援华航空志愿队是一支陌生的队伍。

20世纪30年代中期，中德、中英之间曾展开军事贸易乃至合作，"德械师""霍克"战斗机已经广为人知，1941年成立的"飞虎队"更是家喻户晓。相比之下，1937年年底来华，1941年年初陆续撤离，在抗日战争最艰难的时期给予中国军民巨大支持的苏联援华航空志愿队，却长期掩埋于历史迷雾中，不为人知。

2015年，时值反法西斯战争胜利70周年，我有幸偷得闲暇几许，遍访祖国大江南北的抗日战争遗迹，东至淞沪，西出两川，北达蒙自，南下广州。行至重庆，在史迪威纪念馆附近购得画册数本，其中便有记载苏联援华航空志愿队在华经过的《胜利的回忆》，方才了解其事迹。归家之后，阅尽相关著作，遍寻网站论坛，仍觉所知甚浅，故萌生出书的想法，希望委托熟悉这一领域的专家学者，撰写一部资料详尽、叙事完整、脉络清晰、细节丰富的著作。一方面，是希望广大读者了解这段值得铭记的历史，正确认识苏联援华航空志愿队在抗日战争中起到的重要作用；另一方面，成长于和平年代的青年人虽然无弹雨临头之虞，却不能不怀国土防空之忧，希望此书能加强他们的国防意识，激励他们奋发图强。

历时两年的制作过程中，我首先要感谢本书作者张青松，张老师对中国抗日空战历史有很深的研究，而且在本书中援引了翔实的日方资料作为对照，难能可贵。制作精美的援华飞机三视图、效果图和场景图，则是宋晨、张博两位老师的杰作。协调相关工作时，甄锐老师付出大量心血，并就文中提及的装备、机型进行了细致考证。最后还要感谢指文图书的工作人员，是他们的辛勤努力将稿件转化为精美的图书。

虽然有关各方均付出艰辛努力，但囿于诸多条件，书中不免会有错漏之处，欢迎各方学者与同好批评指正。同时，也希望以此书为砖，引相关领域深入研究之玉，在未来出现更多更好的作品。

马桂军

前　言

　　苏联援华航空志愿队始于1937年11月，止于1941年。抗战之初，英美等西方列强保持中立时，苏联向中国伸出援手，不仅提供大量军事援助，还直接抽调优秀飞行员以志愿者的身份援华，与中国空军并肩作战，谱写了中苏两国的反法西斯战争情谊。中国1997年、2006年、2013年、2016年先后出版《中苏国家关系史资料汇编（1933—1945年）》《苏联三次援华征战纪实》《抗战时期苏联援华史论》《苏联空军航空志愿队援华抗日纪实》《苏联空军航空志愿队援华抗日史话》。这些著作从不同程度和视角提及苏联援华航空志愿队在华征战，但因其身份特殊，秘密参战，长期鲜有宣传，史料搜寻不易，历史模糊不清，渐为后人淡忘，因此或简略，或讹误，或遗漏，无法展现其全貌，以致目前未有一本研究这一领域的专门著作问世。

　　近年来，中俄两国在政治、经济、文化等领域的交流取得长足发展，民间往来频繁，原苏联援华航空志愿队后人来华寻找父辈战斗的足迹时，需要苏联援华航空志愿队战史为史料依据。笔者整理、收集苏联援华航空志愿队相关史料已十年有余，通过中、苏、日三方的大量原始档案、战报、回忆口述、报道等资料还原印证，力求史料翔实、客观公正、述而不论，聚沙成塔，编成此书。本书从苏联援华的溯源开篇，到南京、南昌、徐州、武汉、衡阳、兰州、桂南、四川等空战，尽量还原苏联援华航空志愿队波澜壮阔的历史原貌，兼顾史料性、可读性，使读者能全方位了解苏联援华航空志愿队从成立到结束的光荣战史，便于从事相关领域的研究者借鉴。

　　但愿，这部"战史"能为相关研究者和爱好者，以及普通读者重新认识这段尘封的历史，提供一部较为翔实、可靠，并能填补相关研究领域空白的参考书。

CONTENTS 目录

TABLE 表格目录

第一章
来自北方的雪中送炭

苏联援华的溯源

1931年9月，日本为转嫁空前的经济危机，缓和国内矛盾，摆脱困境，在中国的东北地区精心策划、制造"九·一八"事变，发动侵华战争，中日关系成为中国对外关系的主轴。日本法西斯过高地估计自己的力量，妄图"速战速决"，三个月内灭亡全中国，变中国为它的独占殖民地，继而以中国为基地，"北进"侵略苏联，"南进"侵占东印度群岛，最终称霸亚洲，称雄世界。日本发动的这次侵华战争，是第一次世界大战后首次用武力重新瓜分世界的重大行动，立即引起国际上的密切关注。各国人民竞相谴责日本的侵略战争，坚决支持中国人民抗击日本法西斯的正义斗争，但各国政府基于各自的利益，对此做出不同反应。

与一些资本主义国家采取的绥靖主义态度和政策形成鲜明对照的是，苏联基于对被压迫民族的同情和自身安全的考虑，在道义上始终同情和支持中国。9月23日，苏联致电中方："日军在东三省行为之扩大，实出苏联之意料，苏联对于中国深表同情。"9月24日，苏联发表声明，表示"苏联在道义上、精神上、感情上完全同情中国，并愿作一切必要的帮助"。9月25日的《真理报》文章写道："苏联的劳动者极其认真地关注中国的斗争，他们的同情心在中国人民一边。"11月5日，《真理报》又进一步揭露，"日本所以欲攫取满洲者，无非欲在太平洋上争得霸权。"在此期间，苏联人民还多次举行集会和示威游行，抗议日本帝国主义对中国的侵略。日军侵占辽吉两省许多重要城镇，继续沿中东铁路北上扩大侵略时，苏联政府于9月23日向日本驻苏大使广田弘毅提出强烈抗议，表示："日本侵犯中东铁路权利时，苏联将不得不在正当范围内采取防卫手段。"

全面抗战爆发前，中苏双方就两国间订立互不侵犯条约和互助协定多次磋商，最终于1932年12月12日恢复外交关系，还进一步走上联合对日的道路，并大体上保持到抗战胜利。这不仅具有双边意义，还具有国际意义，它标志着中苏关系正常化，为以后两国合作应对日本侵略打下坚实政治基础。尤其是，中苏复交是在"九·一八"事变发生一年多后实现的，这无疑是对日本政府的沉重打击，向日本发出了中苏两国有可能联合对付其野蛮扩张、捍卫远东和平的严正警告。

中苏复交得到中国人民的一致欢迎，赞誉之声响遍全国。相反，日本政府受到中苏复交的打击后异常恼怒，痛感中苏复交有碍于日本实现既定的、侵略扩张的"大陆政策"。因此，中苏复交消息正式宣布后，日本乘机掀起一场新的反苏运动，煽动各国的仇苏情绪。这也反过来证明，中苏复交对抵制日本侵略具有积极的、重要的、特殊的意义。

1934年10月，考虑到一旦抗战全面爆发，中国将难以从海上获取外援，清华大学教授蒋廷黻奉命赴苏联和欧洲，以收集中国外交史资料为名，试探中苏合作的可能性。1936年10月，蒋廷黻被任命为驻苏联大使。

1937年4月，苏联驻华大使通知国民政府，苏联已决定向中国出售飞机和坦克，并提供5000万美元的贷款。但中国方面却没有回音，坐失良机。全面抗战爆发后，中方才感到事态严重。当时除德国，西方所有国家都作壁上观，仅仅提供道义上的援助，不提供涉及军事物资方面的援助及交易。因此，苏联提出的援助摆上议程。1937年8月8日，航空委员会参谋处处长沈德燮奉命速往苏联选购飞机200架。

8月14日，中方递交军火供给协议的草案：要求苏联在一个月内向中国提供350架飞机、200辆坦克和236门大炮，同时还要向中国派遣苏联飞行员、航空技师、炮兵和坦克手，以训练中方军事人员。

8月20日，致电驻苏大使蒋廷黻："沈德燮处长想已到莫（指莫斯科），请兄介绍其与俄政府洽商飞机交涉，现最急需用者为战斗机200架与重轰炸双发动机①100架，其联络路决取新疆（的盛世才），请派武官再新购备多量汽油存储，新疆边防督办盛世才已复电赞成。"

中方原定洛阳分校主任王叔铭率7名飞行员、2名机械师去苏验收武器。8月17日，莫斯科回电答复同意中方提议，并要求在莫斯科进行谈判。这时中方考虑到军火援助的重要性，决定提高中方代表团的规格，对外保密起见，代表团取名为"工业部赴苏实业考察委员会"。代表团成立后，于8月27日飞抵西安，拟经西安、迪化飞往莫斯科。当天，双方已就军火供给问题粗略达成协定，其要点为：

1. 贷款总额为1亿中国法币

2. 条约以英镑形式缔结

3. 贷款从提供后第2年开始，分5年偿还

4. 供给200架飞机和200辆坦克

5. 全部贷款的3/4以金属偿还，1/4可为茶叶或其他消费品

6. 细约在莫斯科签订

代表团到西安后稍事停留，于9月6日飞往莫斯科。9月9日至10月4日，中苏双方就军火供给问题展开谈判。谈判共进行四次，内容为苏方提供之品种、数量及形式。中方此时最急需飞机，故此在谈判中方提出8月27日协议中200架飞机太少，应增加到350架，包括重型轰炸机100架、轻型轰炸机100架、战斗机150架，另需聘苏联教官、技师70人。苏联同意立即从9月15日开始调运首批飞机共225架来华，并答应派遣教练及技术人员89人，包括SB快速轰炸机②、I-15战斗机、I-16③战斗机的飞行教官、仪器教官、技师和总工程师等。双方也商定了航空炸弹、机枪子弹的数量、种类及其他细节问题。

---

① 原文如此，应为双发远程轰炸机。
② 国内外相关资料经常将这种飞机误写为"SB-2"，实际上这种飞机的名称中没有连字符，而"2"代表两台发动机。
③ 后文中的I-16-5即为I-16 type5。

表 1: 中苏信用贷款各批动用总表

批次	数额	结算日期
1	30321164	1938 年 6 月 10 日
2	8379293	1938 年 6 月 20 日
3	9856979	1938 年 6 月 27 日
4	19601215	1938 年 6 月 28 日
5	21841349	1939 年 9 月 1 日
6	18622024	1939 年 9 月 1 日
7	3909725	1939 年 12 月 1 日
8	49520828	1941 年 6 月 1 日
9	1123232	待查
合计	173175809	

资料来源: 国民政府中央银行编《中苏贸易借款节略》（1948 年）统计数据编制，载《民国外债档案史料》1991 年第 11 卷，第 61 页。

9月14日和17日的第二、三次谈判中，双方又就火炮和坦克问题达成协议，第一次购买的物资包括高射炮20门，反坦克炮50门，战车82辆。苏方同意派若干教官和修理技师。双方还就运输路线进行讨论，一条是陆路，始于阿拉木图，经哈密、安西、肃州至兰州，主要用于运输火炮和飞机附件；另一条是阿拉木图—兰州—汉口航线，飞机部件由莫斯科起运后至阿拉木图装配，再经"空中桥梁"来华；第三条是海路，由敖德萨起航，经达达尼尔海峡、苏伊士运河、红海、印度洋和南中国海运至广州、香港，航程约25天，但意大利必从中阻碍，危险极大。又由于空中航线运量有限，故主要运输线在陆路。10月4日，中苏双方在第四次谈判中就运输问题达成共识，谈判结束。

苏联援华物资

抗战前期，中国共获得国外贷款5亿美元（不包括租借物资），苏联对华贷款占到一半，居各国对中国贷款首位（第二位是美国，但其中1亿美元是1941年11月30日太平洋战争爆发前才给的）。最重要的是，苏联给予中国的全部是军火贷款，中国可用其购置大量苏联军火用于抗战，而西方国家援华的17笔贷款中没有一笔为军火贷款。

表2: 1937—1941年苏联援华航空物资

种类	型号	数量（架）	其他
航空器材	I-15	586	备用发动机、发动机零配
	I-16		件和航空用特种汽车（启
	I-153		动车、加油车、添加水及
	SB	289	滑油车）、航空汽油、航
	DB-3		空武器系统、航校设备等
	侦察机和教练机	113	

注：发动机备用零件6530000美元（含备用发动机、飞机及发动机之附件及零件暨特种器材，中方资料为653079美元）。

　　苏联援华贷款利息亦较低，为3%，为中国所获最低者（英美援华者为6.5%以上），且偿还方式是农矿产品各半，对中国甚为有利。中国所产钨、锑、锡为重要战略物资（当时中国的钨、锑产量为世界首位），苏方需要甚急，尤以锡为甚（因为锡的主要产地马来西亚在英国人手中），甚至提出可以以现金换锡，但当时钨、锑、锡产量终究有限，德、美、英都有需求，各国予华贷款无不要求中方以此类战略物资担保偿还。最初中苏商定以3/4金属，1/4农产品偿还，后苏方同意中方以农矿产品各半偿还，如矿产品不足可以以农产品替代，实际偿还中，农产品还略多于矿产品。中国是农业大国，此方式也相当有利。

　　此外，苏制武器性能良好，I-15战斗机和I-16战斗机至苏德战争爆发前仍为苏军一线装备，I-15比较灵活，是当时世界上盘旋半径最小的战斗机之一，水平机动性出色。I-16更先进些，速度快，垂直机动性好，是当时世界上最先进的战斗机之一，零式出现之前，两机高低搭配，往往以少胜多，取得辉煌战果。轰炸机分为SB（快速轰炸机）和DB（远程轰炸机）两种，都属先进机种，尤以前者性能优越，另有TB-3轰炸机6架，性能不佳。SB快速轰炸机虽然在伟大的卫国战争中表现乏善可陈，但在当时仍是一流轰炸机，速度高于日军使用的95式、96式战斗机。后来日本研制的97式战斗机时速达到450公里，才迫使SB轰炸机到7000—9000米的高度投弹。SB轰炸机在中国一直服役到1943年，是最后退役的苏制飞机。

苏联志愿队援华的 Z 计划

1938年3月第一批5000万美元援助到位之前，中国收到225架战斗机，其中有在西班牙扬名的波利卡尔波夫I–15战斗机62架和I–16战斗机93架，还有UTI–4教练机8架。接下来就是绝密的Z（Zet）计划，中国不仅要求援助装备，还要苏联志愿飞行员直接参加战斗。中国的请求于1937年9月14日送到斯大林处，不久伏罗希洛夫接到命令，要求组织最好的志愿者到中国去，组成1个战斗机大队，计31架I–16战斗机，101人；1个SB轰炸机大队，计31架飞机，153人。

为完成这一任务，1937年9月中旬至10月10日，在严格保密的情况下，从全国各地挑选的志愿者集中到一个秘密地点。开始志愿者们还以为是去西班牙，没想到是去中国和日本人作战。退伍空军少将普罗科菲耶夫（G. M. Prokov'ev）在《保卫中国的天空》一书中，记录了他与妻子道别的感人一刻："……我第一次这么早就背着装满了我所有的飞行服装的降落伞背包回家了。妻子在洗衣服，她挺直了身子望着我发愣的脸，什么都明白了。白色的肥皂沫从她的手上滴落到地板上，紧紧裹在褓褓中的两周的孩子睡在床上，在电灯光的照射下不眨眼地望着天花板，要说的话一切都明白了。"

志愿者由"西班牙人"、旅级指挥员斯穆什克维奇（Ya. V. Smushkevich）和蓬普尔（P. I. Pumpur）负责审查。在这期间，独立战斗机第9大队（即伏罗希洛夫大队）的人员还以为要去的是西班牙，被选中的多是老资格的飞行员，其中从太平洋舰队第32大队挑选了6人，大队部中还有几名试飞员。

1937年10月，从远东挑选的志愿者来到莫斯科的茹科夫斯基飞行学院（Zhukovskii Academy）。这些飞行员中没有人参加过西班牙内战，他们在那里了解了日本95式（Ki–10）战斗机的基本性能。10月21日，447人准备就绪，包括地勤人员、机场维护人员、工程师和组装飞机的工人。飞行员们化装成平民，坐火车抵达阿拉木图。出乎意料的是，到达阿拉木图后，发现机场仅30架I–16，接下来两三周内，"西班牙人"扎哈罗夫（G. N. Zakharov）只好用I–16来训练这些只飞过I–15的飞行员。I–15大队（99人，包括39名飞行员）在布拉戈维申斯基上尉（A. S. Blagoveshchenskii）的率领下，于1937年11月、12月和翌年1月前往中国。

表 3：苏联援华航空志愿队在华高级人员姓名及职务

入职日期	职务	姓名	备注
1938 年 9 月	总顾问	日加列夫	1938 年 10 月回国
1938 年 10 月	总顾问	特霍尔	1939 年年初回国
1939 年 5 月	总顾问	阿尼西莫夫	1941 年回国
1940 年	总顾问	雷巴科夫	1941 年回国
1938 年 9 月	参谋长	葛力果力耶夫	1939 年年初回国
1939 年年初	参谋长	伊利因	1940 年 2 月回国
1938 年 9 月	副参谋长	别列杰夫	又名耳衣
1938 年	副参谋长	字迹不能辨认	1939 年回国
1938 年	顾问	字迹不能辨认	可能为列别杰夫
1938 年	副顾问	乔尔少夫	
1938 年	副顾问	互鲁也夫	
1938 年	防空顾问	扎哈罗夫	
1938 年	机械顾问	布拉霍夫	1940 年回国
1938 年	DB-3 轰炸机大队大队长	科兹洛夫（N. A.Kozlov）	
1939—1940 年	DB-3 轰炸机大队大队长	库里申科（G. A.Kulishenko）	在四川上空的战斗中负伤，迫降长江后溺水而亡
1939—1940 年	DB-3 轰炸机大队大队长	字迹不能辨认	兼任第 8 大队 DB-3 教官
1938 年 9 月	SB 轰炸机大队大队长	波雷宁（F. P. Polynin）	回国后升任少将，获得"苏联英雄"称号
	SB 轰炸机大队大队长	阿列克谢耶夫	
1938 年	战斗机团团长	扎哈罗夫	负责指挥在华战斗机部队，1938 年在兰州失事受伤后回国
1938 年	战斗机大队大队长	布拉戈维申斯基	回国后升任少将，获得"苏联英雄"称号
	机械长	沙哈罗夫	1938 年回国，1940 年再次来华接替布拉霍夫的职务
1940 年 2 月	参谋长	日列多夫	1940 年 6 月回国
1940 年 7 月	参谋长	字迹不清	雷巴科夫回国后代理总顾问
字迹不清	字迹不清	字迹不清	
1941 年	轰炸顾问	伊万诺夫	兼任 SB 轰炸机飞行教官
1939—1940 年	战斗机队长	字迹不清	指挥驻扎兰州的 20 架 I-15 和 I-16 战斗机
1939—1941 年	战斗机队长	字迹不清	负责保护俄国侨民
1939—1940 年	SB 轰炸机队长	字迹不清	志愿队解散后留任飞行教官
	战斗机顾问	乌利耶夫	
1941 年	机械顾问	卡扎科夫	
1936 年	负责人	阿富也夫	驻扎兰州，负责指挥当地苏联飞机作战

　　第一批I-15、I-16和轰炸机的转运路线类似，都是走南路的阿拉木图—兰州路线。穿越蒙古的北路未开通前，苏联援助的装备走南路时也有用海运的。为此，中国政府特许几艘英国轮船把武器运到香港，再运到内地。后来海防和仰光成为指定港口。到达港口后，武器用卡车或者火车运往中国。头两艘轮船运载6182吨军火，1937年11月离开塞瓦斯托波尔。其中包括汽车和装甲车（82辆T-26坦克，30台发动机，568箱T-26的零件，30辆拖拉机，10辆ZIS-6卡车），枪炮包括20门76毫米高射炮以及4万发炮弹，207箱高炮部件，4套探照灯，2套声源定位仪和航空武器。为避免和日本军舰遭遇，英国轮船直到1938年1月底才到达由他们指定的地点。2月份中国发电报给苏联，称第一和第二艘船已经到达海防和香港。货物开始卸船，几天内可完成。但是由于交通不便，卸下的军火不能立即运往战区，必须再等1.5—2个月。

　　航空装备自然是禁不起这样折腾的，用南路的机场又太危险，那些机场海拔高、跑道小、设施简陋，不适合快速轰炸机降落，对战斗机（尤其是降落速度快的I-16）来说也很危险。此外每架飞机都超载，正如扎哈罗夫所说，除了满载燃油和武器外，机上还得装载迫降时所需的一切，包括钩子、绳子、帐篷、维修工具和零备件。所以战斗机其实都是装在卡车上运往中国的。

◆ 在兰州成批组装中的战斗机，前景处是 1 架 I-16，后面是 1 架 I-15

苏联仅于 1937 年就向中国提供 I-16 战斗机 62 架，这批 I-16 都是火力较弱的 type 5 型，火力较强的 type10 于 1938 年春来华。type5 后来也加装了两挺机枪，到 1938 年 6 月 14 日为止，苏方已经为此送来 100 挺 ShKAS 机枪和 200 万发子弹

　　严寒也带来了麻烦，扎哈罗夫带队在古城过夜时，一夜的降雪把机场和飞机盖得严严实实，到早上已不能起飞。用机械师泽姆良斯基（V. D. Zemlyanskii）的话说，只能根据地面上的鼓包来判断下面有飞机。在人烟稀少的机场，也没有足够的人力清扫积雪。于是苏联人用两架飞机在跑道上反复碾压了2.5—3小时，硬是压出两条细细的跑道。从这样的跑道上起飞很危险，不论向哪一边滑出一米都会出事故，但他们别无选择。最终有一架飞机未能成功起飞，在古城的一间小土屋中度过1938年的新年。波雷宁（F. P. Polynin）带领的轰炸机队在另一机场也被沙暴困了两个星期。

　　领航员P.T.索宾（P. T. Sobin）详细记载了1937年9月到1938年6月间他和飞行员斯克沃尔佐夫（A. A. Skvortsov）或绍罗霍夫（A. Shorokhov）是如何在这条航线上反复为战斗机大队（10—12架）领航的。通常是带队长机首先起飞，在机场上空盘旋，集合陆续起飞的其他飞机。沿途飞行时通常采用双机编队或三机五机编队。长机要始终关注僚机，不让他掉队。接近机场时长机解散编队，各自降落。沿途机场的布置以飞机的航程为限，所以起飞后编队速度要快，以减少燃油消耗。有时遇到燃油不足的情况，长机要最后降落。

表4：苏联援华飞机价目表

机型	数量（架）	单价（美元）	总价（美元）
SB	62	110000	6820000
I-16	94	40000	3760000
I-15	62	35000	2170000
UTI-4	8	40000	320000
DB-3	6	240000	1440000

索宾在转场过程中只发生过一次丢失飞机的事故。因为发动机故障，一架I-16在古城以东70公里迫降。飞行员受到震荡，损坏的飞机在原地等待维修队的到来。而飞行员杜申（A. Z. Dushin）12月25日驾驶I-15飞往兰州时，忽然闻到一股酸味，随后飞机就失去控制。幸运的是他在一片空地上迫降，保住了飞机。不料维修后再次起飞时，飞机解体。

在中转机场降落时，飞机经常"拿大顶"。飞行员们会受一点轻伤，而飞机的螺旋桨、发动机罩、发动机和尾翼也经常受损，但很快会得到修复。最严重的事故发生在第一批转场时，10月28日，大队长瓦西里·米哈耶维奇·库尔久莫夫上尉（V. M. Kurdyumov）带领10架I-16在甘肃肃州（今酒泉）建在半山腰的机场降落时，没有注意到空气密度的降低和着陆速度过高，座机在跑道边缘翻滚起火，库尔久莫夫殉职，时年31岁。受意外损失和不利天气的影响，空中转场的方式停止。后来苏联人把飞机分解后用卡车沿陆路运到新疆哈密。为此千余名苏联工人在艰难的条件下迅速在高山和沙漠中修通一条公路。第一辆卡车1938年4月出发，月底到达哈密。飞机在那里组装好并试飞，然后飞往兰州，整个过程要花去18—20天。通过这种方式运送了62架I-15bis、航空炸弹和零备件，共计2332吨。

1937年10月31日起，南路由蓬普尔负责，他接受库尔久莫夫事故的教训，改变第二批I-16的出发时间，开始严格训练飞行员：以最大高度飞行，在难以接近的山地上降落，限制降落距离。飞行员科列斯捷列夫（Korestelev）降落时拿了大顶，差点被送回国，队友们不敢怠慢，认真刻苦完成训练。此后直到翌年2月才再次发生严重事故，罗曼诺夫中尉（F. S. Romanov）殉职。

△ 卡恰诺夫，1939 年年末至 1941 年年初任驻华
中国军事总顾问

△ 苏联援华航空志愿队总领队特霍尔

　　1937年10月，苏联任命基达林斯基（N. G. Kidalinskii）为轰炸机大队大队长，率首批42架轰炸机来华，驾驶在阿拉木图装配的飞机分两批经迪化（今乌鲁木齐）到兰州。第一批21架编队中途在迪化停留数天。两星期后，基达林斯基指挥的第2批23架也抵兰州。他们立即开始训练中国飞行员驾驶这种轰炸机，后者学习掌握驾驶新机的热情和顽强毅力给他们留下深刻印象。

　　在《中苏互不侵犯条约》的基础上，1938年2月7日中苏又签订了《军事航空协定》，并给予中国政府5000万美元借贷，用以销售军用物资，并陆续派遣大批军事顾问、专家和空军志愿队来华。1937年到1941年6月22日苏德战争爆发前，苏联军事顾问、专家先后来华3665人。先后担任空军首席顾问的有特霍尔（G. I. Tkhor）、雷恰戈夫（P. V. Rychagov）、日加列夫（P. F. Zhigarev）、波雷宁、阿尼西莫夫（P. N. Anisimov）、赫留金（T. T. Khryukin）等。空军志愿队员轮流参战的达2000余人，高峰时期有8个大队（5个战斗机大队，3个轰炸机大队），光荣牺牲者200余人。在这4年期间，苏联累计援华飞机1235架（不含苏联援华航空志愿队自带的飞机），其中I–15及I–16战斗机777架、SB轻型轰炸机328架、DB重型轰炸机24架、TB轰炸机6架、教练机100架。

投入首都防空战

志愿队参战前的空战情况

"八·一三事变"后，淞沪战场成为主战场。当时，日军大举空中侵袭南京，妄图摧毁中国的抵抗意志，寻歼中国空军主力于空战中，并破坏南京周围重要机场、后勤设施。日军上下对中国空军的战斗力均持轻视态度，认为中国长期积贫积弱，已是深入膏肓的"东亚病夫""无适宜之飞行人员人选""训练水平低下，远非帝国飞将之敌手"。木更津航空队司令竹中龙造大佐吹嘘"南可轰炸新加坡、北可威胁海参崴"，只需3小时即可全歼中国空军。

在这种骄狂气焰的支配下，日本错误地估计战场形势，空袭南京以及上海、南昌、杭州等要地时，均采用轰炸机单独行动的方式投入战斗，加之入侵初期，日军在华东地区没有前进机场，所有飞机均从航空母舰上起飞，或者直接从侵占的中国台湾、朝鲜乃至本土机场起飞，往返超1000海里，美其名曰"越洋爆击"，实则劳师远袭，力量分散，无法集中使用以获得最大效果；而中国空军占据内线作战优势，借地利、人和，沉重打击了日本海军航空队。

开战之初，中国空军取得"8·14"空战大捷，打出了3∶0的纪录，当天也被定为"空军节"。8月15日，木更津航空队的20架96陆攻（三菱G3M）跨海奔袭南京未遂，逃跑中又发现油量不足，无法飞越黄海返回日本基地，只好改飞朝鲜济州岛，于19时20分落地。经检查发现，除4架"未归还"以外，另有6架受重伤，需进厂大修。号称"皇军精锐"的木更津航空队首次出动，就丧失一半战斗力，仅剩10架可用，战死准士官以上3人、下士官以下27人（含机上战死2人），声称击落中国战机9架，迫降或翻滚5架，而中国飞机实际仅受伤5架。

同日，从"神威"号水上航母起飞的10架水侦轰炸杭州，报称炸毁1架，己方1架返航落水沉没。而"加贺"号航母起飞的13架90舰战（中岛A2N）、16架89舰攻（三菱B2M）、16架94舰爆（爱知D1A）亦空袭杭州，报称击落9架、击毁6架，己方竟坠毁6架89舰攻、1架94舰爆，在杭州湾迫降损失2架89舰攻、1架94舰爆，单次战斗折损10架。加贺航空队飞行队长岩井庸男少佐、分队长安仙三大尉毙命，飞行队长柴田武雄恨得直骂娘。至此，仅8月15日一天，日方承认的损失就达15架。

▲ 1937 年年底飞抵中国的 I-15 战斗机,机尾的"P-7180"为中国空军飞机的序号。中文资料中极少区分 I-15 和 I-15bis,亦无法确定两者来华的准确数量,一些文献指出 I-15bis 于 1938 年中期开始来华

8月16日,第1联合航空队不甘连日的失败,继续偷袭各地。7时40分,鹿屋航空队飞行队长新田慎一少佐率6架96陆攻从台北松山出发,偷袭南京,在句容上空遭第3大队痛击,3架飞机变成火团坠地,仅有3架返回台北。8时30分,分队长石俊平大尉率7架96陆攻从台北空袭扬州机场,被击落2架。当天,日机被第3、第4、第5大队分别在南京、杭州、嘉兴、句容击落8架,日方称鹿屋航空队损失3架,"加贺"号载机在崇明岛迫降失踪1架。

经过8月14日至16日的3天激战,第1联合航空队报称"地面爆破40架、空战击落19架及摧毁地面设施若干",并承认己方"未归还9架,沉没、大破3架,机组人员战死65人";鹿屋航空队已损失包括飞行队长新田慎一少佐在内的5组机员,18架96陆攻仅剩10架完好可用;木更津航空队也损失4组机员,20架96陆攻仅剩8架;拥有16架90舰战、22架89舰攻、14架94舰爆的"加贺"航空队损耗更大,坠毁7架、迫降损失3架、失踪1架。

在"越洋爆击"中被打蒙以后,日方发现中国空军并非想象中的"东亚病夫",不得不重新审视战况,尤其"中攻四杰"之一的飞行队长新田慎一少佐战死,震动鹿屋航空队,甚至引起日本海军军令部的高度重视,专门告诫第1联合航空队司令官户道塚太郎大佐缓和攻击步调。从此以后,日军严禁96陆攻单机执勤或超低空飞行，力求集中编队以便相互掩护，并采取夜间攻击，尽可能回避中国战斗机。

早在1936年鹿屋航空队刚换装96陆攻时，便与大村航空队的新型96舰战模拟空战，大村航空队完败，当时新田慎一少佐得意异常。在杜黑的"战略轰炸论"影响下，原田实的"战斗机无用论"应运而生，所以没有舰战队掩护的96陆攻在开战以来使用过于分散，常处于小编队零星出击状态，以致战损率高，收效甚少。日本海军舰载机尚未全面深入中国大陆作战之前，96陆攻频繁担负战术与战略空袭任务。在中国空军英勇抵抗下，战损率一度高达60%。日军检讨后认为，该机油箱过于脆弱，几次与中国空军交手，往往是一击即炸，全机爆燃。日方甚至还要求情报机关搞清楚中方飞机是否安装了大口径机炮。为保全珍贵的96陆攻，日后用于太平洋战争中对付英、美，木更津、鹿屋航空队的96陆攻从9月初开始停止在中国使用。

截至8月31日，中方自损27架（各大队所剩战机见表5）。实际上，日本海军在空战中损失20架、地面9架、其他3架，计32架，对于总量保持在300架左右且可以源源不断地获得补充的日本海军航空兵而言，这当然不算什么。

进入9月，登陆日军不断得势，夺取相当纵深的滩头阵地，得以修建基地，在崇明岛、公大纱厂附近高尔夫球场等多处修建野战机场，海军第3舰队舰载机陆续进驻陆上机场。9月10日，原驻大连附近周水子机场的日本海军第2联合航空队，掩护陆军从海上向华北的运输后移驻上海公大机场。该联合航空队下辖第12航空队12架95舰战（中岛A4N）、12架94舰爆和12架92舰攻，及第13航空队12架96舰战、12架96舰爆和12架96舰攻。尽管双翼的95舰战马力远胜96舰战（A5M），但其速度、爬升率、续航和机动性均不及单翼的后者。鉴于"加贺"号航母的96舰战也不过6架，第13航空队当时堪称王牌部队。

9月15日起，"加贺"号航母搭载的6架96舰战、6架90舰战、18架96舰爆、18架96舰攻相继进驻公大基地。这一草建的临时机场顿时成为日军最重要的前方补给站。入夜后从空中俯瞰，周围租界都灯火通明，只有实行灯火管制的公大基地漆黑一片，珍贵的96舰战分散在基地各处，避免遭受中方轰炸。

9月底，值贺忠治少将率陆军第3飞行团进驻抢建的王滨机场，起初拥有如下部队：

表5: 1937 年 8 月 31 日中国空军各大队所剩战机

番号	数量（架）
第2大队	12
第3大队	6
第4大队	11
第5大队	15
第6大队	26
第7大队	16
第8大队	9
第9大队	5
第20队	5
第29队	7
合计	112

独立飞行第4中队（中岛Ki-4，即94式侦察机9架）

独立飞行第10中队（川崎Ki-10，即95式战斗机12架）

独立飞行第11中队（94式轻型轰炸机10架）

独立飞行第15中队（三菱Ki-1，即93式重型轰炸机6架）

独立飞行第6队（侦察机）

　　此外，日军还有多处陆地机场，所以起飞频率和出击强度都大大增强，中方在上海乃至整个华东地区的空中优势正在丧失，制空权慢慢转移到日方。为应对这一颓势，9月1日开始，鉴于第4、第5大队人机数不能平衡，作战不便，将其合为1个大队，下辖第21、第22、第23、第24、第25队，大队长宁明阶、副大队长王常立。

　　至9月21日，开战仅月余，中国空军便损失惨重。开战之初拥有27架霍克Ⅲ的第4大队，将百战余生的8架霍克Ⅲ及2架波音281战机奉命移交给第5大队，第21队队长李桂丹率全体空勤、地勤人员40人赴兰州接收苏制战斗机，南京防空任务交给第5大队及第3大队第17队。同时，第2大队亦损失大半，奉令率第9、第11两队赴兰州接收苏援新机，所余之人、机悉数交付第14队，由副大队长孙桐岗留京指挥作战，苦战至10月6日仅剩6架。

　　到9月30日，中国空军出击113次、空战27次，报称击落日机81架、击中日舰48艘，损失65架。日方宣称从8月14日至9月30日，击落中方159架、不确实5架，计164架；击破130架、不确实7架，计137架，合计取得301架战果。实际上到10月10日，中国空军只剩130架，而中国的航空工厂不能弥补这些损失。到1937年年底，韶关的空军航空工厂用从损坏的霍克Ⅲ上拆下的零件拼装了12架，只是杯水车薪。1937年10月，第5大队第28队开始用从英国购买的11架格罗斯特"斗士"（简称"格机"）换装战损的霍克Ⅱ，在广州、韶关作战的第29队击伤击落日机6架，自损5架，失事6架，亦在12月接收10架格机。

　　开战两个月，中国飞行员损失巨大，航校毕业4个月的六二期生以见习官身份投入作战。第1、第2大队的安排他们与六一、五甲期生为后座轰炸兼领航员，但随着轰炸机大量损耗，每次严重事故都会牺牲2位久经训练的机组人员。战斗机队中，六二期见习官都没机会升空作战，甚至没有练习飞行的时间，缺乏作战经验，伤亡大。中国空军原有的300多架飞机也消耗殆尽，至10月22日仅剩81架，不少还是战伤和故障待修的，到11月初已不到36架。而日方记录"8月14日至10月10日期间，损失39架飞机，击落中国飞机181架、地面击毁140架"。与微不足道的损失相比，日本陆、海军航空队不断获得加强补充。在华中方面作战的陆军航空兵第3飞行团原有侦察机4个中队、战斗机3个中队、轻型轰炸机2个中队、重型轰炸机1个中队，但作战开始后为支援地面作战飞机颇有损耗。1937年10月至1938年1月，该团补充94式侦察机5架、92式侦察机6架等，又于1月间获得97司侦机（三菱Ki-15）2架，以便实施广泛的侦察搜索；另补充95式战斗机23架、93轻型轰炸机7架、单轻机7架，93式重型轰炸机未获补充。总计补充了30%的侦察机，60%的战斗机和80%的轻型轰炸机。

苏联志愿队"11·22"首战

　　第4大队自9月28日抵达兰州接机，至11月中旬才接收了少量I-16战斗机。鉴于京沪战事紧张，而大队接机缓慢，10月20日高志航赶赴兰州催促，并先后两次顶风冒雪驾机独闯六盘山，开辟兰州直飞西安的六盘山航线。为早日重返南京战场，11月中旬率李桂丹、董明德、黄光汉、毛瀛初、赖名汤和乐以琴等15名飞行员冒恶劣天气先期飞往1500公里外的南京，强越六盘山时有6架I-16

迷航，除蔡名永迫降外，其余5架跳伞。高志航痛失5架宝贵的I-16，痛惜不已，发誓要在南京上空以击落5架日机的方式换回。

南京连日暴雨，高志航以下10架I-16在周家口中转滞留，情报为日方获悉。11月21日，由于地面监视哨的延误，高志航紧急启动飞机起飞时，遭木更津航空队飞行队长菅久恒雄少佐所率10架96陆攻的临空轰炸，不幸牺牲。第23队队长毛瀛初冒险起飞击落1架96陆攻，毛肩部中弹负伤，当即送汉口住院。日方报称"摧毁大型机1架，小型机约10架"。据118师师长张砚田当天报称：午时敌机10架由多方飞至周家口改穿空在机场投弹40余枚，损伤情形如下：

1. 战斗机烧毁3架、击伤2架，邮政机1架烧毁
2. 存油室、无线电室均波及轻毁
3. 航空队长高志航、分队长冯干青炸死，俄机师1名受伤及工人2名、护场兵2名
4. 周家口镇人民无损失

日方获悉情报："苏制飞机对华补给在1937年10月以后屡有传闻，嗣后我方切断华南空中线路，使英美飞机进口锐减，苏联飞机大量入华。"

1937年10月底，首批苏联援华航空志愿队员抵达中国，开始担负兰州空防。11月5日，苏制SB轻型轰炸机由兰州陆续东飞，I-16战斗机自11月12日由兰州陆续东飞，火速前往南京参战。志愿队的首战日期有三种说法，常见的一种说法是12月1日；俄罗斯学者阿纳托尔·杰明（Anatolii Demin）的著作指出，11月21日，之前库尔久莫夫所带领的大队在南京以7架I-16与20架日机交战，击落2架96式战斗机和1架轰炸机；还有一说认为，11月22日上午，普罗科菲耶夫率苏联战斗机大队23架I-16战斗机到达南京大校场，并于当日下午参战，由于后一种说法得到了中方资料的印证，故下文以此为准。

11月22日下午，基达林斯基大尉率轰炸机大队的20架SB轰炸机在南京降落。两个苏联航空志愿大队的到达加强了南京的防空实力，但面对已增加到近900架飞机的日军，也只是杯水车薪。11月间，中国空军可供升空作战仅剩30架，出击10次、空战5次，仅击落日机1架，自损却达7架。中国飞行员王倬回

忆称："到了11月6日，我们在南京的飞机能够起飞的仅有7架。"至11月底，南京战场仅12架战斗机，有5架驻汉口，7架驻南京（其中2架发动机损坏）。日机来袭，中方只能靠地面防空火力拦截。苏联飞行员普罗科菲耶夫在回忆录中形容是"灾难性的状况"，他写道："保卫南京时，中国空军作为一支作战力量已不复存在。"他回忆道，1937年11月首批苏联援华航空志愿队到达南京时，前线距离南京仅六七十公里。日机猖狂至极，常有100多架的大机群轰炸南京。

苏联轰炸机大队第二任大队长马琴，后晋升为中将

11月22日，苏联志愿队抵宁的下午，正值"淫雨经旬，一旦放晴，敌机二十二日三度企图袭京"。第2联合航空队第13航空队6架96舰战掩护第12航空队2架97舰攻空袭南京，志愿队起飞6架I-16机迎战。日本《朝日新闻》在上海特派员发出的新闻电讯记述，22日，日军海军航空兵出动空袭南京，在南京上空受"从没有见过的型号"的战斗机阻击，遇到的战斗机造型是"低翼单叶、缩进去的滑轮"。日方报称"击落中方2架，1架96舰战行方不明"，第13航空队宫崎康治3空曹毙命。涅日丹诺夫中尉（N. N. Nezhdanov）牺牲，他是首位苏联援华牺牲的飞行员，年仅24岁，被苏联授予红旗勋章一枚。2015年8月，涅日丹诺夫被列入第二批600名著名抗日英烈和英雄群体名录。高庆辰的回忆录《空战非英雄》提及了11月22日的战斗："第二天，11月22日，我们第一次见到I-16，来了好多架，到大校场落地……下午就有警报，也看到他们爬高不见了。听说这天打了一仗，但详情不明。"当天，英国路透社的电讯亦记载在南京空战里"击落日机一架"，美国《纽约时报》驻南京记者也发文《苏联飞机保卫南京》。

11月24日，6架I-16与护送8架轰炸机的6架96舰战交手，被击伤3架，日方宣称击落2架。

誓死防守南京上空

12月1日，马琴副大队长（M. G. Machin）率领的20架SB轰炸机也进驻大校场，次日便轰炸上海长江口的日舰和上海陆上机场。

12月2日，科兹洛夫大尉（I. Kozlov）率中队长涅斯梅洛夫、斯科罗姆尼科夫、瑟索耶夫，机长阿诺索夫、多贝什、纽希申、尼基京、涅莫什卡尔和萨若宁驾9架SB轰炸上海的日军机场和黄浦江上的敌舰船，报称"击沉日舰1艘、运输船2艘，另6艘日舰中弹起火"。在苏联顾问看来"这是中国空军以往连想也不敢想的胜利"。参与空袭的所有飞机返回南京，但也首次出现伤亡，高射炮弹片击中了萨若宁的SB机，导致领航员阿尔西尼·彼得洛维奇·彼得罗夫中尉牺牲，萨若宁轻伤。

同日，第2联合航空队第13航空队舰战分队长南乡茂章大尉率6架96舰战、8架96舰攻，与苏联志愿队30余架遭遇，南乡茂章率6架96舰战杀入苏联志愿队阵中。日方称"击落战斗机7架、不确实3架，击落重型轰炸机2架、不确实1架"，中方称12月2日"12架迎击，被击落10架，并击落日机6架"，也有苏方资料称击落日机6架，己方无损失。实际上，日方没有损失，而苏方损失惨重。苏联科学东方文献出版社1980年出版的《在中国的天空1937—1940》收录了十多位苏联飞行员对援华作战的回忆，其中3位飞行员的回忆涉及南京的战斗，但无人提及此战，也许是刻意回避。究其失利原因，主要是苏联志愿队只针对95式战斗机进行过对抗训练，面对性能并不逊于I-16战斗机的96舰战和

● 1937年12月1日，率SB轰炸机飞抵南京的副大队长马琴的座机。11月中旬，在华SB轰炸机已达58架，志愿队成立了第2个轰炸机大队，指挥员是波雷宁

经验丰富的日本飞行员，初来乍到的苏联援华航空志愿队显得力不从心。第13航空队一战成名，南乡茂章被中国方面舰队司令长官长谷川清授予感状。

12月2日，中国空军第27队队长孟广信率许机4架，10时从南京出发，飞溧阳、长兴、广德、溧水一带施行威力侦察，以两架在2400米的高度掩护，两架在1200米的高度侦察。与此同时，日军飞行第4队奉命搜索南京周边，特别是南京东南约40公里的溧水附近阵地及兵力移动情形。考虑到中国飞机的阻碍，日方派出竹本大尉所率的3架侦察机编队经溧水阵地加强搜索后，经太平及江宁镇向大校场机场直飞，途中发现南下的中国军队予以轰炸。

11时22分，孟广信编队飞至溧水，在1500米高度见上空发现"有敌轰炸机3架，并有多数战斗机掩护"，系向南京搜索的独立飞行第4中队9架94式侦察机。孟广信认为"敌机未发现中国飞机，但中国飞机发现敌机亦迟，同时我高度较低"，故返回南京，降落大校场机场时，适逢日机轰炸机场，转安庆降落。日机群飞抵大校场机场发现"有敌方大型机约10架、小型机约20架"，编队长竹本大尉在辨认敌机详情后，瞥见"小型机两三架，大型机12架开始起飞，编队长为攻击起飞中的轰炸机，开始俯冲时受敌战斗机反击，各机把握机会投入战斗，各自与数架敌机缠斗"，于南京东方展开空战，持续5分钟，结果该编队"虽确实击落敌机2架及不确实者数架，但包括编队长有两架未返航"，侥幸突围返航的2号机机身斑斑弹痕，共有35发之多！

遗憾的是，因中方资料缺乏，与日本陆航侦察机队交战的中苏部队番号无从查找，没有更多细节，但从日方记载看，临时起飞的中苏飞行员非常英勇，扭转了被动局面，让缺乏战斗机掩护的日军陆航侦察机队吃尽苦头，连领队机也被击落。

12月2日的两场空战，日本海军航空队以完胜苏联志愿队结束，陆军航空队则以完败收场。苏联援华航空志愿队飞行员亚历山大·伊万诺维奇·布尔达诺夫上尉（A. N. Burdanov）、瓦里西·谢尔盖耶维奇·阿列克谢耶夫中尉（V. S. Alekseev）、米哈伊尔·伊万诺维奇·安德烈耶夫中尉（M. I. Andreev）、阿尔西尼·彼得洛维奇·彼得罗夫（A. P. Petrov）中尉、谢尔盖·格里戈里耶维奇·波波夫准尉（S. G. Popov）等6人壮烈牺牲，其中2人是I-16战斗机飞行员，4人是SB轰炸机的机组乘员。

12月3日，第3大队第17队队长黄泮扬从汉口驾1706号波音281战斗机飞南京后，10时50分换驾霍克75M，沿长江飞赴上海侦察日军机场，转向杨树浦南的机场侦察，折返南京，至武进附近时，遭遇"敌战斗机11架、轰炸机1队"。黄泮扬还没来得及上报敌情，日本陆军第3飞行团所属独立飞行第10中队的12架95式战斗机、独立第11中队的10架93式轻型轰炸机，计21架混合编队已自上海龙华机场出发，联合突袭南京大校机场。日方"战斗机先行捕捉敌战斗机，使轻型轰炸机队得以不受敌机干扰轰炸大校机场"，独立飞行第10中队队长安部勇雄大尉负责攻击南京大校场，发现"中苏20余架战机，报称击破地面2架，升高后击落8架苏联战机"。

第4大队第21队队长董明德、副队长乐以琴明知不可为而为之，分驾霍克Ⅲ与苏联志愿队迎战强敌。乐以琴与95式战斗机格斗时遭另1架偷袭起火，未避免遭日机射杀，迟至低空才打开伞，导致触地殉国，年仅22岁。苏联战斗机飞行员库丁诺夫（D. A. Kudymov）在回忆录中记载了与日军在天上"生死较量"的具体细节，"敌机已经逼近机场，开始向我笨拙地俯冲，我的脑海中闪出一个念头——像山鸡起飞那样直冲上去。我抛开了收起起落架的念头，开足马力对着日本飞机冲了上去，头对头！但敌机已经远距离开火了，大约有300米，我感觉到我的'鹤鹰'震动了一下。敌机急忙避开了我的机头，直线陡降到我的下面再升起"。库丁诺夫赶紧将飞机拉平，然后如同脱缰的马一样猛地冲向敌机，"我们以自己为轴，彼此转着圈互相追逐，翻着塞维尔式的筋斗或半筋斗，看谁能击落谁！……在旋转的某一刻我看到包机翼的帆布一会儿被吹得鼓起，一会儿又立刻被压得起皱"。很快日军承受不住了，库丁诺夫垂直地向下冲去，在近距离对着底朝天的敌机的"肚子"射出一长串子弹。

"董（明德）激动地告诉我，击落了一架'天王'，他亲眼看见了我很有威力的射击，还有被击毁的日本飞机机身上也有某些标志。"库丁诺夫在回忆录中写道，日本空军共有四个"天王"飞机，都是由日本王牌飞行员驾驶，库丁诺夫击落"天王"飞机让众人欢欣鼓舞，但这一说法没有任何佐证。当天志愿队可能击落4架日本飞机。

库丁诺夫还回忆说，"在又一次空战中我和董（明德）、赫利亚斯特切（Khlyastych）、帕纽科夫（Panyukov）击落5架日本轰炸机，茹柯茨基

⬤ 坠于南京大校场机场外围水塘中的 SB 轰炸机

⬤ 日军在南京大校场机场检查中国空军损坏的 I-16

（Zhukotskii）在一次战斗中立了功，他击落了两架96式战斗机。"不过令库丁诺夫遗憾的是，他们驾驶着受伤的飞机回来，甚至没有受伤，"而在同时，中国飞行员却牺牲了。乐没能回机场，另外几个我们已经认识的中国飞行员没有来得及起飞就牺牲了"。

最终，库丁诺夫对此战的评价是"不太成功"，因为战友安德烈耶夫被击落，另一架飞机被击毁，但跳伞成功。但他接着又表示："战斗结果对我们有利，我们击落了6架日本轰炸机。"但这一战果没有得到日方资料佐证。《民国空军的航迹》记载海军第13航空队的9架战斗机、6架轰炸机也参与空袭，但日本航空本部编制的《日支事变飞机损耗表》并无当天海军的出击记录。据《关内陆军航空作战》记载，此战是陆航为数不多的单独作战。日本陆军评价"在这一战中，95式战斗机及94式侦察机等飞机表现优异，虽属复叶（双翼）之旧型机，但速度及回旋性能均佳,此两型机被誉为旧型最后之杰作机"。

至12月3日，苏联援华航空志愿队报称已击落日机20架，但无法改变恶化的战局。12月5日，各地飞机接到命令："自6日晨非奉本部命令不得飞京（南京）。"次日，航委会下达撤退令，驻南京的中国空军和苏联志愿队于是日悉数撤离，陆续转进汉口、南昌和广州。12月9日，日军首陷大校场基地。

自8月14日开战至年底，中国空军报称共击落日机85架，击沉日舰51艘，作战中中方被击落91架，阵亡飞行员75员，其余大批飞机因为备件等原因报废，抛弃在了南京大校场机场，苏联志愿队少量无法撤退的I-16故障机也在明故宫机场被缴获。

第二章
激战南昌的天空

"12·9"空战

　　南昌是中国空军当时最重要的基地，从1933年10月开始，航空部门苦心经营并多次扩建老营房机场，还将航空署移驻于此，至抗战开始时已形成设备齐全的机场2个，还有空军机械学校、1935年中意合办中央南昌飞机制造厂、第三及第四航空器材库、第二侦候所。尤其是意大利设计，1934年8月1日动工，次年春竣工的青云谱机场（又称三家店机场），更是一度号称远东第一机场。中国空军在抗战前夕的整训就在青云谱机场进行，第1、第4、第5、第8大队常驻于此，云集多种轰炸机、战斗机和侦察机。因此，开战之初，日本海军航空队判断南昌驻有第21、第22、第24、第25、第28队计约40架战斗机，第13队7架侦察机及重型轰炸机若干，将其作为空袭的重点，企图摧毁这个中国空军重要的基地。

　　1937年8月15日，刚移驻台北一星期的日本海军第1联合航空队鹿屋航空队还没有舔干被中方痛击的伤口，便倾巢出动，派出14架96陆攻各携带250千克炸弹，由"中攻四杰"之一，飞行队长新田慎一少佐率领，于7时20分自台北出发轰炸南昌。因云层低且伴有骤雨，视野狭窄，故命令以单机飞向所能轰炸的目标，天气极端恶劣，加之鄱阳湖泛滥，地形判别困难，发现并确定目标需一两个小时，其中8架勉强于10时40分至11时55分，在500米低空轰炸南昌新、旧机场。旧机场的机库、指挥所、研究所、弹药库等重要设施均中弹起火，报称旧机场命中9枚炸弹，小机库、指挥所、研究所、炸弹库各有1架飞

● 1937 年 10 月 4 日，日军侦察机在 5500 米空中侦察南昌青云谱新机场的航拍照

机被炸，库外机坪的几架飞机受损；新机场的大机库被炸1架、库外机坪被炸2架，金盘路、三道桥、皇殿侧附近也落弹，炸死6人。14时50分全队返回台北基地。次日，新田慎一少佐再度率队攻击句容，被我第3大队击落毙命。此次，中国空军为避免过早暴露自身实力，奉命待机，并未迎敌，就连中正大桥（今八一大桥）、青云谱新机场等附近的地面高射炮位置也没有明显暴露。日军战后认为"各队冒着极其恶劣的天气对中国空军基地实施猛烈轰炸，取得了巨大的战果，功绩显著"。

8月21日，第1联合航空队指挥官户塚道太郎少将从军司令部获悉南昌机场起落状况及其他情报后，认为该地仍有攻击的必要，故于25日午前下令："鹿屋部队应以6架攻击机，利用本夜月光空袭南昌航空基地，轰炸目标为新机场建筑物区域。"鹿屋航空队基于上述命令，于当日23时30分自台北起飞，26日凌晨2时30分飞临南昌上空，但因云层关系不易发现目标，搜索约1小时后发现机场，当即轰炸，于6时30分全部返回台北。

⬆ 12月9日，第13航空队舰战第2队飞行员樫村宽一少尉驾驶编号4-115的96舰战以左翼折损1/3为代价撞毁了一架霍克Ⅲ，坚持单翼飞行600公里返回南京公大基地，一举成名，其"片翼归还"的照片也成为日军画报中名噪一时的精神支柱。樫村宽一总战绩为12架，后于1943年3月6日在所罗门群岛的拉塞尔岛上空战死

9月24日16时，鹿屋航空队15架96陆攻各携带250千克陆用高爆弹从台北出发，日落时分以12架轰炸南昌新机场，3架轰炸旧机场。

10月1日以后，日军在上海修建前进机场，对南昌的空袭更为频繁。10月1日鹿屋航空队和木更津航空队各派出3架96陆攻，轰炸、扫射南昌新机场。11日，木更津航空队以6架96陆攻和鹿屋航空队的8架96陆攻猛烈轰炸、扫射南昌火车站及机场。17日、18日再度轰炸南昌修理工厂。20日，鹿屋航空队9架96陆攻和木更津航空队6架96陆攻轰炸南昌旧机场、第二修理厂及机械学校，南昌飞机制造厂受轻微损失。加之日本外交压力，意大利政府决定于12月9日起撤回所有的意大利人员，12月15日双方办理移交手续，内迁四川建厂，并改为第二飞机制造厂。

12月9日，日军已逼近芜湖，南京防御危急，中国空军只好与匆匆赶来的苏联援华航空志愿队撤离南京。除约一半兵力转移到汉口和孝感外，其余近一半兵力进驻南昌，包括中国空军第3、第4、第9大队各一部，以及科兹洛夫大尉所率苏联援华航空志愿队的轰炸机大队，布拉戈维申斯基所率战斗机大队。

击毙大林法人的"12·22"空战

因苏联援华航空志愿队不熟悉中国复杂的地形，也不懂中文，无法辨识地图，故要求中方指派两位作战经验丰富的飞行员担任苏联志愿队的副领队，共同作战。轰炸机队方面，航委会指派了王世箫；战斗机队方面，原定由乐以琴担任，不料乐以琴在12月3日的南京空战中殉国，继而拟派的林觉天又于12月9日阵亡于南昌，航委会遂令广东归侨罗英德于12月15日赴南昌报到，担任苏联援华航空志愿队战斗机大队的副领队。上述提及的3位都是中央航校三期毕业生，是当时中国空军出类拔萃的飞行员。罗英德本拟偕一位助手随行上任，但基于保密考虑，被苏联拒绝。苏日尚维持着外交关系，也不愿公然得罪日本，所以初期的行动均低调进行。

因台湾地处亚热带，不见秋色，11月起受太平洋季风影响，台湾北部、海峡方面进入雨季，对攻击机队跨海西征大陆的行动多有不便。11月19日，第1联合航空队司令部及木更津航空队从济州岛移驻北京南苑基地。12月10日，酒卷宗孝大佐率鹿屋航空队从台北转场，进驻了刚占领1个月的上海虹桥机场，因南京作战已接近尾声，12日决定以第1、第2联合航空队出动鹿屋航空队9架96陆攻、木更津航空队3架96陆攻、第13航空队8架96舰战，攻击南昌的中国空军，报称"击落1架，地面摧毁9架"。

◆ 日本海军第13航空队编成后的飞行员阵容

12月13日，鹿屋航空队6架96陆攻空袭南昌，第8大队的6架TB-3RN重型轰炸机试图疏散到吉安，但未能成功，日机一举炸毁2架、重伤2架。第8大队在10月下旬到兰州接收该机6架，单机价格高达24万美元，用于空袭日本本土。11月底首批完训人员随苏联队员将其中5架飞回南昌，抗战期间进口的这6架TB机几乎全部在此次空袭中报销，空袭日本本土的计划也搁浅了。12月25日，3架TB-3返回兰州，其中2架是刚刚修复的。

淞沪会战结束后，"加贺"号航空母舰的第2联合航空队为参与日益深入内陆的战局，于12月9日由第13航空队舰战队分队长大林法人大尉率领96舰战6架转隶第2联合航空队，参与对南昌的空袭。他们简单熟悉战场环境后，12日便投入护航。12月18日，第3舰队司令长官长谷川中将下达命令：鹿屋航空队依该队司令之命令，应反复攻击南昌之中国航空兵力；鹿屋航空队应于芜湖建立前进补给基地；第一空袭部队应进驻南京基地并整修该基地。12月19日，鹿屋航空队空运战斗机燃料至芜湖，并开始修筑96陆攻的御寒工事，每次完成防护三架的工事。准备就绪后，鹿屋航空队的9架96陆攻在芜湖上空与第1联合航空队上海派遣队的2架陆攻、大林法人大尉指挥的第13航空队，以及"加贺"号航空母舰的6架96舰战会合，气势汹汹地杀向南昌，但由于飞临南昌近郊时正值大雨，不得不转而轰炸九江机场。

12月22日，鹿屋航空队8架96陆攻、第1联合航空队上海派遣队3架96陆攻，在芜湖上空与大林法人大尉"加贺"号航母的6架96舰战和第13航空队6架96舰战会合后空袭南昌新机场。布拉戈维申斯基大队长率领中苏双方的I-16共20架，在3000米和4000米分层交错警戒。中国飞机在鄱阳湖上空发现大林法人大尉的编队，布拉戈维申斯基当即发出作战信号，迅速展开队形，分割敌战斗机和轰炸机。中队长库丁诺夫率僚机以密集的楔形队形突入敌阵，与日机展开垂直缠斗，他一人吸引9架日机，随即被击中冒烟，即将坠地时，他迅速将飞机改为侧滑，机腹着陆，飞机撞上凸起的小丘后前倾翻覆，库丁诺夫跌出飞机后身上着火，就近滚入粪水池，幸免于难。13时45分，布拉戈维申斯基发现一架漆有红色条纹的96舰战，知道这是长机的标志，便尾追不舍，迅疾打出长串子弹，日机急速拐弯，避开射击，企图掉头咬尾。布拉戈维申斯基腾空翻转，再次咬住敌机，不失时机准确地打出一串子弹，敌机冒起浓烟，倒栽下去。

28

据日方战后公布："……大林法人大尉本月22日午后1时45分在南昌空战后行方不明。"经确认已战死，在死不见尸的情况下于1938年1月6日追晋大林法人为海军少佐。中方无损失，苏联飞行员格里高里·雅科夫列维奇·卡申中尉（G, Ya. Kashin）牺牲，时年26岁。而日方战果统计又是击落中方参战20架战机中的17架（含5架不确实），其中冈本重造3空曹击落2架（含1架不确实）。真如此下去，要不了几次空战，连来援的苏联志愿队也要全军覆没了，然而，即便

在1937年11月22日南昌空战毙命的第13航空队舰战队分队长大林法人大尉

日军如此夸大战果，还是不得不承认驻扎南昌新旧机场的战机群依然可观："新机场的机库附近停放小型飞机约20架，而旧机场也停着大型飞机2架、小型飞机5架，并证实大部分战机系来自汉口支援的I-16战斗机。"因此，日机不久又卷土重来，发起规模更大的空袭。

击落"红武士"的"1·7"空战

1937年12月底，日军修复南京大校场机场后，第2联合航空队下辖第12、第13航空队，拥有24架舰战（含18架96舰战）、6架舰爆、18架舰攻，从上海公大基地转场至距南昌仅有460公里的南京大校场，续航1200公里的96舰战可以为96陆攻护航，直接威胁到南昌。

1937年12月25日，鹿屋航空队的15架96陆攻移驻江湾（戊基地），14架95舰战暂留置公大基地，以待江湾基地完成施工。1938年1月2日，鹿屋航空队11架96陆攻轰炸机在广德上空和第2联合航空队的15架96舰战会合后，再度联合轰炸南昌新机场，报称"击落1架、地面击毁1架"。

1月5日，鉴于华北航空战随华北作战结束而告终，第1联合航空队司令官户塚道太郎大佐率木更津航空队14架96陆攻自南苑进抵南京。此时，华中方面的陆航为：

第3飞行团（团长值贺忠治少将）

飞行第3大队（侦察机2个中队，大队长吉田定雄大佐）

飞行第8大队（95式战斗机2个中队，大队长武田惣治郎大佐）

飞行第5大队第2中队（93式轻型轰炸机，中队长上田虎雄大尉）

独立飞行第4中队（侦察机）

独立飞行第6中队（侦察机）

独立飞行第10中队（95式战斗机）

独立飞行第11中队（轻型轰炸机）

独立飞行第15中队（重型轰炸机）

计10个中队，96架

1月6日晚，空军第1大队接到命令："明（7）日出发6机，轰炸芜湖敌飞行场，或荻港、鲁港敌军舰。"第1大队以第2队队长徐康良率6架SB轰炸机，共携带100千克、50千克、20千克炸弹各12枚，使用瞬发引信，于7时50分自南昌出发，区分为两个分队，每个分队3架，前往轰炸芜湖的日军机场及鲁港、荻港附近的日军及日舰，做到全覆盖。

中方飞机9时30分到达芜湖上空，在3500米的高度编队进入，第1分队连续投弹，命中芜湖机场，全部引爆；第2分队因进入两次未能投弹，即误投芜湖江中日舰，命中芜湖江东岸的沙滩上，全部引爆。投弹时，日方3架96舰战向第2分队发起攻击，该分队毫不旁顾，仍完成投弹后才以蛇形避开。飞至鲁港日机才脱离，中国飞机群于11时10分返回南昌。

1月7日，日本海军第2联合航空队以96舰战9架护航木更津航空队96陆攻轰炸机15架，空袭南昌新机场。由于一直虚报战果，日方误以为中方已经无法与其优势兵力抗衡，因此，仅派出9架96舰战护航。日机发现新机场停放着小型飞机20余架，而旧机场已逐渐停用，仅停放4架中型飞机及若干已破坏的飞机。中方则出动20架I-15、I-16，占绝对优势。下午2时战斗打响后，中方利用I-16的高速性能冲入敌轰炸机群，驱散其编队，分割击破，I-15则凭借转弯半径小的优势与96舰战纠缠。在I-15、I-16两种主力战机的综合性能都不如96舰战的情况下，这也是唯一可行的办法。

战斗中，第4大队第23队分队长罗英德担任布拉戈维申斯基大队长的1号僚机。空战开始后不久，1架机身上有红色竖条涂装的96舰战击落1架中方战机后，凭借其机动性优势咬住了布拉戈维申斯基I-16。布拉戈维申斯基左右翻飞，缠斗30多圈，仍无法摆脱日机。在布拉戈维申斯基渐趋下风，眼看就要被击落的紧急时刻，罗英德中尉从后面赶到。他一看涂装就知道是1937年12月1日溧水空战中交过手的那架日机，当时罗英德的战友敖居贤被该机击落殉国，罗英德与之交手未分胜负，所以对这架日机恨之入骨。他立刻占领攻击阵位，反咬住日机的尾巴，这架日机的飞行员正在全神贯注地攻击布拉戈维申斯基，并未注意到背后来的I-16。罗英德稳稳地将它套在瞄准具中后4枪齐发，第一波子弹就击中潮田良平。当时罗英德距潮田良平很近，甚至能看清他头一蹬，飞机起火失速，坠落在南昌以北鄱阳湖附近的拓林镇。战后，中方连续两天派飞机搜寻未获，后来罗英德与苏联飞行员前往坠机现场勘察验视，发现该机机身弹痕累累，有38个弹孔。掘出飞机与尸体，取出手枪与勋章各一件。该手枪由罗英德交上级处理，勋章事后转赠该苏联飞行员留念。

此役，中方飞行员徐葆畇也击落96舰战1架，伊万·伊万诺维奇·波塔波夫（I. I. Potapov）中尉牺牲。中方仅在地面被炸毁飞机数架，日方事后却称"击落7架，地面击毁10架，自损1架96舰战"。内阁情报部1月10日情报第二号特别提及，被罗英德击落的就是有"红武士"之称的第12航空队舰战队分队长潮田良平大尉。潮田良平系日本茨城县新治郡小幡村人，1937年10月参加淞沪空战，空袭南京达20余次，与南乡茂章并称为日本海航"空战至宝"，在军内有"西南乡、东潮田"的美誉。

罗英德不但救了自己的大队长，还为被潮田良平击落的中国飞行员报了仇。空战结束后，布拉戈维申斯基大队长欣喜不已，立刻打开香槟向罗英德表示感谢，并高兴地抱着罗英德说："我根本没有机会开枪，是你救了我！"还赠予一块铭刻有"斯大林赠"的手表。苏联志愿队的其他飞行员和地勤人员更是把罗英德抬在肩上庆贺。3月份罗英德离开苏联志愿队时，志愿队特别为他举行了一个小型欢送茶会。

布拉戈维申斯基非常感激罗英德的救命之恩，自1938年7月回国后50多年来，仍记得这位中国老战友，一直希望能与之联系。1942年托人带了一块手表送给罗英德。20世纪60年代末，时任苏联空军副总司令的布拉戈维申斯基曾在广播中记述罗英德危难中救其一命的事迹。1970年退役后，他曾专程几次寻找罗英德的下落，但这两位战功赫赫的老将终无缘再会，重温当年战火中的珍贵友情。

◉ 1938 年年初，罗英德（右）与苏联志愿队战斗机队大队长布拉戈维申斯基（左）愉快合影

　　1月8日午后，日军收到情报，苏制战机15架由衢州飞抵南昌，汉口与南昌之间的飞机来往频繁。当天，日机各部队进行维修。翌日，第1联合航空队以中型攻击机全力空袭南昌。9日午前，木更津航空队96陆攻23架、鹿屋航空队96陆攻14架、第2联合航空96舰战13架等飞离各自基地后，在芜湖上空会合。木更津航空队轰炸新旧两机场，鹿屋航空队轰炸旧机场以东的航空机械学校。12时，南昌总站发出空袭警报，同时第1大队各机即先后起飞疏散。12时40分，观测台发现"敌轰炸机32架、战斗机6架，侵入机场上空，当即向我总站附近投下重磅炸弹六七十枚"。

　　轰炸后，鹿屋航空队以一部兵力与中国空军4架I-16交战，日机未占到任何便宜，宣称"击落1架、击毁3架"，日方有2架中弹，分别迫降于芜湖和南京。中方则称"我战斗机击落敌重型轰炸机1架、战斗机2架"。

　　鉴于地面防空炮火仍然炽烈，木更津航空队报称："敌人的防空警报网似已相当完整，敌机在中方攻击前即已避退，因此为发挥攻击效果，建议同时攻击数处机场或进行黎明攻击，但要这样一来，减少战斗机之掩护也在所难免。"同时日机攻击新旧机场时，并未发现两天前轰炸获港时停泊的舰艇及芜湖基地的中国轰炸机，可能已退往吉安。

　　通过1月9日的轰炸，日方认为南昌机场已不能再使用，遂决定11日以大部96陆攻空袭汉口。12日，新任的海军第2联合航空队司令官塚原二四三少将为避免南昌机场再度投入使用，决定不给中国空军以喘息之机，下令攻击南昌和长沙。木更津航空队以15架96陆攻攻击南昌，并以9架96陆攻空袭长沙，鹿屋航空队12架96陆攻袭击南昌航空机械学校，第2联合航空队13架96舰战在芜湖上空会合后，因气候恶劣，放弃攻击长沙。上述全部49架战机空袭南昌新机场及南昌航空机械学校，"虽遭受精确度良好的地面炮火袭击，但并未发现敌机"，宣称击毁地面1架，所有战机安全返回基地。

1月15日7时，南昌发出警报，第一队新机于7时20分起飞待避，苏联志愿队2架起飞时，互撞起火，原苏联第4轰炸机中队中队长阿列克谢·安德烈耶维奇·约西弗夫中尉（26岁）、原苏联第17轰炸机队副队长阿列克谢·吉利洛维奇·利特维诺夫中尉、领航员亚科夫·拉夫连季耶维奇·柳巴里中尉（26岁）、安德烈·马尔基安诺维奇·舒曼中尉（31岁）等4名飞行员殉难，4人均是1937年10月首批援华，都被追授苏联红旗勋章。此批日机并未侵入南昌上空，但12时又发出警报，鹿屋航空队12架96陆攻以轰炸航空机械学校为目标，在旧机场投弹六七十枚。

"2·25" 空战

2月15日，中国空军前敌总指挥部移驻汉口，15时20分，苏联志愿队战斗机团长扎哈罗夫率10架I-15由南昌转场樟树。

官兵们总结经验后发现，SB轰炸机的战斗载荷还可以提高，于是在一架轰炸机的弹舱安装两个弹箱，每个可装载12枚AO-10或18枚AO-8集束炸弹。实验很成功，一星期内，波雷宁轰炸机大队的所有飞机都装了这种弹箱。这些"磁带盒"后来成功用于作战，但也带来了意外的伤亡。

2月16日晚，根据情报，"杭州有敌4000人，笕桥机场停有敌机20余架；定远敌有增援模样，湾沚东老虎山一带盘踞敌人甚多，时向我阵地猛烈射击，该处天气甚好"。17日，第1大队第1队队长李赐祯率6架SB机，计携带炸弹1680千克，使用瞬发引信，与志愿队6架SB机自南昌出发，以一部轰炸杭州机场及车站，另一部轰炸蚌埠、临淮关、及蚌埠以北、淮河以南的日军阵地。飞往蚌埠的轰炸编队在12时20分抵达目标上空，在2500米高度连续投弹，"全部命中引爆，炸毁蚌埠车站内之路轨，及公路旁之房屋一所，并弹中涂山敌阵地，及淮河内之船只"，轰炸后于14时20分返抵南昌。轰炸杭州的编队长机因发动机故障，飞至乐平后折回，预定代理长机的分队长也不明了其用意，即将炸弹投于乐平附近湖中，12时返回南昌。志愿队飞行员米哈依尔·马克西莫维奇·鲁缅采夫准尉投完弹后，"磁带盒"里面有两枚炸弹在炸弹舱舱门关闭后才落下。飞机返航降落，导航员塔雷金打开炸弹舱舱门，两枚炸弹掉落地面，其中一个爆炸，碎片横扫聚集在飞机周围的苏方人员和中国地勤，当即造成米哈依尔·马克西莫维奇·鲁缅采夫准尉（30岁）、亚历山大·马特维耶维奇·别柳科夫初级指挥官（24岁）等8人死亡，导航员重伤不治，只有炮手幸存，爆炸把他抛出机舱，落在了一条壕沟和铁丝网之间的空地上。

2月19日，第1大队派SB机2架，与志愿队SB机4架混合编队，出发轰炸贵池附近长江中的敌舰。12时40分，第1大队韩国籍飞行员田相国等分驾SB机2架，共带1200千克炸弹，使用0.8秒延时引信，协同共带2400千克炸弹的志愿队SB机4架，自南昌出发。14时30分到达贵池附近，"见贵池西长江泊有兵舰3艘，每艘约为3000吨左右"，当即自1700米高度，分2分队，各队一起投弹，"全数引爆，命中敌舰及其附近水面，当有敌舰1艘被炸，起火发烟"。轰炸时，各敌舰均有高射炮射击，中国飞机毫无损伤。15时20分原路返回南昌。

21日，志愿队派SB机8架，与第1大队SB机7架，混合编队出发轰炸杭州，主目标机场，副目标杭州车站。7时15分，第1大队飞行员田相国等分驾7架SB机，随同志愿队8架SB机，共携带炸弹7892千克，使用瞬发引信，自南昌赴杭州机场或车站。9时10分到达笕桥上空，"见机场内停有敌轰炸机8架，战斗机数架，又有黄翼飞机1架正在滑走"，中国飞机当即自3000米高度分两队连续投弹，"全数引爆，命中笕桥敌机场内及西侧之棚厂，与西北方中央制造厂一带，建筑物等均发火，翁家埠及临平一带，有多处着火发烟"。投弹后杭州市敌高射炮多门射击，独立飞行第10中队3架95式战斗机向中国飞机追击，未发生战斗。1-2号机携带100千克炸弹2枚，因炸弹钩发生故障，未得投下，返回时投于衢州西南荒山下。11时由原路返回南昌。

日方记录："2月21日杭州机场受敌双发轰炸机10数架攻击，对人员及器材等造成若干损失。敌机之此项攻击，意味着敌方首次对中国飞机场进行正式之攻击。"3月1日，陆航第3飞行团令"所属各部队以一部担任南京及杭州之防空，汇集敌要地之攻击资料以及支援第一线兵团作战外，并维修飞机准备下期作战"。

日方获得情报，中国飞机自2月22日起似已集中于南昌，并判断到23日为止，总兵力为重型轰炸机10架、战斗机15架及其他战机10余架。另据香港总领事情报，24日已有30架新型战机自南昌向广东集中，将在一两日内轰炸广东沿海岸的日本军舰。

日方情报异常精准，第2联合航空队司令塚原二四三少将根据"最近中国空军部队及航空兵力的频繁调动，情势颇为活跃，尤其英制战斗机的北移，苏制战斗机及轰炸机自武汉移至南昌、南城方面等综合判断，认为中国空军为荣誉可能将盲目地决心进行殊死战。尤其已确证中国空军已拥有远程轰炸机"。因此，塚原二四三少将2月20日决定的25日空袭武汉的计划，在24日午后临时改为："明（25）日，联合空袭部队的大部中型攻击机以及96式舰上战斗机应全力空袭南昌、吉安。"

2月25日，驻南京的日本海军第2联合航空队派出第13航空队第1分队田熊繁雄大尉的10架（含第12航空队2架）、第2分队四元淑雄中尉的8架96舰战，掩护木更津航空队的26架96陆攻在芜湖上空与鹿屋航空队的6架96陆攻会合后，组成50架的大规模混合机群前往南昌轰炸。11时，南昌方面据报"敌轰炸机35架、战斗机18架，来袭南昌"的情报后，19架I–15、11架I–16，组成30架编队群，由苏联志愿队战斗机大队长布拉戈维申斯基领队，于11时10分起飞迎击日军。

11时35分，日方96陆攻机群编成4个"V"字队形分队，保持高度3300米，由牛行经南昌市区上空，发现中方战斗机群后，立即收紧队形，飞临机场上空投弹，"炸射新机场的军用设施及飞机、仓库等，并报称在空战中击落I–15战斗机3架（已证实者为2架）"。日军96舰战亦从4500米高空出现，I–16编队群先攻击敌96陆攻，2个I–15编队同往协助，与96舰战展开混战。96陆攻乘此中国战机无暇顾及，向东南方逃逸。

未来的日本海军航空兵第二号王牌岩本彻三1空兵首次参战，在50米的近距离开火击落一架I–15，随后又连续击落3架，并在高射炮及数架I–15的绞杀下突围，只身全速返归芜湖基地。早已在基地里等待的长官黑岩利雄1空曹，并未表扬岩本彻三的出色表现，反而严厉批评了他的鲁莽进攻行为。同样初次参战的小队长小泉藤一飞曹自称击落2架，尾关行治则上报击落3架。第13

航空队的松村百人1空兵、新井友吉1空曹经三番苦战，报称击落7架（不确实3架）。田熊繁雄大尉的僚机铃木清延击落1架后中弹负伤，发现长机已不知去向。苏联飞行员杜申（A. Z. Dushin）击伤1架日机后，遭到几架96舰战的围攻，杜申负伤，发动机也被击坏。正在危急之时，布拉戈维申斯基闻讯赶来向日机突袭，使得杜申成功脱险，返回机场。被杜申击伤的那架96舰战迫降在中方防区，发现时日本飞行员已绝望自杀，缴获其携带的重要文件和军事情报。该机是志愿队缴获的两架96舰战中的第一架，修好后被带回苏联接受测试。

双方战斗机格斗约10分钟，日机爬升或俯冲脱离。此战，96舰战被击焚1架，中国飞机1架被敌击中，人机同殉，4架迫降，1架被击中左翼，其余各机于12时10分降落。

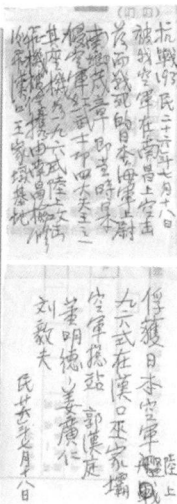

● 周庆辰收藏标注南昌"7·18"空战缴获的96舰战，实为1938年2月25日南昌空战所缴获

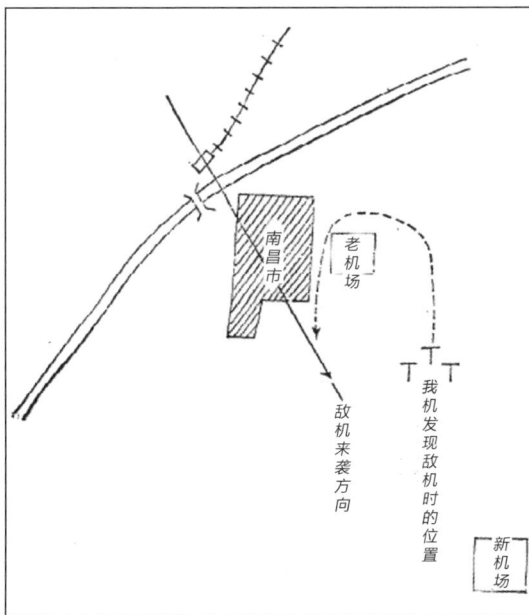

● 1938年2月25日，南昌空战双方战机接触及地面指挥要图

表6: 1938 年 2 月 25 日南昌空战第 13 航空队参战序列

中队番号	小队番号	名字	军衔	毕业	战绩（括号中为可能击落数）
1	1	田熊繁雄	大尉	海兵 58	战死，战果不详
		铃木清延	3 空曹	操 28	击落 1 架
		大森茂高	3 空曹	操 33	击落 1 架（1）
	2	黑岩利雄	1 空曹	操 13	击落 2 架
		楠次郎吉	2 空曹	乙 1	击落 3 架（1）
		岩本彻三	1 空兵	操 34	击落 5 架（1）
	5	赤松贞明	1 空曹	操 17	击落 1 架
		松山次男	2 空曹	乙 3	
	12 空	小泉藤一	2 空曹	乙 2	击落 2 架
		尾关行治	1 空兵	操 32	击落 3 架
2	2	四元淑雄	中尉	海兵 62	击落 1 架
		樫村宽一	3 空曹	操 24	击落 2 架
		尾知寿男	1 空兵	操 31	战死，战果不详
	4	新井友吉	1 空曹	操 15	击落 2 架
		菊地章	3 空曹	操 31	击落 1 架（1）
		松村百人	1 空兵	操 29	击落 7 架
	6	内藤正男	1 空曹	操 20	击落 2 架（1）
		藤原金次	3 空曹	操 29	击落 1 架

第2联合航空队的96舰战机队由第12航空队2架、第13航空队16架组成，由第13航空队分队长田熊繁雄大尉指挥，报称击落39架（其中12架待证实）。据《中国事变航空作战诸统计》2月份记录的战果，当天空战"击落42架，其中稍不确实13架"。也就是说，他们又几乎全歼了中国南昌空军。这些战果还作为"捷报"在日本国内报纸上公开刊发。是役，日军承认损失2架96舰战，战死第13航空队分队长田熊繁雄大尉、尾知寿男

● 日方印有 1938 年 2 月 25 日日机空袭南昌的纪念邮戳

1空兵等3人。中方则称击落日机8架，其中仅寻获2架残骸，自身也被击落5架I-15、2架I-16，另有4架受伤迫降报废，中方牺牲3人，苏联志愿队斯米尔洛夫（N. A. Smirnov）等4人阵亡【可能还包括瓦西利耶夫（H. I. Vasil'ev）中尉和谢尔盖·季米特利耶维奇·斯米尔诺夫（S. D. Smirnov）上尉】，失踪2人，重伤1人，机场中弹99枚，营房以及停机场上1架SB轰炸机被炸毁。

日军长期虚报战果，使得日方决策层以为中国空军和苏联志愿队已经山穷水尽，居然真采信了在虚假战果基础上进行的分析。然而据中方3月8日统计，南昌仍有I-15战斗机24架，另在修3架；I-16为11架，另在修3架；SB轰炸机9架，另在修10架，总计60架。

⬆ 1938年2月25日，南昌空战击落并缴获的96舰战，由布拉戈维申斯基和扎哈罗夫带回苏联（高庆辰收藏的原照时间有误，南乡茂章的座机是7月18日坠湖）

▲1938 年 3 月 5 日，日机轰炸南昌机场

　　1938年3月，日本《周报》73期公布，当年2月，海军航空队取得击落71架、稍不确实16架、地上爆破62架、稍不确实7架，合计156架战果，并承认己方损失13架。同时，"事变发生以来至1938年2月底，海军航空队击落339架、稍不确实39架、地上爆破425架、稍不确实44架，合计847个战果，并承认己方损失78架"。

　　3月10日，驻汉口的中国空军2架SB机一举奇袭了被日军占领3个月的南京。尽管损失轻微，但日军大为震惊。为报一箭之仇，次日除侦察各地外，日机还企图夜袭汉口、南昌，但受不良天气的影响而未能成行。直至14日，天气转好，鹿屋航空队以6架96陆攻于傍晚轰炸南昌。

　　3月15日，为继续扩大战果，鹿屋航空队又以9架96陆攻分三批4次对南昌发起疲劳夜袭。

　　19时20分，据报"浮梁都昌连续发现敌机，似有向南昌进袭企图"。19时30分，志愿队飞行员格拉升高率80号、85号、93号3架I-15机升空警戒，19时50分发现"敌轻型轰炸机3架，以V字队形，3500米高度，由牛行车站直线进入机场上空，偏左1公里，并开灯及发出红绿信号弹多发"。中国飞机以单机各自攻击，日机未及投弹即向东南方向逸去。中国飞机连续追击，因高度不足，射击距离过远，故未命中。85号机在追击中迷失方向，跳伞落于莲塘附近，机毁人安。93号机发动机故障迫降临川附近滩上，机毁人安。仅有80号机在20时50分返回机场。

　　20时55分，3架96陆攻再次侵入市区，经探照灯照射，高射炮齐射，匆匆投弹后向东撤退，弹落场外北方，烧毁公路处材料库1所。

　　21时25分，3架96陆攻第三次侵入，投弹后亦向东飞离，弹落场内，第4棚厂中1弹，库中77号单翼战斗机尾部着火，旋经救熄。23时40分，3架96陆攻第四次来侵，由北向南投弹后，即向东北飞去，弹落青云站公路旁，中方无损失。此战，中国飞机起飞较迟，领队未能掌握僚机，致有单机行动，格斗时间虽久，但因开火距离过远，甚至距敌数千米即开始射击，如天女散花，故未命中。苏联飞行员夜间地形不熟，致使发生迫降跳伞事件。

　　据日方记录"独立飞行第10中队在南京陷落后，移驻杭州防空，但战况闲散。直至1938年3月16日5架SB轰炸机来袭，中队长安部勇雄大尉率吉濑曹长、粉川宗三军曹3架95式战斗机迎击交战，击落2架SB机"。王景常所驾2-6号机返程在建德上空时脱离队形后失踪。后据他电称2-6号机在空中起火，除王跳伞外，投弹手金馥桂、机枪手姜学钧与机同殒，该机很可能被独立飞行第10中队击伤后坠落。14时30分，所剩3架SB机飞返南昌、南城。

　　连续3日夜间攻击的成效总体不大，联合航空队17日决定集中全力对南昌实施夜袭。当夜，木更津航空队的17架96陆攻和鹿屋航空队的18架96陆攻，与第2联合航空队的23架96舰战在芜湖上空会合后，向南昌大举进击。11时25分，南昌总站据报"敌轰炸机35架、战斗机20架"向南昌侵袭。11时45分，日方混合机群窜入南昌上空。根据轰炸目标划分，木更津航空队轰炸南昌新机场设施，鹿屋航空队则轰炸南昌旧机场。11时47分，在新旧机场投弹，新旧场内建筑及场附近中弹数枚，旧机场跑道两端轻微损坏。让参战日机颇为意外的是，中国战斗机未升空迎击，地面炮火也异常微弱。原来中国飞机均在日机来袭前起飞，遂无损失，12时20分警报解除。日机在"炸毁地面7架战机"后全部返航。稍后，以扫荡为目的，计划自背后袭击南昌的木更津航空队8架96陆攻因未遭遇空战，改变攻击目标为吉安，轰炸机坪的5架大型飞机，炸毁4架。

四月份的态势

日本海军第1联合航空队自1937年"8·14"空战，到1938年武汉"2·18"空战，虽战果丰硕，肯定了战略轰炸的价值，但也付出相当可观的代价，半年间损失96陆攻达30架之多，加之官兵水土不服，染上难以治愈的恶性痢疾。3月31日凌晨1时，联合舰队司令长官吉田善吾中将命令第1联合航空队司令户塚道太郎大佐："第1联合航空队按贵司令官之决定即返内地归建，并应尽速参加联合舰队所定之训练作业及从事各项准备。"同日凌晨1时10分，第3舰队司令长官长谷川中将也电令户塚道太郎大佐称："解除贵司令官对第1联合航空队的指挥，第1联合航空队复归原队。"

4月1日上午，第1联合航空队司令户塚道太郎大佐率15架96陆攻从上海江湾基地出发，午后抵达鹿屋。次日，再率木更津航空队的7架96陆攻飞离鹿屋，午后抵达木更津航空队，并在该地升起将官旗，撤离中国战场回国整训、休养。对武汉和南昌的空袭任务全部交给第2联合航空队，并为第13航空队配备96陆攻30架。经调整，第2联合航空队3月22日下辖的第12航空队配备2个半队96舰战30架、96陆攻12架，司令三木森彦大佐、飞行队长森田千里少佐，其中舰战第一队长小圆安名少佐、分队长小福田租大尉、相生高秀大尉，分队士周防元成中尉，舰战第二队长所茂八郎少佐，分队长吉富茂马大尉、中岛正大尉，分队士四元淑雄中尉。第13航空队配备1队96舰战12架，2队96陆攻24架（另预备机6架），指挥官上坂香苗大佐、飞行队长久野修三少佐。相对中方驻扎南昌的第3、第4、第9大队各一部和苏联志愿队轰炸机大队和战斗机大队各1个，兵力上仍占绝对优势。

4月15日18时45分，南昌第一路司令部据报"安徽太平发现敌机6架向西南飞行，19时50分至安义"，这是联合航空队第13航空队6架96陆攻在夜袭南昌。志愿队3架I-15起飞迎击。该敌经丰城、进贤、鄱阳、永修，于22时10

⚙ 战斗间隙中的苏联援华航空志愿队飞行员们，1937 年时，苏联每个大队（eskadrilya）有 31 架飞机，下辖 3 个中队（otryady），各有 10 架飞机。1938 年，原来的航空兵大队改称航空兵团，原来的航空兵中队改称航空兵大队，但所辖兵力没有改变，仍相当于通常意义上的中队。苏联志愿队情况较为特殊，加之资料来源繁杂，本书中两种情况并未作严格区分，请读者注意甄别

分，分两组出西北方向侵入南昌，在机场附近投弹10枚后，即由东南向东飞去。计被炸毁1架I-16，其余未损失。日机侵入时，中国飞机屡次攻击，均未击中，22时35分降落。日方承认1架96中攻"行方不明"。

4月30日，日本陆航兵团判断中国空军在南昌集中单翼机41架、双翼机46架。5月1日，又从孝感机场转场14架到南昌，至此达百架规模。

"6·26"空战

6月26日凌晨5时20分，驻南昌的第4大队第21队队长罗英德率8架I-16起飞掩护苏联志愿队6架SB轰炸机（各带6枚100千克炸弹）轰炸香口的2艘大型舰、9艘小型舰及敌舰，报称命中大型舰2艘，腾起巨大的烟雾，7时返回南昌。

11时，第2联合航空队出动第12航空队96舰战28架，掩护第13航空队96陆攻18架冒雨从南京等处起飞，直扑南昌轰炸。但因接近南昌时，天气突变，视

野模糊，大部分战机不得不中途折返原地，仅有3架96陆攻、12架96舰战继续在4000米高空顶风冒雨前进。10时50分，南昌的中国空军倾巢出动，日机群遭遇第4大队第21队的5架I-16，苏联志愿队18架I-15和10架I-16的拦截。中方利用在数量上的绝对优势，高速的I-16与灵活的I-15配合分割96舰战与96舰爆，缠住前者的同时重点打击轰炸机群。日军3架96陆攻则化整为零，对新机场实施轰炸，投掷12枚燃烧弹于第二、第三棚厂附近，报称炸毁大型飞机2架，将待修的3架SB机尾翼轻伤数个小洞，1架霍克III微伤，1桶50加仑装的汽油焚毁。第12航空队舰战分队长相生高秀大尉编队的3架96舰战下降到500米低空，吸引20架I-15突入云层间隙，再趁中国战机爬升时，一举突袭，报称各机均击落2架，苦战突围返回安庆基地。

吉富大尉编队9架96舰战则诱击约15架I-16，报称击落13架。苏联飞行员古边科（A. Gubenko）驾I-16报称击落2架日机后，也被3架96舰战攻击起火，跳伞后又遭日机扫射，亏好战友克拉夫琴科（G. P. Kravchenko）及时驾机驱散日机。缠斗10分钟后，到11时30分雨停时，日机利用低云向东逃遁，中方4架战斗机围攻落单的1架96陆攻，致其黑烟冒出，高度逐渐降低，向东飘去。中方称"击落3架96陆攻"，日本海航却吹嘘"击落35架中苏战机的19架，不确实4架，全机无事归还"。海军编制的《中国事变航空作战统计》则称"击落20架战斗机（含4机不确实），地上摧毁2架大型机，自己损失1架96舰战"。

长期以来，不少论著只提到日本海航参战南昌，唯独《日本陆军战斗机队》中涉及独立飞行第10中队的篇目，记载了日本陆航参加当日对南昌的第二轮空战。结合中国空军战斗要报记载，还原了如下空战过程：6月26日早晨7时，从南昌起飞的志愿队3架SB轰炸机（日方称2架）各带6枚100千克炸弹空袭陷落14天的安庆机场，"命中地面4架日机"，受到高射炮的猛烈还击，但炸点多在机身后方。10时30分，完成任务的中国飞机返抵汉口，0573号机着陆时因起落架故障而失事，造成左翼螺旋桨及机腹损伤。日方称"1架96舰战被击落"。随即，如梦初醒的陆航第3飞行团派出独立飞行第10队鹤田静三中尉率4架95式战斗机追至南昌实施报复。

11时40分，首批升空的6架I-16降落加油，第二批起飞的战机大部还在空中警戒，恰巧与来袭的4架95式战斗机遭遇，中苏战机凭借数量、质量的绝对

△ 在空战中被中国空军和苏联援华航空志愿队击落的日机。苏联援华航空志愿队在华期间，战斗机有 2 至 8 个大队，后期一般为 5 个大队

△ 6 月 26 日南昌空战报称击落 2 架 96 舰战的古边科，在华战绩 7 架，荣获"苏联英雄"称号

优势，当即对其分割围歼。已晋升为第4大队第21队分队长的柳哲生率2架僚机与日机殊死格斗，击落其1架。经35分钟恶战，中方报称击落3架日机，日方则宣称击落中方9架，自损2架，鹤田静三中尉、吉濑桂曹长毙命，并有佐野曹长的战机中弹20余发返回，唯独远部喜久雄少尉未受损伤。日方新闻媒体以"南昌上空的血战"为题，对其广泛宣传报道。

在当日与日本海航、陆航的两轮空战中，中方报称击落日机6架，自损、伤各2架，第3大队第25队曾培复的霍克Ⅲ受伤迫降新喻，1架SB轰炸机在武汉着陆受损，苏联飞行员斯拉维克的I-15被击落后坠于南昌东北，斯杜尔明·安那托里·德米特利耶奇上尉（30岁）殉职，1人受伤。日方声称击落中方29架，自损1架96舰战、2架95式战斗机。

1938年6月，第2大队开始接收SB轰炸机，计有13架SB轰炸机和5架其他飞机。第9、第11队以南昌为根据地参战，第12、第13、第14队驻汉口，主要目标为芜湖机场，及东流、马当、湖口一带之敌方舰艇。

6月27日5时50分，志愿队6架SB机各带100千克炸弹6枚，自南昌轰炸马当下游敌舰，第4大队第21队柳哲生率5架I-16机于6时05分出发掩护。到达马当上空，柳哲生发现敌舰后，故意高飞，吸引日舰火力，苏联志愿队的SB机则分两队进入低空轰炸，一分队"投弹命中一大型舰，掩护的I-16机在上空盘旋一周，即见敌舰下沉"；另一分队向4个小型舰投弹，"当命中两艘，白烟冲天，判断系炸中锅炉部分，并受伤甚重"。柳哲生在敌高炮火网中被震得四下摇晃，多次险些被击落。中国飞机达成任务返航。抵达南昌后，柳哲生刚刚落地，便被苏联志愿队的飞行员围住高高抛起欢呼，称赞他是英雄。7月1日，柳哲生晋升为分队长。

6月28日6时45分，第2大队大队长孙桐岗率6架SB机，各携带炸弹400千克，使用碰炸引信，自南昌经鄱阳湖前往马当、东流间轰炸敌舰。起飞后与掩护的志愿队10架I-16失联。飞到安庆遇雨，从3000米高度缓降时，孙桐岗所率分队与副队长萧起鹏的分队又失联。孙桐岗飞至东流以东，折回西飞，转至获蒲（建德）附近尚未见长江，致任务无法执行而回。萧起鹏分队则至安庆附近，也与僚机失联，认为被敌攻击，也下降低飞而回，未投弹。其僚机王廷元的1104号与刘继昌的1103号在马当上空遭遇敌8架95式战斗机攻击。刘机见王机被击中，两发动机冒烟，投弹手钱长松跳伞降落，机枪手陈旭跳伞未开，导航员王廷元随机坠毁殉职，刘机被打漏油箱，仍向日舰投弹，着陆机场时油已漏尽。

掩护的志愿队10架I-16机在失联后，也飞抵东流上空，"与10架95式战斗机遭遇"，当即发生空战，结果击落1架，中国飞机于7时45分返回南昌。据日方记录："6月28日3架SB机空袭安庆方面，掩护的第15航空队击落2架，江上舰艇炮火击落1架，另重创战斗机、轰炸机各1架，第15航空队1架96舰战中弹迫降大破，飞行员加藤荣1空曹战死。"

7月中上旬的战斗

6月18日，日本大本营向中国方面舰队下达攻占九江的"V作战"命令，集中第21水雷队、第2炮艇队、第15航空队、第3航空战队等部。随着作战进程，又增加了第1空袭部队。

7月4日，日本第2联合航空队指挥官下令出击，第12航空队舰战队分队长相生高秀大尉率领96舰战23架，掩护马野少佐指挥的96陆攻26架空袭南昌。13时24分，据情报报告："12时29分，贵池发现敌机43架；13时24分殷家汇发现同架数敌机，由东北向西南飞行。"13时40分张廷孟得到情报，作如下部署："第2大队3架SB机即出发工作，各场飞机均须即刻起飞，所有SB机12架及亨克尔轰炸机4架未付予任务者，飞吉安待命。"

△ 7 月 4 日南昌空战的舰战队指挥官日本海军第 12 航空队舰战队分队长相生高秀大尉，在华战绩 5 架

张廷孟按："过去敌机进袭惯技，常以战斗机掩护轰炸机，自东北方我监视哨罅漏方向来犯，投弹后，当向南昌东南，再转向东北方向回航，对于敌人此种行动，准备于敌机到达星子上空时，所有在场已挂妥炸弹的SB机及亨克尔轰炸机，起飞向西飞行，再转向东北，轰炸长江敌舰，霍克机则起飞向东南，以5800米高度，盘旋于进贤上空，以截击回航时的敌轰炸机，I-15、I-16机则起飞向南，到达5800米高度，调整队形后，则折回截击敌战斗机之后部，斯时预料敌轰炸机在前，战斗机在后，经我奇袭后，敌当发生首尾不能兼顾之境况。若敌与我战斗机战斗，则在前之轰炸机，必遭我预伏霍克机以极好之攻击机会，反之舍我战斗机于不顾，而敌之战斗机后部，必遭我良好之痛击，惟起机时间，必须严格遵守，力能收此奇效。"

13时30分，日机至星子，即令中国飞机起飞，至13时50分，中国飞机起飞完毕，除第15队亨克尔轰炸机4架、第2大队SB机4架（出发3机在内）、志愿队SB机9架（含汉口飞来6架）飞往指定地点待避外，准备参加战斗的有志愿队I-15机17架、I-16机11架、第4大队I-15机7架、I-16机5架、第3大队I-15

机6架，计46架战斗机。14时10分，26架96陆攻分两组由鄱阳湖西岸侵入市区，战斗机23架由西北进入掩护。当时中方部署虽定，但SB机及亨克尔轰炸机起飞稍迟，致不能达成预定任务，而避往吉安的霍克机则因发动机故障改飞汉口，未能达成预定计划。I-15、I-16机领队的苏联飞行员对96陆攻的攻击，回航太早，忽略敌96舰战。苏联志愿队编队加速向96陆攻攻击，致使96舰战得以从中方队形后方攻击，发生激战。

△ 1938年7月4日南昌空战牺牲的苏联飞行员奥帕索夫上尉，3天后才在鄱阳湖中找到他的尸体，一说认为他在跳伞后被日军射杀，也有一说认为他的飞机被击伤后在低空失控坠毁

I-15、I-16起飞后，当以6层配备，警戒前进。志愿队各机在下4层，第4大队第22队张伟华率I-15机7架，居第5层；第21队王远波领I-16机5架为第6层。第21队的5架飞机升至5500米高空时，突然发现26架96陆攻于14时自鄱阳湖西岸进入南昌市区。中方早已获取情报，提前派出第3大队6架I-15、第4大队第22队张伟华率7架I-15及5架I-16和苏联志愿队28架I-16机，计46架战斗机埋伏，在鄱阳湖上空遭遇空战。晴空万里如洗，双方近百架飞机在空中混战，战场一直绵延上百公里。第12航空队分队士周防元成中尉击落2架。3天前刚升任第4大队第21队队长的柳哲生本来咬住1架敌机，但因机枪故障，无法追击，只好回航。不料突然发现自己下方有1架中国飞机正被日机追逐，于是他立刻做出俯冲攻击的"假动作"，不明就里的敌机飞行员立刻转弯规避。柳哲生见解围成功，也不多追，同中国飞机结伴返航。王荫华、李延凯追击敌轰炸机，一度与主力失去联络，随后返归。

中方宣称击落日机7架，其中寻获4架残骸，俘获飞行员1名。志愿队损失达7架，飞行员奥帕索夫上尉（K. T. Opasov）、苏霍鲁科夫中尉（E. I. Sukhorukov）、卡什卡罗夫中尉（V.A. Kashkarov）、赫留科夫中尉（S. A. Khryukov）在空战中牺牲，古边科和科兹洛夫的I-15bis严重受损，格里金跳

●准备从南昌出发的黄志刚，从发动机桨毂没有整流罩来看，他身后是1架SB 2M-100 轰炸机

伞，弗拉基米罗夫（E. Vladimirov）的I–15bis在稻田中迫降时翻覆。中方第4大队飞行员张志超牺牲，在武汉"4·29"空战曾击落1架日机的第22队飞行员信寿巽跳伞后仍被日机射杀！张伟华重伤，王玉琨迫降机场。日方的战报更是宣称"96舰战击落交战的50架中国战机的31架，96陆攻将升空拦截的15架中国战斗机击落14架，合计击落45架（含8架不确实），同时炸毁机库9座及指挥所一座，摧毁地面3架，共取得55架，是南昌空战中最大的战果"。日方自认仅损失2架96舰战，第12航空队小林久七1空曹战死。在这种"48：2的胜利"消息的支配下，日方指挥官更是得意忘形，加大了空袭力度，准备将中国空军"彻底消灭在南昌上空"。

7月8日5时56分，志愿队6架SB机、第2大队3机SB机，各带100千克炸弹6枚，使用瞬发信管，由苏联领队，自南昌出发轰炸芜湖敌机场。因云层遮蔽，全队失联。第2大队谢郁青所驾II–1号机飞至繁昌时，发动机突发故障，迫降繁昌附近。衣复恩所驾901号机、刘甫成所驾903号机在芜湖上空发现日舰10余艘，正向马当方面行驶，遂以5000米高度，分别于8时20分、8时45分，向日舰水平投弹，"全数爆发，敌舰损伤情形不明"。中方投弹时，敌高射炮火射击猛烈，并有日本陆航独立飞行第10中队1架95式战斗机向中方攻击，后者以后座机枪防御，均无损失。志愿队6架向芜湖机场投弹，均命中爆发，中方8架任务完成，10时15分沿长江安返南昌。

7月8日17时，志愿队4架SB机、第2大队2架SB机，各带100千克炸弹6枚，使用瞬发信管，由苏联领队，并以第4大队21队I—16机5架掩护，自南昌出发轰炸马当附近敌舰。18时到达目标上空，见泊有大小敌舰26艘，遂以5500米高度，在5架I—16掩护下，向日舰投弹，"全数爆发，炸毁情形不明"。敌高射炮射击甚烈，2架95式战斗机向中国飞机攻击，以后座机枪抵抗，刘甫成所驾903号机在投弹后转弯时，不幸被敌扫射击中起火，刘甫成跳伞重伤被俘，侦察员孙国藩牺牲，年仅23岁。其余飞机19时经九江返回南昌。

日方记录当天中苏轰炸机对长江空袭4次，海军航空队击落其2架，舰上及地面防空炮火击落1架，日方无损失。日军对俘获中国空军飞行员如获至宝，《航空兵团情报记录第192号》的"俘虏情报"专门记载，给予了精心治疗，并嘘寒问暖。刘甫成严守机密，只向日军陈述参与空袭的6架SB轰炸机是从南昌出发，均为中国人，未吐露苏联志愿队有4架参战。

7月9日6时10分，驻南昌的志愿队3架I—16起飞，6时40分至7时10分，侦察发现"小孤山上有敌中型舰2艘，下游有大型舰4艘，马当附近有敌舰1艘"，7时50分返回。10时30分，据报"敌重型轰炸机27架，并有多数战斗机掩护，向南昌方面进袭，10时45分，已至鄱阳湖以北向南飞行"。10时50分，中国飞机全部起飞，11时10分，敌机第一批9架，已至新机场上空投弹，中国飞机因高度尚低，拟候第二批到达时，再行攻击。未料第二、第三批敌机各9架，跟踪分向新旧机场投弹。此时，敌96陆攻在4500米高度投弹，96舰战甚多，为云所遮，不能判其确数，致未发生空战。旧机场场面被投小炸弹数十枚，并无其他损失，新机场被投250千克以上大型炸弹30枚，均落于跑道之西，总站办公厅附近中一弹，仅焚汽油数桶。工厂附近中三四弹，仅震毁棚厂少许，待修的飞机毫发未损。但空袭警报解除后，适逢旧机场方面发生误会，一时人声嘈杂，正值两个苏联飞行员经此，因言语隔膜，以致误认为有敌机进袭，这两位飞行员当即电话通知机场，在场的7架I—16又即起飞，而志愿队5383号机在起飞后，因热度太高，发动机起火后坠毁，飞行员跳伞着陆。

中国空军和苏联援华航空志愿队飞行员驾驶的I-15机群

根据连日中国空军轰炸机空袭，并结合7月10日夜的情报侦察判断："南昌驻战斗机7架、侦察机1架、轻型轰炸机20架、其他机型1架"，日军认为南昌仍是轰炸机队的重要基地。

7月14日凌晨4时30分，第13航空队6架96陆攻空袭南昌，在机场西南部空军医院投弹数十枚，机场所停飞机无损失。中方两架飞机起飞，因天色昏暗，未予追击。

6时35分，志愿队及第1、第2大队的9架SB机各带100千克炸弹6枚，由志愿队领队，自南昌出发轰炸东流附近一带敌舰，并有10架I-16机掩护。8时10分中国飞机到达目的地上空，"发现敌舰大小18艘"，以6100米高度投弹，"全数引爆，命中敌3小舰、2大舰，被炸伤甚重"。此时有96舰战12架向中国飞机攻击，当即发生空战，"敌机1架被我击落"。回航时经湖口上空见有舰队五大七小共12艘，可惜无弹可投。

8时40分，中国飞机返回南昌。25号机迫降黄梅以西太和铺，机损，苏联飞行员负伤；103号机被击坏油箱及安定板；306号机水箱击坏，均易修理；94号I-16机降落临川县温家圳，人机无恙。据日方记录，第15航空队飞行员东山、松本驾2架96舰战在江上警戒。

6月25日在日本大村编成的第15航空队于7月10日进驻安庆，司令官蒲濑和足大佐、舰爆飞行队队长峰松岩中佐、舰战飞行队队长南乡茂章大尉。最初定额为舰战队12架、舰爆队12架、半个舰攻队6架。实际编成数为"苍龙"号航母分遣的95舰战、96舰战各9架，舰爆18架，舰攻9架，负责协力汉口作战，并担任扬子江段周边防空的主要任务。

7月16日17时15分，志愿队4架SB轰炸机各带100千克炸弹5枚，使用瞬发引信，由苏联飞行员领队，自南昌轰炸东流江面敌舰。18时20分，3号机飞至中途折回。18时28分到达湖口下游，见有敌大小28艘，即自7000米高空投弹，"敌舰1艘被炸冒烟，其时又敌战斗机3架在我下空巡逻，未被发现"，19时20分返回南昌。

"军神"凋谢的"7·18"空战

7月18日，中日战事延烧至鄱阳湖，当天凌晨5时，刚进驻安庆的第15航空队飞行队队长南乡茂章大尉以下6架96舰战，护航舰爆分队长松本真实少佐的14架95舰爆和舰攻分队长渡边初彦大尉指挥5架96舰攻进袭南昌。此时第3大队队长吴汝鎏、第7队队长吕天龙受伤住院未愈，副大队长林佐在武汉失事殉职，而第8队队长陆光球杀敌心切，于6月25日提前出院，率第3大队第7、第8队经归德、武汉空战后硕果仅存的江秀辉、陈业干、莫大彦、黄莺、周纯、赖崇达等7架I-15刚刚转场至此。

凌晨5时54分，据都昌报告"发现敌机4架由北向南飞行"。5时58分，张廷孟令南昌在场飞机全部起飞。5时45分由樟树起飞的6架I-15到达南昌，并着陆3架，即令其起飞。5时59分，据报都昌又发现"敌机16架，由北向南飞行"。6时10分，"日军轰炸机6架在其战斗机8架掩护下，到达机场上空"。中国飞机起飞攻击，展开缠斗。日机从3000米高度由太阳方向进入，企图利用太阳光直射掩护偷袭中国飞机群，但带队长机南乡茂章并未发现中方在高空的战斗机，他那架编号为"10-118"96舰战的副油箱抛投装置故障，遭遇攻击时反应不及，被中国飞机击中。经验老到的南乡反复做盘旋、翻滚机动，企图摆脱中方攻击，几次差点逃脱，同时还不断反击苏联志愿队飞行员林琴·达多诺夫（V. Dadonov）驾驶的I-15bis战斗机，并打穿其座舱装甲。达多诺夫转而破釜沉舟地驾机撞击南乡座机，撞中敌机后顺利跳伞，南乡茂章则随2架战机残骸坠落于烟波浩渺的鄱阳湖内，时年34岁。

日方民间资料通常沿用上述说法，收敛其遗体的日本王牌飞行员坂井三郎则认为，像南乡茂章这样技术熟练的飞行员在空战中不可能犯下与敌机相撞的低级错误。日军官方也称南乡的座机故障，且在安庆基地染病不休，连日奋

勇邀击轰炸江上舰船的中苏SB轰炸机
队，遂无法正确判断飞机的距离而相
撞，以掩饰其失误。

第3大队第8队广西籍飞行员黄莺
驾驶编号为P-5873的I-15，为营救苏
联志愿队带队长机巴比洛夫与敌带队
长机相撞，后被7架96舰战包围，弹尽
油竭，壮烈殉国。他曾在第二次归德
空战中立下战功，总战绩2架，后追赠
中尉。

6时15分，96舰战逃窜，中国飞
机飞至预备机场加油后，又按规定地
点集合南昌应战。6时20分，发现"敌
双翼96式舰上爆击机8架到达机场上
空"，实为舰爆队小川正一中尉所率

⊙第15航空队舰战分队长南乡茂章大尉（1904—1938），日本海军"四大天王"之一，个人战绩8架

小野了、德永、滨上等4架95舰爆突破拦截，俯冲投弹（每机约50千克以下炸
弹4—6枚及一小部分燃烧弹），并继以低空扫射。新机场之西厂棚及房屋部分
落弹10余枚，东侧场边及南边落弹30余枚，南北跑道中心东侧10余米处有小弹
坑一个，但随即修复使用。小野了2空兵甚至明目张胆地降落于新机场，肆无
忌惮地将地面中国战机5架放火焚毁，再升空归队，报称击落中方2架战机，其
嚣张气焰不可一世，战后荣获殊勋，名声大噪。6时25分，4架I-16飞至机场上
空，经一度向敌攻击后，因机枪故障，即飞回高安。6时55分，中国飞机14架
又到达南昌，因在高空，未能发现日机而未进行攻击。7时10分，日机相继撤
离，中国飞机予以追击后，亦分别降落，有8架I-15、1架I-16飞降高安机场；
有8架I-15、5架I-16飞降樟树机场。

此役，中国方面称"计击落日机3架，中国飞机被击落2架（内1架可
修）。第3大队队员黄莺阵亡，苏联飞行员轻伤1人，又检查机场待修的飞机被
轰炸扫射而焚毁的，计2架SB轰炸机3006、2-3号，2架I-15、4架I-16，德制
亨克尔111A重型轰炸机及布雷达机各1架，计空中、地面损失11架"。《中国

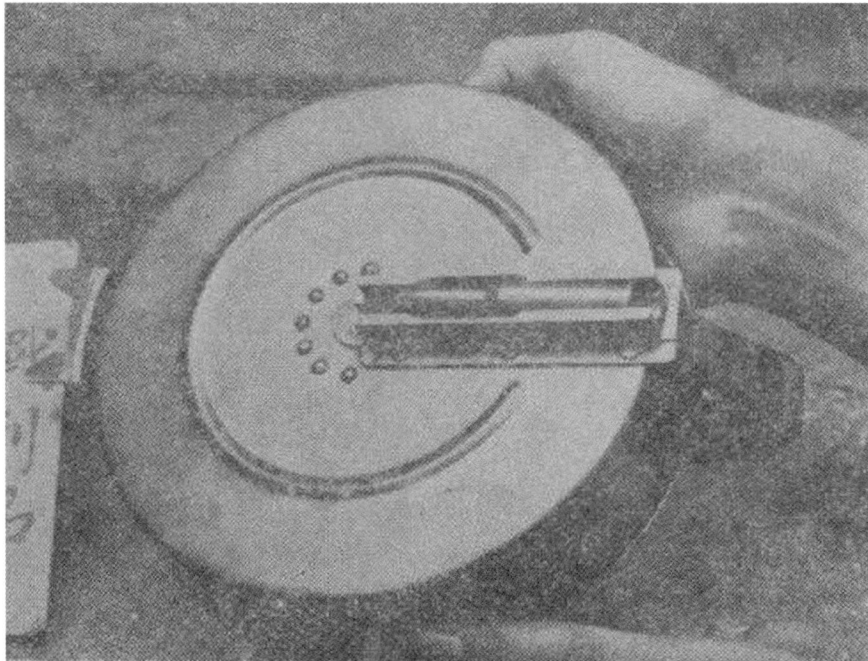

⬆ 1938 年 7 月 18 日南昌机场降落事件，日军缴获的苏式机枪弹盘

方面海军作战》声称"击落9架（含不确实2架）、击中燃烧及纵火燃烧者13架。损失南乡茂章大尉等两架。"但《中国事变航空作战诸统计》记录仅损失1架96舰战，而《第15航空队7月18日南昌空袭战斗详报》记载为南乡茂章的座机左翼断裂后空中解体坠入鄱阳湖阵亡。福永松人1空曹驾驶的舰爆未返回，另有中景获刚2空曹的舰爆被防空火力击中燃料系统，返航时坠海沉没，机组人员被日军救出。第15航空队日高初男称击落2架。战后，第15航空队被第三舰队授予感状。

南乡茂章系日本东京人，祖父、父亲均是日本海军高官，他接任山下七郎大尉的第13航空队舰战分队长之职。1937年12月2日率6架96舰战与30架中苏战机决战南京上空，报称击落13架，其中他一人包揽2架。3天后得到中国方面舰队司令官长谷川清的嘉奖，名声大振。1938年3月，南乡茂章接任所茂八郎少佐的"苍龙"号舰战分队长，成为海军战斗机队速度派的领军人物。他的

⌃ 日军攻陷南昌后，在南乡茂章坠机地打捞机体残骸，并竖立纪念碑

战死对战争之初的日本海军打击很大，有人甚至认为海军航空战的研究为此停滞了5年。时任海军大臣次官的山本五十六中将曾亲往祭拜，并在他的葬礼上抚棺号哭，时人称为失态。战后，追授南乡茂章为海军少佐，随后被裕仁天皇封为"军神"，其头像位列靖国神社的大门处。其弟南乡茂男大尉是陆航王牌飞行员，两人经历惊人的类似，1944年1月23日在第59战队付任上战死，总战果15架。

中方1940年编著的《空军抗战三周年纪念专册》备注："四大天王"指的

⌃ 第15航空队舰战队飞行员日高初男中尉（1915—？），7月18日空战称击落2架，总战绩11架，在华5架

是南乡茂章、白相定南、潮田良平、山下七郎，而日方的记载为海军航空队的"南乡茂章大尉、冈村基春少佐、源田少佐、野村大尉"。若按中方的说法，日本海陆航空队所谓的"四大天王"至此已经全部覆灭，其中2人死于南昌。而开战以来在南昌被击落的日本海军航空队大尉级分队长已达5人之多，可见双方对南昌制空权争夺之激烈。

南昌陷落

7月19日—24日，日机先后2次袭击南昌，一次25架，一次9架，南昌机场已无法使用，中方将南昌新旧机场彻底破坏。7月25日，日方经侦察发现，南昌仅有DB轰炸机及其他机各1架。

随着日军逼近，第4大队于7月24日奉命撤回武汉。2天后，九江陷落。为避免资敌，中国军队在撤退前焚烧九江机场仓库，并决堤将机场化为一片汪洋。特别陆战队占领了九江机场，进行紧张而浩大的排水作业后，至9月10日才使驻安庆的第2联合航空队的战斗机队进驻，12日第12、第15航空队转驻，15日第2联合航空队司令部移驻九江基地。

7月28日，中方获得"驶入鄱阳湖内之敌舰，大部集鞋山附近"的情报，翌日志愿队奉军令厅命令，以SB机10架，各带100千克炸弹6枚，使用延时引信，5时从吉安轰炸湖口马当间日舰。起飞后，有1架因故障折回，其余9架于6时10分到达目标上空，发现彭泽附近有敌舰大小20艘，湖口附近有敌舰约30艘，中国飞机以7500—8000米高度，分批进入投弹，"均引爆，命中良好，当见一大型舰翻转下沉；受伤未沉者，约八九艘"。此时高射炮急剧射击，并有日机数架在低空追击，中方无损失，8时许，中国飞机在吉安安全降落。

据日方记录，被炸沉的"大型舰"是日军"橘丸"号医院船，系1935年3月22日下水的新式客船，全长80.4米，宽12.2米，排水量1772吨，最大航速17节，船员38—45人，乘客1230人。因性能良好、外观明快、高雅大方，被冠以"东京湾皇后"的美誉。1938年6月29日被征用为吴镇守府特设医院船并进行改装，参加武汉作战，7月23日抢救波田支队登陆时遭炮击死伤的百余人，停泊在鄱阳湖时遭中国空军轰炸，2枚100千克的近失弹撕裂该船左舷，"橘丸"号为避免沉没，立即抢滩搁浅，但江水从破口大量涌入，最终该船侧翻倾覆。

▲ 1938 年 7 月 25 日，活跃在九江前线的日军陆航 93 式轻爆

　　尽管日军船艇就近努力援救，仍有百余名伤员及船员遇难，1个月后被打捞出水，在上海的江南造船厂紧急修复后返回日本。1944年被重新征用为陆军医院船，1945年7月19日偷运第48师团成功。8月3日，该船搭载第5师团第11联队第1、第2大队全部及第42联队1个中队计军官50名、士兵1562名，被美国驱逐舰临检时发现，官兵全部被俘，是日军历史上最大的成建制被俘事件。战后美军对这一违反《日内瓦公约》的行为进行审判，该船复员，作为运输船使用，在伊豆航线上服役到1973年，被称为日军的祥瑞船。

　　8月4日，日机2批27架轰炸南昌城区和两个机场，在下沙窝、三纬路、沿江路等地投弹100多枚，炸死市民60余人，炸伤200余人，毁房80多栋。由于指挥失误，中方反应不及而遭敌偷袭得手，满地弹坑，加之受雨水浸泡，跑道全毁，驻扎南昌青云谱、新机场的中国空军第3大队和苏联志愿队被迫陆续转移到高安、上高等机场隐蔽，南昌空战告一段落。

　　8月14日获悉"午刻湖口到有日舰20余艘；九江停敌舰12艘、运输船7只，并有伤兵4000余人，由该处运回南京"。15日6时，志愿队奉军令部命令，以6架SB机各带炸弹600千克，使用延时引信，自吉安出发，轰炸九江的敌舰。起飞后，有2机因发动机故障，先行返回，另4架于7时40分到达九江，发现"敌大小型军舰共15艘，4艘黑色，11艘白色"，即自7000米高度连续投弹，"全部命中引爆，判断敌舰2艘可能沉没"。

中国空军展示第 15 航空队 1 架 96 舰战的残骸

中国飞机距离目标约30公里时，遭遇9架96舰战自4500米的仰攻，处于6000米高空的中方飞机未接战，敌高射炮也未造成威胁。完成轰炸后，日机仍继续追击，高度已超过中国飞机，因而队形分散，两机返回吉安，1机落武昌，1机降孝感。在吉安的4机为避免报复，下午飞衡阳。据日方记录，5架轰炸机空袭九江，被击落2架，第12航空队以村田小队3架96舰战参加九江上空巡逻警戒。

8月25日9时35分，敌机18架在南昌市投弹2次，第一次10余枚，第二次20余枚，均落市西3公里的保安队营房，炸毁数十栋，死伤20余人。10时，日机6架在吉安机场投弹，落跑道五六枚，场面20余枚，机场已不能用，正在赶修中。13时30分，日机3架到南昌上空后，转向北方飞去，未投弹。

当月，苏联援华航空志愿队战斗机大队长布拉戈维申斯基、古边科、克拉夫琴科完成半年的轮训后，载誉返回苏联。古边科回国即任白俄罗斯军区空军副司令，可惜次年3月31日试飞特技动作时失事，时年31岁。获得6架战果的

◎ 日机航拍轰炸下的南昌城

克拉夫琴科回国后，两次被授予"苏联英雄"称号和"列宁勋章"，担任飞行大队长、第22战斗机团团长，参加诺门罕空战，单独击落3架日机，并与战友合作击落4架日机。

7日天晴，能见度良好。第1路司令部派志愿队指挥员希米洛夫率SB机6架，各带100千克炸弹3枚、8千克炸弹12枚（内1机未带8千克炸弹），6时20分自吉安轰炸九江附近敌舰。8时30分，飞抵九江上游龙坪镇附近，发现敌舰多艘，即在9000米高空投弹，"全部引爆命中，当见敌大型舰3艘着弹发烟，小型舰损失不明"。回航后10分钟，"有敌战斗机15架向我追来"，发生空战。该敌实为第12航空队金子小队3架96舰战。以前后座机枪构成密集火网，应战10余分钟，"见敌机2架受伤下坠，惟未能确实判明"，中国飞机1架被击伤，迫落靖安附近，机毁，人员1死2伤，其余5机脱离战斗，9时30分返回吉安。日方报称击落3架SB机。

8日12时09分，据报"敌机6架，在吉安机场投弹数十枚，落于场内者，大弹7枚，小弹14枚，机场已不能应用"，当即电知衡阳的第1路司令官杨鹤霄"请勿来机"。

据中方统计，驻南昌的中国空军和苏联援华空军，先后在南昌上空进行大大小小40余次激烈空战，并担负出击宁、沪、杭、台敌机场的轰炸任务，共击落日机41架，击伤24架，炸毁日机近百架，缴获96舰战1架，炸沉日舰20余艘，伤6艘。

第三章
配合徐州会战

1938年年初的北战场空战

  1937年10月23日，日本陆航飞行第2大队空袭洛阳，揭开轰炸洛阳的序幕，是为"北中国航空战"之始。鉴于日本陆航93式重型轰炸机航程有限，续航1250公里，而日本海航96陆攻续航达4000公里。为便于大范围辐射打击北方的基地，11月下旬将日本海军第1联合航空队木更津航空队20架96陆攻移驻北平南苑，企图以石家庄为中继，攻击西北航线。该航空队攻击18次190架次，以周家口、洛阳、西安、巩县、潼关、襄阳、兰州等地的机场为主要目标。12月30日，日本海军木更津航空队的9架96陆攻从北平起飞，空袭洛阳。

  进入1938年后，中方和苏联志愿队对日本占领区的轰炸打击并没有减少，中方通过这种轰炸向日军显示抗战决心，扰乱敌方的部署，打击其重要机场，尽可能在地面削弱敌空中力量。随着1938年1月初日本海军木更津航空队转场南京大校场机场，华北方面由陆军航空兵团负责，仅下辖第1飞行团，团长仪峨彻二少将，其编制如下：

  飞行第1大队（94侦察机2个中队，大队长柴田信一大佐）

  飞行第2大队（95战斗机2个中队，大队长寺西多美弥大尉）

  飞行第5大队（93轻型轰炸机1个中队，大队长圆田贤一大佐）

  飞行第6大队（93重型轰炸机2个中队，大队长岛田隆一大佐）

  飞行第7大队（88侦察机2个中队，大队长中平元量大佐）

◎第9大队成员（穿皮夹克者）于西安归来后，在洛阳航校与教官合影

飞行第9大队（93轻型轰炸机2个中队，大队长山濑昌雄大佐）
独立飞行第3中队（93重型轰炸机，中队长岛谷亨大尉）
独立飞行第9中队（95战斗机，中队长铃木五郎大尉）
临时独立飞行第1中队（97司侦机，中队长原田三郎大尉）
共计14个飞行中队，126架飞机

1月22日，飞行第2大队自山西向河南彰德前进。1月下旬，日方获悉"洛阳机场敌机活动频繁，已获得敌机集结30余架准备于农历正月攻击北平及天津等情报"，日本航空兵团企图从洛阳、临汾、徐州及归德等机场实施先发制人的攻击。1月30日13时55分，日本陆航第1飞行团以飞行第2大队2个战斗机中队、飞行第5大队1个轻爆中队（6架）和飞行第6大队2个重爆中队（5架）共5个中队自彰德出发，14时20分攻击洛阳机场，发现"机场有战斗机20架、中型机约10架、大型机1至2架"。轰炸队从黄河北岸进入洛阳新旧机场进行轰炸，投弹数十枚，但敌主力小型机早已升空回避，结果"炸毁旧机场大中型机各2架及小型飞机数架"。日机轰炸后，原本升空回避的苏联战斗机队9架起飞攻

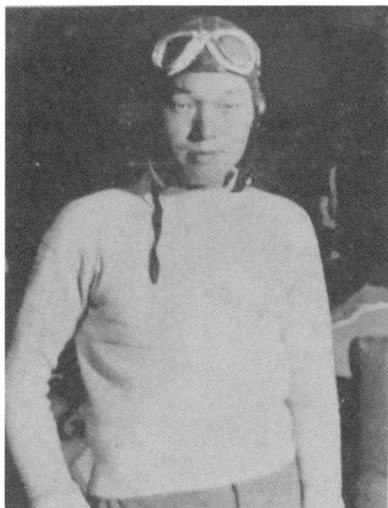

🔺1937 年 11 月 4 日，飞行第 2 大队第 1 中队中村静雄伍长及其坠机现场挖掘的写真报道

击轰炸队，空战展开。报称"击落I–15战斗机13架"，其中飞行第2大队第1中队参战8架95式战斗机，报击落10架，加藤建夫本人击落2架，川原幸助、泽田贡各击落3架。

空战数十分钟，中方报称击落95式战斗机1架，独立飞行第2大队第1中队川井利男军曹战死，中方亦损失5架，亚历山大·瓦西里耶维奇·克留科夫中尉、葛尔琴柯·伊万·福明中尉、尼柯莱·瓦西里耶维奇·沙拉依斯基中尉、杜日尔金·格里高利·瓦西里耶维奇中尉4人阵亡。据查，苏联志愿队2队战斗机，奉令由西安飞襄阳，因言语误会，其中1队误飞洛阳，以致发生空战。

1月31日午后，第1飞行团又以飞行第2大队战斗机队及飞行第5大队轻爆机再度攻击洛阳，投弹数十枚，但"机场已不见敌机踪影，炸毁机库后返回"。中国飞机因前日损失过重，起飞疏散，未与遭遇，因此损失甚微，并拾获飞行第2大队第1中队长加藤建夫大尉所投通信筒1个，意在向中方挑战，语

62

气十分狂傲:

中国空军战斗员:

　　勇敢的中国空军战斗员,其奋斗精神,吾人深表满腔之敬意;吾人欢迎中国战斗员,来中国飞机场上空决一胜负。

日本战斗队 加藤大尉

1938年春,第1飞行团团长仪峨彻二少将(右)与加藤建夫

　　同样的传单还散布到西安机场,第3大队官兵对落款的"加藤大尉"并不陌生。1934年广西航校飞行学员分批派到日本陆军明野飞行学校学习时,教官正是加藤建夫。至于他是否曾受聘到广西航校担任教官,由于其传记未见记载,尚难以下定论。因此,对于这位熟悉的昔日"老师","学生们"并不甘示弱,立即向山东兖州机场的日军针锋相对地回掷应战书:

日本空军战斗员:

　　前日接到贵队之战书,欲与本军决一胜负,本队甚为欢迎,吾人也准备领教……

中国空军战斗队

　　经此两次空战后,中央航校洛阳分校与广州分校迁至相对安全的广西柳州,与广西航校合并为柳州分校。日方此后不见洛阳有中方战机活动,航空兵团主力转而支援河北的扫荡作战。

　　2月13日9时20分,9架SB轰炸机从汉口出发,10时20分抵驻马店加油,11时40分由驻马店轰炸济南附近洛口铁桥,将该铁桥炸毁4洞,均倾斜于水中,其附近的木桥也焚毁。任务达成后,1架降落信阳机场外,其余在17时45分返回汉口。

◎加藤建夫所下挑战书的原稿

◎1938年1月31日，加藤建夫在洛阳投掷的装有挑战书的通信筒

2月17日，日本陆军航空兵团以轻型轰炸机2个中队及重型轰炸机1个中队编成第1直辖飞行队（队长山濑昌雄大佐），以重型轰炸机及战斗机各2个中队编成第2直辖飞行队（队长岛田隆一大佐），准备攻击苏联援华的西安、襄阳等沿途中转站。

3月8日15时20分，飞行第2大队自运城空袭西安，驻西安的航空第11总站因情报延迟，中方留场警戒之机刚起飞2分钟，已见97重爆2架在机场上空投弹，此时中国飞机比日机低800米，奋勇追击，终因高度较低及速度滞后，追击10余分钟不及，回降机场上空时，见95式战斗机16架，分两批到达西安上空，与中国飞机格斗，"均无损伤"。

△1936年，广西航校派赴日本陆军航空明野驱逐飞行学校受训的第二批学员，前排为日本教官及助教

3月11日11时15分，据报"敌机9架向西安进袭"，驻西安的第17队队长黄泮扬率7架I-15战斗机起飞，在西安上空警戒，又由第25队副队长袁葆康率4架相遇，在机场南万华山上空，5000米高度巡逻警戒。30分钟后，见敌机9架由北方飞来，黄泮扬率队突进攻击。随即又有6架参战，又发现敌机12架在上空盘旋，"敌机除有96式机6架外，其余均为意式费机"。中国飞机因机数过少，被冲散，陈风临、沈其超两机发动机被击损坏，迫降场外。

经此两次西安空战，日方认为"华北方面之中国空军因受日方攻击，虽撤收西安机场，但主力依然位于中国西北部及中部，并得力于苏、美等国之援助在急速恢复战力中"。

第二次归德空战

1938年4月初，台儿庄决战进入白热化阶段。

4月1日11时20分，SB轰炸机3架，共带50千克炸弹12枚、8千克炸弹72枚，由苏联飞行员驾驶，飞赴鲁南峄县轰炸日军。14时飞抵峄县上空，发现县城东关与南关内多处起火，城中人数甚多，并有密集部队，见中国飞机飞至，乱作一团，中国飞机当即投下大小炸弹48枚，"均命中引爆，死伤敌军甚众"。中国飞机盘旋多时，未见敌机迎击，遂成队返回汉口。

同日8时10分，苏联志愿队3架SB轰炸机飞赴鲁南峄县及台儿庄之间，轰炸日军。10时55分，空袭位于台儿庄西北乱沟的火车站和桥梁，车站命中1弹，黑烟冲天，车站全毁，并发现日军一两百人，当即连续投弹，"毙敌颇众"。该队飞返汉口东方数十里的阳逻时，有1架因发动机故障迫降，人无恙。第3大队再次飞临台儿庄日方阵地上空，陷入苦战的日军以为是自己战机前来助战，纷纷喜出望外地举旗、掷帽，中方趁势扫射投弹，日军被炸得焦头烂额，多日来吃尽日机苦头的中国地面部队无不拍手称快，甚至纷纷不顾危险，跳出战壕，挥舞枪支向空军兄弟致意。

5日，为配合中国陆军反攻，再以战斗机18架、轰炸机3架继续扩大战果，迫使日军加强大汶口及兖州机场的空中警戒和地面防守。8时20分，志愿队2架SB轰炸机共带100千克炸弹10枚，飞赴鲁西鲁南一带侦炸，经归德机场加油后，飞东海连云港沿海岸向北侦察，未发现日舰及其活动迹象，至诸城折回西南沿公路侦察，抵莒县上空时，发现"敌步兵三四百人向东北移动，见中国飞机至，四散奔逃，当即投弹10枚，均命中引爆，毙敌甚多"，至临沂见多处起火，但未见日军行动，又折向西北经邹县沿铁路南，飞至临城一带侦察未发现火车及日军行动，12时40分返回汉口。

中国空军频繁出击时，日本海军中国方面舰队的第2联合航空队加入了对徐州会战的支援作战。4月4日，第13航空队96陆攻轰炸汉口东北约220公里的固始及驻马店等各机场。5日，第13航空队再度轰炸固始机场，但未能挽救日军在台儿庄的失败。

4月8日13时25分，志愿队2架SB轰炸机共带50千克炸弹12枚、8千克炸弹48枚，传单2大包，自汉口出发侦察、轰炸路南一带撤退之敌。中国飞机起飞后离汉口东北120公里途中，因云低折回，将8千克炸弹投入小湖中，14时30分带50千克炸弹及宣传品返回汉口。

鉴于中国空军并未因第一次归德空战及海航突袭武汉而受挫，反而呈现更加活跃的态势，4月上旬航空兵团司令德川好敏中将依据华北方面军的命令，增加对津浦路方面作战的第2军的支援，并作如下部署：

1. 迅速移动寺内正仓的第1飞行团至山东方面支援第2军作战，并责成该飞行团协同第4飞行团歼灭山东方面及兰封以东陇海线方面之敌空军

2. 藤田朋的第4飞行团以执行空中歼灭战为主，第1军必要时得以支援第2军

3. 飞行第1大队须藤部队（欠1个队）接替原有的第1飞行团之任务

4月9日10时05分，志愿队2架SB轰炸机满载炸弹，自汉口飞赴鲁南，轰炸峄县城东的潭山敌炮兵阵地，并侦察、轰炸向北溃退的残敌。午后据报："1架飞至河南项城迫降，螺旋桨损坏，另1架飞至河南息县境内之马李店，因油尽迫降，人机安全。"

当日，第3大队派出I-15战斗机9架，每机载弹4枚，前往徐州以北轰炸南下敌军，炸毁敌军大量车辆、辎重，分队长高熙其中尉奉命赴前线侦察，中途油尽，迫降归德机场时失事殉难。

4月10日，因地面部队连日多次遭到中方打击，日本陆航加大对中方的作战力度，妄图将中方阻拦在前沿之外。日本海军第4航空战队"能登吕"号水上飞机母舰的水侦队自青岛出发，轰炸沂州城内的第40军军部。是日晨，第4大队第22、第23队的18架I-16组成第1、第2梯队，第3大队副大队长林佐率第7、第8队的9架I-15，各携带8千克炸弹4枚，组成第3梯队，奉命8时从信阳起飞，9时经周家口上空盘旋一周后，直飞归德。9时30分，到达归德机场降落加油，第22、第23队亦陆续到达。10时，"中国空军向归德集结"的情报再被飞

⚠ 1938年4月10日，在第二次归德空战中，新换装的加藤中队97式战斗机离陆滑行起飞

行团团长藤田朋截获，当即令寺西大队长与派遣寺仓第1飞行团中的该大队一部，共同在归德附近搜索中国战机予以攻击，同时命司侦机支援搜索徐州及归德附近的空中状况。

第3、第4大队共18架飞机，仍按9日规定高度及队形于10时45分由归德出发，根据战区司令长官部的协商，改炸枣庄中学之敌。第3大队各机在3000米的高度飞行，到达台儿庄时，即逐次降低高度，沿途搜索前进。到峄县时，见该城南方有十字符号，中国飞机再向枣庄方向侦察，11时22分到达目标上空，见枣庄南方公路上有敌军车数辆停于路旁，并有日军牵马驼炮向枣庄南门进入，当即下令攻击，以3架按次下降，向枣庄中学投弹，并用机枪扫射，其余各机在枣庄镇内对有敌踪处投弹并扫射。第22队投弹稍偏北，第23队的弹落于该校操场附近房屋处。第3大队弹落枣庄镇内，立见多处起火。该校及全镇均为黑烟笼盖，马匹狂奔，人迹熄灭。中国飞机轰炸后，仍按规定高度向归德回航，第3大队9架在上层4500米，第22队5架位于中层4000米，第23队6架位于下层3500米。

寺西大队长故技重施，指挥大队主力倾巢出动，约12时稍后进入归德上空施行拦截，95式战斗机编队11架保持5500米至6000米高空、以加藤建夫所率的97式战斗机编队3架在5000米高度为诱饵。12时20分，第3大队机群18架飞至归德以东25公里的虞城马牧集上空时，在3500米高度发现"日军单翼机9架、

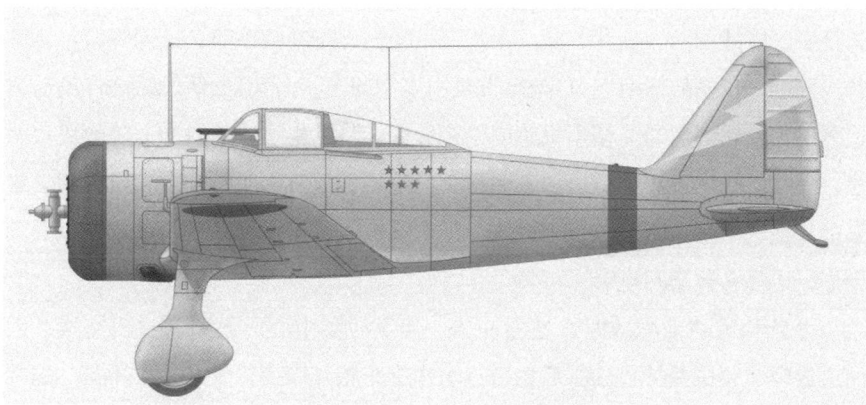

在4月10日第二次归德空战一战成名的日本陆军中岛97式战机

双翼机8架", 分向中国飞机迎面飞来。日方也在"4500至5500米处发现敌机约30架, 上层编队以居高临下的有力态势, 而第二层编队以不太有利之态势冲入战斗", 中方各队立即上升高度接敌。

第3大队升至5500米时, 中下两层中国飞机已与敌激战。第3大队4机也俯冲助战, 其余3架仍由副大队长林佐率领在上空监视。此时, 又发现"我上空尚有单翼水冷式发动机的日机4架", 因该机与96舰战形似, 很多飞行员将其认为96舰战, 实际为加藤建夫所率的97式战斗机编队3架, 当即占位向该敌机攻击。加藤建夫所率的97式战斗机编队3架也冲入中国飞机群阵中, 集中兵力分割包围林佐编队。经几次突袭后, 林副大队长被2架97式战斗机包围, 盘旋鏖战约15分钟之久, 中国飞机多数燃油不多, 不能久撑, 形势危急。第8队飞行员黄莺冲下援救, 才将2架日机冲散, 但日机爬升极快, 无法追踪。第8队飞行员黄莺利用1架97式战斗机追击中方飞机的时机, 咬住其尾巴, 准备开火。该机飞行员经验老到, 提前发现黄莺, 立刻丢掉前面的中国飞机, 一个小半径盘旋将黄莺甩掉。黄莺的技术也十分娴熟, 立刻拉了个坡度近90度的切内径转弯, 再次咬住这架日机的尾巴, 防止其反扣过来咬自己的尾。经几番追杀, 黄莺终于绕近到日机尾后300米之内, 一阵齐射之后, 日机飞行员连同座机一起凌空爆炸, 目睹该机坠于马牧集附近铁道以北的麦田。但这一说法未得到日方印证。

林佐编队与加藤建夫的97式战斗机编队苦战时, 95式战斗机11架占据高度和速度双重优势, 突然从中方右侧方高空俯冲偷袭。第7队长吕天龙因力战3架日机, 屡被围困, 后背、腿、手指等处受伤, 终冲围脱险, 返回降落。副队长朱嘉勋与日机战斗时, 见1架单翼机由上空冲下, 向第4大队23队陈怀民后方追踪射击, 形势危急, 便用机枪向该机射击, 将其击伤, 不料却与陈怀民机相撞, 致陈机的尾部震毁坠地, 人幸跳伞脱险, 该敌机同时坠地, 人机俱灭。朱嘉勋又被数架日机围攻, 奋勇迎击, 但发动机罩被击中, 四散纷飞, 飞机震荡剧烈, 迫降马牧集附近。

分队长曾达池激战时, 左右冲击, 位于战圈中心, 不断与日机交战, 因油量告罄, 且机头护盖膨胀后松散, 与螺旋桨相互摩擦, 于是趁敌不备, 迫降马牧集附近。第7队队员梁志航与第4大队1架友机协同队数架日机作战, 友机先被击落，人跳伞脱险，梁志航势单力薄，被击中殉职，坠于马牧集附近。张光明与多敌格斗，击落日机1架后，也被击中冒烟，迅速跳伞，落于夏邑县任楼村，幸免于难。冯汝和与多敌混战，击落1架日机后，继续奋战，被击中数弹，勉强脱离。张明生在格斗中，"击伤1架97式战斗机，又与95式机格斗，因敌占据高位优势，遂成极小的转弯，互争射击位置"。敌机始终紧随其后，张机以转弯半径过小，致失速螺旋下降，坠至1000米后恢复正常，却见发动机冒烟，迫降田野。经检查机身中20余弹，发动机尚好，随即起飞返回归德。

第23队梁添成混战时，"忽见敌96式单翼机1架，突现于前，即猛追猛射，该敌机尾部冒烟，左右蛇形图脱，正捕击间，又见一敌机攻我僚机甚急，即改击之，该敌机未敢恋战遁去"。梁添成正与欲继续作战，因油量关系，返回归德。第23队队长刘宗武参战，乘使自上方搏击1架日机，敌上升，刘机亦尾随，自下方向日机尾射，敌机应弹下坠。刘机因油量限制，12时25分飞返归德。第4大队第23队飞行员孙金鉴则在飞机中弹后跳伞遭日机扫射，身中5弹牺牲，年仅23岁。第23队队员王殿弼的发动机反复故障，迫降时腰部扭伤。

空战从12时20分持续到12时35分。中方总结："此战一经开始，即成为三层之格斗，各员均射击至七八次，除目见击落敌机2架、重伤2架外，在战

△ 4月10日第二次归德空战中重伤迫降的福山米助座机

斗中见2人跳伞，一机在空中焚毁，均不辨敌我。我第3大队梁志航阵亡，吕天龙、黄莺受伤，一机全毁、二机轻损。第4大队孙金鉴阵亡，两机全毁，一机轻伤，林悦雄、王殿弼、李廷凯三机因油尽迫降，人均无恙，其余飞汉口4架、孝感2架、归德3架。"计损失飞机4架，受伤8架。

日军战报则声称飞行第2大队15架与中国空军30架空战，击落中方24架，比中国飞机参战数量还多，其中大队长寺西多美弥少佐击落1架、第1中队为7架（加藤建夫自称2架）、在第一次归德空战中毫无建树的第2中队为16架（其中福山米助3架、须藤德弥2架）；承认一架97式战斗机被一架中国战机（疑为陈怀民）撞毁，第1中队加藤建夫的僚机齐藤利三郎曹长战死，这是97式战机第一个坠毁记录，重伤1架，战场受伤2架，在返回兖州基地迫降受损2架：大队本部下方鹤二曹长的95式战机发动机水温急剧升高至120度，中弹停转，迫降中被烧毁；僚机田中林平曹长冒死着陆抢救并带出下方鹤二曹长，在中国军队临近时起飞，免于被俘；第2中队铃木大曹长的95式战机因机轮受创，迫降时倾覆损毁。

长期以来，国内论著沿用当时的回忆，多认为广西航校的学生在此战击毙了曾担任教官的日军王牌飞行员加藤建夫。其实他的97式战机弹痕累累，但并未重创，简单修复后又可出战。值得一提的是，在空战中左膝盖被打断、右肘关节被子弹贯穿的第2中队附福山米助中尉，在飞机即将坠落之际，竟出奇地以口操作操纵杆，左手操作方向舵，坚持50分钟，飞行200公里返回兖州基地，但因重伤濒临昏迷，导致机体在着陆中倾覆，几乎损毁。这位被日本称为"壮绝鬼神"的英雄，堪与在"8·14"空战后驾驶遭重创的96陆攻迫降台北基地的鹿屋航空队大串均三军曹媲美，95式战机残骸也运回日本展览，以激起国内军民对侵华战争的狂热支持和拥护。13时30分入兖州医院抢救的福山米助中尉终因失血过多，伤重不治，苟延残喘至5天后毙命，时年34岁，生前战绩公认为7架。陆军航空兵团司令官德川好敏中将追授他个人感状，并追晋陆军大尉。

日军战后总结，在战前一周，即4月3日，新研制的中岛97式单翼战斗机最先装备在华的陆航第1大队第1中队，经过短暂的紧急训练，惯用95式双翼战斗机的队长加藤建夫评价该机除盘旋半径不如95式外，以其优异的性能，完全能

⬆ 在 4 月 10 日第二次归德空战丧命的加藤建夫的僚机齐藤利三郎曹长

⬆ 侵华以来，加藤建夫一直蓄须，直至 3 月 25 日川原幸助、4 月 10 日僚机齐藤利三郎相继战死，4 月 11 日才剃胡须

满足实战需求。日军陆航也认为，97式尽管在综合飞行性能方面略逊于海航的96式舰战，但最小盘旋半径及最大盘旋角速度等直接判断格斗性能优劣的硬指标却比后者略高一筹，并优于同期国外同类飞机，达到当时单翼战斗机机动性的顶峰水准，因此对其寄予厚望。在4月10日的首次实战中，95式战斗机再获肯定，其性能远在中国空军的I-15bis、I-16之上。加藤编队发现位于中层的中国空军欲脱离战场时，利用97式战斗机较高的速度从前上方切断其退路引诱交战，又捕捉从上层编队的战斗中俯冲脱离的中国战机并予以击落。相比第一次归德空战，此战日机换装新式的97式单翼战斗机，即便如此，在飞机性能优越又占据主动进行偷袭的情况下还只能惨胜，并未占多少便宜，尤其是加藤中队的综合表现，远不如第2中队。日方对中国空军第4大队参战颇为重视，认为中方的空战训练、战法观念均较以往有很大提升，战斗意志旺盛。

4月11日，加藤建夫为悼念川原幸助中尉、僚机齐藤利三郎曹长战死，剃须以示纪念。

4月14日，在兖州基地举行华北方面军授予加藤中队感状的仪式。

▲4 月 14 日，在兖州基地授予加藤中队感状的仪式

▲中国飞行员描绘归德空战胜利的漫画

　　此战，中国空军第3、第4大队遭受重创，大伤元气，在徐州会战中消失了1个月，使第1飞行团得以方便活动，局面大为改观。针对寺西大队长此番陇海线方面空中歼灭战的行动，尤以第一、第二次西安及第一、第三次攻击归德之功绩，航空兵团司令官德川好敏中将于4月29日的"天长节"明令褒奖嘉许。

"5·20" 仪封空战

徐州会战中，虽然取得台儿庄战役的阶段性胜利，但中方统帅部考虑自身情况不足，盲目扩大战果，不计成本地在黄淮平原投入60万大军，以致被日军机械化重兵包抄。且国民党军队中一贯存在派系之见，虽广西、西北、四川等地方部队拼死杀敌，以肉弹炸坦克、以身体堵枪眼，川军王铭章师长以下更是坚守藤县以身殉国，会战还是以中方主动撤退结束。其间，中方还展开了皖北作战和豫东作战，一定程度上袭扰、阻滞了日军机械化部队的攻势，但损失较大，得不偿失。

4月19日，第4航空战队水侦队轰炸沂水。27日，第13航空队96陆攻轰炸陇海路兰封及砀山附近的军用列车。28日，第13航空队的96陆攻轰炸集结于徐州的400辆军用卡车，别动队则轰炸邳县的中国阵地。30日，第13航空队轰炸在归德县集结中的200辆军用卡车。

4月30日，航空兵团就徐州会战下达作战命令：

1. 陇海线东部方面敌军集结于徐州、归德及兰州等方面似有阻止中方进攻之企图：

2. 航空兵团除以主力支援第1、第2军以促进对陇海线沿线之作战外，须把握良机歼灭敌空军势力。支援地面作战之重点最初虽指向第2军正面，但依状况得指向第1军正面。本作战期间大致预定一个半月：

3. 寺仓飞行团除支援第2军作战外，应协力藤田飞行团歼灭出现于兰封（含）以东陇海线方面之敌空军势力：

4. 责成藤田飞行团歼灭连接颍州、驻马店、南阳等线附近方面之敌空军势力外，须支援第1军（以第14师团为主）作战。同时视情况以轰炸队支援第2军作战。

同时，日本海军航空队主力也转入徐州作战，攻击目标为陇海路沿线的各车站、货车、铁路、大运河上的船舶、仓库、密集部队、战车群及阵地等。

5月10日，第4大队副大队长董明德率6架I-16战斗机，由汉口飞驻马店，归第2路司令官陈栖霞指挥，"相机扫荡徐州及鲁南一带之敌"。

5月11日晨7时05分，第5大队第17队队长岑泽鎏率8架I-15战斗机，每机装挂10千克炸弹4枚，自周家口前往徐州以南的蒙城，轰炸日军阵地。在蒙城上空发现"敌步骑兵500余人及坦克12辆，占据该城。又见河北岸有类似炮弹形之物堆积数堆，南岸有汽车数辆；该城东门外公路上，发现敌运输车10余辆，正向城垣行进，城内无任何情况"。中国飞机即在1000米低空分向各个目标轰炸，"即见城东之车辆一部被炸着火，北岸人马群中亦中数弹"。因中国飞机所带炸弹均为8千克，所以坦克虽被炸，但未见被击毁，中国飞机任务完成返回驻马店。

同日5时25分，第4大队副大队长董明德率5架I-16战斗机，从周家口起飞，驱逐徐州上空活动的少量日机。6时25分，抵徐州降落加油。7时45分，遇空袭警报，当即率各机升空警戒，5分钟未见日机，仅第21队队长罗英德发现敌侦察机1架，转瞬之间即入云层，无法攻击。原定仍降徐州加油，但机场上空盘旋多时，未见铺设标布，不敢贸然降落，继续向周家口飞去。9时30分飞至亳州，遇低空有雾，视线不良，因油量不足，尚不能迅速找到周家口，必致迫降田野，决心降落亳州加油。刚落地，"忽遇敌96式战斗机12架由东北方向飞来，油不及加，机不及飞，竟被敌以3机掩护之9机扫射"，均中要害，5机全毁，人员无恙。13日董明德等由陆路回武汉。据日方《日本陆军战斗机队》记录，"日本陆航飞行第8大队第1中队长杉浦胜次大尉以下10架95式战斗机攻击亳州机场，与着陆中的中国空军10余架交战，取得击坠5架，击毁5架的战果"。《关内陆军航空作战》则记载："11日，飞行团以战斗机1个中队攻击亳县（归德南方）机场，使地面之I-16战斗机5架起火燃烧。"

5月13日，日机猛烈轰炸徐州车站，蒋介石驻四号房，几成焦土，愤道："敌必欲杀余而甘心也。"第4大队在郑州5架I-15战斗机、3架I-16战斗机，奉令"扫射在董口集偷渡黄河之敌"。4时45分，第4大队第21队分队长李文祥率领3架I-16战斗机，与第22队分队长杨慎贤所率4架I-15战斗机自郑州出发，经开封、兰封、东明，前往扫射在董口集偷渡黄河的日军。飞抵目标上空时，见有日军三四百名盘踞村落，南北两岸停泊帆船20余艘，并有1艘满载日军向南岸运送，中方各机即分两个编队，由2500米高度俯冲至300米高，向日军船只往返扫射五六次。北岸敌帐篷起火，载兵的船只向下游漂移，两岸日军隐蔽。中国飞机任务完成，6时45分飞返驻马店加油。10时48分转回汉口。此役，杨梦青在郑州起飞即遇日机，未能加入编队，直接回汉口。据报击落日机1架，张明生机开火时打坏了螺旋桨，迫降许昌；杨慎贤机飞至驻马店落地失事，机毁人亡；司徒福机扫射时被敌击伤，迫降开封机场。

13日晨，中方为阻止日本陆航活动，以南昌的SB轰炸机3架、驻马店的第17队I-15战斗机8架、周家口的志愿队I-16战斗机9架、周家口及亳州的第25队霍克75M机4架，组成混合编队计24架，分两批飞往蚌埠和蒙城，轰炸在此集结、准备向徐州突进的日军，直接支援陆军作战。当天，日本海军航空队在陆军开始攻击徐州时，出动陆攻、舰载、水侦计10余架支援作战，航母"苍龙"号航空队1架96陆攻在攻击徐州途中故障迫降，机体烧毁。

5月18日及19日晨，第3路司令官陈栖霞先后接到军令厅厅长毛邦初、参谋处副处长罗机电话命令要旨如下："明（19）日12时以前I-15、I-16、霍克Ⅲ等机14架，由汉飞驻马店集中，归第3路军陈栖霞指挥。"陈司令官根据电令要旨，电话令驻马店的第5大队第17队队长岑泽鎏下列部署：

1. 第17队I-15战斗机10架，第21队I-16战斗机2架，由岑队长率领，（郑州I-16战斗机1架，另电知照）于19日18时30分以前，飞抵周家口，集中待命

2. 其余霍克Ⅲ机2架，及检修I-16战斗机1架，均暂留驻马店待命

19日晨，中方出动轰炸机3架，轰炸蒙城日军战车部队。同日，徐州失陷。由于国民党最高军委会及时洞察到日军的企图，将中国军队化整为零地转移，从西南方向突破日军的合围，挫败日军全歼中国军队的阴谋，敌苦心集结30万重兵收拢合围圈，仅占领徐州一座空城。同日，第2飞行大队出动24架战斗机，于17时10分飞抵郑州上空，轰炸新旧机场，并破坏了铁路、列车。

19日18时30分，10架I-15由岑泽鎏率领飞抵周家口，并随带航委会戊字第1457号命令1件。19时，陈栖霞在周家口机场，口授命令："岑队长率I-15战斗机10架，于明（20）日拂晓轰炸蒙城永城之敌部队，如发现坦克车辆，可集中轰炸，每机携带12千克炸弹4枚，任务完毕，飞返驻马店加油待命，并将作战经过用电话报告。"

20时又奉军令厅电话命令如下：

1. 兰封以东，仪封上空附近，发现敌轻气球，仪封以东为敌炮兵阵地，以西有敌步兵部队

2. 明（20）日9时兰封中方分两路向仪封之敌攻击，一由兰封，一由兰封东北进攻

3. 我I-15战斗机10架，每机携带8或12千克炸弹4枚，I-16战斗机担任掩护，霍克Ⅲ机2架各携带500磅炸弹1枚，预定于明（20）日9时20分到达仪封上空，轰炸敌炮兵阵地及步兵部队，并破坏兰封上空之敌轻气球，沿途侦察敌我情况，任务完成，仍回周家口待命

5月20日，第5大队第17队队长岑泽鎏率本部8架及第4大队第22队的2架I-15战斗机，每机携带8千克炸弹4枚，预定8时前往仪封轰炸，协助陆军作战，但5时35分I-15的油弹装妥时，突报"敌机21架经郑州向周家口方面飞来"。陈栖霞为避免空袭并完成轰炸任务，不待霍克Ⅲ到达，令10架I-15即刻起飞，编成1分队，以V字队形，于5时50分自周家口起飞往兰封轰炸日军，并攻击气球，侦察地形。6时25分，飞抵仪封上空，正降低视察目标，准备投弹时，即见"敌96式机10余架，依太阳方向向我俯冲而来"，另有95式双以及10余架，从东南方向飞来向中方包围。

日军陆航兵团事先破译作战密令获知"中国空军I-15战斗机10数架向为切断敌军退路而突进至兰封方面之敌14师团展开反击"的情报，当即令寺西战斗飞行大队的21架95战斗机及3架97战斗机从四面突袭而至。领队岑泽鎏正率第1分队，见敌我已甚接近，无法避免，决心与之决斗，各机投下所带炸弹应战，怎奈敌众我寡，且敌占优势方位，中国飞机转眼间全被包围。岑泽鎏开尽油门，与1架97式缠斗数分钟后，中国飞机高度渐高，敌不敢再斗，向北飞去。僚机2架各被2架96式围攻，岑泽鎏俯冲向敌攻击，即见日机散去，僚机得脱。他又向第2架被围的僚机增援。经两次冲击后，日机散去，僚机又得脱，回视第一次获救的僚机又被咬尾，再奋往支援。正在俯冲间，见第1架僚机朱均球的5905号机起火下坠，人跳伞而下。此时第2架僚机汤威廉的5909号机又

被包围，岑泽鎏再冲下往救，惜未能救援，已被击中起火。岑泽鎏因俯冲次数太多，优势高度亦失，敌96式机5架乘胜向其攻击。鉴于增援缺乏，他沉着向西南疾飞，转眼间又遇见日机五六架迎面飞来，发现中国飞机时，又转追击逼近，随即侧滑躲避，飞至杞县以北，见敌96式机转头飞去，其尾追者只1架95式。岑泽鎏转身缠斗7分钟，因敌占后方优势，岑在被动位置，发动机被其击坏，用尾旋法避开，后试验发动机，尚能勉强支撑，超低空平飞返回驻马店。

分队长马国廉率第2分队3架在岑队长机的左侧，高度2800米，天无大雾到仪封上空，发现"敌96式战斗机5架，先背太阳向南飞，后向第3分队后方追来"，马国廉率第2分队前往增援。正好在转弯时，又遇到"96式机9架"在我上方约100米掠过，似未发觉中国飞机。马国廉领队向敌翼底俯冲而下，避其威胁，但僚机忽被日机发觉，随即围攻2架僚机。马国廉即上升，奈敌众我寡，第1僚机丘戈所驾5903号机被击中起火下坠，第2僚机张尚仁5920号机亦受重伤，垂直俯冲而下。日机再向马国廉射击，马机侧滑俯冲，距地面50米向南侧飞。3架日机尾随，轮流射击1分钟，马机发动机冒白烟，滑油温度及压力均超过极限，而敌机逼近射击，马机仍作侧滑避开，飞回阵地，见日机退回，将油门减至最慢，却仍冒白烟，发动机不大灵敏，坚持飞回周家口。

分队长胡佐龙率第3分队3架在岑泽鎏分队以东，高度2800米，遇3架95式机，由东面利用太阳光从3500米高度掩护追来，速度甚快。1架僚机被咬尾不脱，胡佐龙追击才脱离。另一日机在胡佐龙尾后上追来。因距离太近，即用急转弯，避开其射击，但胡佐龙不及避闪，滑油箱中弹，油门操纵杆也被击中，发动机温度急增，因恐飞机着火，俯冲离开，见地迫降。发现日军五六人由东南面土岗树林内追来，胡佐龙将飞行衣及帽抛弃，转向西南疾走，循南杞公路，抵达杞县。

此战，日方报称击落中方12架，其中：

大队本部2架

第1中队5架

沢田贡中尉3架

安间克巳少尉1架

第2中队5架

坂井庵1架

须藤德弥1架

日方受损情况为：

泽田大尉座机中弹18发、发动机中弹1发

安间克巳中尉的发动机中弹1发

铃木大曹长机右第五气筒发条中弹1发

梅川亮三郎准尉、须藤德弥军曹的战机被子弹贯通

菊地爱人曹长的战机在返程着陆时破损

日方弹药消耗情况为：

大队本部耗弹589发

第1中队433发

第2中队2516发

总计3538发

　　因敌我力量悬殊，中国战机几乎全军覆灭。实际中方参战10架，被击落6架飞机，另有2架迫降（含1架迫降受损），所余2架也弹痕累累。朱均球双腿重伤跳伞后落入敌阵被俘，不屈而死。面对仪封空战如此悲壮的结局，就连一贯严谨不带感情的官方战史也不禁叹息"此役甚为惨烈"。华北方面军司令官寺内寿一大将5月29日授予寺西多美弥的飞行第2大队感状。经此一战，中国空军彻底丧失战区制空权，日军士气如虹。为继续扩大战果，寺仓的第1飞行团以侦察2个中队、轻轰炸中机3个队支援第2军主力追击，另以2个侦察队支援第5师团方面的扫荡作战。藤田的第4飞行团则以侦察1个队、轻型轰炸机及重型轰炸机各2个队的飞行团主力支援第14师团，并轰炸开封及郑州附近的车站、主要设施及集结部队等重要目标。

　　同样在5月20日，第5大队第29队队员谢荃和率2架霍克Ⅲ，各携带14千克杀伤弹10枚，原定由驻马店飞周家口，会同I-15向仪封轰炸。抵周家口后，见

I-15编队已提前出发，且该方面有日机活动，改自驻马店轰炸蒙城的敌运输队。蒙城东北公路上，发现"约有卡车数十辆、马车约50余辆及少数押运军队在行进中"。7时50分，中国飞机自6000米高度俯冲投弹，均引爆，有4弹落于卡车附近，轰炸后见卡车停于路旁，马车因受惊吓，左右乱奔，少数押送队散开于田野间，以机枪对中方射击。中国飞机任务完成，11时20分返回驻马店。

同日11时30分，第1大队第4队队长郑长庚领队，率74、2-1、95号SB轰炸机3架，各带50千克炸弹6枚，8千克炸弹12枚，及传单2包，除95号机仍因起落架故障，未随队往返外，另2架由汉口出发，经麻城、寿县轰炸蚌埠敌机场或浮桥及蒙城东北的日军，并散发传单，沿途见1列火车由凤阳向蚌埠前进，淮河两岸未发现敌情。12时55分到达蚌埠敌机场上空，除见棚厂两座外，其余因地面薄雾，视线不良，无所发现，当即自5000米高空连续投弹，多数命中引爆，轰炸结果不详，至15时10分，循原路飞返汉口。

5月21日，苏联志愿队安德烈耶夫率9架SB，各携带炸弹492千克，使用延期引信，自汉口轰炸安阳敌机场。天气不良，云层太多，云幕高50米，能见度1000米，机在云层上方7000米飞行，因此预测将达目的地时，穿云而下，遂致失散，未能达成任务，迫降于六安附近，其他僚机亦迫降固始、霍邱、桐城、九江等处。

表7：仪封空战结果

单位及职务	姓名	机身编号	概况
第5大队第17队领队，第1分队长	岑泽鎏	5883号	飞回驻马店，发动机被击伤，中弹达百余发
第1分队（岑僚机）	朱均球	5905号	双腿重伤跳伞后落入敌阵被俘后死亡
第1分队（岑僚机）	汤威廉	5909号	被击中起火下坠，阵亡
第2分队分队长	马国廉	5898号	安全降落驻马店
第2分队（马僚机）	丘戈	5903号	被击中起火下坠，阵亡
第2分队（马僚机）	张尚仁	5910号	被击中起火下坠，阵亡
第3分队分队长	胡佐龙	5901号	迫降杞县附近日军阵地，化妆脱离
第3分队（胡僚机）	邓政熙	5899号	迫降杞县附近日军阵地，化妆脱离
第4大队第22队	赵茂生	2205号	被击落牺牲
第4大队第22队	冯汝和	2201号	被击落牺牲

⚠ 1937—1938 年，日本陆军主流装备川崎 95 式战斗机

　　5月下旬，第3飞行团继续全面攻击从徐州周围撤退的中国军队。至25日，随着作战结束，飞行团大部撤回蚌埠战斗指挥所，不久飞回南京，余部继续支援地面兵团作战。吉田定雄的飞行第3大队在本作战期间对空中支援卓有功绩，7月9日受到华中派遣军司令官畑俊六大将颁奖表扬。

　　到5月30日，日本海军航空队在支援作战中共累计出动1800多次，投炸弹900多吨，牢牢掌握着徐州一带的制空权。中方主力第3、第4、第5大队派出的各队基本撤离中原战场，退守兰州、汉口、南昌等基地，投入到保卫武汉和南昌、兰州的战斗中去，5年后在美国的援助下才重返中原战场，夺回制空权。

第四章
保卫大武汉

1938年年初的武汉空战

武汉的战略地位

12月13日南京沦陷当日，为确保下阶段武汉会战顺利进行，中国空军主力主动退守汉口、武昌、南昌一线，并在苏联援助下开始换装新引进的苏式飞机，仅驻武汉的战斗机最多时就达67架。

为提高获取情报资料能力，密切监视敌机动向，中方以庐山、南昌、上饶、宿松、黄陂、孝感等地为要点，沿线各乡里、城镇为基础，遍设绵延不绝的对空监视哨网络，又透过情报机构，在敌机场附近派出谍报人员，密切监控敌机动向。航委会军令厅在汉口江汉码头设有作战室，负责接收各地情报，并指挥各机场适时转入各级战备。敌机从南京、合肥等基地起飞后，很快就会被中方监控人员发现，并透过各种方式直接报告给武汉航委会作战室，坐镇的地面总指挥官、作战处处长可随时下达指令，各机场紧急起飞应变。凭借防空监视哨预警系统，至少可争取10—30分钟的应变处理时间。

谁能取得空优高度，就掌握了制空权，这是决定空战胜负的关键。由于日机数量及性能皆优于中方，且主动出击，中方被迫转入防御态势；加上日方欺敌战术，或天候限制等因素，影响中方情报的判断。时常警报不断，飞行员疲于奔命，却不见日机来袭；或紧急警报响起，日机已临空，出现来不及起飞，低空遇袭的情况。虽有防空预警系统，但指挥官的判断、紧急起飞令下达的时间，亦是空战胜负的关键所在。

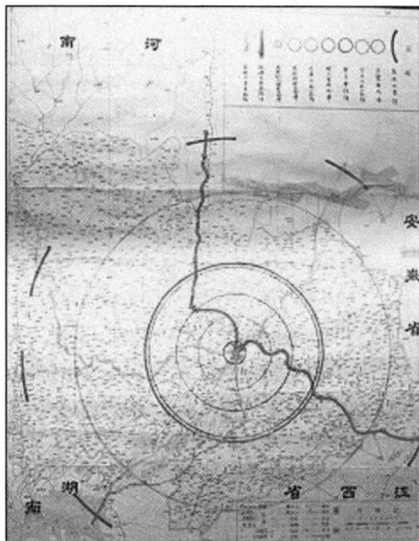

《武汉防空总配备及判断敌机攻击来路图》

随着苏联援华航空志愿队的加入和苏制机的换装，至1938年年初，全面复苏的中国空军已经拥有战斗机230架、轰炸机160架，总计390架。2月，在汉口、孝感基地配置飞机85架，包括波雷宁轰炸机大队的31架SB轰炸机和伊万诺夫大尉的I-16大队。科兹洛夫大尉的SB轰炸机大队及布拉戈维申斯基统一指挥的I-15、I-16机大队则配置在南昌。

日方获悉，苏联飞机自1937年10月中旬开始输入中国，尤其是华南方面的交通线路被截断后，英、美制飞机减少，苏联飞机相对增加。据查，"中国于1938年1月输入的飞机计TB机3架、SB轰炸机16架、I-15及I-16战斗机38架。据广州方面情报，截止1938年1月20日已累计输入260架，分别部署于兰州100架、徐州40架、汉口60架，相信半数是俄制机"。

日方发现自南京攻防战结束后，中国空军的活动暂时偃旗息鼓，不料进入1938年之后，居然企图对日军占领地区进行航空攻击，以兰州、西安、襄阳、汉口、南昌及南城等为第三线机场（根据地机场），另以陕县、信阳、玉山等地为轰炸机起飞及战斗机待机的第二线机场，再以洛阳、徽州之线为第一线机场，并将其前方机场作为前进基地，显然跃跃欲试。

轰炸武汉之始

早在1937年9月中旬淞沪酣战之时，日本海军航空本部就秘密策划空袭武汉三镇的计划，企图以此摧毁中方作战指挥体系、军事基地等，瘫痪中国军队交通运输，进而为地面进攻武汉创造条件。

1937年9月24日，日本海军木更津航空队菅久恒雄少佐的14架96陆攻首次空袭武汉三镇，8架轰炸汉口、武昌机场，3架轰炸兵工厂，3架轰炸火药厂。

鹿屋航空队 1 架准备起飞轰炸的 96 陆攻，携带 8 枚 60 千克炸弹、2 枚 250 千克炸弹

12月15日，汉口仅有7架霍克机担任警戒，至30日，驻汉口的飞机均移交第5大队第25队接收，并担任汉口警戒，大队部驻汉口待命。1938年1月，第17队队长黄泮扬率队员12人赴兰州接收I-15新机，第24队一部也赴兰州接收，一部在汉口警戒。日方研判，中方1938年1月进口轰炸机3架、中轰炸机16架、战斗机38架，共计57架。中国空军所拥有之飞机中，据判断苏制机占一半。

1938年1月3日上午，苏联志愿队3架的SB轰炸机从汉口王家墩机场起飞，轰炸芜湖大通河的日舰，炸弹下处火光四射，报称"炸沉日舰2艘，余舰仓皇逃去，泊于第三国船舰旁，以图庇护"。

鉴于中国空军尚未恢复，而日机肆虐横行无忌，中方致电驻苏大使："各方订购之飞机，均已陆续到华，新机练习必需时日，兹为立即应战计，请向苏方洽商，加派驱逐、轰炸飞行人员各一大队。"

1月4日11时13分，日本海军第1联合航空队木更津航空队12架96陆攻、鹿屋航空队11架96陆攻从南京起飞，在第2联合航空队第13航空队10架96舰战、第12航空队3架96舰战（亦有一说是共计16架）保护下，突袭汉口。除了苏联志愿队，中国空军第24队、第25队的7架霍克Ⅲ和1架菲亚特CR-32也起飞迎战。日方则声称在空战中击落4架，在地面上击毁14架，实际上是中方2架飞机被击落，1架被击伤。

⌃ 汉阳兵工厂附近遭轰炸成的废墟

空袭南京

1938年1月5日，夺取南京后，分散在上海附近各基地的日本海军航空兵各部开始集中到南京，准备进行华中地区作战，主要基地为南京、芜湖、上海。中国情报部门及时获悉这一敌情后，决定先发制人。

1月23日，苏联志愿队6架SB轰炸芜湖机场，5架SB轰炸南京机场，均未遭受损失，两架SB发动机故障降落。最初认定在芜湖炸毁8架敌机，后在26日轰炸时，根据侦察信息确认战果为烧毁3架、损坏5架。

1月24日，苏联志愿队9架SB轰炸宁国府附近日军，未受损失。9架SB轰炸芜湖前线，炸弹落在日军集结地。7架SB的发动机寿命已经耗尽。

1月26日，马琴大队的5架SB轰炸机两次从南昌起飞，攻击宁国府地区的日军，作为佯攻。同时，轰炸机大队大队长波雷宁率13架SB机从汉口轰炸南京。波雷宁编队黎明前起飞，此时南京机场的无伪装的日本飞机沿机场排列成行，空中由日本海军的95式双翼战斗机进行防御性巡逻。志愿队轰炸了机场，

● SB 轰炸机正在依靠外力启动，该机装备的 M-100 发动机寿命只有 150 小时，到 1938 年 1 月底时便已不敷使用，志愿队只好翻修后超限期使用

老旧的95舰战根本无法伤到SB轰炸机，据称炸毁48架敌机，烧毁飞机维修设施，以及燃料和堆积的弹药，有报告提及，"南京机场上有40—50架飞机起火燃烧"。日本承认的损失低得多，"击落2架苏联战机，第1联合航空队地面损失1架96陆攻"。但《海军中攻机队》记载："整备作业监督中的木更津航空队分队长山内醇大尉及数名整备员被炸死，飞行队长佐多直大少佐等数名负伤，木更津航空队2架96陆攻被直接命中，当场焚毁。"SB轰炸机投下的第一枚炸弹爆炸后，日军高炮才开始射击，发现"8架96舰战起飞拦截"，日方记录为第12航空队、鹿屋航空队各以1架96舰战警戒南京上空，发现苏联SB轰炸机后追击。日方宣布："袭南京之华机3架，其中1架有苏联机师遗骸。"

苏联志愿队报称"又击落追击的日机4架"，贝奇科夫的SB轰炸机在芜湖上空被击落，驾驶员和领航员乌多维琴科中尉在日占区上空跳伞失踪，机枪手科斯京阵亡。大队长波雷宁的座机一台发动机的冷却系统被击中，迫降在一片泥塘，普罗考菲耶夫接替指挥，一路努力寻找波雷宁的降落地点，但未找到。好在机组人员波雷宁、巴格列曹夫和库普琴诺夫凭借"来华助战洋人，军民一体救护"的身份证明，在中国渔民的救助下平安归来。有趣的是，他的座机也被中国农民拉到长江边，用驳船运回了汉口。

苏联援华航空志愿队轰炸机大队大队长费奥多尔·彼得罗维奇·波雷宁（1906—1981）1937年11月参加援华抗战，翌年4月返国后，11月14日因在中国的英勇表现被授予"苏联英雄"称号（第101号）

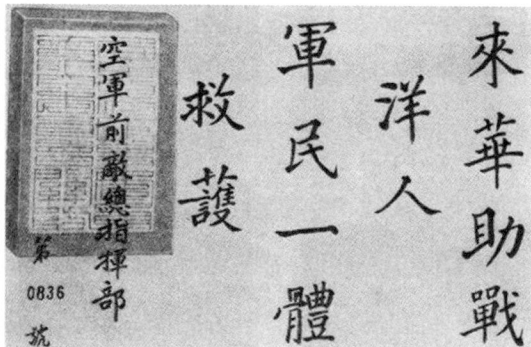

为便于中国军民识别，空军前敌总指挥部为苏联志愿队"来华助战洋人，军民一体救护"的身份证明

当晚，苏联空军顾问日加列夫来到机场，召集所有参与奇袭南京的人员并表示感谢，还警告说："日本人一定对其失败进行报复，机场要做好反空袭的准备。"

1月27日，日本海航果然展开"回访"，在第13航空队7架96舰战掩护下，鹿屋航空队5架96陆攻和木更津航空队15架96陆攻轰炸汉口。据报："7时敌重型轰炸机与战斗机20余架"空袭汉口，在机场投弹100余枚，中国飞机未与敌接战。因为中国情报部门卓越的工作，所有SB机起飞避开空袭。由于没有足够的力量保卫机场，为避免无谓的损失，中国空军采用了疏散战术，空袭警报发出后，所有飞机立即起飞到离机场约50—60公里空域避战。

1938年1月，中方请苏联加派战斗机、轰炸机各1个大队来华助战。苏联政府同意后，1938年1—2

月，波雷宁率领轰炸机大队的31架SB轰炸机进驻武汉，扎哈罗夫的战斗机大队40架飞抵南昌。为避免不必要的外交纷争，1月29日，中央宣传部接到命令："中央通讯社连登俄机师与俄方代表字样，应绝对禁止。"

"2·18"空战

第4大队返回汉口

1937年9月21日，第4大队飞行员、地勤人员40人水陆空兼程赶赴兰州接机，原本预定只需数周就可飞回南京继续作战，但因中苏相距遥远，苏联飞机的弹药、器材及补给，都需先由陆路运抵甘肃，而苏联机队是天气不好绝不飞，因而整个交机非常缓慢，交运过程事故频繁。尽管第一批少量的I-16战斗机在11月交付第4大队，但兰州海拔高，空气稀薄，飞机起降时升力不好控制，初来的苏联飞行员很不适应，交运的折损率很高。如1938年1月下旬的某日，苏联飞行员驾驶飞机自新疆飞兰州，降落时摔坏7架，而中国飞行员在接收训练时又摔坏几架，造成数周内就有20多架躺在临时搭建的修理厂内。

第4大队飞行员在兰州苦等近5个月，期间眼看京沪战事日趋不利，大家都急着回京参战，但无可奈何。直到1937年11月到1938年2月，第4大队才陆续东归（详情见表8）。2月17日下午，全大队进驻汉口，除梁添成落地失事，人安机毁外，其余都安全抵达。

表8：1938年2月第4大队换装归队一览表

领队	数量	日期	起飞—降落
第4大队大队长高志航	15架I-16	1937年11月21日	兰州—周家口—南京
第4大队第21队队长董明德	13架I-16	1937年12月15日	？—襄阳
第4大队第21队分队长王远波	6架I-15	1938年1月31日	西安—襄阳
第4大队第23队队长吕基淳	5架I-15	1938年2月1日	西安—襄阳
苏联教官	4架I-15	1938年2月1日	西安—襄阳—汉口
第4大队第22队队长刘志汉	11架I-15、I-16	1938年2月5日	兰州—西安—襄阳
—	9架I-15、1架SB	1938年2月7日	西安—襄阳
第22队	11架	1938年2月7日	？—襄阳
第23队	1架	1938年2月7日	？—襄阳
第4大队	冯汝和	1938年2月17日	襄阳—汉口

△ 1938 年，驻武汉的苏联援华航空志愿队飞行员

日机来袭

2月18日，武汉地区晴空少云，江面风平浪静。10时，日本海军第1联合航空队以木更津航空队的9架96陆攻、鹿屋航空队6架96陆攻由桧贝襄治大尉（与三原元一少佐称为陆攻队的双璧）率领，在第2联合航空队12架96舰战的掩护下，分别从南京、芜湖两地机场起飞，于安徽和江西交界处交会后，组成混合大编队，沿长江奔袭汉口，主要目标是汉口机场。但途中有1架舰战因故障被迫退出，实际参战的战斗机只有11架96舰战（第12航空队5架，第13航空队6架）。因第1、第2联合航空队在淞沪、南昌已折损不少优秀的指挥官，只得让已经接到命令回国的第12航空队舰战队分队长金子隆司大尉临时指挥。

18日早晨就陆续有警报响起，午前，据报敌机10余架疑似进窥成都，便派第23队飞往汉口东北方的孝感，准备拦截回程的日机，但未发现敌踪，便降落加油，再匆匆赶赴汉口。12时再度接到警报，第4大队即刻进入待命状态，由李桂丹指示作战编组。第4大队大队长李桂丹担任领队长机，以第22队4架

◎ 1938 年 1 月，96 舰战进驻芜湖基地，就近空袭武汉、南昌

为第1战斗群；第22队队长刘志汉率7架为第2战斗群；第21队为第3编组群，在6000—8000米高度掩护；第23队为第4战斗群，从孝感飞回参战。

因日机飘忽不定，中国飞机起飞时间难以定夺，直至12时45分，上级才令起飞，第4大队下属第21队10架I-16、第22队11架I-15从汉口升空迎敌。总领队李桂丹等4架起飞3分钟后爬升时，3号机张光明即发现后上方高空有日机群，迅速靠近李桂丹以手势示警，但李桂丹仍以大仰角爬升。

从东北方向直扑汉口的96舰战编队高度4200米，12时52分发现右下方中国机群，高度大约1500米，距离约2000米，共有I-15战斗机12架正在爬升，日机迅速解散大编队，分为4个紧密协作的3机编队（其中1队只有2架飞机），居高临下发起突袭。第12航空队的5架舰战攻击靠前的李桂丹以下6架I-15，第13航空队的6架舰战则咬住另外5架I-15。

遭到突袭后，中国机群顿时大乱，飞行员纷纷转入俯冲以求获得速度甩开日机，但咬尾的日军飞行员也都是老手，急切之中很难摆脱。张光明见情况不妙，立即做侧滑飞行，以避中弹。李桂丹则试图摆脱攻击，向汉口机场返航，但对方紧追不舍，在机场上空，其座机的油箱被小林二空曹和桥本二空曹联合击中爆炸，李大队长当场阵亡。

群龙无首的第22队升至2000米，巴清正、刘志汉、吴鼎臣、王怡等4架飞机被相继击落，2号机郑少愚、4号机张光明呈螺旋状下坠，后者陷入群敌围攻，以单机采取连续性的大动作特技翻滚飞行，脱离战场，倾斜迫降机场，发现被击中29处，经检查中弹竟达210余发。

危急时刻，从孝感起飞的第23队队长吕基淳率7架I-15前来援助，但如此添油式盲目增援，加之在空中缺乏有效地相互配合，很快陷入苦战，在混战中被分割包围，在局部被日机编队以多打少，长机吕基淳遭围攻击落。96陆攻编队在96舰战掩护下从容轰炸汉口机场，发现地面仅1架战机，地面炮火相当炽烈，但未发生空战，全机得以返航。

董明德率第21队的10架I-16匆匆赶来，吸取之前教训，凭借速度优势，先爬升到3500米占据高度才投入战斗，在汉口机场的西北方与敌遭遇，俯冲驱逐日机并掩护友军I-15双翼机，这才逐渐扭转颓势。第21队的董明德、杨孤帆、柳哲生与第23队副队长刘宗武协同作战首开纪录，击落96舰战1架。柳哲生在协同战友击落1架敌机后又单独击落1架敌机。混战中，日军指挥官金子大尉被击坠。13时25分，日机因燃料有限已到回航时间，且弹药即将耗尽，开始撤退，双方逐步脱离接触；第4大队在13时30分左右回航降落。

这场大规模空战仅持续了12分钟，中方宣称此役大获全胜，以己方损失5架的代价击落10架96舰战，1架中攻。在中方看来，"2·18"空战取得11∶5的交换比，是自首都南京失守以来中国空军的首次大捷。喜讯迅速传遍武汉三镇的大街小巷，百万军民无不欢呼雀跃。日方则称击落15架I-15（含1架不确实）、2架I-16、1架重型轰炸机，计18架，其中第12航空队小队长森贡1空曹初次参战即上报击落4架。日方承认损失4架96舰战，日军第2联合航空队第12航空队分队长金子隆司大尉、宫本繁夫1空曹、早川广治3空曹及第13航空队滨田稻雄1空兵战死。据时任湖北省第四行政督察专员兼保安司令的金巨堂等人呈报的密电，中方只寻获4架日机残骸，这和日方的实际损失完全一致。实际上，中方损失更为惨重，大队长李桂丹上尉、队长吕基淳上尉、飞行员巴清正

⚬ 中国空军第 4 大队第 21 队新接收的 I–16 机

⚬ I–15 战斗机挂油箱启动

少尉、王怡少尉和李鹏翔中尉等5人殉国。吴鼎臣误撞李鹏翔后跳伞，刘志汉坠机跳伞，王玉琨迫降着陆时翻覆，损失已达8架。

　　I-15和I-16理想的战术设计是配合使用，由机动灵活的I-15同96舰战缠斗，I-16则利用高速优势实施突袭并掩护速度较慢的I-15。但在未配备机载无线电的情况下，实战中协同非常困难。如此战中，待第21队的I-16战斗机群赶到战场时，被96舰战压制的I-15编队已被打得七零八落：中方空有2.6倍的兵

⬆ 武汉空战击落的日机残骸

力优势，但敌我交换比却超过1∶2。96舰战很好地完成了任务，中方战斗机自顾不暇，更无力拦截轰炸机，只是96陆攻轰炸效果有限，仅炸毁1架待修的轰炸机，没有带来太大的破坏。此战中，李桂丹求战心切，日机俯冲而下时，仍以大角度爬升，争取高度，惨遭击落。空中情报及通讯不畅也是中国空军的致命伤，第4大队若能提前10分钟升空，战局将完全改观。

跨洋奇袭松山机场

1938年2月初，驻武汉的航委会向苏联援华航空志愿队提供情报，称发现有装满飞机零件的巨大箱子从日本本土运抵台北松山基地，在此组装后投入中国战场。为此，中国空军希望能由中苏联手奇袭松山。

实际上，这些箱子里装的是有待组装的意大利菲亚特BR.20重型轰炸机（一式重爆）。2月22日，苏联航空队司令雷恰戈夫少校和政委列托夫抵达汉口，先同苏联飞行员和机械师进行例行谈话，随后与轰炸机大队长波雷宁上尉密谈。"明天你的部队将执行空袭日军台湾基地的任务，去炸掉那些该死的箱子。"雷恰戈夫指着地图说，"你们要沿最短的航线飞往那里，返航时你可在福州降落加油，再飞回汉口。这是福州附近山里的跑道，离台湾海峡不远。"他敲敲地图，"驻南昌的中国12架轰炸机与你们一起行动。"

就当时的飞机性能来说，这是一次远征——从汉口到台湾的直线距离超过1000公里，几乎是SB轰炸机的航程极限，远超护航战斗机的航程，因此轰炸机将在无护航的情况下执行任务。鉴于中方飞行员对SB轰炸机性能仍不熟悉，稳妥起见，他们将从离目标更近的南昌出发。

用胜利纪念"红军节"

波雷宁与大队领航员费多鲁克在雷恰戈夫和列托夫画出的航线草图上拟定更详细的飞行路线，飞行高度保持在4100—5500米，SB轰炸机的航程在这个高度上能达到最大。然而这个高度的氧气含量相当稀薄，志愿队又没有氧气面罩，在漫长的飞行途中，轰炸机组必须面对缺氧环境，但为了完成任务，他们别无选择。

按计划，轰炸机编队将先飞往台湾岛以北，然后迅速转南，高度下降到3600米，抑制发动机声音，以迷惑地面日军，隐蔽临空轰炸后折返。飞越台湾海峡时，下降到1800米，以便让机组成员在重新爬升到3600米前先缓解缺氧症状。之后，编队将在福州附近的山地机场降落加油。

2月23日是苏联红军建军20周年纪念。行动开始前，整个计划严格保密。苏联机械师对轰炸机进行细致检查，油箱里注满煤油，但炸弹直到起飞前才挂上飞机。为迷惑潜伏在汉口的日本间谍，中苏空军故意散布各种假消息，声称将要轰炸安庆附近江面上的日舰。同时，轰炸司令张廷孟口授命令："第1大队及志愿队共派SB轰炸机12架，于本日8时从南昌起飞，轰炸台北敌机场及其建筑物。"

出击任务由苏联航空队指挥官帕维尔·瓦里西耶维奇·雷恰戈夫少校负责，分为两个攻击编队，波雷宁率志愿队28架SB机于8时从汉口出击，第1大队第1队队长李赐祯率SB轰炸机7架，共带炸弹2640千克，使用瞬发引信，随志愿队格兹洛夫领队的SB轰炸机5架从南昌出击。

23日清晨，汉口的28架SB轰炸机完成加油、挂弹和预热，做好出征的充分准备。苏联军事顾问德拉特文和空军武官日加列夫上校来到王家墩机场，主持出发仪式。7时整，随着一颗信号弹升空，SB轰炸机依次起飞，消失在了云层中。

"缺氧攻击"出奇制胜

SB轰炸机群在4800米高空排成队列，有薄雾遮挡，能见度不到2000米，机舱内温度计显示仅4度。在高空飞行后，脉搏加快、头昏、瞌睡等缺氧症状开始出现。机群飞过长江和鄱阳湖，云层开始变得稀疏。1小时后，机群飞过福州。遗憾的是，南昌编队经福州以北跨海时，因领航员计算错误，偏离航线，也未预定联络符号。15分钟后10架SB轰炸机随领队回航，仅继续前进的志愿队2机在10时10分到达松山机场，在3700米的高度一齐投弹，"命中机场全数爆发，当见机场中发火"，轰炸后于12时返回降落丽水机场。

中途回航的志愿队1架在11时降落丽水。第1大队7架，除1架返回九江外，其余6架于12时30分至19时之间，陆续返抵南昌。南昌编队1架SB轰炸机在燃料用罄后误降湖面，大队政委、导航员塔雷金（M. A. Tarygin，38岁）和哈邦·彼得·伊格纳基耶维奇中尉（30岁）遇难。

15分钟后，单独执行任务的波雷宁编队在烟雾中看到海岸线。领航员伊凡·布鲁斯科夫回忆："起初天气很好，我们在5500米高度飞行。飞了一半后，我们在海峡上空将飞行高度降至4100米。在接近台湾时，我们发现岛屿东部覆盖了厚厚的云层。正当我打算根据飞行时间准备攻击时，云层中突然出现一扇'大窗'，台北市区出现在视野里，在其北部3公里处就是目标区域……"为力求突然，攻击航线通过台湾北部，并在西端急剧右转，在4000米高度进入攻击。8架在12时05分，2架于12时25分先后抵达台北。波雷宁带领编队转向那片晴空，轰炸机开始减速、俯冲。由于担心遭到日机的拦截，轰炸机上的炮手紧张地搜索敌机，但令人惊奇的是，居然1架敌机也没有，地面上的高射炮也保持沉默。很显然，日军地面观察哨认为正在接近的机群是自己人。

松山基地战斗机整齐地排列成行，机库与巨大的储油罐延伸到机场的尽头，未拆封的包装箱随处可见，未做任何伪装。SB轰炸机在3000米高度投下第一批炸弹，这些炸弹落到那片机群中，绽放出复仇的烈焰，有2架日机发现情况不妙，试图冒着纷落的炸弹起飞，却被炸个正着。随后的第二波爆炸把储油罐也掀了起来。中方总计投弹达280颗。飞行员费德尔·巴雷宁回忆说："我们的飞机在非常平静的状态下执行攻击计划。扔完炸弹后，飞行员们还用机枪扫射那些没被炸弹击中的飞机和防空点……"

● 1937 年 9 月底, 木更津航空队、鹿屋航空队集结台北松山机场, 计 96 陆攻 36 架、95 舰战 7 架

"向工农红军致敬"

完成任务的SB轰炸机开始返航, 福州附近的丽水山地机场跑道狭窄, 且被山地和沼泽包围, 1505、1509号机降落陷入泥中, 螺旋桨坏, 迟至24日修复飞抵汉口。地勤人员开始为飞机加油。但由于各种原因, 加油速度比波雷宁期望的慢了不少, 他担心日军随时反击并面临其他问题: 科列夫索夫的SB轰炸机在海峡上空左发动机熄火, 驾驶"瘸腿"的飞机返航; 飞行员西尼琴则因严重缺氧, 只能让后备飞行员驾机。

据情报获悉: "共炸毁敌机12架、营房10栋、机库3座, 焚毁了可使用3年的航空燃油及其他装备, 使松山机场陷入瘫痪, 以至1个月内不能使用。"次日晚, 中方设宴, 为奇袭台湾的苏联飞行员们庆功。宴会以一个巨大的蛋糕

⚠ 苏联航空机械师卡莫宁（左一）和翻译列别杰夫（右二）在汉口机场

作为结束，蛋糕上用俄文写着"向工农红军志愿飞行员致敬"，还致辞说："出击台湾在国际上引起巨大反响，日本已将台湾行政长官罢免，并将松山基地指挥官撤职，交法庭审判。"这一说法很快在压抑的抗战初期得到无限放大，松山机场指挥官引咎自杀的版本也不胫而走。实际上，时任台湾总督小林跻造直至1940年11月才辞职。根据日方记录，"2月23日，中国空军1—2架空袭台北，独立飞行第10中队迎击成功"。不过，驻台日军确实被炸昏了头，误判为此次空袭为美国人修密特指挥8架英制轰炸机。接到袭击情报的中国方面舰队"大惊失色，手忙脚乱"，当日16时向联合空袭部队指挥官电告："CSF电令第214号，1.本月23日中国军机8架空袭台湾北部；2.该指挥官自现在起以一部兵力监视并攻击福建省方面之中国空军基地。"

苏联志愿队对台湾发起的首次空袭行动随即全文刊登在苏联报纸上，但是以中国飞行员的视角来描述的，将该篇与后来出版的波雷宁回忆录比较，不难看出该文就是他所写的，或是大幅引用了他的谈话。

"4·29"空战

"月光"空袭

3月3日，第2直辖飞行队企图攻击苏联援华中转的襄阳机场，以主力推进至新乡。5日，日军以97重型轰炸机2架攻击襄阳机场，未发现飞机。中方称"3月5日敌机20余架向樊城进袭"，我第7、第8队升空巡逻，约40分钟，未遇敌机即降落。

8日7时35分，襄阳总站紧急警报，第3大队第7队队长吕天龙率I-15战斗机9架起飞，分两组在市空警戒。吕天龙率第1组在3700米高度，副队长朱嘉勋率第2组在3200米高度。7时48分，2架97重爆在云中出现，高度3000米，中国飞机两组俯冲追击，日机仓皇出没云层逃避，中国飞机紧追其后。2分钟后，2架日机被冲散，分别在樊城西北旷野无目的投弹。队员周纯、周善分从上下方夹敌长机集中射击，经2次攻击，见其受伤冒浓烟，向东南遁去，同时分队长李服膺、队员周廷雄、韦鼎峙包围攻击另1机。因该机速度颇大，致射击距离渐次延伸，无法攻击，即返回降落。据日方记录："3月8日上午再度出动4架，在襄阳上空与10余架战斗机交战，结果击落对方4架及炸毁机库。"

3月6日，空军前敌总指挥部奉令解散，此后有关作战事项由航委会军令厅接管。

日方根据3月11日的情报判断，发现"中国航空兵力在英国援助下不断增强，襄阳有战斗机20架、孝感有战斗机20架、汉口有战斗机30架及轻型轰炸机20架、衡阳有战斗机20架等，总兵力160架"。日方趁月明星稀，连日对汉口发起"月光"轰炸。

3月14日，木更津航空队6架96陆攻夜袭汉口机场。18时，"敌机6架由蕲春经黄冈、鄂城向汉口飞来"。驻汉口的第4大队和孝感的第3大队共24架战斗机起飞迎敌。日机沿粤汉路向南飞行，且过黄昏，中国飞机陆续降落。19时，日机又从粤汉铁路咸宁折回武汉，向王家墩投燃烧弹五六十枚，炸毁3架SB轰炸机、伤1架，并伤机械士3人，跑道尚可用。此战，第4大队第22队队长刘志汉机降落时，与陷泥中的小汽车相撞，机、车俱毁，人无恙。第3大队第7队李大经、周廷雄2机降落时，与跑道上的伏尔梯机及机场屋顶相撞，机坏人伤，赖崇达降落汉阳走马岭，人机均伤。

15日，木更津航空队12架96陆夜袭汉口。19时20分，据报"浮梁都昌连续发现敌机，似有向南昌进袭企图"，19时30分志愿队3架I-15由飞行员格拉升高领队升空警戒。19时50分，发现3架96陆攻在3500米高度由牛行车站进入机场偏左1公里上空，发射红绿信号弹多发。经中国飞机各自攻击，日机未及投弹，即向东南反转。中国飞机继续追击，因高度不足，未能命中，85号机追击迷航，跳伞落于莲塘附近。93号机发动机故障，迫降临川附近滩上，机毁，1937年11月15日来华的飞行员阿尔谢尼·马特维耶维奇·奥布霍夫殉职（25岁），追授红旗勋章。20时50分，80号机返场降落。

20时55分，日机3架侵入市空，经探照灯照射，高射炮射击，匆匆投弹东去，弹落场外北方，烧毁公路处材料库1所。21时25分，3架96陆攻侵入投弹后向东返回，弹落场内，第5棚厂中1弹，厂中77号单翼战斗机尾部着火，随即扑灭。次日0时40分，3架96陆攻来袭，由北至南投弹后向东北返归，弹落青云站公路旁，无损失。

经14日、15日日本海航乘月光夜袭汉口，摧毁飞机5架，炸死苏联人3名。中方战后总结："此役中国飞机起飞稍迟，领队者未能掌握僚机，致有单机行动，格斗时间虽久，因距敌千米开始发射，故未能命中。志愿队夜间地形不熟，致发生迫降跳伞之事。"

"中攻之父"命丧孝感

3月16日20时20分，木更津航空队的6架96陆攻侵入汉口市附近。20时50分，第4大队大队长毛瀛初率3架I-15起飞划定区域，单机巡逻警戒迎敌。21时25分，在新沟发现日机6架，由机场西北向东南行进，因距离太远，即开足油门追至武昌上空，射击数次，由于油量不足，返场降落。杨慎贤机在指定区域内巡逻，21时20分借着探照灯，在3000米高度发现日机6架由西向东，正对机场投弹，立即努力追击，因高度稍低，距离较远，致难接近，遂在500米外向敌发射百余弹，未收效果，终使其脱逃。其余飞机未遇敌，21时40分降落。

3月27日，鹿屋航空队18架96陆攻空袭武汉。14时35分，据报"敌轰炸机30架、战斗机15架，已到黄冈"。14时57分，敌机窜入汉口上空，在机场投下小炸弹及燃烧弹七八十枚，跑道西南端及中间被炸坏，其余无损失；在粤汉铁路徐家棚车站投弹10余枚，毁路轨数段。

4月16日，中方致电驻苏大使："……兹请再向苏方商定战斗机I-15式80架、I-16机80架、轻型轰炸机80架，同时对于去年经订待交之轻型轰炸机SB式40架，一并催请起运。所有新旧所订之机，均希从速分批起运，于本年7月前全数交竣。又：前方希望苏方志愿军参加作战至为急切，从前招待不周之种种错误，中方自应切实纠正，敬请吾兄即向苏方详为解释……"

被称为"日本中攻之父"的第13航空队陆攻队飞行长得猪治郎少佐

4月26日14时10分，据报"敌轰炸机1架经六安西飞，于15时侵入孝感上空"，第17队队长岑泽鎏率4架I-15，于14时50分自孝感起飞截击。中国飞机升至4000米时，即发现1架96陆攻在3000米高度，向孝感机场投弹60千克炸弹12枚，炸伤机械师及平民各1人。第17队分两个分队截击，日机东飞，中国飞机为迅速占领优越位置，第1分队岑队长与朱均球两机，即以快滚急剧垂直俯冲，突进至敌正后方100米处，瞄准射击，约三四十秒钟，将该机击中起火，尾翼坠落于孝感东北10余里三叉埠的庐管店，机组成员有"中攻之父"得猪治郎少佐、队附今村武夫中尉、飞行兵长樱井等8人均焚毙。中国飞机于15时30分安全降落。《新华日报》记者在汉口医院采访时，听参战飞行员提及："……该机内8人中有6人是用钢条缚住颈和腰，再用锁锁死，3人一组。坐在机翼位置的机枪手，虽然未被锁住，但不备降落伞！这位枪手本可以不死，但是也随着坠地成了炮灰……"

据日方证实，被誉为96陆攻首席试飞员、"中攻四杰"之一的得猪治郎少佐为实施"恶劣天气下的单机突袭"的新战法，午后2时携带12枚60千克炸弹自南京侦察汉口，在17时被数架中国战机包围击落。汉口陷落后，日军派搜索队搜索孝感机场附近，综合见证者的口述，还原了得猪治郎被击落的经过，认为"达识勇敢的陆攻队指挥官以下贵重搭乘员损失，不仅是第13航空队的损失，更是整个陆攻队，乃至全海军的重大损失！"

徐康良与汉口攻击队擦肩而过的"邂逅"

4月28日，第1路军司令官张廷孟由汉口电话命令"第1大队于明（29）日晨派SB轰炸机3架，侦察南京芜湖间敌有无渡河部队，并轰炸之，其目标南京芜湖间之敌行动部队，副目标为芜湖飞行场，并于可能性内，任务完了后，直飞汉口待命"。

4月29日黎明6时45分，第1大队副大队长徐康良领队，率第8、45、34号3架SB轰炸机，每机携带50千克炸弹4枚、20千克炸弹2枚，使用瞬发引信，自南昌侦察、轰炸南京芜湖间的敌运动部队及芜湖机场。8时10分到达芜湖，见机场内有敌机3架，其中有2架正在起飞，芜湖江面泊有敌舰2只。中国飞机仍继续沿长江东飞，至当涂侦察，未见敌有渡江模样，再从当涂飞至芜港上空，"见敌机场停有白色中型机15架，当即自2000米高度连续投弹，全数爆发，命中于该敌机20公尺附近，见浓烟冲天"。敌高射炮不断向中方射击，中国飞机任务完毕，向汉口飞返，途径大通时，有日机3架尾追，因相距太远，直追至安庆，仍未追及，其中2架96舰战即在安庆环飞并向东返回，另1架追至英山附近也返航。11时20分，徐康良率SB编队返回汉口报告，随即奉军令厅命令，加油后继续轰炸蚌埠之敌，终因日机袭击武汉而中止，直至17时20分飞返南昌。

徐康良的报告自信满满，无论战果还是所获情报均价值有限，更不知在芜湖草草轰炸放过的正是准备空袭汉口的日本海军第2联合航空队混合编队。中国SB轰炸机编队从武汉出击芜湖的同时，根据"中国空军集结于汉口"的情报，4月29日为庆祝日本裕仁天皇生日，由日本海军第2联合航空队第1飞行队队长小园安名少佐率领的第12航空队24架96舰战、第13航空队3架96舰战，掩护第13航空队陆攻队棚町整少佐带队的18架96陆攻，趁中国空军集结汉口之际，企图轰炸汉口空军基地和汉阳兵工厂。空袭部队在黎明时分从南京大校场机场起飞，前往90公里外的芜湖加油。

若干年后，参与空袭的第12航空队第2飞行队飞行员岩本彻三百思不得其解地回忆了在芜湖所经历的、几乎让这一行动流产的一幕："6时在芜湖着陆后，过了不到五六分钟我们就遭到4架SB飞机的突袭。刚着陆的我们处在最不利的位置上，可是不知道为什么，敌人的SB战机好像没有抓住这个良好时机勇敢进攻，在距离机场600米的地方投下炸弹后就离开了。"

除了双方记录存在2小时误差，其余记述基本一致。第1大队副大队长徐康良就这样鬼使神差地未能挫败空袭武汉的企图，战场的战机转瞬即逝，谁犯的错误少，谁就是最大的赢家。总之，战端未开，中国方面已棋输一着。

中方3架SB返航后，第2联合航空队的45架空袭混合队已加油、起飞，96舰战编队保持5500米高度，掩护4500米的96陆攻队，浩浩荡荡向汉口突进。越过大别山，武汉三镇近在咫尺，"觉察武汉派出了所有战斗机，似乎早有准备"。日方96陆攻队在武汉三镇的左侧改变航线，转换成轰炸队形，战斗机队从东北接近汉口时认真观察四周，判断"附近肯定有敌机埋伏"，在汉口上空

◎ 日本海军第12航空队舰战队飞行长小园安名少佐

同一高度，也发现芝麻般大小的中国战机影子，"大概有80架"。

"天长节"空战

与此同时，日机来袭的情报如雪片飞来："13时10分，据报日机39架至庐江，13时15分至桐城，14时过黄冈以东约20公里的浠水。"根据敌情，中国飞机即分头起飞，预定按照武汉制空计划，即"航委会为保卫武汉，防敌袭击，曾拟定武汉制空计划，其方针以I-16战斗机巡逻于武汉上空，专攻敌轰炸机，以I-15战斗机巡逻武汉外围的东北方，专吸引敌战斗机，使脱离其轰炸机，待我I-16战斗机群，得收容易攻击敌轰炸机之利"。在规定空域集合，巡逻以待，并以飞机性能为标准，区分为两群：I-16战斗机群在5000米高度，巡逻于谌家矶及武汉市区间，专攻击敌轰炸机；I-15战斗机群在5500米高度，巡逻于阳逻沿江两岸，专吸引敌战斗机使脱离其轰炸机，俾我I-16战斗机群得收容易攻击敌轰炸机之利。

航委会因空军扫荡南海计划被天气所阻，且鉴于该方面敌有夸大之宣传以诱中方注意的情况，遂判断敌将于29日（日本天长节）进犯武汉，决心于当日集中兵力于武汉，拟予敌意外之打击，29日8时左右，中国飞机集中机场，包括：

苏联志愿队23架I–15、16架I–16，集中汉口机场
第3大队及第17队计10架I–15，集中孝感机场
第4大队9架I–15、7架I–16，原驻汉口机场
第24队2架I–16，驻汉口机场
总计51架

第4大队大队长毛瀛初率9架I–15居中，第22队队长刘志汉带领第2分队在右侧，第23队队长刘宗武率第3分队在左侧，爬至既定高度后开始在指定空域巡逻。全队飞越青山上空时，看到高射炮的烟火，发现96陆攻已接近武昌，在武昌南面也发现一队友机。中国飞机怕错过攻击日机的最佳机会，立即俯冲。突然发现20多架96舰战出现在中国飞机背后，立刻回身开火，但中国飞机所处高度略低，且敌众我寡，占绝对优势的96舰战直接冲入中方队形中，展开混战，射击的火光四处飞溅。14时20分，空战爆发。中攻队"70%击中汉口机场，现在机场已被浓浓的烟雾包围着"。

经过混战，大队长毛瀛初与多架96舰战格斗良久，因操作频繁过猛而失速，飞机旋转下坠，掉到1000米才重新控制飞机。第22队队长刘志汉与3架96舰战力战，纠缠数分钟，较高的2架96舰战突然脱离，刘志汉得以与剩下1架96舰战对战，经2分钟缠斗，渐处上风，该机拟逃脱，刘乘机咬尾，将正爬升的该机锁定在有利射界内，击坠于在东湖西北。第23队队长刘宗武也被3架96舰战包围，其中1架日机绕至他前面转弯时被击落。其余试图逃跑，他穷追不舍。他们逃至武湖南面时，1架96舰战试图回身反击，却被刘击中坠落。刘这才发现座机也中弹70多发，回航时，遇到更多96舰战，不敢恋战，只得低飞避开日机返回基地。第22队飞行指挥杨慎贤在武昌上空与1架96舰战遭遇，他占领有利位置，该机飞到鄂城以西时被击落。飞行员信寿巽在汉口以南被4架

96舰战包围，中弹冒烟旋转下落，他努力控制飞机平稳下落，但烟雾越来越大，他索性关闭发动机，但不幸再遭4架96舰战围攻，再次旋转和冒烟。信寿巽躲过1架日机的俯冲射击，爬高又冲撞日机，吓跑该机后成功迫降。经检查，发现座机的第5号气缸受损严重。

岩本彻三的回忆与中方战报记载大相径庭："……我的第一个目标是1架I-15，遭到我从后上方的袭击后突然起火，接着也和上次那架敌机一样，拖着一条长长的烟尾向下坠落。接着I-16，然后是1架I-15。攻击和击落的飞机总数和首战一样共计4

有"零战虎彻"之称的日本海军第二号王牌飞行员岩本彻三，也是在华战绩最高保持者，达14架。他在"4·29"空战中声称取得4个战果

架。当然在射击前我也没忘记察看后方情况。所以虽然我也受到敌人的攻击，但并没有被击中。不知道从什么时候开始飞机高度逐渐下降，环顾四周，都没有看到敌机和同伴的影子。这时突然从上空落下一个降落伞，出于一种扑向猎物的本能，我给正往下落的降落伞又补上一击，但同时我的高度也在急速下降。降落伞飘落到扬子江中，白色蓬松的伞布铺在江面上。当我看清楚它时，高度已降到300米，而陆地上有无数的炮火在对着我。危险！我感觉不妙，于是便拼命拉杆，一个劲儿地提升高度，但是无论我上升到什么高度也没有发现同伴的身影，可能是他们结束了空中战斗正在归途中吧……"

14时15分，第3大队4架I-15及第17队队长岑泽鎏率6架I-15合队，位于第4大队后上方，以6500米高度跟随巡逻。至武汉以南，岑队长首先发现96陆攻在轰炸后，经武昌东南转向东北飞行，跟踪追击至黄冈附近。岑队长与队员丘戈追至96陆攻上方，俯冲自敌后下方施行跃升攻击，清楚看到日机群右翼的1架

96陆攻冒烟有下坠之势，随即该机翻身坠落。因距太远而转回，遭遇落单的3架96舰战，即向其追击。

无巧不成书，先前孤军苦战的岩本彻三正是其中的1架96舰战，但其回忆与中方记录略有出入："在2000米的高空，我终于发现了1架友机，于是便和他一起返回……返回大别山时，我们发现前方有9架飞机，以为也是归途中的同伴，于是就放心地飞过去。可是突然那9架飞机全部调头，从上空轮流对我们2架飞机进行射击。只怪我们掉以轻心，所以被这突然的袭击吓了一跳。虽然紧急机动避开了敌人的射击，但我还是觉得不妙！因为敌人利用我们疏忽大意的同时，还处在有利的攻击位置上，何况在数量上是9对2。难道我还没能来得及报告今天的战果就要战死了吗。我不甘心，并决定只要还有油料和子弹，就使出浑身解数战斗到底。我做好随时牺牲的准备投入战斗，和敌人进行决定生死的肉搏。这种奋不顾身的肉搏战果然奏效。敌人似乎被我们视死如归的可怕斗志压倒，有所恐惧，攻击的势头也渐渐减弱，最后打算逃走……"

岩本彻三所说的9：2和中方记录的10：3出入不大，岩本彻三所处的96舰战编队以俯冲脱离，摆脱不利态势。16时，中国飞机返回机场。第32队副队长朱家勋击落1架96陆攻，坠落于武昌东南方。飞行员莫大彦打下1架96陆攻，坠于洪山附近。

第4大队副大队长董明德驾驶I-16与志愿队合队，起飞后因志愿队离武昌南侧太远，率第24队及第4大队第21队的I-16绕机场巡逻，并令第24队队长李克元，率所属5架I-16，位于第21队最上层，忽见中方高射炮向汉阳上空的96陆攻射击，董明德率队加入对96陆攻的攻击，志愿队亦回旋参加。在梁子湖上空，于志愿队交互攻击之下，1架96陆攻在空中成为火球坠落，另1架96陆攻低空突逃，第24队I-16以速度优势猛追，至黄冈附近将该机击焚，落于湖边。96陆攻投弹后，队长李克元、队员董庆翔在武昌南侧发现了它们，即自后下方攻击未中，再作第二次攻击时，2架96舰战自后方向李克元机袭击，李设法脱离后，再穷追96陆攻，至未见其踪而返。董庆翔见中方1架I-15被敌攻击，急往援救，遂与2架96舰战格斗，被击中20余弹，轮架击损，落地时不能放下，见跑道未被炸，飞机平落场内，人机轻伤。杨道古见有96陆攻即发起攻击，但未见击落，其他飞行员均在重围中与敌奋勇格斗。

中国空军空战时，苏联志愿队战斗机大队长布拉戈维申斯基率23架I-15、16架I-16起飞后，初离武昌太远，后转至武昌上空加入第3、第4大队战斗。苏联飞行员格里高利·克拉夫琴科回忆："我起飞后，爬升到适合高度，观察到单独作战的几架敌机飞来，我们的I-15迎上去与日机进行战斗，并把敌机分成几个小组。日本轰炸机跟在他们的后面，经不起苏联飞行员的攻击，随便丢下自己的炸弹，以极限速度往回飞。"他觉察到1架96陆攻已出现在近旁，"可不能有一点疏忽大意，必须等他近些……"100

⬆ 苏联英雄安东·古边科，在华战绩 7 架，他是撞击日本飞机的志愿队飞行员中最著名的的一位

米、75米、50米。时候到了！机枪开火，击中敌机右舷下的发动机，爆炸升起了烟柱。克拉夫琴科如法炮制，又击落1架96陆攻，但单机作战的他也陷入困境，转弯避开1架96舰战的扫射后，又被1架96舰战追逐。几经格斗，日机见他难啃，开始高速飞离。

克拉夫琴科的座机发动机出现几次运转间歇，打几声喷嚏后，居然空中停车，迅速下坠，立即被日机围攻攒射。危急关头，安东·古边科半路杀出掩护，克拉夫琴科顺利收起起落架，平安迫降在稻田。他从座舱出来向古边科招手致意，表示一切正常。在不久后的"5·31"空战，克拉夫琴科也救了古边科，两人同时来华，同住一个宿舍，在异国的天空交织书写了一段战火友情。

苏联志愿队报称"共击落96陆攻6架、96舰战7架"，同时报告"敌机进入武昌上空时，中国飞机在奋勇攻击之初，志愿队1机被武昌高射炮所伤，坠于武昌，该员跳伞下降受伤，但其余攻击敌轰炸机之中国飞机，得藉高射炮单爆烟而发觉敌机位置，得向其迅速进攻"。而3月13日来华的苏联志愿队队长乌斯片斯基大尉（A. E. Uspenskii，32岁）和舒斯特尔中尉（L. E. Shuster，24岁）也将满腔热血洒在了武汉天空。

此战中，中苏战机配合协同不力，各自为战。遵照事先拟定的武汉制空计划，"系企图歼敌于入侵武汉之前，29日敌机侵袭之航路，恰经过计划中的巡逻地带，惟志愿队各员系初次作战，地形不熟，致未按计划之位置巡逻，于敌投弹之后始行截击"。但据回忆龚业悌当天日记记载，战后苏联顾问批评"中国飞机以少数飞机去牵制敌人多数的飞机实在太冒险了，以后无谓的牺牲应尽可能地避免"。该说法得到罗英德回忆的印证。

这场鏖战持续1个半小时，中方报称"击落21架，其中96陆攻10架，96舰战11架，分别坠毁在孝感、黄冈、梁子湖、东湖、徐家棚、青山、段家店、谌家矶、洪山、武昌东郊、纸坊、豹子澥、汉口和长江沿岸，击毙日军飞行员50余人，2人跳伞后被中方生俘"。军令部部长徐永昌在当天日记载：此战"国军空军全毁者5架，尚无下落者2架，全军尚余134架"。实际上，中方"损失12架，内有3架尚可修理；人员受伤者仅10人（实际上是阵亡5人），内有第22队队员陈怀民失踪月余，尸体在长江青山附近江底浮出"。

按传统说法，陈怀民在战斗中撞击了高桥宪一的飞机，与其同归于尽。查中方原始战报，对陈怀民牺牲的细节缺乏记载，撞机之说源于当时记者的报道，类似沈崇诲撞沉"出云号"，均没有目击者，是非常时期为鼓舞军民士气的权宜之计。

⚠ 1938年春，驻芜湖的第12航空队，第二排左一为盛传在"4·29"空战与陈怀民撞机的飞行员高桥宪一

敵機　日襲武漢
被我擊落二十架

（漢口二十九日下午九時電）本日下午一時四
十分，敵機三十六架來襲，我機當即奮勇升敵
戰，當將敵驅逐機落二十架，落於武漢附近各地，
內敵戰鬥機五架，轟炸機十有五架，提於日內運武
漢政內，以示日本暴惡之證據禮品，茲敵飛行員
被俘一名，現正訊問中。

敵機落二人
被我擊斃

（上海二十九日時電）

◎ 当年登载"4·29"空战大捷的旧报

◎ 汉口中山公园"4·29"空战击落日机残骸的照片

⬆ 武汉空战击落的日军96舰战残骸在武汉中山公园展览

　　日方称击落中方35架，不确实7架，认为"此次空战乃事变以来规模最大，亦是战果最丰硕的一次"。当晚，第2联合航空队被授予感状，岩本彻三包揽4架，成为战绩最高者，得到航空队司令塚原二四三少将嘉奖。日方承认损失96陆攻和96舰战各2架，第12航空队高桥宪一2空曹、藤原金次三等空曹战死。作间的战机中弹100余发、高射炮弹20余发后竟安然飞返。第12航空队舰战分队士周防元成中尉初战击落1架后，中弹后燃料不足，迫降于安庆。分队长相生高秀大尉报称击落2架。

　　双方都宣称自己是这场空战的赢家。对于日军宣称的损失，中国空军显然不认账。在地面目睹此战的刘毅夫在《空军史话》中明确表示，他曾经数出过至少5架日机的残骸，并亲眼目睹3架日机坠入长江。遗憾的是，他的说法并未找到实证。从现有的资料看，中日双方承认的损失为9：4，这次空战显然是日本海军航空兵胜出。96舰战在数量处于明显劣势的情况下打出这样的战绩，确实显示出了良好的技战术水平。

两次"5·31"空战

武汉"5·31"空战

　　5月4日，第4大队大队长毛瀛初调任驱逐训练大队副大队长，由郭汉庭接任。5月31日，"为击灭驻在汉口的中国战斗机队"，日本海军第12航空队11架96舰战、第13航空队24架舰战，掩护18架96陆攻空袭武汉。

　　据报："10时51分桐城发现敌轰炸机18架，又于10时45分庐江发现敌机16架，11时45分骆驼坳发现敌机46架。12时左右，日军战斗机39架发现于青山附近。"根据事先洞察到日机的动向，驻武汉的中、苏战斗机49架（33架I-15和16架I-16，苏联飞行员31名，中国飞行员18名）守伏在武汉周边空域。计第3大队4架I-15、第4大队8架I-15、6架I-16，苏联志愿队21架I-15、10架I-16战斗机，于11时50分先后起飞，成V字队形，重叠配备，巡逻于青山一带，拦击日机。起飞后机场周围飞行爬升，待敌机临近时起飞，抢先爬升到1500米，负责应对战斗机；而第3大队4架I-15、第4大队派出8架I-15以及6架I-16，盘旋在2400米高度，构成立体纵深的空战态势，专职掩护苏联志愿队的行动，并负责打掉日军陆攻。

　　12时，因天气恶劣，视线狭窄，36架舰战中仅有第12航空队的11架96舰战窜入武汉空防警戒区，也许已察觉到中方有所准备，立即大转弯向东飞去，且战且退。然为时已晚，中方伏击编队当即奋勇追击。津加耶夫（A. Zingaev）的大队首开战果，第一轮攻击便击落2架敌机。12时7分，第一组飞机即与4500米高空的18架日机接触格斗。日机为96式V字队形，三层重叠配备，最上层9架，高度6000米，中层12架，高度5000米，下层18架，高度4500米。中方6架I-15前来增援，同时5000米高度的12架日机也加入战团。9架I-16及1架I-15与日机格斗时，敌最上层的9架中又以6架俯冲增援，仅留3架在5500米的最高处与6架I-16格斗。至此，中日双方逐渐加入，战斗至为激烈，唯郑少愚所率的8架与第3大队4架起飞后在机场上空会合，盘旋一周，见东北方双方各机参差格斗，当即向前迈进，以距离较远，到达后日机向东返航。飞行员古边科则在子弹打完以后，向一架敌机猛冲过去，抱定杀身成仁之志，欲以自己飞旋的螺旋桨去撞击日机，结果成功将一架敌机的机翼切断，致其坠毁。古边科却以高超的技术操纵负伤的飞机安然返回。古边科因为在华先后击落7架敌机，被苏联政府授予"苏联英雄"称号，并被中国政府授予"金质奖章"。

　　第12航空队分队长吉富茂马大尉的9架舰战陷入苦战，在"2·25"南昌空战中报称一举击落7架（含不确实3架）的松村百人1空兵又上报击落3架中国战机，已获得9架战果的南义美3空曹在混战中击落1架中国战机后，陷入12架中国战机的重围，在子弹耗尽，油箱中弹的绝境下撞击1架中国战机，仅左翼切断，迫降于长江。为避免缴获，当场予以自焚，尾追的中国战机见其已坠毁燃烧，不再射击，他被闻讯赶来的哨戒艇救助生还，被授予海军特别善行章（相当于美国海军优异服务十字勋章）。此后有"九命猫"之称的南义美多次配属到航母部队中，最终在1944年11月25日为掩护神风特攻队员战死于菲律宾。从双方几乎完全吻合的记录来看，南义美撞机的很可能是古边科，两人都声称撞毁了对方，但都奇迹般地幸存并成为双方媒体大肆宣传的明星人物，也算是一段传奇。

至鏖战结束，罗英德机击落日机1架于后湖南岸，柳哲生击中日机1架，坠落机场北方约20公里处，其飞行员跳伞而逃，韩参、王远波同时向日机攻击5次，日机发烟坠于天心洲附近。苏联志愿队宣称击落日机6架，包括1架坠于瀓口，1架空中着火后坠于瀓口附近15公里处并跳伞。3月18日启程援华，4月抵达汉口的尼古拉·比特洛维奇·马特维耶夫报称击落3架日机，但也遭日机射击，致脸、胳膊负伤严重，迫降农田内，与部队失联，凭"志愿者身份证"被当地村民所救，养伤一周后归队时，才发现志愿队以为自己坠机失踪，"只能开始准备为其办个简单的葬礼"。伤愈后，他被授予一枚中国勋章，并转任飞行教官，继续培养年轻的飞行员，后为赶在11月7日十月革命纪念日前回国参加在莫斯科的大型纪念活动，尼古拉等从武汉向北返程，经停兰州后遭遇恶劣天气，山中迷途紧急迫降时发生空难，时年31岁。

日军96舰战编队交战时，96陆攻队因失去掩护，盘旋于长岭冈及团凤上空，未敢进袭，随即与返航的96舰战队同归。第4大队第21队分队长张孝贤的2107号I-16战斗机失速坠戴家山，人亡机毁，苏联志愿队90号I-15战斗机坠于横店附近，人跳伞机毁。

中方称"击落敌机12架"，从纸面看，中方仅损失2架，日方称"击落中国战机20架（含2架不确实），日机仅损失1架"，第12航空队高原博允1空兵战死。连同南义美迫降长江自焚1架，计损失2架，双方几乎打成平局。

湖口"5·31"空战

5月31日13时后，据报"敌机9架自安徽宿松附近向湖口飞来"。第28队队长陈瑞钿率格罗斯特"斗士"5架，于13时20分由南昌出发，飞往湖口方向拦截，到达湖口东北上空，"发现敌96式水侦机9架"（实为6架），成V字形飞来，高度6000米。中国飞机则在7500米高空发出攻击信号，同时俯冲攻击，敌队形立即散乱。中国飞机亦各自找寻目标，连续施以攻击，此时敌欲逃不得，拼命做各种急转，利用其后座机枪扫射，坐困兽异斗。中国飞机利用高度优势，向其后上方、后下方连续俯冲攻击，陈机向1架敌机后下方射击，该机即作半滚，再经中国飞机连续射击，该机被坠毁于离湖口北20余里的新陈家营。机组3人均毙命。周灵虚追1架日机，在其后方射击，该敌机亦被击中，冒出黑烟，坠毁于安庆附

有"九命猫"之称的第12航空队飞行员南义美，在"5·31"空战中突围迫降，战绩15架

近殷家汇沙滩上，敌驾驶员被日舰救去。敌机散乱时，关燕荪、邓从凯、范新民等连续向各敌机攻击，有数敌机负伤奔走。战斗约30分钟，中国飞机因油料关系，集合飞返，14时30分降落机场。

日方记载，"神州丸的6架水侦在湖口上空与5架中国战机交战，击落1架，己方坠毁1架"。

截至1938年5月31日，日本海军航空兵声称在华损失84架飞机，声称击落417架、不确实52架，击毁450架、不确实55架，合计确实867架，不确实107架。对于这一说法，中国方面显然不认账，如《新华日报》在6月5日发表了《中方当局斥敌军造谣》一文，"……据云，自卢沟桥事变发生以来，截止5月底为止，日本飞机之被我在空中及地面击毁者，为648架。空军人员之伤亡者1064名，俘虏27名。敌军部为欺骗其民众，并欺骗全世界起见，对于每次空袭中遭受之惨重损失，完全将事实隐匿，另构虚伪消息，向外发表。如4月29日空袭武汉之海军飞机，被我击落为21架，中方损坏者仅4架。而地方所发表之虚伪宣传，则中国飞机损失52架，敌机损失仅2架。5月31日武汉及湖口空战之结果，敌机被我击落者为14架，中国飞机损失2架。而日本海军发言人则称击落中国飞机20架，敌机仅有1架失踪……"

深入出击敌后

支援敌后作战

1938年春，国民政府供应八路军的一批军饷和军用物资需要紧急运输，这一艰巨任务由志愿队轰炸机大队长波雷宁负责，运输的物资正好是1吨，符合SB轰炸机的标准荷载。所谓艰巨是说运达目的地没有机场，也没有任何接受飞机降落的地勤标志，没有高超飞行技能是无法完成的。关于目的地，波雷宁从地图上获得的唯一信息是，"那里是干旱的群山，有一条河，风很大，飘着一块大布的地方表示是降落地点"。但为了给八路军运送物资，波雷宁立即起飞。2个半小时就能飞抵目的地，但已耗时3小时，还未看见标志性的那块大布。飞机长时间围绕无人的荒山盘旋，领航员忽然大叫："标志在山脚下的右边。"原来，那块大布被山峦的影子遮挡，正巧一阵风将其吹了出来。飞机安全降落在山脚下的一小块广场上。八路军代表接收了物资，装在马车上沿着山间小路，疏散进山。在巨大的砾石后，八路军早准备了装满汽油的油桶，为飞机加满汽油，彼此道别后，波雷宁驾机返航。

空袭南京

3月10日，汉口以2架SB轰炸机出动，1架于13时起飞，侦察、轰炸南京大校场，见停有敌轰炸机18—20架、战斗机约10余架。中国飞机到达时，空中无敌机，亦未见高射炮火，即从容对日机投下50千克炸弹6枚、8千克炸弹24枚，准确命中敌停机地带，依弹着情况判断，至少炸毁5架。另一架于14时20分起飞轰炸蚌埠机场。该机场无日机停留，时临淮关附近有一段火车在行动，即对其投弹。恰在此时，云层中闪出2架日机追逐，即加速飞返，未能确认弹着情况，好在2架SB轰炸机均安返汉口。日方记录"3月10日3架SB轰炸机编队空袭蚌埠，陆航飞行第8大队95式战斗机起飞迎击，全部将其击落"。

14日，航委会获悉"芜湖北之两绩山侧，为敌高级司令部，其附近有敌二三千人"，电令空军第1路司令官张廷孟"派机侦袭芜湖敌舰"，张廷孟当即命志愿队派1架SB轰炸机飞芜湖轰炸日舰。12时15分，29岁的志愿队飞行员穆拉维约夫中尉（P. V. Murav'yov）驾44号SB轰炸机出发，侦察、轰炸芜湖，"迄20时该机尚无消息，嗣悉失踪"，库谢琴科中尉（I. N. Kushchenko,

27岁）和多姆宁2级军事技术员（M. A. Domnin，31岁）亦下落不明。据日方记录，"3月14日芜湖上空，陆航飞行第8大队西川中尉、秀岛政雄军曹协同击落1架SB轰炸机，俘获飞行士"。

此前日方情报早已获悉苏联志愿队援华，但苦于没有真凭实据，如今将苏联志愿队的人机并获，如获至宝。1938年4月4日，日本驻苏大使重光葵访苏联外交人民委员马克西姆·李维诺夫，抗议苏联志愿队援华。李维诺夫指出"苏联政府对出售军火以及飞机与中国问题之见解，完全依照一般公认之国际法标准"。

● 1938 年 3 月 14 日，在芜湖被日本陆航飞行第 8 大队击落的 SB 机残骸

● 1架 SB 轰炸机被击落坠于长江

⬆ 1938 年 3 月 14 日，驾 SB 轰炸机单机侦察、轰炸芜湖，遭击落被俘的志愿队飞行员穆拉维约夫中尉，其后事不详。也有一说认为那架飞机上被俘的是多姆宁，后被日军处决

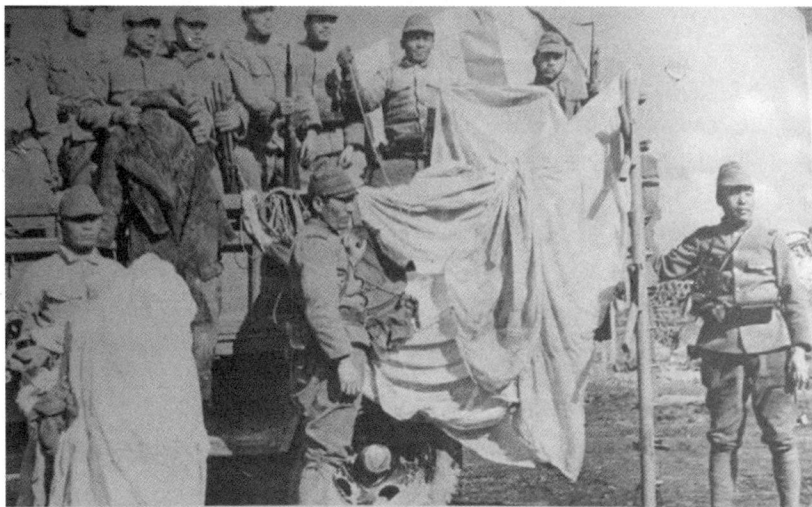

⬆ 1938 年 3 月 14 日，日军展示缴获的苏联志愿队飞行员降落伞、中国地图、中国发行的身份证明书

4月30日6时10分，第1大队第2队分队长梁国璋率3架SB轰炸机，共带炸弹780千克，使用瞬发引信，从南昌出发，轰炸南京—芜湖公路上的日军部队及芜湖机场。7时30分到达芜湖上空，见机场南端停有日机4架。当即自5000米高度向机场水平连续投弹，"全数爆发，多数命中机场跑道附近，其旁所停飞机数架当即着火"。此时，敌高射炮向中国飞机猛烈射击，投弹后2分钟，"有敌战斗机1架，在我后方1000公尺处追击，中国飞机即增加速度，脱离敌机视线，9时15分抵达汉口待命"。

12时10分，梁国璋再率3架SB轰炸机，共带炸弹920千克，使用瞬发引信，自汉口出发，经霍邱凤台炸蚌埠机场。13时30分抵机场上空，见机场敌正拟起飞，当即在4000米高度由西北向东南方向对机场投弹。除万承烈的8号机炸弹架故障，有1弹未投下外，"其余均命中爆发，立见机场内敌机数架起火焚烧"。轰炸后，中国飞机返回至寿县，"遇敌战斗机10余架向我攻击"。中国飞机即迎击，发生激战。王曦所驾45号机机枪手赵书麟对准敌机扫射，"击中1架，着火下坠"。梁国璋所驾34号机于僚机迫近，脱离时俯冲过剧烈，投弹手黄宗汉、机枪手姜学钧以为两机相撞，即跳伞，落于寿县附近。万承烈机发动机被击中起火，迫降寿县焚毁，人均无恙。中国飞机经猛烈格斗后，因受优势敌机攻击，被冲散，各自飞返。15时10分，梁国璋安返汉口。15时30分，王曦机抵汉口时，正值大雨，视线不清，降落撞及跑道沙堆，两轮损坏，着地后翻滚，人员无恙。

据日方记录，"1938年3月下旬，独立飞行第10中队从杭州转场南京。在安庆、九江等地从事往返防空、协力陆战的任务。4月30日，高月光大尉率5架95式战斗机迎击空袭蚌埠的3架SB轰炸机，粉川宗三军曹击落1架SB轰炸机，降落伞落下2人，当即被射杀1人，吉濑曹长击落1架，高月光与粟生诚太郎准尉共同击落1架，至此3架SB轰炸机被全灭"。除对击落数量记载不符外，中方参战机及跳伞人数竟完全一致。

5月，徐州战事吃紧，第1大队SB轰炸机群乃在津浦沿线、鲁南、皖北，及长江沿岸袭击敌军及敌舰，5月中旬转战粤海，出击三灶岛敌军机场。7月间长江战事吃紧，乃担任沿江一带战地轰炸，此际常与苏联航空志愿队编组出击。6月，大队保持20架SB，第1队驻汉口，第2队驻南昌、吉安。

空袭三灶岛

三灶岛位于广东珠江入海口的香洲西南部28公里，磨刀门和鸡啼门两河道出口处。西距南水约6.5公里，西南距高栏岛7.25公里，是万山群岛中第一大岛，面积78平方公里。相传早在明代以前，榄坑村有三个天然石灶，常有渔民到此生火煮饭，因而取名。岛上原有住民1.2万人。1937年12月6日，日本海军陆战队动用3艘军舰及400名水兵首次占领，但未驻扎。1938年2月16日正式占领后，大部分住民逃亡大陆。2月18日，海军第2防备队及设营队抵岛，强征劳工，在海澄村开始秘密修建机场和建筑物，先后有3000多劳工为此丧生，埋葬"万人坑"。4月，岛北部的一支日军先遣队被游击队击毙4人，造成"几乎被全歼的大事件"。日军认为"岛上北部一带的居民暗通敌匪，图谋叛乱"，随即海军陆战队6000人登岛，4月12日至14日扫荡北部地区后，制造屠杀2891人、饿死3500人的"三灶惨案"，南部居民仅剩1800人，北部山区潜藏约500人。

4月上旬，航委会得悉"南海一带，日本海航利用万山三灶岛等处为根据地，企图破坏中国国际路线之运输，其活动积极，曾策定南海扫荡计划，期待轰炸机检修完毕，及一举而消灭其势力"。4月下旬，据报敌有4月29日（天长节）大举破坏中方交通之企图，航委会决心利用现有的战斗机，乘敌准备未周之际，先敌开始袭击，以破坏其企图，计划4月25日开始行动，期于26日黄昏集中，27日实施袭击。第4大队奉命改飞霍克Ⅲ机前往南昌，准备轰炸广州外海的三灶岛。因日军防守严密，在日机重重拦截之下，必然是有去无回，故飞行员都抱必死的决心以赴。但26日以后，岭南一带天气突变，致无法实施，且敌对武汉侵袭的企图，日趋明显，遂转移兵力于武汉，参加了"4·29"武汉大空战。5月以来，中方再获情报：

1. 敌水上机母舰"能登吕"号现泊于金门料罗湾，载有水上机25架，内有96式轰炸机2架、95式轰炸机8架、94式侦察机8架；

2. 敌航空母舰"龙骧"号现泊虎门口十字门，大铲湾泊敌驱逐舰1艘，伶仃洋及九洲洋各泊1艘，横琴岛泊3艘；

3. 三灶岛现有敌步工兵约700余名，沿海敌渔船约150艘，所有犯粤敌机，多在三灶岛机场起飞，至万山岛机场，仅能容水机10余架；

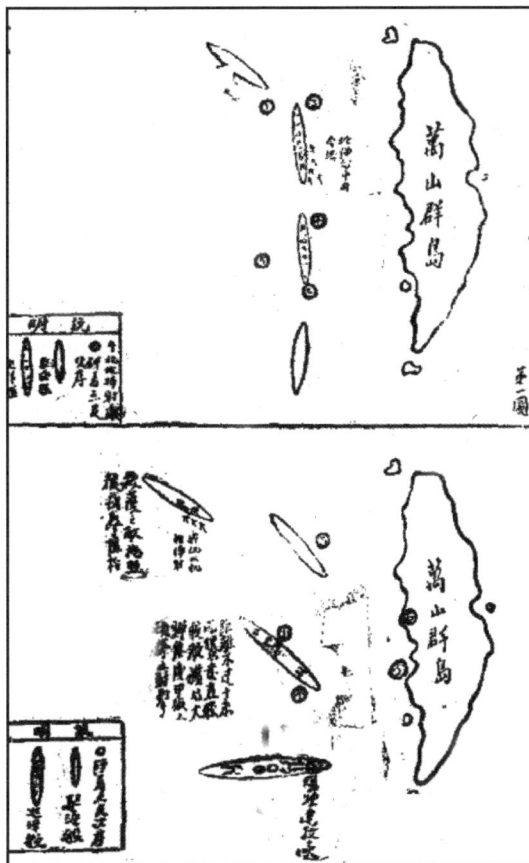

● 中国空军侦察绘制的万山群岛周围日军舰艇分布图

4. 敌在三灶岛建木屋百余间、砖屋8座、公路10里、马头2处，并停有汽车10辆、装甲车1辆、高射机关枪5挺、轻重机枪30余挺；

5. 寇方宣称近日派机多架，轰炸福建之龙岩、福州、建瓯、漳州等处，及广州附近之天河白云两机场，其目的为破坏各机场，阻止中国飞机南下助战。

基于双方空军状况之判断，中方决心先消灭南海之敌空军后，再转移兵力于其他方面。此项计划于5月6日获批后，拟即实施，但当天天气仍不良，低

进驻三灶岛的第 14 航空队 96 陆攻

三灶岛搭建的栈桥

气压在中国南部向东北移动，同时在北方及南阳，各有广大的高气压相对移转。7日，根据天气预报，有转晴可能，始于8日下达命令各部队，限10日黄昏前，在从化广州集中准备完毕，由军令厅厅长毛邦初任全般战斗指挥，第1路司令官张廷孟在白云机场指挥，第2路司令杨鹤霄在天河机场指挥，第5大队代大队长黄泮扬在从化机场指挥。具体部署如下：

第1大队SB轰炸机3架驻白云机场

第3大队2架I-15战斗机在白云机场、1机在天河机场

第5大队格罗斯特"斗士"9架驻从化机场

第25队霍克机5架驻从化机场

志愿队I-15战斗机23架、I-16战斗机12架驻天河机场

志愿队I-15战斗机3架驻白云机场，空运大队达科他运输机1架待命

共计59架飞机

5月9日，航委会军令厅厅长毛邦初由汉口飞南昌、韶关转广州。翌日，张廷孟口授命令："第1大队之SB轰炸机及志愿队与第3大队所有I-15战斗机，均于即日飞赴广州，航路为南昌—吉安—南雄—广州，到达广州后之任务，待余到后，再行付予。"

当日15时05分，第1大队34号、1-2号、2-2号SB轰炸机3架起飞赴广州。11时，I-15战斗机12架6架，12时20分，I-15战斗机6架经吉安、南雄飞广州，I-15战斗机6架由孝感，10时15分飞抵南昌。各部队按预定计划集中完毕后，将飞机分散布置，以防日机夜袭。10日，三灶岛机场竣工，有14架进驻，当夜敌果然以单机连续夜袭8次之多，但机场损失甚微，仅天河机场I-15战斗机2架被炸飞的土块击伤少许，当即修好。

5月11日3次轰炸三灶岛，11日5时15分，第25队队长汤卜生率霍克机5架，每机携带500磅炸弹1枚，使用碰炸引信，自从化机场起飞，经天河新会至万山群岛附近海湾，寻找敌航母及重要军舰轰炸。起初规定以6架I-16战斗机在天鹅湖机场会同掩护，因天河白云机场传达错误，未能相遇，未受掩护，单独前进。6时30分，以曲折航线飞达三灶岛上空，侦察后不见敌航母，则对敌重巡洋舰2艘及驱逐舰2艘，在2000米以下高度，单机俯冲投弹，"全数爆发，命中于敌舰四周，当见一舰受伤，失去操纵能力，其大舰之司令台，被中国飞机枪扫射，亦中弹甚多"。中方飞机投弹时，敌以小炮射击，仅翁少珊座机受炮火气流冲动，未至伤害，归途中见三灶岛有敌机场，边长五六百米，场边有建筑物。万山群岛横琴岛中间有敌旗帜。完成任务后经中山、广州，7时25分返回从化。

6时30分，第1大队第2队队长徐康良领队，率34号、1-2号、2-3号SB轰炸机3架，共带炸弹900千克，使用瞬发引信，自广州出发，经新会往三灶岛敌机场。6时50分，在新会与自广州出发的第3大队第7队副队长朱嘉勋率领的3架I-15战斗机（各携带炸弹4枚）会合。7时20分到达三灶岛上空，敌机场内未见停有飞机，仅岛近旁泊有约3000吨之敌舰1艘，SB轰炸机自3000米高度对敌机场连续投弹，"全数爆发，命中于机场及其营舍处，立见发烟起火"。I-15战斗机亦同时投弹，落于机场内。此时，敌高射炮10余门向中方猛射，幸无损害。轰炸后，SB轰炸机编队向西北飞返，7时23分抵广州，10时50分自广州起飞，14时返回南昌。I-15编队追随SB轰炸机编队不及，向北返防，7时30分降落。

志愿队12架I-15战斗机各携带燃烧弹4枚，向荷包岛前进，但未发现敌机场，向附近敌帆船轰炸，毁船10余艘。

第一次攻击后，9时15分，仍由汤卜生率原队，并加入第5大队邹赓续机，计6架，各挂500磅炸弹1枚，分为两个小队，汤卜生、杨孤帆各领一队，继续搜索万山群岛西北海面敌航母军舰。10时15分，第一小队飞到目标上空盘旋侦察，仍未发现敌航母，"只见敌重级巡洋舰2艘、战斗舰1艘集合停泊"，遂以1500米以下高度单机俯冲，对其投弹，"全数爆发于敌舰附近，即见敌重级巡洋舰1艘、重伤欲沉，其余2舰亦重伤"。中国飞机初到敌舰上空时，其对空炮火射击炽烈，中国飞机曲折回旋以避闪，俯冲投弹时，敌水上战斗机及轻型轰炸机20余架，似企图进袭广州，瞥见中国飞机，将其炸弹投入海中，向中国飞机包围而来，发生空战。第一小队因敌机速度稍劣，毫不踌躇，仍照计划俯冲投弹，并以急速之势旋转下冲，以避敌弹，脱离后发现有驳船1只向伤舰行驶。中方飞机亦乘机扫射，并俯冲至200米低空由澳门以西飞入陆地，仍有3架单浮筒日机由2500米高度，以疏散队形向中国飞机监视，过中山县5分钟后，"当即击落敌机1架，坠于地面，又与刘依钧各击伤敌机1架，未知飘向何处"，后单机分路于11时15分安全返航。经检查，杨孤帆机被击中4弹，刘依钧机被击中3弹。

鉴于前两次均未在三灶岛搜索到日机及航母，当天13时45分，再行第三次攻击，继续由汤卜生率第5大队邹赓续分驾霍克机2架，各挂500磅炸弹1枚，使用碰炸引信，自从化机场起飞，轰炸万山群岛的敌伤舰或大铲岛敌双烟筒兵舰，并规定第28队格罗斯特"斗士"9架从天河机场起飞，以9000米高度担任掩护，因视线不佳，在新会附近与格罗斯特"斗士"失联。决定不到海绵，径直赴大铲岛。14时40分抵目标上空，"见有深灰色运输舰1艘，对之俯冲至1000米高度，未见舰上标志，亦无对我炮击行动，不能判定国籍，故未轰炸，在大铲岛东北角单机将炸弹投下，爆发一弹"。

经中国飞机三次轰炸后，尽管号称"给予南海中敌舰及三灶岛敌机场损伤颇重"，但也承认事后"才知敌航空兵主力业已转移"。除留第5大队第28队格罗斯特"斗士"与霍克机4架在粤警戒外，其余午后分别转移。

因情报判断失误，航委会策划的三灶岛空袭无果而终，但也是中国空军跨海空袭的一次大规模尝试。当时拍摄了《大炸三灶岛》的纪录片，反映了中国空军突袭三灶岛的过程。《中国的空军》1938年第12期亦刊登5月19日记者采访汤卜生、袁葆康、杨孤帆、刘依钧、张耀南、张慕飞、翁少珊、王凤飞等所作的记录，并收录汤卜生、杨孤帆等空袭三灶岛的口述报道。

据日方记录，尽管日军1938年1月17日即已占领三灶岛，并投入营建部队1600名劳工建设第六航空基地，派第2防备部队470人驻守，修建长1200米、宽400米的机场，但因雨季提前来临，施工缓慢，5月10日机场才基本竣工。因此，直至6月4日，日军4月6日在鹿屋新编的第14航空队（司令阿部弘毅大佐，拥有96舰战12架、96舰爆6架、舰攻18架）包括地勤在内600人才首批进抵三灶岛。趁天气晴好行动活跃，当天即以4次15架96舰爆，各带60千克炸弹2枚，轰炸广九铁路常平、石龙附近，连续轰炸6天。6月9日9架96舰爆，共携带2枚250千克、6枚60千克炸弹，轰炸白云机场。而4月1日在台北高雄新编的高雄航空队，司令系原鹿屋航空队司令石井芸江大佐转任，飞行长佐多直大少佐、陆攻分队长三原元一大尉均为木更津航空队转任，舰战分队长冈本晴年中尉，拥有96陆攻12架、96舰战6架，8月11日进驻上海基地，9月16日才进抵三灶岛。

岛上到1938年8月已形成面积65万平方米的军用机场，拥有1200米长、60米宽、水泥铺设的正跑道和800米长、40米宽的副跑道。正跑道的西北面排列着10间机库。机库西北方分散着总部、7间营房、9间设营队宿舍、4间炸弹库、2间防弹炸弹库、5间防弹燃料库、无线局、各种仓库、隔离病房、盟

122

▲ 1938年年底，日本海军第3联合航空队司令官山县正乡少将在三灶的司令部

洗室、厕所、澡堂和小卖部等。日军还在全岛布设哨所网，在布设的11个哨所内，各配备有几名到20多名的哨兵，三灶街、蛋家湾和英表等7处配备30人以上的哨兵；还设2个对空监视所；同时在机场东北和东南边靠海岸的地方设置了2座炮台。这些军事设施之间都敷设电话设备，还铺设自来水设备，并于7月中旬开始供水。为加强对三灶的防卫，还在三灶北部地区扩建道路，到7月末，完成一段公路的整修。日军将三灶机场及其附属设施命名为"海军第六航空基地"，拥有3架95舰载机、17架96舰战、14架96舰爆、27架97舰攻、13架96陆攻，计74架，有第14航空队713人、高雄航空队250人，第2防备队733人，还有设营队和其壮工4596人、运输船船员156人、负责贸易的福大公司46人，岛民1793人，合计8287人。

至此，活动于华南地区的海军航空部队就拥有高雄、三灶岛和"加贺"号航空母舰三个基地，而位于三灶岛海军第六航空基地就成为华南地区唯一的地面航空基地。随即在1938年10月14日掩护陆军发起广州作战，1939年1月支援海南岛作战。

袭击敌溯江部队

日本海军为取得可用于空袭中国内陆后方的理想基地，早已关注安庆，并期望从速攻略该地。诸如行动半径短小的舰战、舰轰、舰攻等机种，如以安庆为基地，即可从容实施汉口周边的作战行动。因此6月3日日军大本营以大海令120号下令"即与陆军联合占领安庆附近"，海陆军联合发起攻略安庆作战。

　　鉴于安庆战事猛烈，即将放弃，蒋介石6月10日电令安庆的第27集团军总司令杨森："安庆飞机场应速基本破坏，最好放水成湖，使其不能作用，又安庆东西各区堤坝，凡于我方事有利者，从速设备，掘堤放水，以阻止敌军之前进。前方战况如何，务望督励所部，确保安庆完成使命……"12日又电示"机场必须昼夜加紧破坏，尽速淹没，务限三日内负责毁成为沼泽，勿误"。安庆机场尚未破坏，波田支队即于当晚攻占安庆。该地位于南京西南250公里，距汉口不足300公里，在96舰战的续航半径内。次日，各航空部队陆续进驻安庆机场，并以此积极发起溯江作战。为推动战事顺利进行，海军航空队区分作战如下：舰上机（舰战、舰轰、舰攻）队攻击江岸阵地、警戒空中；水侦队开放航路直接支援；中攻队攻击中国航空基地，攻击大部队及阵地。

　　安庆航空基地失守后中国空军出动反击，分别对安庆基地、溯江部队、日本军用船等实施密集空袭，"使日本海军备受（七·七）事变以来最艰险最长期之苦战"。据日方统计，自6月14日至7月28日的一个半月内，中国空军有24天空袭溯江部队，计出动54次201架，被日方击落6架，仅在6月19日炸毁1艘日军运输船。

◈SB轰炸途中从机枪手位置拍摄的照片

苏联援华航空志愿队轰炸机大队大队长季莫费伊·季莫费耶维奇·赫留金（1910—1953），1938年5月援华，1939年2月22日获得"苏联英雄"称号

6月14日14时，第25队刘依钧率4架霍克75，每机携带250千克炸弹1枚，自汉口经鄂城、广济前往轰炸安庆附近敌舰，飞至广济一带，天气恶劣，云密而低，不能前进，于17时40分折回。队员翁少珊驾2109号机失速，坠落于广济附近湖中牺牲，年仅22岁。

15日12时40分，第25队汤卜生率2架霍克75，各携带500磅炸弹1枚，自汉口经蕲水、广济、黄梅，前往轰炸安庆附近敌舰。14时05分见安庆上游敌舰4艘，向江南岸炮击中，其后尚有五六艘及大小帆船若干。汤卜生即以7000米高度俯冲投弹，"命中敌大小型舰之间，敌之损伤未详"，轰炸后盘旋北站上空，视察僚机投弹，因敌炮猛烈，且天气恶劣，视线模糊，转眼与僚机曾培复失联，单机向九江返航。至彭泽附近遭遇敌单翼水上机6架，似系在我城市投弹归来，忽见中国飞机即向左下俯冲脱离，汤卜生向下俯冲至相距200米处，对其领队机前上方攻击，但12.7毫米机枪卡壳，遂以7.62毫米机枪攻击，"命中多发，当见一敌机落江北湖中，结果不明，此时我已超过敌领机20米，该机以后座枪向我射击，我向右俯冲脱离，敌机复以大包围形势向我追击，我避入雨阵中归还九江"。

曾培复机在首次俯冲时未投下，再投命中爆发于敌舰之间，轰炸后不见汤机，当即上升，忽见安庆有敌机4架攻击而来，曾机向九江飞返，抵湖口遭遇95水侦机以散乱队形攻袭，曾机以速度优势爬高脱险，14时25分汤、曾机返回九江。6架95水侦竟尾随至九江机场上空盘旋两周。因中国飞机分散隐蔽，未被发现，事后检查，曾机下翼弹穿2个孔。

6月18日，日本大本营发起武汉作战。参加作战的陆军航空兵团下辖第1、第3、第4飞行团，共有战斗机7个中队、侦察机4个中队、轻型轰炸机6个中队、重型轰炸机4个中队。支援作战的海军航空兵有第2联合航空队所辖的第12、第13、第15航空队和第3航空战队。参战的陆、海军航空队各有飞机近200架，合计近400架。

中国空军虽仍有2个轰炸机大队（第1、第2大队）、3个战斗机大队（第3、第4、第5大队）及1个独立侦察队（第12队）的编制，但因作战消耗很大，仅剩126架。此外，曾参加西班牙空战的快速轰炸机大队长赫留金、政委尤施帕拉赫、领航员舒霍夫率队5月刚抵达汉口，但苏联援华航空志愿队在华兵力为3个大队，计91架。中、苏飞机数量仅为日机的半数。

苏联援华航空志愿队分布如下：

轰炸机大队驻汉口、南昌、吉安、衡阳机场，配备SB轰炸机26架
战斗机第1大队驻汉口、南昌、衡阳机场，配备I-15战斗机9架、I-16战斗机25架
战斗机第2大队驻汉口、南昌、衡阳，配备I-15战斗机22架、I-16战斗机8架

19日，日本海军14架舰载机抵达安庆基地，德州好敏中将的陆军航空兵团基干兵力部署在此，以方便机群从此起飞，轰炸汉口抢占制空权。24日，中方获悉大角岑生大将和华中派遣军司令官畑俊六大将驻安庆指挥，于是当地成为中国空军重点空袭目标。

6月25日6时30分，志愿队3架SB轰炸机轰炸安庆敌机场。7时50分到达安庆上空，"发现机场并无敌机，江面泊敌舰大小20余艘，及汽船140艘"，即集中投弹，"命中舰群，计炸伤敌大舰3艘。其时敌95式战斗机6架，及水上侦察机1架，向中国飞机攻击"。因中国飞机速度快，迅速脱离，无法追及，9时20分返回南昌。

据日方记录，"6月25日，敌重爆袭击安庆，追击中有1架96舰战被敌弹击中坠落，'苍龙'号航母舰战队飞行员日野荣（原名加藤荣）战死"。而据《关内陆军航空作战》记载，"此期间敌机之活动较为频繁，如6月24日有4架、6月25日有11架敌机于安庆附近攻击我船团。又安庆及芜湖机场亦遭受敌机来袭"。

6月底，畑俊六在"安宅"号军舰上与中国方面舰队司令官及川古志郎交换了《关于汉口攻略作战的陆海军协定备忘录》，与海军达成共同作战的协定，由海军负责打通长江水路交通，沿长江运送陆军。

6月间，中苏飞机共"炸沉敌舰船30余艘、炸毁敌机20余架"。

7月3日6时10分，志愿队轰炸机大队长赫留金率10架SB轰炸机，各携带100千克炸弹6枚，自汉口轰炸安庆附近敌舰。到达后，"发现敌舰甚多，并有1艘航空母舰，上载有飞机6架，未曾起飞，当即对之投弹，该航母被炸中，旋即下沉"。此时有敌战斗机发起攻击，中国飞机1架被击中起火，焚烧下坠，机毁人亡，初级指挥员伊万·沙维里耶维奇·巴斯季丘克（I. S. Bastynchuk）、安德烈·伊里奇·马特金（A. I. Matkin）上尉殉职。又有1架SB轰炸机被击伤机枪手，一弹从左臂摄入左乳下穿出，一弹由右肋摄入未穿出，该机当即返回汉口，其余8架降落南昌。战后，日军"姆"炮艇检查坠机残骸时，偶然发现该苏制飞机内有《兵器图志》等。

1939年7月6日，苏联共青团机关报刊《真理报》刊发第三版头条文章，赫留金以一位中国飞行员的口吻记述中国发生的空战，尤其详细讲述了"中国轰炸机炸毁日军航空母舰的战斗过程"。此文写于1939年6月，署名则是赫留金在中国投稿的化名"少校胡劲滔"。尽管"炸沉日军航母"查无实证，但

●中苏空军轰炸日舰时，日机亦大肆轰炸江上的民用船只

1938年8月13日国民政府授予他一枚四等云麾勋章，这是苏联援华航空志愿队中唯一获此殊荣的人，回国后于1939年2月22日获得"苏联英雄"称号。

7月9日7时，张廷孟命令志愿队派3架SB轰炸机于17时前往繁昌附近江面轰炸敌航母，因挂弹延迟，未能出发。

日本海航部队除第12、第13航空队外，主力与自7月10日起进驻安庆的第15航空队共同支援溯江作战及长江两岸的地面作战，同时"执行歼灭武汉及南昌等地之敌空军任务"。第15航空队为6月25日在日本大村编成，最初定额为舰战队12架、舰爆队12架、半个舰攻队6架。实际编成数为95舰战、96舰战各9架，舰爆18架，舰攻9架，负责协力汉口作战，并担任扬子江段周边防空的主要任务。

7月11日7时20分，志愿队2架SB轰炸机各带250千克炸弹2枚；第1大队3架SB轰炸机，各带100千克炸弹6枚，使用瞬发引信，由志愿队飞行员领队，自汉口出发，经英山、庐山、鄱阳湖，炸安庆上下游江中的敌航母。中国飞机飞达庐山之南时，长江一带天气不佳，云高1000米，东南方较好，云高2000米，拟循鄱阳湖以北，转出长江，但沿江一带，天气仍恶劣，且有阵雨，无法通过。各机将炸弹抛掷于鄱阳湖北部水域回航。发现日机1架，尾随中国飞机，但未攻击中国飞机。9时40分返回汉口。

7月12日凌晨5时40分，志愿队3架SB和第1大队1架SB轰炸机，各携带100千克炸弹6枚（领队机携带100千克炸弹4枚），使用瞬发引信，由苏联飞行员领队，从汉口起飞，轰炸安庆附近江面的敌航母及军舰。出发后30分钟，苏联飞行员所驾54号机的因发动机故障，迫降鄂城县葛店南5里陈府湾，人无恙，机翼轻伤。6时35分，在安庆东流江面发现日舰23艘，其中18艘停泊江中，5艘停泊江北岸。中国飞机自4800米高度向175度方向进入，对日舰一齐投弹，"全部爆炸，命中江中日舰3艘，岸旁军舰2艘，其中3舰燃烧，1舰冒烟，1舰负伤偏侧，判断有2舰当可沉没"。

中国飞机到达目标上空时，敌高射炮猛烈射击，同时日机12架在中国飞机前下方及左下方发起攻击，中国飞机群亦集中火力反击，均未损害。轰炸后，于8时30分飞抵汉口，沿途见流溯桥附近有日舰18艘。当天空战中，6月25日转任新建第15航空队舰战飞行队队长的南乡茂章座机汽油泵被打坏，发动机转数下降，他操纵飞机微微下降以保持速度和稳定，并以座舱内的手摇泵向发动机注油，飞行近两小时返回基地。

6时40分，第二批苏联志愿队2架SB各携带2枚250千克炸弹，第1大队3架SB各携带6枚100千克炸弹，使用瞬发引信，由苏联飞行员领队，自汉口经潜山轰炸安庆附近江中的日军航母及军舰，除刘福庄所驾106号机因速度不足，至望江附近发生故障，将炸弹投于宿松附近山脚后，安返汉口外，其余各机于7时40分抵安庆附近，见有敌大型舰17艘，分两行停泊江中，小型舰7艘，在江南边整齐航行。中国飞机当即自6000米高空由125度方向进入，一齐投弹，"全部爆发，命中敌舰附近。此次，敌95式战斗机12架，高与中国飞机相等，由后方向中国飞机攻击，同时敌高射炮亦猛烈向我射击"，中国飞机与敌95式战斗机格斗，致使未能详细确认轰炸战果，唯见江中敌舰发火冒烟而已。轰炸后，中国飞机整队回航，至东流附近，领队机又发现2架96舰战，仅距中国飞机200米，自前上方向中方攻击，中国飞机即向右转。刘若谷所驾204号机被击中着火，机组2人跳伞，该机坠落于秋浦东方附近山旁焚毁，投弹手邓凤岗阵亡，跳伞的队员刘若谷、机枪手秦俊生亦阵亡。其他各机于9时20分飞返汉口。据日方记录，该两架96舰战为第15航空队飞行员近藤、中岛。

14时22分，第1大队第1队2架SB各带6枚100千克炸弹，由苏联飞行员领队，自江西吉安出发，轰炸贵池下游的日舰，200号机因发动机发生故障，中途折回，其余飞机16时到达目标上空，在6500米的高度投弹，"全数命中，当见敌舰发烟起火，此际敌高射炮向我密集射击，并有敌战斗机5架向我攻击"。当中有1架被机枪手赵书麟击中着火，下坠于太湖东敌阵地最前线，而中方103号亦被击中起火，人员跳伞，日机4架仍继续追击，驾驶员梅元白、机枪手赵书麟落于太湖东中方阵地，身中3枪负重伤，领航员兼投弹手毕玉宝坠地殉国，飞机焚毁。第1大队第2队3架SB机同2架苏联志愿队SB轰炸机起飞轰炸靠近安庆船只，返回途中再次被日机拦截，其中中国1架SB被击落坠毁，领航员跳伞，驾驶员和炮手也跳伞，但在空中被射杀。

当日三次出击作战，日方称拦截、击落中方6架飞机。中方记载5架SB被击落，9人牺牲。

7月16日6时10分，苏联志愿队2架SB轰炸机各带100千克炸弹5枚，第1大队2架SB轰炸机各带100千克炸弹6枚，使用瞬发引信，由苏联飞行员领队，自汉口轰炸望江一带的日舰。7时30分，在望江上空发现江心停敌大型舰12艘，沿江停小型舰10余艘，另有小型舰8艘向上游行驶。各机在7200米高空向170度方向进入投弹，"全部命中，立见大型舰3艘着火，小型舰2艘受伤冒烟"。敌高射炮猛烈还击，中国飞机无损害，并发现11架96舰战，以3架在左、6架在右、2架在前，高度低中国飞机1500米，无法攻击，中国飞机于9时10分返回汉口。

7月17日，航委会为任务次数最多的轰炸队员12人颁发K金怀表一只，为特殊荣誉。徐康良排名第一，后为衣复恩及王世箨，第十二名为刘若谷，但他5天前已经牺牲。

7月28日，奉军令厅命令，志愿队6架SB各带100千克炸弹6枚，使用延期引信，于5时30分从吉安出发，轰炸湖口一带敌舰。6时40分，"发现湖口以西无敌舰，湖口、彭泽一带计有敌舰45艘，内有大型者25艘"，以二分队分别自4000米与5000米高度投弹，"全数爆发，命中敌大型舰2艘、小型舰5艘，均受伤甚重，势将沉没"。中国飞机投弹时，敌高射炮射击猛烈，投弹后与敌95式战斗机遭遇，中方集中火力防御，因日机在低空，未被追及。8时40分，返回吉安，12时由吉安飞衡阳。

7月29日，军令厅根据28日获悉"驶入鄱阳湖内之敌舰，大部集结鞋山附近"，命令志愿队率10架SB，各带100千克炸弹6枚，使用延期引信，于凌晨5时由吉安出发，轰炸户口马当间敌舰。起飞后，1架因故障折回，其余9架于6时10分到达目标上空，"发现彭泽附近有敌舰大小共20艘，湖口附近有敌舰约30艘"，中国飞机当即在7500—8000米高度，分批进入投弹，均爆发，命中良好，"当见一大型舰翻转下沉，受伤未沉者，约八九艘"。天已明，爆炸引来高射炮急剧射击，并有日机数架低空追击，中方无损失，返回吉安。

7月间，中苏飞机共"击沉敌舰船12艘、炸伤29艘，击落、炸毁敌机40余架"。8月2日，据情报获悉"安庆机场现停轰炸机27架、侦察机6架、战斗机35架"。3日5时40分，苏联志愿队飞行员斯柳萨列夫（S. V. Slyusarev）、科托夫、阿尼西莫夫驾驶3架SB轰炸机，各携带炸弹600千克，自汉口轰炸安庆机场及江面日舰。6时50分，发现安庆机场停机甚多，江面有大型日舰12艘，机群从7200米高度，各以100千克炸弹3枚及小型炸弹20枚，轰炸安庆机场。地面日机有少数起飞，但不及爬升，无法攻击，各机将剩余100千克炸弹投向江中日舰，"当命中1艘，受伤甚重"。

中国飞机投弹时，敌高射炮猛烈射击，幸无损伤，任务完成返航15分钟后，一枚炮弹碎片击中斯柳萨列夫座机发动机增压器，飞机开始失去高度，突然有2架96舰战斜杀过来，继而招来19架96舰战的围攻。第一架日机向后上方急速攻击时，"即被我击落，击落敌机的机枪手右手及左腿受伤，仍继续向敌机扫射，旋又击中敌机一架，着火下坠，中国飞机未几脱离返航"，三架轰炸机按密集楔形编队飞行，依靠自卫火力互相掩护击退了敌机，"最终击落5架日机"，8时30分降落

苏联志愿队轰炸机大队大队长斯柳萨列夫。1938年5月25日至6月5日，苏联曾计划轮换所有在华志愿队员，波雷宁的大队被赫留金的代替，而6月、7月赶到的30架苏联飞机及飞行员组成的大队由斯柳萨列夫指挥

汉口。经查中国飞机受伤甚多，各有50—70个弹洞，有2架油箱及发动机被击坏，1架发动机被击坏，斯柳萨列夫沉着应付，以1个发动机维持飞回。敌向中国飞机攻击时，多以两机同时自后上左右两方潜降，向中国飞机后下方攻击，再分左右脱离。

据苏联记录，单是斯柳萨列夫的轰炸机大队在1938年秋就击沉70多条内河船，但这一说法并未得到日方记录认可。

8月6日6时10分，志愿队8架SB轰炸机，各带100千克炸弹6枚，自汉口出发，轰炸九江一带敌舰，飞抵英山附近，因云低密，经多次转航，终无法通过，各机返航，将炸弹投于汉口附近湖中。8时20分，中国飞机安全降落。

8月11日5时55分，志愿队率5架SB轰炸机，各带100千克炸弹4枚，8千克炸弹24枚，自汉口轰炸九江江面日舰。起飞后因1架氧气不足，中途返回，将炸弹投于汉口附近湖中，其余4架在7时08分到达九江上空，发现"江南岸泊有敌舰22艘、大型者15艘，余为小型"。中国飞机在5800米高度投弹，"命中敌舰8艘，3艘着火下沉，5艘受伤甚重"。中国飞机投弹时，江岸及舰上敌高射

炮猛烈反击，幸无损伤。返航时在沙河上空，发现96舰战6架，因高度较低，未发生空战，经大冶于8时20分回汉。6时10分，志愿队又率5架SB轰炸机，各带100千克炸弹4枚、8千克炸弹20枚，自汉口轰炸九江敌舰。在九江上空发现"江面泊敌大小型军舰15艘，当即进入投弹，结果3艘炸中，冒烟甚大"。投弹时，岸上及舰上高射炮猛烈射击，中方无损伤，在九江下游五六里处泊有敌舰9艘，可惜无弹可投，回航时见有敌战斗机数架，在中国飞机下方飞行，未被发现。9时42分有4架降孝感、1架降汉口。

12日14时40分，志愿队率5架SB轰炸机，各带100千克炸弹4枚、8千克炸弹24枚，由汉口轰炸九江湖口间日舰。在目标上空，发现"敌大小军舰约40余艘，分数处密集停泊于新港附近"。当即在7000米高度投弹，"全部爆发，命中敌舰9艘，当即下沉者6艘，余3艘则受伤甚重"。敌高射炮射击猛烈，击落1机的轮架，但仍保持密集队形飞航。

中国飞机沿湖口向南飞，发现三队96舰战，每群9架追踪而来，距中国飞机50至70公里，随即追。敌领队机急飞于中方队形右前上方，"似负有监视及指挥者"，两队日机向右，一队向左，由中方编队后下方分左右后三方面发起攻击。第1次攻击，中国飞机尚无损伤；第2次日机向左右后三下方攻击，中国飞机集中火力还击，"当即击落日机7架，我第3僚机亦被击中发火下坠"。两次攻击后，日机有大部回航，仅留5架在8000米高空攻击中方4机，中国飞机已不能有效还击，且队形不整。各机机枪手在两次攻击中多已负伤，中国飞机均被击中，纷纷坠于乐化、永修、义安各处，机毁、人员受伤6人，另有9人殉职，其中8人是：

亚历山大·巴甫洛维奇·吉洪诺夫大尉（A. P. Tikhonov，28岁）

阿列克谢·费道洛维奇·别柳科夫初级指挥官（27岁）

菲利普·杰尼索维奇·古里耶上尉（F. D. Gulyi，29岁）

格奥尔基·康斯坦丁诺维奇·达维多夫初级指挥官（27岁）

亚历山大·彼得洛维奇·伊万诺夫初级指挥官（A. P. Ivanov，23岁）

巴维尔·格里高利耶维奇·波波夫2级军事技术员（P. G. Popov，26岁）

尼古拉·米哈伊洛维奇·捷列霍夫上尉（N. M. Terekhov，31岁）

柯西杨·柯西杨诺维奇·丘里亚科夫上尉（Kh. Kh. Churyakov，31岁）

飞行员邦达连科驾驶起火的SB轰炸机坚持飞到国统区才跳伞，落在水蛇出没的湖中。他游至岸边时，被中国士兵误认为是日军，后发现他背上的"来华助战洋人，军民一致保护"的血符，才解除误会，被送入医院精心治疗，恢复健康后重回蓝天。苏联志愿队在华牺牲214人，其中空战仅占66人，可见，这是苏联志愿队在单次战斗损失最大、牺牲最多的一次。为何牺牲如此之大？据第4号机领航员拉依阔夫口述分析，此次缺点有二：

一是领队者的错误，具体来说有4点：

1. 航路不应采取沿江飞行，因沿江飞行可为敌早发现，且延误时间
2. 轰炸时之进入，不应同航路一致
3. 高度不应在7000米，当采取8000米，以俾敌之追击不易
4. 有敌攻击时，领队者不应速度过大，而致队形不整

二是为僚机未能追随长机，致将队形不整，火力不能集中。

殉职的9人中，菲利普·杰尼索维奇·古里耶上尉1935年入伍，1936年4月7日作为第7轻型轰炸机大队初级飞行观测员获中尉军衔；1937年6月15日晋升上尉；12月19日，擢升为高速轰炸机第8大队大队长；1938年年初在克拉斯诺达尔参加援华航空志愿队时，26岁的妻子安娜·吉娜西莫夫娜·古拉娅正带着2岁的女儿。不久，她接到苏联国防部的死亡通知书，正式告知其丈夫"因执行特定任务而牺牲"，并给予每月100卢布的微薄抚恤金。尽管获得却未领到仅次于"苏联英雄"的"红旗勋章"荣誉，但每年5月9日胜利日，古拉娅都会收到总统亲笔签名的慰问信，2013年总统普京的手书落款如下：

衷心地祝愿您68周年胜利日快乐，你们这一代经历了艰难的岁月，并战胜了一切困难，保卫了祖国的独立和自由，从纳粹拯救了世界，我们为你们感到自豪，你们信仰坚定，是爱国主义的楷模。在团结的胜利日，祝您健康，一切顺利！

更让她自豪的是，女婿继承丈夫的遗志，成为飞行员，第二个外孙也

是。古拉娅直至2013年才知丈夫的墓碑在武汉，未知在华的具体战斗历程。家人已办好护照，将启程来华祭扫并探寻战斗过的城市时，等这一天已有75年的安娜却在2013年10月15日突然离世，享年101岁，成为年龄最长也是最后一位烈士遗孀。

8月间，中苏空军报称共"炸沉敌舰船9艘、炸伤33艘，并炸毁敌机多架"。自1938年2月至8月的武汉空战期间，中苏空军报称"炸沉日军舰船23艘、炸伤67艘，击落敌机62架、击伤9架，炸毁16架"，有力配合了陆、海军的作战，苏联飞行员牺牲15人，有俄罗斯学者认为，较大的损失与日军投入97式战斗机（Ki-27）不无关系。中方宣称的战绩未得到日方记录的印证，日方承认系空军炸沉的仅为7月29日陆军医院船"橘丸"，相反对日军舰船的损失更多来自水雷。1938年12月29日调回日军溯江部队指挥官近藤英次郎少将在翌年1月9日奉旨上奏半年来作战经过，对溯江部队作战的综合战果有如下记录：

> 至1938年12月25日处理水雷数2372枚，触雷舰艇数损伤10艘、沉没21艘，计31艘，包括海军6艘军舰受伤、扫雷舟艇11艘沉没，运输船等沉没3艘，陆军运输船2艘沉没、5艘受伤，小舟艇4艘沉没。中国空军对驻上海吴淞附近的溯江部队第3水雷战队空袭135次、南京上游的第11战队125次，空袭造成之损害至为轻微，此乃天佑之所赐。第3水雷战队战死24人、战伤133人，第11战队战死313人、战伤313人，计战死337人、战伤446人。溯江部队的战死数约有70%系因触雷造成。

一些研究空军抗战的专著中，不乏提及"1938年9月4日，日本陆军航空兵技术部附员小笠原数夫等乘机到华中地区检查日军航空技术保障工作，路径湖北孝感上空时，被中国空军第5大队第17中队分队长胡佐龙、飞行员谭笑严发现后击落，机上人员全部死亡"。查《空军抗日战史》，当日并无记录。根据旅日学者姜克实的考证，1938年6月21日，小笠原数夫因病辞去本职，转为航空技术本部附，沉默2个多月后，9月8日日本国内报刊登小笠原中将的死亡讣告称："陆军航空技术本部附小笠原数夫中将由于带病执务，积劳成疾，由感冒引起肺炎，4日午后2时于中野区沼袋75番地自宅去世，享年55岁。"两种

134

驾驶 SB 轰炸机的中国空军飞行员归来

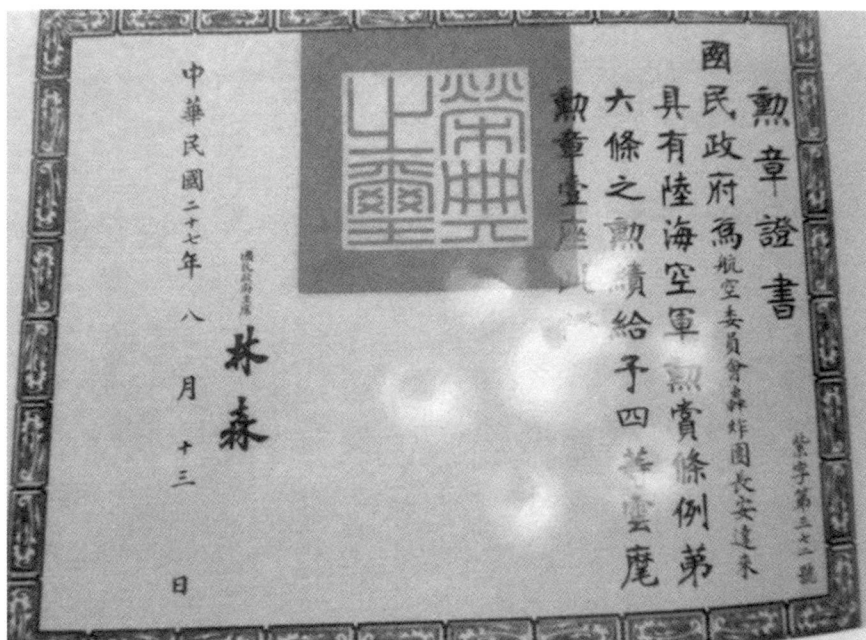

1938 年 8 月 13 日，为表彰轰炸长江日舰的功绩，国民政府颁发给苏联志愿轰炸机大队长安达来（赫留金的化名）的四等云麾勋章证书

说法死亡时间相同，但后一种说法无疑更为准确。

9月以后，中国空军多次出动，轰炸向武穴、阳新、田家镇等地进攻之敌，有力支援陆军作战。9月21日日军攻陷豫南罗山后，中苏空军抽出战、轰混合编队支援北线。次日，中国空军第1大队和苏联志愿队的指挥官前往罗山前线视察地形，制订陆空协同作战计划。9月27日起，中苏空军混合编队连续出击，轰炸扫射罗山—柳村一线的日军。10月2日，在空中火力的有力掩护下，陆军收复光山。为应付中苏空军袭击，日军增添高射炮兵，并调陆航前来巡逻。反攻罗山是斯柳萨列夫大队在华参加的最后一场战役，战斗中他们所投弹药的70%是破片弹。1938年10月，鉴于发动机寿命再次耗尽，大队返回兰州，在那里从事SB轰炸机转场工作一直到1939年2月，最初来华的60人中，只有16人得以回到祖国。

坚守武汉上空

扭转局势的"7·16"空战

1938年7月7日是抗战一周年纪念日，航委会宣称，全面抗战以来，空战击落日机243架、地面击毁138架、高射炮击落162架，其他26架，计570架。

7月10日夜，日方情报侦察，"汉口驻战斗机25架、侦察机1架、轻型轰炸机30架、重型轰炸机10架、其他机型1架，计达65架；孝感驻战斗机2架、轻型轰炸机2架，其他机型1架"。

7月12日凌晨5时，"敌机8架侵袭武汉，我无损失"。11时56分，"发现敌机33架，由英山北石头嘴，6架自小界岭，8架自宣化店等，分向武汉进袭"。12时45分，敌轰炸机9架，3架在前、6架稍后，由北向南，到达武昌市区上空投弹。中方防空炮火向敌机猛烈射击，见1架敌机起白烟，疑似汽油漏出，仍保持队形飞航投弹，计粤汉铁路总站一带被炸5枚，蛇山附近投弹较多，损失情形不详。日机投弹后，12时57分返航，其96舰战保持高空飞行，在武汉上空盘旋很久，搜索未发现中国飞机起飞才返回。

14日，第13航空队12架96陆攻空袭汉口。3时50分，据鄂城报告"发现敌机声音甚多，因天色昏暗架数不明"。武汉即发空袭警报。4时10分，日机已到黄陂，又发紧急警报，机场的3架格罗斯特"斗士"、1架I-15已提前在4时起飞警戒。日机飞经孝感，盘旋应城岳口之间。5时10分，格罗斯特"斗士"及I-15降落加油，另由第15队张浩英率霍克机2架起飞警戒，升至600米时，领队因油尽，发动机爆发不匀，且有臭味，恐致起火，关闭电门，迫降机场。张耀南机自领队降落后，升至2200米，即发现9架轰炸机由西向东方向20度，侵入武汉上空，高度五六千米，在机场投弹，弹落跑道东边一带，破片轻伤17号SB轰炸机油箱。张耀南因日机位置过高，航向又相反，虽转弯追踪，但距离较远，速度又慢，未能接近攻击。日方报称"击落中方4架（含1架不确实），己方1架迫降损毁"。

日机连日均有进袭武汉模样，故在第一次警报解除后，7时15分，中方曾派格罗斯特"斗士"7架巡逻于黄石港一带，以备截击进袭武汉的日机。8时35分，据葛店报告"发现不明机8架"。当发空袭警报，亨克尔轰炸机3架、SB轰炸机2架、雪克莱A-12攻击机1架再次起飞暂避。9时10分，第3大队大队长吴汝鎏机发生故障降落机场。9时20分解除警报，格罗斯特"斗士"除3架返场外，其余降落孝感，随即飞回担任警戒。SB轰炸机降落南昌，雪克莱A-12攻击机返降汉口，亨克尔轰炸机在宜昌降落。

7月14日，蒋介石电斯大林和国防人民委员伏罗希洛夫："战局已入重要之新阶段，屡承贵国热心援助，人心士气益为振奋。惟目前需要战斗机及重型轰炸机之增加补充，异常迫切，各种俄炮弹，亦不足用。如能迅得此项充分接济，则抵抗力量立可增厚。务请速予提前借给，即日起运，以应急需。飞机应用更急，如能早到一日，则中方战事胜利之成分，及多加一分。切盼俯允，并祈电覆为荷。"

7月15日，日本陆军航空兵团根据收集的敌情研判：中国空军"可能使用之兵力，战斗机40架以下、轻型轰炸机40架以下、重型轰炸机20架以下。连日受我海军航空之攻击元气大伤，外国飞机引进不多，其兵力显著大减……计汉口48架、武昌2架、孝感5架"。

16日上午，第12航空队7架96舰战、第15航空队5架96舰战掩护第13航空队18架96陆攻空袭汉口。汉口方面据报"敌机40余架，有自三方面进袭武汉模样"，当即发出警报。根据"近来日机在空袭武汉之前，必飞航于武汉外围，或佯向他方飞行，忽转向汉口"的诡异行动，10时20分，在机场的SB轰炸机

▲ 1938 年初夏，第 12 航空队战斗机队在安庆

起飞暂避，英制格罗斯特机5架由32队副队长韦一青率领升空，向南迎击96陆攻。因监视哨报告稍迟，起飞稍慢，在汉口西北角升高不足1000米时，即遭来自3000米高空的12架96舰战俯冲攻击。韦一青临危不乱，急下攻击令，各机升取高度，并相互联络援助，向敌攻击。

队员倪世同追踪向下脱离的1架96舰战，"将其击落尾旋坠地"，随即他也遭六七架96舰战围攻，被击伤左腿，座机3210号油箱中弹着火，跳伞着陆后面部受伤。他被围攻时，韦一青及分队长马毓鑫同往救援，也受围攻，当即发挥格罗斯特"斗士"盘旋半径小、低空性能好的优势，同时攀取高度，扭转被动局面。战斗经10余分钟，队员何觉民也被数架96舰战俯冲攻击，回避至日机之后，升取高度，战斗约5分钟才脱离。队员莫更攻击1架96舰战时，突遭1架96舰战俯冲攻击，被击中阵亡，所驾3204号机坠于鹦鹉洲。11时40分，所剩3架格罗斯特"斗士"降落孝感机场。

志愿队2架SB轰炸机被击落，1架坠于沌口江中，机内3人有1人被击殉职，1人溺亡，1人受伤跳伞送医院救治；1架坠于汉阳西方锅顶山，人机俱毁。德米特里·巴甫洛维奇·马特维耶夫中尉、乌拉基米尔·格拉西莫维奇·多尔戈夫上尉亦殉职，均时年31岁，伊凡·伊里奇·斯图卡洛夫上尉牺牲，33岁。同时，志愿队初级指挥官弗拉基米尔·米哈依诺维奇·乌达诺夫、

1级军事技术员康斯坦丁·马特维耶维奇·乌达诺夫、初级指挥官谢尔盖·瓦西里耶维奇·费多罗夫在汉口机场轰炸中罹难，3人都是1938年3月28日援华，都将宝贵的24岁生命定格在汉口。机场受两批各9架日机轰炸，计投弹百余枚，场中落弹虽多，跑道仅中4枚，除棚厂内待修的1架I-16被炸毁，其余无损失。10时55分，警报解除。此战，日方宣称"1架96陆攻迫降沉没，1架96舰战重创迫降损毁，击落中国战机10架、摧毁地面3架"。第32队以实际坠毁2架，牺牲1人的代价，缠住优势之敌，使其难以攻击地面目标，为机场的其他飞机升空转移赢得宝贵时间，避免重大损失。

7月19日，第13航空队9架陆攻。据报"有敌机1架，向武汉方向飞来"，战斗机2架升空警戒。8时15分，据报"敌机2批，一批30架，一批20架，向武汉方向来袭"，当发出空袭警报，在汉口的各机起飞避战。8时25分，判明敌机确向武汉进袭，又发出空袭警报。7时20分，出发轰炸敌舰的志愿队5架SB轰炸机因天气恶劣返回。志愿队领队未注意地面符号，即率队降落，而96舰战多架于8时25分抵达机场上空。此时降落之机已3架，其余2架被日机攻击，1架飞避孝感，高卫莲机被击中起火，坠于姑嫂树附近，3人跳伞，仅有1名机枪手轻伤降落，另2人跳伞后仍被日机射杀（一说坠湖溺亡）。8时40分，敌重型轰炸机27架，分三批在武汉上空投弹，机场西北中弹30枚，致使降落的3架SB轰炸机中1架被炸毁，死1人、伤2人；2架轻伤，即可修复。此外在场内修理的1架SB轰炸机及场外停放的中航厂修理机2架均被炸毁，其余无损失。9时50分警报解除。日方宣称"击落我1架、地面击毁12架"。

日方宣称，自4月29日至7月19日期间，海军第12、第13航空队战斗机队击落中苏战机112架（含不确实12架），日方仅损失5架。

消耗严重的"8·3"空战

7月29日，第5大队第28队的11架格罗斯特"斗士"由韶关调至汉口防守。7月31日，第26队队长王汉勋、副队长黄汉文及队员张光蕴、吴声浦、哈虎文、王绥昌、王自洁、高庆辰8人驾I-16，分队长陈盛馨领蔡名永、狄曾益驾I-15，从兰州经西安、老河口，8月1日抵达汉口。志愿队9架也来武汉，当地已有战斗机40余架，高庆辰回忆："我在到达汉口时，一看王家墩机场，吓了我一大跳。一个四方的大机场，四周几乎摆满了飞机，可能有100架吧。"

8月2日夜，第3大队第32队的一位广西机械师从I-15残骸中找出一套防弹钢板，安装在第28队队长陈瑞钿的2809号格罗斯特"斗士"座位的上，恰巧在次日空战中保住了陈瑞钿的性命。值得一提是，虽然西班牙内战期间已有前线机场做了类似的改装，但送往中国的前几批I-15仍然没有防弹钢板，在布拉戈维申斯基的命令下，这些飞机才在座椅背后安装了防弹钢板。

8月3日，第2联合航空队第13航空队18架96陆攻在第12航空队13架96舰战、第13航空队2架96舰战、第15航空队6架96舰战的大力掩护下，再犯汉口。7时40分，"敌轰炸机18架过广德，9时据报敌机约70架，向武汉侵犯"。9时50分，汉口发出警报，中国空军第3、第4、第5大队及苏联志愿航空队20架I-15、14架I-16、11架格罗斯特"斗士"、7架霍克，计52架，分为4个机群，于7分钟内紧急起飞。9时55分发出紧急警报，随即日机分数批从土地堂转向武汉航进。当即与中国飞机在簰洲附近遭遇，发生猛烈空战。

第1机群

第1编队23架I-16由苏联志愿队大队长领队起飞后，第26队黄汉文驾驶5367号机因左轮无整流板，速度较慢，落后并入第2编队机群内，其余2架至簰洲上空，与日机遭遇空战。

第2编队7架霍克Ⅲ由第4大队第23队队长郑少愚率领，起飞后依第1编队的指定，向汉川方向升高至3000米时，前方的第1编队2架I-16因机群速度较慢脱离编队。霍克机升至4200米时，尚未见他机至会合点。此时，在霍克机后方的I-15高度与霍克机相等，突然数架96舰战向中方飞机俯冲攻击，霍克机因高度较低，全队急转至后方担任掩护第3编队I-15的下方，使第3编队先行战斗，霍克机再升高参战，而日机见中国飞机较多，不敢恋战撤离，霍克机升至规定高度，再向武汉方面飞至机场上空，见战斗结束便着陆。

第2机群

第3编队10架I-15由第4大队副大队长董明德率领，随第2编队霍克Ⅲ，向汉川方向升高至3000米高度，向簰洲方向进航。同时，编队内26队4机中途脱离，董明德率6架至簰洲上空盘旋，原定在该编队上方的各机群尚未到达，董明德继续升高至55米，在霍克Ⅲ上方掩护，忽见1架I-16摇翼下冲，霍克Ⅲ也紧随其后。第3编队则在原高处位于霍克Ⅲ上方掩护，向武汉方向飞去，抵武汉上空时，见机场铺有下降符号，遂安全降落。第26队5架由分队长刘领赐率领，在金口上空与日机遭遇激战。刘领赐报称击落96舰战1架，坠于汉阳中合乡唐家川，但遭6架96舰战包围，所驾5922号中弹起火，人跳伞落于金口附近长江轻伤，游到安全地带获救。队员哈虎文驾5920号机受伤迫降唐家山，人无恙。狄曾益驾5821机，追敌至嘉鱼上空，在缠斗中不敌，人机同殉。在检查飞机残骸时发现狄曾益飞机的座舱周围有60处弹痕。

第4编队6架I-16由第24队队长李克元率领，分为两个分队，第1分队由李领队；第2分队由分队长徐葆昀领队，临时改变计划，与第8编队同时起飞，向簰洲会合。飞至嘉鱼上空，高度4000米，徐葆昀见I-15与日机格斗，遂加入战斗，至此双方有七八架对战，徐机于1架96舰战缠斗10余回合，最后得占日机正后方100米，锁定齐射，左翼着火后倒转下坠，坠于嘉鱼公路旁，徐机随志愿队降落。董庆祥机掩护徐机俯冲时，见1架I-15作半滚下冲，企图追击96舰战。同时高空又来1架96舰战意图偷袭该I-15，董机乘该机之后，急冲奇袭，发射50发，"敌机应弹而落，坠于嘉鱼东北方水中"，董机随该I-15降落。曹鼎汉机于俯冲上升后，即与领队、僚机失联，突见中方双翼机被敌追击，即行赴援，不料日机多架前来围攻，对战七八分钟，终以寡不敌众，机体受伤，旋转坠地，人亦重伤。第1分队未知徐葆昀分队情况，仍随第8编队向黄冈方向搜索前进，中途因杨道古在5000米高空出现头昏，须使用氧气，至6000米仍如此，且离领队机渐远，遂降落。

第3机群

第5编队9架I-15，由志愿队苏联飞行员率领，在嘉鱼牌洲间与日机格斗，报称"击落日机2架，中国飞机损伤3架"。

第4机群

第6编队1架I-15、4架格罗斯特"斗士"，由第3大队大队长吴汝鎏率领，起飞后因领队吴汝鎏的I-15速度比格罗斯特"斗士"慢，退于编队后，被96舰战攻击一次，因高度低而避开，由第32队队长朱家勋率编队前进，见吴汝鎏与敌格斗陷入危机，率各机全数回援参战，2架格罗斯特"斗士"在上空掩护，朱家勋和僚机何觉民俯冲下去攻击正在围攻吴大队长的两架96舰战。朱家勋先奇袭1架96舰战，因射击稍早而未中，后见敌追击1架I-15，向该敌后上方猛射，击中油箱致其漏油后向东低飞脱逃，判断"料难生还"。队员何觉民击毁日机1架，坠于草坪湖附近，其余2架在上空担任掩护。战斗10余分钟，迄11时30分，各机降落汉口机场。

第7编队7架格罗斯特"斗士"由第28队队长陈瑞钿率领，起飞后向汉口西南升高4000米，在左上方发现布满黑色小斑点，那是日军大批96舰战队。为了弥补高度劣势，防止敌机俯冲攻击，陈队不顾胸闷头昏，继续向东爬升至7000米，见20架96舰战开始俯冲向中国飞机攻击，陈瑞钿发现"其高度超出我700米，数量数倍于我，并有尾部全红之敌机1架"。飞临后上方的第26队3架I-16也发现敌情，前来支援，并与7架格罗斯特"斗士"集结成战斗队形，准备应战。不料，日机进行分割包围，先以3架96舰战向中国飞机队后上方的3架I-16攻击，其最后1架向编队靠后的副队长雷炎均5732号机咬尾袭击。陈瑞钿机与沈木秀的2804机急向后驰援。而前下方又有1架I-16为敌攻击，僚机范新民的2805机及时应援，又被1架96舰战所攻击，陈瑞钿又前往救援，击中尾追范新民的96舰战尾部直至其断裂，该日机"似受伤潜降"。正当他要补射了结它时，一股弹流击中他的座机。陈瑞钿第一个感觉是"完了"，可是惊险过后却发现没事，原来是事先安在座椅背后的那块防弹钢板救了他。陈瑞钿赶紧猛烈机动，发现3架96舰战刚从自己头上飞离，座机已重伤，翼间张线被打断多根，飞机几乎无法控制。

格罗斯特"斗士"与敌激战时，日机愈来愈多，往往数架围攻中方一架，形势十分紧急，但中国空军复仇心切，战友间配合密切，与日机在高空胶着。陈瑞钿避退不能，决心与1架96舰战相撞，结果陈机的右翼与日机尾部均撞碎，机头亦被撞损，"立见敌机坠于近郊"，陈机则成急剧尾旋状态时，他解开保险带准备跳伞，但旋转太快，几经困难，才得成功落于梁家店附近受伤，所驾2809号机坠于附近山中。陈瑞钿被赶来的军民送回最近的基地，又搭乘1架飞返汉口的道格拉斯O-2MC攻击机赶回武汉，随即因虚脱而住进医院。正巧来访的陈纳德得知陈瑞钿用撞击战术拼掉了一架日机后，专程赶来看望他，对其英勇无畏的精神表示钦佩。陈瑞钿和陈纳德开玩笑说，能否将自己坠毁座机上的机枪架到新机上，再去打日本人。陈瑞钿的表现被在地面观战的陈纳德牢记在心，若干年后在回忆录中还提及这个玩笑的结局："陈瑞钿居然真的把那挺机枪扛回基地，要求陈纳德再给他一架战斗机把这挺机枪装上去，继续打日本鬼子。"陈瑞钿上报击落、击伤各1架96舰战，副队长雷炎均上报击落1架96舰战的共同战果。

周灵虚的5723号机在空战中发动机忽停，尾旋下坠，不能改正，拟跳伞而飞机旋转太快，无法跳出，后以双脚踏仪器板，向上脱离机体，人在空中抱腿以减小向心力，脱离旋转中的飞机，翻转10多圈才将保险伞拉开，降落在鄂城界牌乡间，受轻伤，座机在1000米空中自行爆炸，上下翼解体分落界牌乡境相距1000米的两处，发动机亦与机身脱离。

第8编队5架I-16由第26队队长王汉勋率领，升高至6500米，以雁型队形掩护格罗斯特"斗士"战斗机。10时30分，游弋至葛店青山附近，遭遇10余架96舰战，其中一部5架，率先冲向格罗斯特"斗士"，编队各机俯冲应援。1架96舰战被王汉勋击中要害，坠于葛店青山附近，王机被6架96舰战围攻，机身中弹60余发，并有1弹击穿飞行帽，据高庆辰回忆："8月3日，王队长回来落地后，说中弹甚多，叫机械士去检查一下。他取下飞行帽，才发现帽子左上角被子弹划破了一条两寸长的缝，但是头却未受伤。他用手抹了抹头，居然抓下一些头发。第二天早晨机械士来报告说，他的飞机昨天中了99发子弹。他笑着说，连我帽子上的那颗，刚好100颗。"

96陆攻趁掩护的96舰战与中苏战机缠斗时，侵入武汉上空，计有两批各9架，并由10架96舰战掩护，齐向机场投弹，仅场面中弹10余枚，其他无损失。

此战双方伤亡均较为惨重。中方称"击落敌战斗机11架，我亦损伤15架，内有8架尚可修理"。第26队狄曾益牺牲、第28队周灵虚跳伞。3月13日援华的教官彼得·谢苗诺维奇·菲利波夫上尉（P. S. Filippov，28岁）及伊万·尼基福罗维奇·古罗夫（I. N. Gurov，24岁）牺牲。日方则报称"击落中国战机32架（含不确实5架）、击毁7架，承认自损3架舰战"，第15航空队飞行员新庄直久中尉、深泽等2空曹毙命，松岛浪太郎3空曹在击落后被俘。

战后总结："此役中方战斗机起飞52架，惟因各队之高度差过小，其搜索与攻击防御均不佳，又志愿队所规定之密集队形，亦极不宜于作战。"经此空战，航委会为保存有限的实力，准备持久抗战，决定不再与日机做正面集中冲突。8月4日，日机2批27架轰炸南昌城区和两个机场，军民死伤260余人。由于指挥失误，中方反应不及而遭敌偷袭得手，满地弹坑，加之受雨水浸泡，跑道全毁，中方驻扎南昌青云谱、新机场的中国空军第3大队和苏联志愿队被迫陆续转移到高安、上高等机场隐蔽，南昌空战告一段落。失去了南昌这一相互策应的犄角，武汉成为战事的最前沿。

8月6日，日机63架三批来轰炸王家墩机场，其中第13航空队出动26架96陆攻，计投弹百余枚，第24、第26队13架起飞避战，武汉防空部队报称击落1架。日方声称"地面击毁3架，其他7架受重创"。

8月9日，中国空军第4大队奉命撤往四川梁山（今重庆梁平）整训，同时，中国空军在梁山设立战斗机训练总队。中国空军第4大队原下辖3个队，现扩至4个队，负责驻守重庆周边机场，承担战时首都的防空任务。第3大队第7、第8队转场衡阳，13日第32队也退至衡阳会合。第5大队则临时解散，第25队成为独立队，接收所有剩下的霍克机，改驻贵阳。第24队换装I-16，与第26队留守汉口，但尽量避战。到8月10日，武汉地区的航空兵力已不多，第4大队奉命赴梁山受训，将2架I-15移交第3大队，并电宜昌的副大队长董明德，着将宜昌的霍克机12架飞梁山。8月11日，第4大队奉命将所有飞机归驱逐总队集中保管，在梁山人员亦归驱逐总队直接指挥，第5大队奉航委会电，"着大队部及第28、第29两队，赴梁山整理"。

惨遭杀戮的"8·21"空战

8月11日11时，据报"广济方面发现敌轰炸机18架，黄石港方面发现敌战斗机与轰炸机共45架，齐向武汉进袭"。11时06分，汉口发出警报，机场飞机均起飞待避。12时15分，武汉上空已为低密云层遮盖。12时30分，第一批日机9架，借密云掩蔽，向武昌投弹。12时45分，第二批敌轰炸机9架亦在密集云层中盲目对武昌市区投弹。12时55分，第一批轰炸机9架分组向武昌市区投弹，均循东北方向逸去。"日机每次投弹，均因密云所遮，难以发现，只听见机声，判断每次均有战斗机掩护"。中方地面防空部队无法射击。武昌机场被炸2弹，除站部防务稍被炸坏外，无其余损失。13时30分解除警报。当日，日机投弹200余枚，死伤民众800余人，华中大学被炸。

12日10时20分，据报："鄂东方面发现敌机2批，一批30架，一批18架，鄂南方面亦发现敌机一批14架，均向武汉进袭。"汉口当即发出空袭警报，10时45分，5架96陆攻轮流向徐家棚车站投弹，另一批日机由南进入，向武昌及汉阳市区投弹，又1批日机由东北进入，向汉口刘家庙附近投弹。"此两批高度过高，不易判断其确实数目，地面防空部队射击亦感困难。"日机投弹后向东北返回，11时35分警报解除。当日，中方统计"日机72架轰炸武昌、汉口，投弹350余枚，死伤民众700余人"。蒋介石的武昌珞珈山官邸四周亦未能幸免，20多名卫士受伤。

苏联顾问卡利亚金的回忆录及涉及苏联志愿队的段落中，不乏这样的内容："8月12日，40架歼击机在尼古拉延科少校（E.M. Nikolaenko）的指挥下，与120架日本飞机展开战斗。就同时留空的飞机数量而言，武汉上空的这次空中交战在整个航空兵历史上没有先例。双方力量悬殊，但苏联志愿飞行员勇敢地投入战斗，并成为胜利者——击落16架日本飞机，自己仅损失5架。"但据《空军抗日战史》记载，当天中苏空军并未参战，且经过8月3日空战后，武汉的空军已向四川及衡阳等地撤退，武汉空战基本告一段落。亦有资料称，前文提到的古罗夫与菲利波夫就牺牲于8月12日，但相关档案中确为8月3日。综上所述，这段"8·12"大空战的真实性有待证实。

8月13日，华中派遣军与中国方面舰队之间就汉口作战制订航空作战协定如下：

1. 支援陆军作战以陆军飞行队为主，但对军之溯江部队由海军航空部队支援

2. 支援海军作战（包括护航船团、登陆作战），由海军航空部队为主

3. 关于空中歼灭战、要地之攻击战方面，在当初对陆海军作战有影响之范围（大致为老河口—宜昌—常德—宝庆之线以内）由陆军负责，上述之线

● SB 轰炸机弹舱内的弹箱，这种用来装载 6 枚 FAB-100 高爆弹

以外由海军航空队负责。攻占汉口后，陆、海航空实施内陆攻击

8月13日，第13航空队12架96陆攻空袭汉口。黎明时分，据报"敌轰炸机15架，以战斗机15架掩护，由南京出发，向武汉进袭"。4时20分，汉口发出空袭警报。4时35分，日机飞临汉口上空，在王家墩机场东北投下小型炸弹多枚，仅场东北落了少数，其余落场外，烧毁场边民房两间，在场内的3架SB、1架I-16被破片击伤甚微，即可修复，5时解除警报。日方称"炸毁1架中型机、重创1架中型机"。

15日16时25分，据报"敌机27架由鄂东向武汉进袭"，汉口发出空袭警报，日机向武汉以南飞行，飞抵金口时又转向北飞，至孝感再转向南飞。17时15分，武汉上空闻机声，因高度过高，不能判定确数，又见第15航空队3架96舰战俯冲向王家墩机场扫射，在场修的格罗斯特"斗士"1架被击中焚毁，但日机经地面炮火猛烈射击，"1架似已受伤，不能于其他两机成队东飞"，其余陆续东返。17时35分，警报解除。

16日8时55分，据团风报告"闻敌机声音甚高，数目不明，当判断或系敌战斗机，且顾虑敌有后续飞机"，决心避战，令各机向荆门、宜昌飞避。9时10分，日机飞抵武汉上空，因高度甚高，仅见1架盘旋，后向孝感飞去，与中国飞机3架遭遇。据苏联志愿队报告，"发现敌机2架，初以为系我友机，欲靠近飞行，忽见该敌机有1架即后转向我攻击，中国飞机还击，当即将该机击落，我有1架亦被击漏油箱，迫降孝感场外，机损、人轻伤，其他1敌机，着乘机向东北飞离"。

12时08分，又据孝感方面报告，"发现敌机两批，一批系重型轰炸机36架，一批系战斗机20架，齐向武汉进袭"。12时15分以后，日机循蕲春、大冶等处飞达武汉以南，分批进入投弹，计第一批重型轰炸机36架，在12时25分齐向汉阳东门外兵工厂一带投弹，并有2弹落于汉口大王庙附近；第二批18架于12时55分，向武昌中正路省政府一带投弹，汉阳也落弹，汉口方面江中落弹1枚。敌机投弹后，向东北返回。机场方面未损失。

16日，中方SB轰炸机在任务中击落日机1架。据日方记录"8月16日，1架96舰战的机关（机械）故障后自爆"。

18日6时40分，据报"敌轻型轰炸机6架，进袭鄂东黄石港、鄂城、黄冈一带"，中国驻汉空军派志愿队3架、第24队队长苏显仁率3架、第26队副队长黄汉文率4架，计由苏联飞行员领队的10架I-16战斗机前往截击，分为3个小队，成V字队形，于第2、第3小队之间，另置第1小队以资联络。6时55分，飞抵黄冈上空，首先由第3小队发现日机2架于鄂城上空，又由第1小队发现鄂城东方有日机4架，中国飞机向其攻击，由志愿队击落1架，坠于黄冈东郑家湖附近，并俘驾驶员1人。第26队蔡名永击落1架，坠于鄂城东附近江边，第24队击落1架，下落不明。后据报"敌机向东逃遁者只有2架"。中国飞机以油量有限，未经穷追，8时20分全部返回汉口。

据日方记录，第15航空队6架96陆攻在鄂城与15架I-16交战，击落7架I-16战斗机（含3架不确实），坠毁1架96陆攻。

高庆辰回忆："8月份的其余日子，我们2队（指第24、第26队）只用I-16，对97式战斗机时，总必须先站制高点之利，才与之交战。"

除日本海军参加对武汉空袭外，陆军航空队也投入作战。7月30日，日本陆航飞行第8大队改编为飞行第77战队，次日移驻安庆，协助武汉攻略战。8月21日6时25分，据报鄂城方面发现日机5架，汉口机场各机即奉命准备起飞。6时30分，据报日机自鸡鸣河方向而来，此时全体飞行人员及机械士正在机场启动发动机。6时33分，部分飞机已启动完毕，正待起飞。

飞行第77战队派村冈信一大尉所率的6架95式战斗机从长江以北鸡鸣河方向突袭汉口。警报姗姗拉响时，日机以主力4架飞临上空直接对地攻击，对中方正在演习的战机大开杀戒，而江藤丰喜中尉、川田一军曹在上空掩护。准备起飞的高庆辰5303号I-15战斗机被击中尾部起火，第24队队长李克元及各员奋勇施救，日机仍扫射不止。各员即将该机火焰扑灭，同时第7大队第12队在空中练习陆空联络的"可塞"式侦察机、"雪莱克"式攻击机各1架不及防备，

⊙ 1938 年 8 月空袭汉口的 96 陆攻在加挂 2 枚 250 千克陆上攻击用炸弹及 12 枚 60 千克炸弹，这张照片被禁止发表

亦被高空俯冲的日机击中着火。第12队队长安家驹、队员黄剑飞重伤跳伞，安家驹因伤势过重，经抢救无效牺牲，时年28岁，追赠中校。关高崧、霍文耀随机坠地阵亡。

此时在场的苏联志愿队3架、第24队队长李克元、队员赵世奇、第26队副队长黄汉文等6架战斗机仍冒弹雨起飞，并奋勇攻击，但终以高度较低，致处于不利地位，李克元被击落祝家湾马集河附近，机毁人亡；志愿队有2架被击落，1架落荆门东南45公里处，机损人无恙，1架落汉阳四十三保易林冈处，机毁，亚历山大·伊万诺维奇·索洛维耶夫准尉阵亡，时年26岁；黄汉文、赵世奇两机，各中弹数十发，安全返回。6架战机与日机酣战之际，第26队分队长刘领赐率队员蔡名永、哈虎文、张光蕴等4架继起助战，日机见中方增援机到，考虑95式战斗机续航有限，不敢恋战，开始上升返航。中国飞机因高度太低，无法追击日机，遂分别降落。计荆门4架、孝感1架、汉口2架，至第12队的雪克莱A–12攻击机与复兴机各1架起飞后避难他处。日方报称击落中方7架战机，己方毫发未损，但在上空掩护的江藤丰喜击落起飞的2架中国战机后，迫降于长江中，被闻讯赶来的海军飞行艇救起。

高庆辰还回忆："后来检讨为何没有警报日机就来了。才听说是汉口外围的陆军调动联系常耽误时间。长官部说，为何空军警报那样迅速呢？陆军说他们用的是防空专线。上级就准许陆军，如当地的防空监视哨未用警报电话时，陆军可以借用。殊不知有时大官正在讲话，监视哨要用，陆军叫等一等。于是耽误了警报时间，日本飞机已经临头了。"

《空军抗日战史》亦收录了总结检讨报告，证实了这一说法："本日空战，中方不利的原因，纯属因情报迟缓，据查系防空电话线浠水电话总机为第五战区占用，致沿江北飞而至的日机，经鄂东时，情报转告不灵，直至日机飞至鄂城，才得第一次报告，而鄂城至汉口飞行仅11分钟。据情报处的记录：6时20分黄石港发现日机轰鸣声，6时25分鄂城发现日机数架，6时30分莲台洲东北方向闻日机声，而报为鸡鸣河方面发现日机数架，6时32分，青山闻日机，而中国飞机场于6时34分已发现日机，遂即发生空战。"

战后，航委会以"8月21日汉口王家墩机场遭日机奇袭，某某等在弹雨中奋勇起飞，各记大功一次。惟高庆辰一员未起飞，致令日机将该员飞机打烧，应予记过一次。"经第26队队长王汉勋让文书做报告，将事实呈明，1个月后又将记过改为记功一次。被击起火的5303号机在汉口修理厂经1个月修复，由高庆辰飞回衡阳。经此事件后，航委会决心汉口不可能再驻部队，命令第24、第26两个独立队移驻衡阳。

8月22日，日本大本营以第188号命令下达汉口攻略战，并下达了大本营海军命令第135号，令中国方面舰队司令长官应协同陆军进攻汉口。为加强第2联合航空队的兵力，所属第12航空队配备2个半队96舰战45架，1队96陆攻18架，司令三木森彦大佐、飞行队队长森田千里少佐。其中舰战第一队队长小圆安名少佐、分队长小福田租大尉、相生高秀大尉，分队士周防元成中尉，舰战第二队队长所茂八郎少佐，分队长吉富茂马大尉、中岛正大尉，分队士四元淑雄中尉。第13航空队配备1队96舰战18架，2队96陆攻48架，指挥官上坂香苗大佐、飞行队队长久野修三少佐。组建于6月25日的第15航空队在7月10日进驻安庆，主要是担任协力陆军汉口作战，并担负长江沿岸防空任务的航母舰载机，拥有96舰战18架，95舰爆18架，96舰攻9架，司令官蒲濑和足大佐、飞行队队长峰松岩中佐，相对中方驻扎武汉的第3、第4、第9大队各一部和苏联志愿队轰炸机大队和战斗机大队各1个，兵力上仍占绝对优势。不久，苏联志愿飞行队也转移至衡阳一线。11月，鉴于飞机使用已达规定的150小时，发动机需更换，奉命暂停作战，全部集中兰州的修理厂进行大修。

9月20日，第4大队再次赴西北接收第二批援华飞机，与1937年第一次接机正好时隔一年。上次接机的人员已有1/4牺牲，又补充了刚毕业的航校7期学员，其中的周志开、郑松亭、徐吉骧等人将成为抗战后期中国空军的英雄人物。不同于上次接机的是，这次军售的飞机都是在新疆哈密的中苏合资农业器具制造工厂装配成机，由中国派遣的接机小组将飞机分6趟飞到兰州，训练一周后，经平凉、南郑、梁山飞回成都。

10月11日，中方决定："明年度飞机补充数量，拟向苏俄订购，其数以六百架机为准，照此拟定订法，并与苏俄顾问研究之。"

小结

10月12日，日军占领战略要地信阳，斩断平汉铁路，使武汉受到严重威胁。10月21日，华南门户广州陷落，鉴于"此时武汉地位已失重要性，如勉强保持，则最后必失，不如决心自动放弃，保存若干力量，以为持久抗战与最后胜利之基业"，22日，24日，中方决定弃守武汉。10月25日，武汉沦陷。国民政府宣布在武汉空战中，击落96舰战38架、96陆攻12架。而1938年5月至10月，仅日本海军航空兵就公布损失飞机136架，军官9人、准尉7人、士官66人、士兵34人，合计116人。中方的损失更大，据苏联顾问卡利亚金统计，武汉会战开始前装备602架飞机，到会战结束仅剩281架。其中着陆时损坏100架，遭轰炸损失46架，空战损失166架。

1937年8月21日至1938年10月27日的16个月期间，仅日本海航第2联合航空队、第3航空战队就出动万余架次，投弹3.5万颗，计3000吨，耗费32万发子弹。据全国救济会秘书处1938年10月24日宣布：自抗战以来，日机空袭中国城市3318次，计有19个省314个城市被炸，共炸伤平民37222人，炸死29868人。在此期间，日本海军航空兵损失飞机383架，军官39人、准尉27人、士官134人、士兵134人。1939年2月28日，航委会主任钱大钧宣布："到1939年1月1

日，日本空军（陆军航空兵和海军航空兵）共损失1020架飞机，其中在空战中被击落248架，被高射炮击落和机场摧毁399架，降落时坠毁363架，被游击队消灭10架。"

第五章
衡阳上空的角逐

衡阳"2·18"空战

1929年9月,蒋介石为利用空军遏制两广军阀,"会剿"湘赣革命根据地,扼控西南门户重镇衡阳,电令湖南省政府主席何键在衡阳修建机场。当时衡阳虽有演武坪机场,但因地势低洼,又无发展余地,故重新选址距市中心2公里处的湘江东岸城郊八甲岭一带修建机场。该地原是半丘陵,盘踞着大大小小八座山丘,包括西部的八尺岭、东部的石子岭和北头的美女梳头岭。

八甲岭机场位于火车站东北向的丘陵地带,四周地形开阔,西面2公里连接市中心,东南2公里处为颧湖平地,地形平坦,属水网稻田,北面1.5公里及南面4公里均为低矮丘陵,坡度平缓,但工厂居民点密集。1934年,潘树藩编著的《最近各国航空事业》将其收录为1933年湖南的6座机场之一。

省航空处在机场建成后,1931年5月4日开辟长沙—衡阳临时航线。8月4日开始有长沙—衡阳—零陵、长沙—衡阳—郴州的省内地方航线班机。航线上使用美国制造的莱茵型和摩斯型两种飞机。民用航班主要用于运送紧急文件、接送军政要员、散发传单和布告,虽不公开经营,但暗中经商走私等非法行为亦存在,甚至连省航空处处长黄飞也用莱茵型飞机从贵阳贩毒到上海,以至于被中央查处,导致省航空处撤销,湖南空军并入中央空军第11至第14队。

1934年4月,蒋介石为加紧对中央苏区的第五次"围剿",电令何键扩建衡阳机场。开辟出占地140余万平方米的机场区,铺出一条长1400余米、宽40余米的南北方向跑道,一条相应的滑行道及一些简陋的配套设施。

始建于 1929 年 9 月的衡阳八甲岭机场，一度成为民国时期南方最大的机场

1937年抗战全面爆发后，主政湘省的张治中来衡阳，奉命复修衡阳机场，于1938年夏完成。经再次扩建的机场长1650米，北面宽900米，南面宽300米。扩建尚未完成，1937年10月11日拂晓，日机便开始轰炸衡阳。两天后，鹿屋航空队分队长大杉忠一大尉率6架96陆攻自台北出发，轰炸扫射衡阳火车站的机关车库。20日，鹿屋航空队再以5架96陆攻轰炸衡阳火车站。11月1日，鹿屋航空队分队长大杉忠一大尉、森永良彦大尉分率3架、6架96陆攻轰炸衡阳机场及铁桥。11月3日，鹿屋航空队以9架96陆攻轰炸扫射衡阳南方的军用列车。

南京陷落后，飞机第1修理厂自南京明故宫机场迁至衡阳。

1937年12月，第29队接收格罗斯特"斗士"10架，15日在南雄开始训练，仍因日机袭扰，且南雄机场过小，25日队长黄新瑞率全队人机移驻衡阳，与第5大队第28队共同训练，并隶属第5大队。

1938年1月10日10时，轰炸司令张廷孟令中国空军第1大队第2队全队飞衡阳。该队5架SB轰炸机飞抵衡阳后，因跑道质量问题，损坏4架。

1月26日，舍夫琴科·菲利普·米哈伊洛维奇上尉、亚历山大·尼柯莱耶维奇·拉兹古洛夫中尉在衡山空战中牺牲。

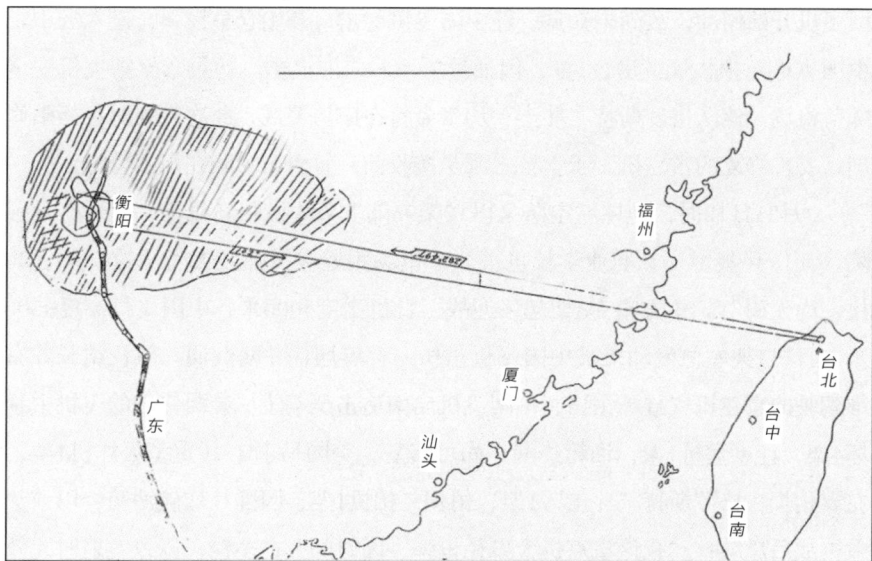

▲1937年11月1日，鹿屋航空队"越洋爆击"衡阳机场行动报告书

　　通过在南雄和衡阳整训，两个格罗斯特"斗士"机队完成换装训练，可投入战斗。1938年2月9日15时，第5大队大队长宁明阶奉命驾驶一架可塞V-92C，率领28队11架"斗士"由衡阳飞南昌。途中遭遇暴风雪，领机被迫返航。驾驶2801号机的第28队队长陈瑞钿为找一个明显地标确定方位而贴地低飞，不料撞在一座小山上。飞机毁坏。所幸陈瑞钿没有受重伤，邵庚续分队长跳伞，周灵虚迫降。这次意外使第28队损失3架宝贵的格罗斯特"斗士"。

　　2月17日，鹿屋航空队派1架97式海军侦察机深入衡阳上空侦察，获悉衡阳集结30余架中国战机。2月18日，日本海军第1联合航空队、第2联合航空队空袭汉口的同时，鹿屋航空队以9架96陆攻不顾恶劣的天气，飞临衡阳上空，轰炸扫射分散在衡阳四周的15架中国战机，并在空中与1架I-16交战，将其击退。5时50分，据报"敌机8架，经株洲向衡阳进袭"，第28队副队长雷炎均领队，率霍克机3架于6时自衡阳起飞，成战斗队形，高度3000米，在机场上空警戒。中国飞机升空后天尚未明，敌机将至机场，已为中国飞机发现，"见敌机8架，分为两队，成两机梯形，系单翼双发动机之轰炸机，高度2600米"。中国飞机开始俯冲，敌尚未知觉，经中国飞机射击，开始仓皇投弹，避入云中。中国飞机无损，仅毁房舍1栋，因油量关系，未能追击。7时，3架霍克机安全降落机场。该队格罗斯特"斗士"均奉命暂在南昌警戒，此次应战时，衡阳修理厂妥善修复的霍克机，于学校未派员接收前，暂由第28队在衡阳警戒。

2月21日12时，鹿屋航空队又以12架96陆攻轰炸衡阳新机场，"炸伤兵医院，死伤兵甚多，又职业学校也被炸。机场跑道被投弹，大者一枚，小者30枚，尚无碍"。中方霍克3架起飞迎战，日机高度4000米，中国飞机高度3500米。日机1架左侧发动机被中国飞机击伤，冒黑烟，并漏汽油。航校组长陈有维驾驶的霍克机气缸被击伤，中国飞机向南追击至茶陵。装配修理的飞机中损坏4架，计可塞机1架，油箱炸漏，尚可修复；美国马丁B-10重型轰炸机1架，左翼稍损；格罗斯特"斗士"1架，稍损；柏机1架，因弹片炸破油箱，以致焚毁。战后总结："我该霍克机大口径枪弹，因时间久，多锈，以致发射时无效果，并每次格斗时，反易被日机所乘。"

"8·18"大空战

4月6日，日机分三批轰炸衡阳，该机场虽有航空第6总站驻守，但防空单薄，未能有效保护衡阳免遭日机的骚扰和破坏。

4月12日，第5大队大队长宁明阶率英制格罗斯特"斗士"19架，由衡阳飞抵广州。

1938年夏，日军久攻武汉不下。认为中国的外援乃一重要原因，遂调集海、空军兵力封锁沿海港口，又轰炸中国当时唯一对外运输的动脉——粤汉铁路，以期切断中方海外物资援助，并孤立其各战区。日海军封锁珠江口，游弋于大鹏湾至广州湾一带。1938年7月9日，中国空军第25队在中国空军顾问陈纳德的指导下转驻衡阳进行训练，接收美国P-36战斗机的外销型霍克75M，随即发现飞机的时速和美方宣称的相差20英里，且故障频发。寇蒂斯方面知道后派出专家小组来华，证实是中方地勤对其不甚了解所致。技术问题解决后，此批霍克75M机负责衡阳地区的空防。同月28日完训，担任衡阳地区防空警戒。

7月9日，第25队进驻衡阳当天，第3航空部队所属高雄航空队的9架96舰战空袭衡阳。

7月15日，日方研判中国空军基地态势，认为处于二线防御的衡阳保持24架中国战机。

7月18日，日机8架在衡山以北投弹，第5大队的5架英制格罗斯特"斗士"飞衡山截击，未遭遇。12时30分，志愿队3架SB轰炸机自衡阳飞吉安，14时到达吉安机场，因装弹过久，未能赴目的地轰炸。

7月28日，驻吉安的志愿队奉军令厅命令，率6架SB轰炸机，各带100千克炸弹6枚，使用瞬发引信，5时20分由吉安轰炸湖口一带敌舰。6时40分到达目的地上空，"见湖口以西无敌舰，湖口彭泽一带，计算有敌舰45艘，内有大型者25艘"。当以2个分队分别自4000米、5000米高度投弹，"全部爆发，命中大型舰2艘、小型舰5艘，均受伤甚重，势将沉没"。中国飞机投弹时，敌高射炮射击猛烈，投弹后与敌95式战斗机1架遭遇，中方集中火力防御，因敌机在低空未被追击。8时40分返回吉安，12时转场衡阳。

9时30分，据报乐平"发现敌机9架，有东北向西南飞行"。10时30分，日机18架到达樟树上空投弹，事先中方6架SB轰炸机飞衡阳，樟树机场被炸40余枚，全部不能使用，并伤卫兵3人，其余炸弹落于城区，炸毁民房五六十栋，死伤平民数十人。为防止日机报复，第2路司令部令第28队格罗斯特"斗士"全部担任衡阳机场警戒，又令第25队2架霍克75M与第21队霍克机4架担任衡阳周围50公里的警戒，归第25队队长汤卜生指挥。

7月间，长江战事日趋激烈，空军第2路代司令官杨鹤霄率幕僚从广州移驻衡阳，指挥第3、第5大队及第24、第25、第26队于志愿队作战。7月25日，日方侦察衡阳驻有2架侦察机、15架SB轰炸机。

7月28日，第2路司令部令第28队全部担任衡阳机场警戒，又令第25队霍克75机与第21队4架霍克Ⅲ担任衡阳周围50公里的警戒，归第25队队长汤卜生指挥。

中央航空委员会1938年8月迁衡阳（后于1939年1月迁至成都），第2大队大队长孙桐岗调衡阳任防空司令兼参谋长。当时上海、南京、广州均已失守，汉口危急，大小口径的高射炮700余门连同弹药已运到衡阳待命内运。日机多次来袭，但因高射炮隐蔽得当，毫发无损，孙桐岗特记大功一次。同月，陈纳德接航委会秘书长宋美龄命令，在湘西芷江筹建航空学校，该地只有3架北美NA-41教练机，数十名士官生受训。

8月9日晨，第3大队大队长吴汝鎏、副大队长徐燕谋率第7、第8队11架I-15由长沙飞抵衡阳，担任粤桂、汉湘交通线空防任务，随时准备南下支援广州战场，5810号机在攸县迫降。11时，苏联轰炸机队4架SB由吉安飞抵衡阳，另1架由长沙飞衡阳。12时，苏联志愿队4架SB从汉口飞至衡阳。

8月10日11时20分，志愿队10架SB轰炸机由衡阳飞汉口。

8月13日，第32队队长朱嘉勋、分队长韦鼎烈、马毓鑫及杨永章、韦善谋、吕明、唐信光、梁康荣等8人亦从汉口转场至此。

14日18时34分，志愿队6架SB轰炸机自衡阳飞吉安。15日下午，有4架SB轰炸机完成轰炸九江任务返回衡阳。17日17时45分，志愿队7架SB轰炸机从衡阳飞吉安。

8月18日，日军海航第2联合航空队以佐多直大少佐率领的第13航空队18架96陆攻，协同8月11日刚从华南转驻上海江湾基地的高雄航空队三原元一大尉所率9架96陆攻，各带60千克陆用爆弹12枚，7时从南京大校场机场出发，突袭衡阳基地，发现地面有大小型飞机20架，立即予以攻击，投弹40枚。

因防空情报判断失误，中国空军第3大队大队长吴汝鎏率7架I-15bis、第25队队长汤卜生率3架霍克75M机在8时35分见日机临空时才紧急起飞迎击，在5000米高度见27架96陆攻以品字形凌空而来，中国飞机即展开攻击，与近三倍于己之敌激烈空战。第3大队第7队飞行员赖崇达未及升空，即不幸腹部中弹，经迫降抢救无效牺牲，时年25岁。赖氏系少林弟子，身怀功夫绝技，遇害时正在地面值勤。

升空后，吴汝鎏、徐燕谋率黄昌琳、陈业新等5架进行强攻。敌机群队形初显波动，其后两敌机被击中，冒白烟，但未着火，慌乱投弹，企图减重逃脱。中方机群第二次进行强攻时，第3大队第7队副队长黄昌琳座机中弹伤左腮牙床，休克片时苏醒后，忍痛坚持飞回基地。在途中因飞机操纵失灵受伤迫降衡阳与耒阳之间地区获救。队员莫大彦在空战时左臂负伤。第3大队其他战机因油量所限，未能穷追，判断被击伤之敌机可能在溃退途中坠毁。机场内落弹50余枚，机场待修的1架布雷达机被炸毁，另待装配的1架北美NA-41教练机、

血洒衡阳的第5大队25队队长汤卜生

4架48式机、亨克尔1架、白机3架均被炸成轻伤，即刻修好。机场卫兵及场夫被炸死3人，伤10人，机场被炸弹坑在2小时内即可修复，站部房屋均炸毁。

与此同时，汤卜生队长的编队3架霍克M75英勇攻击日机五次，第二次战斗进行时，他以极少弹药命中日机一架。随即展开第三次攻击，汤队长因决心想击下日方领队机，乃单枪匹马冲入日机群之火网中，与9架96陆攻血拼，以致落入数十条火网的焦点上，击中着火，坠于衡山附近殉国，年仅26岁。副队长刘依钧"击落敌机1架，追击至武公山时，发动机匣被击伤，因油尽安全迫降攸县"。中方报称击落日机4架，其中75M机击落及击伤敌机各1架，另黄昌琳、赖崇达两架霍克75M机迫降。赖崇达家境贫寒，南宁省立一中肄业后，应考航校时，因是独子而受阻，但他为壮志驱使，泪乞白崇禧，最终被录取，牺牲后遗骸归葬南宁郊外天狮岭。

汤卜生牺牲后，第25队副队长刘依钧接任队长，整理该部，于8月24日移防广西柳州。1938年9月《中国空军》杂志第15期首发刊出《血战衡阳上空》一文，图文并茂绘制了汤卜生在衡阳空战五次攻击的态势图，发出"壮哉！以三机战二十七机的万山队"的感慨。

日军承认自损1架，战死1人，重伤5人，宣称"地面4架轰炸机、2架战斗机中弹燃烧、另6架被炸毁、其他燃料库3座、仓库1座被烧毁。在空中与中国战机30架展开战斗，击落其中16架，含2架不确实"。日军战后总结："此次攻击是事变以来，陆攻出动架数最多的一次，战果辉煌，陆攻队的真面目得到实战发挥。"日军称在此战中首次发现两翼装备机关炮的法制德瓦蒂纳战斗机，其实，装备20毫米机炮的D.510并未出现在衡阳，而是低调登场于西南各机场，粉碎1939年的"100号作战"时发挥重要作用。

武汉"8·21"空战后，航委会认为汉口不可能再驻空军部队，命第24、第26队残部移驻衡阳。刚抵衡阳后，8月25日10时45分，据报"敌重型轰炸

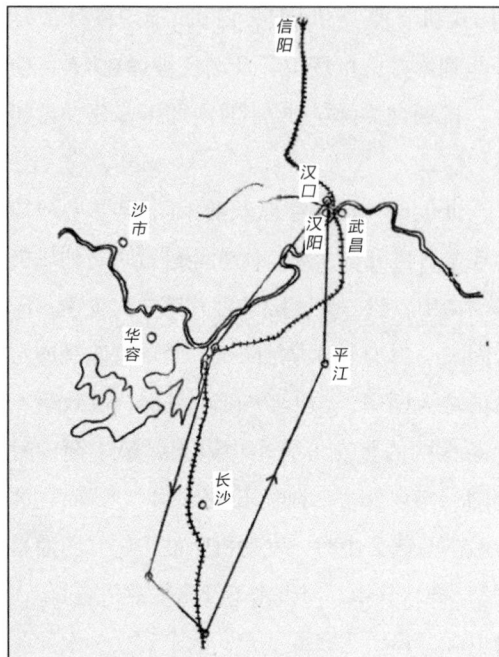

▲ 1938 年衡阳 "8·18" 空战，一对九（选自《中国空军抗战史画》）

机18架，经赣到浏阳，有进袭株衡模样"，驻衡阳的第24、第26队以10架起飞，前往株洲拦截，发现日机未至株洲，已转向长沙，11时20分侵入长沙投弹，炸毁民房甚多，死伤数十人。中国战机抵达长沙时，日机早已返航。26日，日机又以18架经修水飞岳阳，转向进袭长沙，11时35分向长沙新墙河电灯公司附近投弹。衡阳方面据报后，即派第26队7架战斗机前往截击，追至浏阳附近，向敌机攻击两次，敌机虽多中弹受伤，但未见坠落，向平江方面返航。中国飞机因油量关系才未予以追击，飞返衡阳。

8月29日，航委会令驻衡阳的第3大队第32队全体9架格罗斯特斗士随吴汝鎏大队长南下南雄。次日，即爆发了著名的"南雄空战"，参加"12·8"、归德、南昌、武汉空战，荣获二星奖章，久经战阵的吴汝鎏大队长血洒长空，1938年诞生的唯一王牌朱嘉勋重伤离队。

9月1日，第2路司令部令"第3大队及26队，分驻长沙、衡阳、汉口三地，以资截击敌机及防备夜袭"。2日，第3大队率10架I-15机自衡阳飞汉口，因天气不佳，中途折回衡阳。5天后，第3大队飞行人员在衡阳警戒归队，汽车失慎（一说躲警报），为火车所撞，人员负伤达10余人，第7队分队长欧阳森、第8队分队长陈业干殉职，该大队不能担当警戒。

9月9日，刚来华不久、指挥一支新成立的志愿队战斗机大队的雷苏金大尉（L. I. Lysunskii）在衡阳以南20公里的一次夜间空战中牺牲，时年29岁，葬汉阳。

大队长拉赫曼诺夫血洒衡阳

9月16日，汉口方面为防日机在中方阵地活动，于拂晓抽调衡阳的第24、第26队计6架I-16，由代理队长苏显仁率领，自衡阳来汉口加油后，9时50分自汉口搜索及截击广济附近日机。10时，中国飞机经蕲春到达武穴上空，发现"敌轰炸机9架由东向西飞"，向其攻击，敌机即转向东，加速飞离，中方因油量关系，未能穷追，10时40分降落汉口。随即据报"敌机11架，速度甚快，向汉口飞来，疑为战斗机"，中国飞机即飞至衡阳，日机经武汉孝感而去。

1938年10月1日，空军第9大队解散，所属第26、第27队转隶第5大队。

10月2日，中苏空军轰炸罗山地区的日军炮兵阵地以支援田家镇攻防战，日军3架95式战斗机击落了2架SB轰炸机。次日，7架原本要轰炸田家镇外围日军船只的SB轰炸机在罗山上空遇上95式战斗机，由于和护航的I-16失散，慌张之下各自逃命，结果仅3架安全飞回衡阳机场，而机枪手宣称击落1架95式战斗机。

10月5日，阴天，能见度3000米。第1大队奉令派第4队队长郑长庚等5架SB，带50千克炸弹30枚、8千克炸弹120枚，均用瞬发引信，连同志愿队4架SB轰炸机，计带50千克炸弹24枚、8千克炸弹24枚，由轰炸机队队长斯柳萨列夫领队，15时自衡阳出发，呈3机V字队形。16时15分在孝感会合战斗机10架，前往轰炸罗山之西栏杆铺的日军炮兵阵地。16时20分抵目的上空，在2500米高度投弹，"命中罗山至信阳公路两侧敌军阵地，全数爆发，即见浓烟四起，成果甚佳"。敌高射炮向中国飞机猛烈射击，未造成损伤，也未遭遇日机，18时返回汉口。

同日13时10分，第5大队新任副大队长王汉勋自湖南衡阳率I-15机12架飞经汉口，落地后正准备加油；据报有敌轰炸机18架，有进袭武汉企图，王汉勋当即命令该大队飞机升空迎击。但许久未发现敌机，于是陆续下降，再度加油，准备依原计划掩护SB轰炸机，每机携带1000千克炸弹准备前往罗山轰炸敌陆军大队。第9架飞机降落时，忽见机场西南上空有敌战斗机一架穿云而下，攻击中方未降落的一机，中方在空中的2架飞机立往助战。已降落9架飞机中的3架也冒着被敌机击中的危险，再度强行起飞，协同追击，敌机见机不妙，立即逃窜。第26队副队长黄汉文的飞机于激战中被敌击伤，迫降汉阳郊外，受重伤。后赴香港医院疗治。1939年3月20日，黄汉文在医院里动手术时死在手术台上，时年27岁。追赠上尉。

10月6日6时，苏联航空队轰炸机队队长斯柳萨列夫指挥中苏混合编队8架SB轰炸机（包括第1大队第4队队长郑长庚、苏联轰炸机队各4架SB），共带100千克炸弹34枚、8千克炸弹144枚，使用瞬发引信，自汉口出发轰炸田家镇附近江中敌舰，副目标是罗山附近一带日军阵地，支援胡宗南部作战，并由汉口派出第26队队长王汉勋率10架I-16机协同掩护前往。起飞后，有1架发动机马力不足，不能爬升，遂将炸弹投于附近湖中，飞回衡阳检查。其余7架又因清晨空中视线不明，且有低云，致使与I-16机编队失联。飞至黄冈以东，云量低而密，转而轰炸罗山西侧日军及炮兵阵地。6时36分，在罗山上空，"遭遇日本陆航第1飞行团12至18架战斗机的拦截"。

激战中，中国飞机群保持密集队形，集中火力远射，并借云层中搜索轰炸目标。因云多视察不易，致轰炸成果未能确认。空战持续10余分钟，"日机1架被击伤冒烟"，而顾兆祥所驾SB的油箱被击漏，中国飞机群不宜空战，避入云中脱离战斗，队形失散，各自向衡阳返航。云层不足百米高，大雾弥漫，3架飞抵衡阳，顾兆祥机与1架友机迫降湘潭机场，友机落地触及障碍，机体轻伤，1架安全迫降浏阳机场。第1大队第2队孟宗尧所驾95号右油箱油尽，左发动机停车，迫降衡山城外，造成前座舱损坏，投弹手刘光正被撞殉职。日方记录却截然相反，"陆航第77战队冈本正治中尉编队3架95式战斗机在信阳上空迎战8架SB轰炸机，击落其2架"。

出于报复，日军趁中秋晴朗月明，于10月8日至11日连续夜袭衡阳机场。10月8日14时15分，5架96舰战在江西樟树一带盘旋甚久。15时35分，9架96舰战在南昌市区盘旋。21时10分，鹿屋航空队6架96陆攻、木更津航空队6架夜袭衡阳，在机场北端投弹，未造成损失。9日凌晨1时05分，鹿屋航空队6架96陆攻在衡阳机场东北部投弹八九枚，B-1568号SB轰炸机被炸穿多孔，B-1546号SB轰炸机与P-5331、P-5337、P-5105号战斗机被炸轻伤，即可修复。

10月9日，吸取教训的第1大队在衡阳能飞的1-1、1-2号2架SB轰炸机和志愿队4架SB轰炸机疏散到湘潭。20时30分，第13航空队7架96陆攻夜袭衡阳，志愿队派2架I-16紧急起飞截击，在日机投弹后才发现并发起攻击，1架I-16攻击3次后，因故障降落。当时衡阳机场气象条件复杂，不具备飞机起飞条件，但苏联援华航空志愿队战斗机大队长拉赫曼诺夫驾单机不忍放过，追击日机时，被其尾炮击中左眼及胸部牺牲，座机坠于衡阳东约20公里的云溪乡，战后，他的遗体移葬南京航空烈士公墓，供人们凭吊缅怀。

日机投弹均落于机场西侧，未造成损失。23时05分，第13航空队再以6架96陆攻对衡阳投弹20余枚，1架SB轰炸机被炸毁，1架被炸伤，1架霍克75轻伤，未避免夜间盲目升空拦截造成无谓伤亡，仅以高射炮反击，未取得战果。10日凌晨0时05分，3架96陆攻在机场南边投弹甚多，未造成损失。10日凌晨1时30分，3架96陆攻在机场投弹30余枚，仅将1架SB炸成轻伤。至此，第13航空队出动21架96陆攻对衡阳实施波状疲劳夜袭一宿长达4次，因中方疏散及时，又以高射炮抵抗，夜袭未取得实际成效。夜袭衡阳的同时，9日24时许，6架96陆攻袭击湘潭机场，投弹数十枚，炸坏第1大队疏散至此的1-1号机机油箱、水箱各1个。

对于拉赫曼诺夫的牺牲，高庆辰回忆到："在此期间，日本战斗机还到不了衡阳，所以轰炸机只敢夜间来，特别是有明月的晚上，有时连着几天。虽无重大损失，但却因为不能还手而恨得要命。衡阳机场只是一长条，一头开阔另一头只是开山，一直突入山坳内；从这一头落就不太容易。I-16落地速度又大，要用很长一截跑道。有一天徐副座（副队长徐葆畇）与俄顾问张飞（拉赫曼诺夫）谈起此事，徐说I-16可以从衡阳机场晚上起飞去打日本飞机；张飞说：不容易；徐说没问题；张飞说：你如认为没问题，我可以陪你一同上去。所以10月9日晚上警报，两人就上去了。可惜徐副座虽然归来，张飞却被击身亡，坠于衡阳东20公里的云溪乡。"

由于采用半年轮换制度，志愿队来华指挥员数量可观，担任过战斗机大队大队长的有库尔久莫夫、普罗科菲耶夫、布拉戈维申斯基、斯米尔诺夫（N. A. Smirnov）、津加耶夫、扎哈罗夫、尼古拉延科、热列别琴科（F. F. Zherebchenko）、克拉夫琴科、亚库申（M. N. Yakushin）、苏普伦（S. P. Suprun）、科基纳基（K. K. Kokkinaki）、雷苏金、布达谢夫（S. K. Bdaitsiev）、科兹洛夫、拉赫曼诺夫、伊万诺夫、博利沙科夫（Bol'shakov）和巴拉诺夫等。其中有不少后来成为著名的指挥员、王牌飞行员或试飞员，而库尔久莫夫、雷苏金和拉赫曼诺夫永远留在了中国，2015年，拉赫曼诺夫被民政部列入第二批600名抗日英烈和英雄群体名录。

10日夜至11日凌晨，鹿屋航空队、木更津航空队各出动12架96陆攻对衡阳夜袭4次：第一次是23时05分，6架96陆攻夜袭衡阳，第三次是11日凌晨1时10分，6架96陆攻在城西门附近投弹，炸死无辜平民百余人，伤数十人。第二次是11日凌晨0时07分，第四次是凌晨2时10分，均为6架96陆攻，向机场投弹60余枚，在场内的1架SB轰炸机和2架霍克75M被破片击成轻伤。

这4次夜袭时，防空部队沉着射击，报称"击落96陆攻4架，分别落于落于机场东端、樟木市附近、大堡附近、霞流市附近"。据中方统计"日方连续三夜（10月8日—10日）空袭衡阳，每次分批飞来十余架以至二十余架不等，共出动轰炸机69架次，投弹约50吨。我照测第九队以训练完成的部队初次应敌，均能不失时机捕获目标。因汉奸趁乱纵火发起信号，中苏空军损失惨重，6架SB轰炸机被炸毁，1座军用仓库及其他军事设施被摧毁"。日方记录"出动96陆攻63架"。此后，中苏空军基本停止主动出击，直至武汉弃守。

10月19日据日本陆航情报显示，衡阳有战斗机26架、轰炸机7架、侦察机3架。当天驻空军第1路司令官张廷孟率必要的幕僚从南昌赴衡阳，指挥驻衡空军部队作战，这一情报随即被日方掌握。据高庆辰回忆："10月20日夜，11时期起至次晨，日机夜袭衡阳四次，死伤平民200余人，炸毁SB轰炸机1架，霍克75机2架，但我防空炮火则击落96重型轰炸机4架。"

10月21日拂晓，空军第2路司令部撤出广州，随即广州陷落。所有自广州撤出的空军机关，统由参谋长刘国运指挥，分至韶关、衡阳待命。10月下旬，武汉失陷，南昌更加孤立。11月5日，第1路司令部除以参谋长王袖萍率科员1人继续留南昌，与第三战区司令长官部联络，并决定南昌附近各机场破坏撤退事宜外，全部移驻衡阳，指挥苏浙皖闽赣湘粤等省空军部队机关，主持粤汉路南北段及江西方面空军重要设施物资转运，撤退、破坏等事项，并重新整理部署，以资尔后作战。鉴于空军第1路司令部撤守衡阳，第2路司令部奉令移驻柳州，并负责驻柳的第1大队3架SB及第24、第26队计14架I–16的训练。

10月25日，据报"11时38分奉新发现敌机9架向西飞，14时15分经万载，14时57分到醴陵"，衡阳即发空袭警报，并令中国飞机9架起飞迎击。该批日机在攸县投弹后返回，中国飞机降落机场。P533、P530两机稍微受损。

10月27日日军占领武汉后，紧急抢修尚未彻底破坏的汉口及武昌两机场，以便迅速投入使用。11月2日，陆军航空兵团司令部与一部战斗飞行队进驻汉口。嗣后，航空兵团继续攻击向南方及西方内陆撤退的中国空军部队及现有的机场。

11月7日10时50分，据报"宜丰上高间发现敌机约30余架"。11时29分，据万载报告，发现敌机24架；11时37分，据醴陵报告，发现敌机5架；11时40分，据株洲报告，闻机声未发现敌机；11时49分，据萍县报告，发现敌机29架，综合各方报告判断，敌机共29架，经萍乡后，24架经攸县向衡阳东北进入，5架经株洲、衡山向衡阳北面进入。张廷孟"以敌机数量过多，决心令中国飞机飞避"，计3架SB轰炸机、1架运输机飞赴芷江，7架I-16机飞赴零陵。12时，"18架96陆攻分两批由机场东北进入，共投弹56枚，多数落于场东小川岗上，跑道附近仅落10余枚，场内待修的1架霍克75被击焚，1架霍克Ⅲ的机身及机翼共穿10余孔，滑油箱被击坏，1架亚维安教练机左上下翼被击毁，右翼及机身各穿数孔，另4架仅微轻伤一两个孔，可立刻修复"。机场东南炸死11名民工、伤9人。同时，11架97式战斗机低空投下小型炸弹数枚于江边，并有两架低空扫射，所幸没有损伤。

敌机进入衡阳上空时，中方防空部队猛烈射击，敌机投弹后，均向东南方面转向东北返回。据日方记录，当天陆军航空兵团以97式战斗机11架、重型轰炸机20架，从二套口机场突袭衡阳机场，摧毁地面战斗机16架（含3架起火燃烧），获得毁灭性之战果。中国空军第25队起飞6架，第16队起飞2架霍克75M机，共同迎敌，另有1架同型机在地面被毁。

第1飞行团随后于8日、9日以战斗机队压制衡阳机场，以两个重型轰炸机队轰炸衡山的军事设施及南岳的军事中枢等，"均给予毁灭性打击"。

11月8日，日机分两批袭衡阳。第一批"27架轰炸机、15架战斗机"，实为日本海军第14航空队的26架96陆攻、18架96舰战，经坪石、柳州、耒阳，于10时40分向机场东南端投弹；第二批为第13航空队的18架96陆攻，经浏阳、攸县，于11时10分向机场东南端投弹。前后共投弹80枚，跑道及其附近场面中弹20余枚，其余落于小山岗上。敌战斗机7架低空向场内扫射，机场方面无其他损失。敌机投弹及扫射时，均经防空部队反击。11时，在衡山附近发现敌机一批约30架，但未飞至衡阳。据日方记录，该批日机是陆军航空兵团2个轰炸机队，轰炸衡山之军事设施及南岳的军事中枢等，均给予毁灭性打击。

11月9日12时至12时10分，敌轰炸机18架分两批进袭衡阳，另有战斗机10余架在机场上空掩护，前后共投弹数十枚，均落于场外，致使停放场外待修的阿芙罗667战斗机1架被炸毁，1架霍克Ⅲ油箱被击漏，机身及翼伤有数个小孔，I-15轻伤几个小孔，总站部办公室被炸毁数栋，附近山岗新建的宿舍被炸毁3间。靠近机场的铁路涵洞被用作防空壕沟，有一弹不偏不倚落于洞口，致死伤数十人。11月8日，高庆辰乘比奇D-17通用机飞芷江，到第二修理厂取修复的I-16机，10日飞回衡阳，接到空袭警报，蔡名永拉起他往外跑。高起初颇为不解。蔡说："你不知道，昨天挨炸你不在，我却差一点就送命了。因为机场北端，火车过小河沟，修的有个两孔的涵洞，中间是钢筋水泥的墙隔开的。多半晴天时都没有什么水。每一边地面中间是个河槽，也只有一点点水。槽两边都是洋灰地（水泥地）。所以司令部就利用它作为防空洞。把东西两头，距洞口约七八尺远处用砖墙立起来，外面再垒沙包。里面还装了电话，每边都可以站一二十人。昨天（9日），日机18架来炸机场，损失本来很小。但是偏巧有一枚炸弹就落在一个洞口的砖墙里面，靠那一面的十几个人都被炸得粉身碎骨，惨不忍睹。司令和我们站的这边倒无甚伤亡，只是耳朵被震聋了半天，才逐渐恢复。有了这个教训，我立志以后必须逃警报，绝不可以再冒险了。"

11月11日，鉴于衡阳腹背受敌，饱受轰炸之苦，第1路司令官张廷孟决定停止作战，疏散到广西桂林和柳州基地。飞机都推入机场旁的山洞中，暂时不出任务。5天后，孙科得到命令：

1. 今后长期抗战所需军械与飞机极多，俄总顾问前提整军计划，拟重编60个军180个师，其所需军械及600架飞机，俄使表示除中国现有数目外，可向苏联及其他国购买。苏方究能供给多少，请就近提问；

2. 前订军火运输迟缓，应请加速，又空军志愿兵大部将届瓜代，新兵未到，亦请一催；

3. 现战争益入严重阶段，可否派加伦将军再来协助？请代问。

11月23日10时30分，据修水报告"敌机18架向西南飞行"，11时据浏阳报告"发现敌机多架"，11时45分据株洲报告"敌机18架向南飞行"。驻衡阳的1架SB轰炸机当即飞往芷江。12时35分，96陆攻分两批由东南方进入机场投弹，第一批9架，投弹20余枚，站部办公室房屋1栋被炸起火，附近防务震毁很多，场夫4人轻伤。

11月26日，据报"敌机18架，经修水、万载、莲花、耒阳来袭衡阳"。11时25分，衡阳发出空袭警报。12时20分，敌机分

1938年11月16日，苏联《真理报》发表了在华英勇作战，战功卓著的14位飞行员授予"苏联英雄"称号的报道，其中两人（苏普伦和克拉夫琴科）后来在伟大的卫国战争中牺牲

两批侵入衡阳上空，第一批9架在湘桂路车站、汽车西站、伤兵医院（大西门）一带投弹，第二批9架在机场附近投弹，场内落重弹4枚，无大损失，随即解除警报。

内陆作战时期的衡阳空战

1939年1月3日12时，日本海军第13航空队奉信令第122号，于次日空袭衡阳，因天气不良，延期4天。1月8日11时05分，18架96陆攻在指挥官山之上庄太郎少佐指挥，各机携带60千克炸弹12枚，从汉口经岳阳、永丰空袭衡阳机场及周围军事设施，武田八郎大尉的第1大队负责攻击新机场，预备目标长沙；胜见五郎大尉的第2大队负责攻击旧机场，预备目标株洲。

13时22分，日机抵达衡阳，在5500米高空，因旧机场被积云覆盖，机群透过云层向新机场投弹，第1大队由东向西轰炸，炸中机场北部及附近设施，第2大队由东南向西北轰炸，半数命中机场北端及粤汉铁路以南，判断地面损失较大，经情报确认"摧毁正在修理的1架I-15机"。13时45分，敌机在衡山东方集合返程，13时56分在平江降至3000米散布传单。14时45分抵达汉口。

1月11日16时，第13航空队奉信令第126号，于12日空袭衡阳机场及周围军事设施。12日10时45分，18架96陆攻继续由指挥官山之上庄太郎少佐领队，各机携带60千克炸弹12枚，自汉口出发，绕经茶陵空袭衡阳。高原晴雄中尉的第1大队负责攻击旧机场及附近军事设施；武田八郎大尉的第2大队负责攻击新机场、停车场、货车群及附近军事设施。如视线困难，可集中攻击任何一处。

12时48分抵衡阳上空，晴云6500米，各大队从5500米向各自目标轰炸，"地上炽烈，高射炮在市区以北5公里处射击，发现敌战斗机1架在6000米高度"。第1大队有2/3命中旧机场东方，并轰炸城区东部、南部，引发大火灾，1/3命中机场南侧；第2大队第1小队命中停车场及场内的便道，有6弹命中一栋建筑引发火灾，西侧仓库命中2枚炸弹，第2小队命中新机场西方仓库，炸中1栋建筑引发火灾，第3小队炸中跑道，部分炸弹落入城区。13时12分，敌机在衡山以东上空集结返航，至13时27分经长沙期间，一路散发传单，14时30分返回汉口。据日方战报，有4架96陆攻被高射炮击伤。

3月20日，鉴于中国空军主力退守四川内陆，为便于就近统一指挥，空军第1路司令官张廷孟奉令率一部幕僚人员自衡阳赴重庆指挥空军部队作战，并担任航空委员会驻渝办事处职务，同时参谋长王袖萍奉命由南昌赴衡阳主持司令部在衡阳的事务。王参谋长离开南昌时，南昌会战爆发，战事吃紧，奉令将经管事务移交吉安第12总站长沈永祥继续办理，会同请准将大量油弹运存江西于都，并陆续破坏南昌、临川、万载、萍乡、浏阳、崇仁、长沙、南城、永丰及吉安机场。

4月4日10时，第13航空队增田正吾少佐率18架96陆攻，各携带25千克炸弹2枚、97式6千克炸弹8枚，从汉口出发轰炸衡阳，11时46分以5300米高度飞抵衡阳上空轰炸4分钟，12时40分细川直三郎大尉的第1大队3架96陆攻轰炸长沙后，13时55分返回汉口，壹岐春记中尉的第2大队于14时返回汉口。

4月6日9时15分，第13航空队受领机密第914号电，攻击衡阳市区的军事设施。10时30分，18架96陆攻在指挥官山之上庄太郎少佐指挥，各机携带250千克炸弹2枚、60千克炸弹8枚，在3000米高度保持222公里时速，从汉口出发，经萍乡空袭衡阳，武田八郎大尉的第1大队负责攻击市区左岸，细川直三郎大尉的第2大队负责攻击市区右岸。12时57分，抵达衡阳，上层云高7000米，下层云高5500米。13时整，各机在5700米至6200米轰炸衡阳市区军事目标，高射炮反击炽烈。13时11分，衡山以北10公里，各大队集合返程，14时40分返回汉口。驻衡阳的第1修理厂股长李云岩被炸成重伤，次日殒命。

5月12日，空军为协力第9战区在南昌方面的战斗，派第1大队第4队队长郑长庚率SB轰炸机6架，于10时40分自成都双流起飞，13时降落芷江加油，再起飞直达衡阳。17时45分，郑长庚向衡阳第1路司令部报告："此次奉会令出发工作轰炸目标由司令部决定。"司令部参谋长王袖萍据此，以电话向第9战区参谋长吴逸志及狄处长接洽，适逢都因公外出，以电话向衡阳铁道运输司令陈部长请示，0时20分派副处长洪慈祥来部转达部长指示轰炸目标，为安义城或奉新城，王参谋长当即于0时30分下达命令：

1. 主要目标奉新城，副目标安义城

2. 出发时间13日晨5时

3. 经路清江、高安（各该地均有机场可资补目标）

4. 返航循原路

5. 如衡阳有警报或机场被炸，按对空通信符号指示降落零陵机场

6. 其余部署由郑队长决定

13日5时40分，除顾兆祥机因故障未能出发外，郑长庚率5架SB轰炸机，共挂炸弹2520千克，由衡阳起飞，经萍乡、清江、高安，于7时10分到达奉新上空，以3000米高度连续投弹，"全数爆发，命中奉新城区及东郊公路一带"，当见城区浓烟蔽空，任务完毕经万载、萍乡，于8时20分返回衡阳降落。奉参谋长王袖萍转陈部长命令，"因无任务派遣，着飞回成都"。10时，郑长庚率6架SB轰炸机从衡阳起飞，13时30分抵达成都。

◆ 1939 年 5 月 5 日，日本陆军第 18 独立侦察中队大室孟大尉、飞松中尉侦察拍摄的衡阳机场

　　1939年12月29日9时5分至11时，衡阳空袭警报，敌侦察机1架，先后侵入衡阳上空，侦察后返回。12时54分，第三次警报，当时第19中队4架SB轰炸机降落衡阳机场，其中24号机因故障不能起飞，其余3架于13时飞桂林。45分钟后，26架96陆攻轰炸衡阳，投弹22枚，24号机受损。

第六章
兰州空战显神威

苏联援华的中转站

1938年10月25日攻占武汉后，日本已无地面战略进攻力量，抗战进入相持阶段。日本军方分析中国方面形势后认为，重庆政府已经陷入分裂，只要从军事上加以压力，中国军民的抗战意志便会彻底崩溃，"中国事变"解决指日可待。1938年12月2日，日本大本营下达《大陆命第241号》命令：要求侵华日军陆海军航空兵开展"制空进攻作战"，以压制和干扰中方战略谋划，打击中方首脑机关正常运作。陆军部与海军部专门制订《陆海军关于航空的中央协定》，规定"陆海军航空队协同在全中国各要地勇敢的进行战略、策略的航空作战，挫败敌人继续战斗的意志"。把轰炸的重心放在战时陪都重庆和中国空军接收苏联飞机的重要基地兰州。华中派遣军司令官主要负责华中及华北的制空进攻战，特别要压制和扰乱敌之战略及政略中心，同时努力歼灭敌人航空作战力量。陆军航空兵团司令官江桥英次郎中将命令拥有重型轰炸机45架、战斗机12架、侦察机18架的第1飞行团执行这一任务。

1937年11月中旬，日方获悉苏援的飞机经兰州中转武汉、南京等地，11月下旬，日本海军第1联合航空队木更津航空队将20架96陆攻移驻北平南苑，企图以石家庄为中继，攻击西北航线。木更津航空队决定12月1日空袭兰州，但受天气影响推迟到4日。当天7时30分，飞行队队长管久恒雄少佐指挥11架96陆攻（各3枚250千克炸弹）冒着零下8度的严寒从南苑机场起飞，途经山西五台、陕西葭县（今佳县）、宁夏银川、甘肃靖远，11时05分首次空袭兰州。驻

⬆ 苏联志愿队飞行员在兰州

⬆ 抗战时期的兰州城

兰空军4架I-16和4架SB紧急起飞迎战，高炮猛烈射击，揭开兰州防空保卫战序幕。日机匆忙将炸弹一次性投于拱星墩机场，炸死2人、炸伤4人后即逃逸。日方报称"地面爆破4架大型机（含四发发轰炸机2架）、10架小型机"。日机返航时经保安、太原，于17时10分全部降落南苑机场，因在空中飞行9个多小时，机上人员都感到头痛和极度疲劳。

⬢ 苏联提供的第一批飞机交接时的合影

　　12月21日8时10分，飞行队队长管久恒雄少佐指挥木更津航空队的9架96陆攻，冒着零下14度的严寒从南苑起飞，11时30分经中宁向兰州袭来。第4大队第21队队长董明德、分队长王远波协同苏联志愿队共起飞7架，巡逻警戒。13时10分，96陆攻机群进入机场上空，此时中国飞机3架已降落加油，仅董明德等4机向日机截击，战斗10余分钟，攻击七八次。

　　日机转向东北轰炸后返航，董明德奋勇追击，击中日机1架，冒出黑烟，董机亦被击中16弹，伤发动机操纵绳，所幸人无恙，安全降落。苏联志愿队1架也被击中3弹，人无伤。日方报称"经25分钟空战，击落4架战斗机，不确实击落2架战斗机，地面击毁8架，己方有7架中数弹乃至30多发，有2架的油箱被子弹贯穿，重伤1人、轻伤2人"。鉴于两次远程空袭兰州刷新了"越洋爆击"的纪录，木更津航空队被授予感状。

　　为准备执行《大陆命第241号》，达成这一战略构想，切断中苏运输补给线，日本第1飞行团团长寺仓正三少将决定以运城、包头、彰德为进攻基地。1938年11月15日拂晓，日军陆航第12战队在原田宁一郎大佐率领下，从包头起飞5架意大利进口的菲亚特BR.20轰炸机（以下简称伊式重爆），空袭兰州。

◉ 1939 年年初，日军航空部队运城基地，接受指示的田中部队各中队长

5时，据报"敌机3架经宁夏向南飞行"，驻兰飞机当即准备起飞截击，以第4大队巡逻机场北，志愿队巡逻机场南。6时40分，1架日机由西向东偷入机场南端，志愿队队长首先发现后向其攻击，又有3架继续攻击，均因距离较远而未击中。另有2架在靖远东投弹。8时04分，日机仍经宁夏北返回。日本陆航经首次试探性轰炸，总结道"原田部队轰炸兰州之际，在途中望见烽火直升，敌空中监视网之完备由此可见一斑……轰炸了机场及军事设施，攻击部队在兰州上空与敌鏖战，体会出兰州防备相当坚固"。

第1飞行团认为，将距兰州较近的晋南运城建成前进机场，可兼顾空袭兰州和重庆。机场位于运城西约15千米羊驮寺，机场施工时建有小火车与机场衔接，用于运输建筑材料、汽油、弹药等军需物资，采用砖瓦窑油库，建有水泥混凝土跑道。

日军于1938年12月26日、1939年1月7日、1月10日连续轰炸防守严密的重庆，效果不大。尽管在1月15日轰炸重庆成功后，航空兵团企图继续扩大战果，但天气恶劣，多采推测投弹。寺仓正三认为在现有条件下，无法在四川的雾季对重庆进行有效的轰炸，建议改炸天气较好的兰州。日本陆军航空兵团司令江桥英次郎中将同意后，于1939年1月21日下达"准备华北方面下期进攻作战"的命令，正式将重点转移至中国空军西北重要基地兰州。

⬈ 群山环抱中的兰州机场，该照片是 1938 年 12 月 4 日轰炸兰州机场的日机飞行员所拍

兰州接近中国地理位置的中心，依山带河、形势险要，战时是大西北的军事、政治、经济、交通中心，孙中山先生曾主张"建都"于此。1938年2月7日，苏联与国民政府签订《军事航空协定》，并给予中国政府5000万美元借贷，又陆续派遣大批军事顾问、专家和空军志愿队来华。当时中国沿海被日本封锁，距敌后和正面战场都不是非常遥远的兰州就成为苏联援华人员、飞机、武器及其他物资的主要通道和中转站。中国向苏联提供的钨砂、锑、锡、汞、锌、铋等物资以及茶叶等物品，也多由回程汽车通过兰州运苏。从苏联中亚阿拉木图和西伯利亚外贝加尔地区来的飞机和苏联空军航空志愿队，分别经新疆、蒙古来到兰州，然后编组分赴中国各地机场。兰州也是中国空军重要的训练中心之一，这里建有空军第三工厂，苏联技术人员在此训练中国空军空地勤人员掌握苏制飞机的装配、维护技能；苏联教官训练中国空军人员掌握苏机驾驶技术和空战战术，然后接收新机奔赴各空军基地与敌作战。

1937年9月，空军第四路司令部成立，南京陷落前移驻兰州，也称兰州空军司令部，统一指挥和协调西北地区的防空作战。地勤补给系统在兰州设立空军第七总站，又称兰州机场总站，总站长曾泽棠，扩建原有城东1.5千米的拱星墩和城南的临洮机场，新建兰州城东5千米的东古城、城西50千米的西古城、

174

▲ 1937年12月，被日机轰炸的兰州机场

城北的中川机场。航空委员会设立空军兰州第一军区司令部，沈德燮任司令。苏联在兰州设立外交代表处、军事代表处和空军招待所，并任阿基莫夫为苏方兰州空军基地司令。拱星墩是整个西北地区最大的空军基地，早有热列别琴科的苏联志愿队战斗机大队协助保卫。此处还是民航航空站，中德合资欧亚航空公司每周2班容克斯Ju-52到此停留接送客货。

1938年2月上旬，第4大队接新机返回汉口，第26、第27队赴兰州接机。高庆辰发现，"俄国卖给我们的飞机，没有一架是新的，都是他们自己淘汰的飞机，经整修后，要中国付现款，照新机的价钱卖给我们。各国因受到日本的压力，多不敢卖飞机给我们。所以哪怕俄国以旧品当新品，我们也只有哑巴吃黄连，有苦说不出了。例如I-16式，按他们新机的规格，最大速是每小时440千米，但我们在理想的高度下，开满油门也到不了350千米/时。规定航程800千米，但我们如何尽量设法省油，也只能飞2小时，飞不到600千米。后来接的I-153油量更短，有的只能飞45分钟就没油了"。

1938年3月16日，郭家彦和张君泽驾驶的2602号TB轰炸机，满载乘客自兰州飞往汉口，途径甘肃平凉时，外侧发动机故障，因满载且前方航路多山区，遂决定折返，但抵达兰州时，故障发动机突然起火，瞬间机翼折断，坠毁于兰州营盘的山区峡谷，机上的25名苏联援华志愿者只有2人生还，机组成员无一幸存。

乌鲁木齐是苏联援华武器装备和人员的重要基地和枢纽，尽管未遭遇空战，但运输机在阿拉木图—兰州航线上运送苏联志愿者时也常发生空难。1938

年8月5日，1架运输机在乌鲁木齐失事，遇难者达16人。在这条援华的魔鬼航线上，时刻上演着地狱般的生死考验。11月1日，1架运输机从兰州飞往重庆途中，在汉中不幸坠毁，21名苏联志愿队员和机组人员罹难。

苏联援华航空志愿队牺牲214人，死于空难者112人，超过半数，其中在1938年兰州、乌鲁木齐、汉中、成都四大空难事故就占到76人，可见空难是苏联援华航空志愿队的头号杀手。

1938年11月，负责实战训练的战斗机教导总队从四川梁山移驻兰州西古城基地，当地无敌机袭扰，可以专心进行空战训练和飞机换装整备。12月15日，第4大队完训归建后，第5大队黄泮扬大队长率第17、第27、第29队抵达西古城基地进行训练，并接受新的编制番号。该部主力是在"两广事件"中驾机投奔中央空军的原广东空军，队中还有相当一部分人是祖籍广东的旅美华侨，抗战爆发后受民族大义感召归国参战，为交流方便，这里平时主要用英语交流。整个第17队中，只有飞行员郭耀南和新近报到的航校7期毕业生徐吉骧、任肇基3人非粤籍出身。

经1个月的严格整训，1939年1月，第5大队部及所属第26、第27、第29队飞行人员转场成都，仅第17队留驻兰州东面的拱星墩机场，担任警戒。不久新编成的第15队也进驻兰州，共同担负兰州防空任务。担任地面防空的是中央防空学校炮兵团的1个营，驻拱星墩和白塔山等机场，配备4门射程约5000米的苏制大口径高射炮，6门射程2000米的20毫米瑞士苏罗通高射炮，及30多挺高射机枪，构成严密的对空火力网，配合空军保卫兰州。到1938年年底，在苏联支援下，中国空军主要作战飞机数量已经恢复到抗战前数目，而性能更优。就是在这种情况下，中国空军迎来辉煌的兰州空战序曲。

"2·11"空战

1938年12月25日夜，日本陆军第1飞行团情报判断兰州驻有战斗机74架、侦察机2架、SB轰炸机10架、DB轰炸机10架、运输机6架，计达102架。为确保这一数字真实性，12月27日，下志津侦察飞行学校教官、独立飞行第18中队附大室孟大尉驾侦察机多次前往兰州侦察，经空中摄影显示"兰州东西有2处机场，合计有60余架敌机，另据市区西南30千米附近新设机场"，还发现由运城飞向兰州的地图，水系、道路、城市等的位置、距离等方面误差太大，不能保证空中准确航行。经以多种地图对照后，认为只有"南满洲铁道株式会社调查部"所绘制的二百万分之一中国西北地区之地图较为准确，实际测量出运城到兰州的距离为750千米。当时的飞机速度较慢，每小时在300千米左右，因而使用的多为地标较多的50万分之一航空地图，所以"满铁"的地图虽然比较准确，但只能作为地面准备时之参考，为第1飞行团轰炸兰州做好准备。1939年1月14日，进一步侦察获悉兰州地区集结66架战斗机、1架SB轰炸机、1架TB轰炸机、10架运输机，总计78架飞机。

1939年2月初，中方情报部门获知日本第1飞行团逐次转场到达运城后，立刻于2月5日派出第8大队第10队队长刘洪福上尉率伏尔梯V-11攻击机4架，各携带14千克炸弹20枚，使用瞬发引信，13时由成都出发。过汉中后，因领队机航速过大，致分队长李承训的155号机脱队迷航，迫降甘肃甘谷县受损，方汝南、见习员周景儒、李承训及投弹手黄善基、机枪手骆忠唐负伤。经过3个小时的长途奔袭，16时15分到达运城上空，见机场位置于盐池西北方，机场为长方形，有跑道和七八座新建营房，机场内停放的飞机分列三面，一面11架、一面12架、一面3架。机群在3100米高度，以基本队形由东向西北方进入，一齐投弹，因刘俊机的炸弹架欠灵敏，仅投下刘洪福、分队长马俭进两机所带40枚14千克重的小型炸弹，均命中目标。霎时，尘土飞扬，烟火喷起，"约炸毁敌机10余架"。此时并无日机升空，仅有高射机枪射击，致服务员刘俊所驾153号机的右副翼被击中1弹。

实际上，日军损失并不大，原来停在露天的是用木板仿制的假飞机，真飞机大部分隐藏了起来。轰炸后回航时，中国飞机将残余炸弹投4枚到永济车站。可惜返航途中，队长刘洪福的1470机航速仍然偏大，2架僚机的滑油温度已高达上限，仍然难以追及。刘洪福爱惜战机，不愿及时跳伞，而是选择迫降。至临潼新丰镇附近，

负责对西北侦察的独立飞行第18中队附大室孟大尉

忽见长机内一人跳伞，飞机随即爆炸，跳伞者因高度过低，伞未张开，刘洪福同投弹手汪善勋、机枪手谢明光殉难。17时40分，2架僚机降落西安，此时刘俊机仍有16枚炸弹未能投下。至6日、7日，两机飞回成都。

刘洪福时年26岁，在2年后的1941年7月14日追赠少校。刘队长新婚才一个月的妻子陈影凡闻此噩耗后，痛不欲生，服毒殉情，抢救后又于2月16日以手枪自戕徇情，年仅20岁，让旁人无不唏嘘。而在兰州的第17队也由于大批敌机进驻山西，可能进袭兰州，从而取消返回四川的计划，准备在兰州上空打一场恶战。

2月7日，第1飞行团的运城前进基地陆续进驻装备97式战斗机的飞行第59战队及独立飞行第10中队，并加强第12战队辖伊式重爆9架、第60战队辖97重爆12架、第98战队辖伊式重爆10架，计31架轰炸机共同进袭兰州。当时97式重爆航行半径800千米，伊式重爆约750千米，兰州—运城相距约700千米，接近活动半径极限。97式战斗机航行半径仅450千米，不能护航。所以轰炸机往往采用大编队出动，以加强反击火力，在无掩护的情况下实施轰炸兰州，并将伊式重爆载弹量减为300千克。

1939年2月兰州大轰炸的日军航空地图上，清晰标注了兰州附近的中方重要目标

第1飞行团各战队完成至运城的集结时，航空兵团令第1飞行团开始攻击初期目标——兰州机场，并选派第60、第98战队的1名中队长搭载独立飞行第16、第18中队的侦察机熟悉兰州航线上的地形、气象等。2月7日12时40分，兰州第一军区司令部接防空司令部电话报告"镇原上空发现敌机1架，航向不明"。13时10分，固原发现敌机2架向兰州航进，当即令各队准备，并指挥第17队起机6架升空警戒。14时20分，又命志愿队起飞7架警戒，接替第17队6架降落加油。14时45分，据报"敌机2架已经同心城逃逸去"。15时30分，各队陆续平安降落。

同时，出于隐蔽攻击兰州的企图及压制周边基地等目的，第1飞行团2月6日派出服部武士的第98战队轰炸洛阳，田中友道的第60战队轰炸西安。两个战队在9日又轰炸宝鸡市西北约130千米的平凉、固原等地。2月9日10时50分，鉴于第17队训练结束，队长岑泽鎏率队11架I-15，由道格拉斯DC-2运输机领航，拟经平凉、汉中赴成都，由兰州起飞后30分钟，兰州第一军区司令部接防空司令部情报"有敌机21架分两批，一批10架、一批11架，由东向平凉方面进袭"。当以无线电通知大达机（即达科他运输机），令各机回航，在西古城降落加油。又据防空司令部电话"敌机在平凉、固原轰炸，内6架继续西进"，令志愿队起飞7架警戒。20分钟后，又命掩护装配新机的志愿队员起飞8架。第17队在

⊙ 1939 年 2 月，兰州西北上空飞行的日军 97 重爆

西古城待命，后据报"敌机6架已折回平凉轰炸后窜去"，中国飞机亦降落。11时，固原被炸，投弹21枚，落西门外14枚，西门内7枚，机场无恙；11时30分，平凉城内投炸弹20多枚，机场跑道落弹1枚、旧机场东边3枚、新机场中弹20枚，苏联红军战士西蒙宁柯·格里戈里·彼得诺维奇·维尼亚明·伊万诺维奇·沙尔马诺夫殉职。

完成上述准备后，日军第1飞行团预定2月11日攻击兰州，当天是纪念日本神武天皇公元前660年登基的纪元节。但天气不适，将攻击顺延一天。为隐匿企图，战前两天未实施事前侦察。日军明确下达作战任务，主攻目标为兰州东机场，副目标为兰州市区。日方鉴于兰州地区驻有大约70架中国战斗机，提醒各机群"预料很可能会引发空战，故歼灭最近急增的敌机于空中或地面为目标"。河岛庆吾少佐的第12战队9架伊式重爆，田中友道大佐的第60战队12架97式重爆，服部武士大佐的第98战队8架伊式重爆，计29架，预定13时攻击。为达成预定的轰炸密度，伊式重爆各携带6枚50千克爆破弹，97式重爆各携带12枚50千克炸弹。为策应轰炸机作战，今川一策的第59战队，主力担任运城机场的防空，其余战机与轰炸机队同时起飞，在轰炸机航线南侧的西安和宝鸡地区牵制中国空军。12日下午，陆军航空兵团司令官江桥应次郎中将亲赴运城坐镇指挥。

12日10点30分，第12战队、第60战队、第98战队的29架飞机先后从运城机场起飞，直扑兰州。因领航判断失误，先遣第12战队9架伊式重爆全部向北偏航，将兰州东北约100千米外的祖厉河误认为兰州以南的洮河，将靖远县城误认为兰州，便将54枚50千克级炸弹都投向靖远县城。

12时，兰州第1军区司令部得知"敌机26架，过海原向西飞行"。12时15分，令第17队11架I-15战斗机、1架霍克机起飞。12时25分，令志愿队6架I-15起飞。12时35分，令俄员队7架I-15起飞。12时55分（日方时间14时），第60、第98战队20架轰炸机在5000米高度进入市区，成功轰炸东机场。第一批98战队8架伊式重爆从北方进入兰州机场上空。此时中国飞机高度与日机略等，相距达4000米，且日机投弹后，即开足马力遁逃。因苏制战斗机的工艺问题，这些I-15居然存在时速30—50千米的差异，因此无法保持编队爬高，只有徐吉骧的飞机性能较好，一路领先飞在最前面。但经过一番追逐，第17队却未击落

180

▲ 兰州的中国空军升空作战

1架日机。仅有队员徐吉骧由兰州追至静宁上空，才追及并攻击1次。全体飞行员觉得脸上无光，憋着一口气，准备下次与日机大战一场。俄员队及志愿队亦只有2名队长与俄员队2名飞行员计4架追及日机，攻击1次后，即无法追及。

13时30分，军区司令部询问防空司令部无其他敌情，遂摆出第17队降落西古城加油的符号。不料，13时40分第17队盘旋降落时，第二批60战队12架97重爆，在4000米高度由西方进入兰州机场。此时第17队高度已低，由副队长马国廉率3架在500米高度向敌攻击。因高度过低，攻击1次，日机已远遁，追至六盘山附近才脱离。中国飞机因油量不足，在平凉降落加油后返回。俄员队当第二批日机进袭之际，虽未降落，但未见敌机。

第一批日机投弹过后，志愿队没有遵守命令，自行降落东古城3架、中川村1架。因发动机故障，降落西古城的2架在第二批日机来袭时，该队正在加油，未及时起飞迎击。以上两次战斗，都因高度相等，攻击机会极少，故未能击落日机，中国飞机亦安全降落，仅队员叶思强座机机尾及上下翼各中1弹。高射炮第8连载两批日机到达机场上空时，均猛烈射击，因射程所限，未能击中。日机两次所投炸弹，均系小型杀伤弹，弹坑甚小。计第一批落新机场3枚，无损失，第3工厂周围落7枚，仅待修可塞式V-93C侦察机轻损，该厂检修二课玻璃震碎。第二批投弹96枚，均落机场北半部，由西至东都是弹坑。B-1596号SB轰炸机被炸伤机尾方向舵垂直板等，B-1864的SB轰炸机发动机蒙皮被炸燃烧，经抢救扑灭，又被弹片伤油箱、水箱、机身、大螺旋桨、机翼等。191师在场外的卫兵被炸死2人、伤1人。

第98战队队长服部武士的日记记载，"第60战队以火网捕捉地面敌机约10架及设施，又在上空与敌战斗机10余架鏖战约30分钟，击落其中7架……第98战队也以火网捕捉地面敌机约10架机设施，在上空与敌机20余架交战，击落其中11架（含4架不确实）。两个战队虽有多架中弹，但全部安然返航，为此两队的士气高昂"。

航委会3月4日呈出报告，总结检讨2月12日未击落来袭日机的缘由：

1. 该日敌机袭兰时，其高度与我战斗机略同，相距有4000公尺，因速度关系，致攻击机会甚少，而我I-15战斗机所装7.62毫米机枪在空中最有效射程仅约200公尺（弹道升弧中最平直的一段），致使未能在有效射程内攻击敌机。

2. 该日因监视哨情报不灵，敌第二批飞机来袭时，未报续有敌机来袭（已派防空厅黄厅长镇球赴兰整理），中国飞机已至降落加油时机，仅余地第17队3架I-15式战斗机，尚在空中，惟因高度较敌机为低，攀升仰攻，极端困难。虽追至六盘山攻击，亦未奏效。

3. 战斗机之攻击，须具有较敌机为优越之性能，且占有较优越之高度，及接近机枪有效射程内，以勇敢果决之精神，拆散其队形，分散其火力，然后分别猛烈捕捉攻击之，攻击轰炸机则尤其有最快之速度，及大口径机枪或炮，方能接敌迅速，火器猛烈，始易收击落敌机之战斗成果，故战斗机亦难于每次战斗均可收得击落敌机之成果者，欧战时及西班牙内战中，均不乏其例，我已殉国之高故大队长志航，吴大队长汝鎏，王故大队长天祥，李故大队长桂丹，吕故队长基淳，李故队长克元，汤故队长卜生，射击落敌机7架，而保持中方击落敌机最高纪录之刘故队长粹刚，以及乐故队长以琴等，俊秀英俊，冒险敢死之青年空军将校，亦常未能在每次战斗中操必胜之左券，而击落敌机者。

第5大队对于此次战斗的意见：

一、敌方之优点

1. 利用高空来袭

2. 利用数个方向同时来袭，使我战斗机应付不暇

3. 乘中国飞机添油时来袭

二、中方之缺点

1. 无氧气不能高飞

2. 追逐第一群过远，致被第二群乘虚而入

3. 新队员未习袭击轰炸机方法

4. 情报不准确

此战日机虽是首次来犯，但是作为专门担负兰州防空的部队，得到警报后没有事先到外围空域组织拦截，在空中巡逻时也不够警觉，直到发现敌机在保卫的目标上空投弹激起的烟尘后才发动追击，且没有当场见到任何敌机坠落，这简直是莫大的耻辱！从此第17队的飞行员们都不敢贪恋被窝，也将原本准备转场的行李包从飞机座椅防弹板后面取下，他们甚至决心等到击落敌机之后，再进兰州城逛街。

2月16日，维克多·瓦西里耶维奇·波利卡诺夫在兰州空难殒命，年仅22岁。突如其来的意外失事给中苏飞行员们的春节蒙上阴影。2月19日，农历春节到来，在抗战烽火烧遍神州的战争年月里，谁也没心情过年。虽然第17队里只有从东北沦陷区逃跑出来的徐吉骧亲身经历过"九·一八"事变，但没一个中国空军将士在这特殊时期笑得出来，全体上下都恨不能一卷天河，尽洗胡尘千里，早日打回老家去。就是在这种"国破山河在"的压抑沉闷又迫切求战的气氛中，中国空军将士们在严格的训练中度过了大年初一。次日，他们终于等来轰炸的日机。

"2·20"空战

"2·12"空战后，寺仓正三继续部署2月13日再攻兰州，不给中苏空军以喘息之机，但当天下雨，仅第59战队的97战斗机攻击西安。直至19日均为雨天，兰州攻击始终未能实现。驻守兰州的中国空军和苏联志愿队也都在等待日机到来。2月18日，农历大年三十，第98战队3架伊式重爆对延安抗日军政大学和市区轰炸，在高度1800米处因飞机出现结冰，为避免危险降低高度飞行。2月19日气象部门预报20日天气好转，且当夜情报判断兰州驻有战斗机40架、侦察机1架、SB轰炸机7架、TB轰炸机10架、运输机2架，计60架。飞行团团长寺仓正三立即部署20日攻击兰州，攻击要领以2月12日为准，第12战队河岛庆吾少佐率9架伊式爆袭击兰州以西50里的西古城机场，第60战队的12架由田中友道大佐指挥，同上田虎雄大尉指挥的第98战队8架轰炸兰州东机场。

20日12时45分（日方时间），上田虎雄大尉指挥飞行第98战队9架伊式重爆领头，攻击部队29架逐次起飞。13时50分，第一军区司令部先后接防空司令部电话"敌机共30架，分批由东进平凉、静宁、固原、靖远进袭兰州"。14时05分，命俄员队起飞7架I-15战斗机、1架I-16。14时07分，令第17队起飞9架I-15。14时12分，命志愿队起飞7架I-15。至14时20分，24架全部起飞。14时10分，驻西古城的第15队起飞4架I-15、1架I-16机、1架霍克机。

14时43分，第98战队以高度5000米由黄河铁路桥上空飞进兰州。14时50分（日方时间15时47分）向东机场东半部投下50千克炸弹54枚，"在停机坪的敌机受创不少"。在此恭候多时的中苏机群立刻蜂拥而上，一番猛射，唯恐落后。俄员队在市区上空追击日机，对其攻击。大队长热列别琴科及该队两队员机攻击最激烈，其余各队员参与攻击。第17队升空后20分钟，在4000米高度发现9架日机在3000米高度相对航行，当即一齐半滚俯冲攻击。最先头的二井桌大尉被队长岑泽鎏击中后支撑至兰州城外坠毁。副队长马国廉亦抓紧战机迅速俯冲猛射，将僚机松尾原重少尉击落，随长机俯冲，背面落地，双双坠于牛兰山上。第2分队第2号机被郭南耀击中，也冒着浓烟脱离编队，其余各机攻击一架日机，虽未获战果，但借以交叉火力自卫的密集编队被冲散。志愿队在兰州西北发现日机，即全队攻击，又在日机后方及两旁攻击。第15队李德怀、陈崇文、张唐天所驾3架I-15对日机攻击1次，未奏效果。

⚠ 1939 年 2 月，准备轰炸兰州机场的日军飞机

⚠ 1939 年 2 月，日军轰炸兰州机场

在首轮集中射击下，第98战队除坠毁2架外，其余全部中弹累累，最多者达54发，但吸引了中苏30架战机的火力，"据报击落其16架"，掩护了后续的第60、第12战队轻易突入。15时05分（日方时间15时50分），第二批第60战队12架97重爆在5000米高度由西进入东机场，在机场南半部投下50千克炸弹144枚。俄员队因对第98战队战斗，故未能攻击第60战队。第17队岑队长机发现发动机不佳，因高度降低，考察各部仪器均正常，再爬高上升时，见第二批第60战队过去，因距离及高度相差甚远，无法攻击。该队其余各机，则正追击第98战队，亦未能对第60战队攻击，志愿队有4架对第60战队攻击，该队长因机枪故障未能攻击。第98战队报称"在轰炸前遭受敌机迎击，与战斗机交战结果击落其6架，中方4架中弹，机枪手1名负伤"。

15时15分（日方时间16时10分），第三批第12战队9架伊式重爆由西以一部及主力分别轰炸西机场及市区，投50千克炸弹54枚，"被认为全弹命中目标"。第17队、俄员队都对其攻击。第17队队长岑泽鎏在3000米高度由前下方攻击，即见日机1架冒烟，俄员队（一说为志愿队）佐洛塔廖夫身中3弹擦伤，飞机安全降落驱逐总队部，何觉民驾I-15迫降西古城，仅眉部轻伤。第12战队报称"在轰炸过程中与敌机20余架鏖战，结果击落其14架"。

日军3个战队29架轰炸机投掷50千克炸弹252枚，计达12.6吨，消耗子弹12882发。第3工厂及指挥洞附近山上共落弹130余枚，存厂的I-15战斗机及可

塞式V-93C侦察机各1架机身炸毁，格罗斯特"斗士"1架全毁。房屋被炸2间，西古城落弹15枚，无损失。兰州西区被炸死数人，伤20余人。

第一军区司令官沈德燮电称："此次战斗经过，各队攻击精神异常旺盛，并极勇敢，所惜者因对第一批敌机缺点及以后应注意事项，殷切训示，至击落敌机数目，现已查获者，落马家山柳家沟1架，为意式机，机焚人死，内有空军大尉1人、准尉1人、机师1人、士4人，并据西安防空司令部电话，东回敌机经过，仅21架，其余恐在沿途迫降，后又接防空司令部通知，计落榆中县1架、皋兰县与榆中县交界之把石沟1架、方家泉1架、施家坪1架，尚有2架落靖远附近，另1架尚无下落，正调查中。"一说认为此役击落日军轰炸机9架，击毙日军机组乘员63名，这一说法可能是日军出击30架（实为29架）与"东回敌机"21架相减得来。

第1飞行团团长寺仓正三总结："是日攻击我重型轰炸机之敌战斗机共计40至50架，以数架编队首先从前方攻击，继而从侧方或后方积极反复攻击。紧盯先头的第98战队，迫近至100米至150米，乃至20米，其战志之旺盛，射击之熟练，令人激赏。至于敌战斗机的主体为I-15型机。此行虽曰轰炸成功，且又击落36架之多，但我方损失伊式重型轰炸机2架，战死13名，代价不小。"尽管日军对中苏空战的战术和修养评价极高，却不愿承认自己失败，承认损失2架，声称击落参战四五十架战斗机中的36架，这已超过中苏起飞飞机的总数。

"2·23"空战

经两次兰州攻击，结合2月20日夜侦察兰州，仅有"战斗机4架、侦察机1架、SB轰炸机7架、TB机10架、运输机2架，计24架"，不足此前六七十架一半的观察结果，飞行团团长寺仓正三少将乐观研判"给敌空军甚大打击"，认为兰州的中国空军力量已瓦解。飞机维修和人员给养休整两天后，决定不给兰州喘息之机，实施第三次空袭，便可毕其功于一役。攻击目标转向市区，轰炸位于市区中央的第八战区司令长官公署。日方严重轻敌，甚至不打算首先击破中方飞机抵抗，扫清以后轰炸的障碍，一举摧毁这3个事关兰州防空和接收苏联军援的机场，为之后更大的失败埋下伏笔。

这次为迷惑中国空军，寺仓团长特别命令已遭受重大损失、难以担当对兰州轰炸任务的第98战队提前一个半小时起飞，佯攻兰州以东260千米处平凉，然后南飞轰炸宝鸡。另外派独立飞行18中队的97司侦机先行2小时侦察，诱使中方续航能力不如日军轰炸机的战斗机提前升空消耗燃料，待其油尽降落时突入轰炸，侦察机结果回报，只有6架中国战机在空中巡逻警戒。日方97重爆装载250千克炸弹24枚，伊式重爆装载100千克炸弹24枚，总计8.4吨，子弹22185发。

2月23日11时04分，兰州第一军区司令部接防空司令部电话，"敌机18架分两批，由固原、静宁向兰州进袭"。大敌当前，连不隶属于志愿队、只负责从苏联向兰州转场的俄员队也起飞助战。11时37分，令俄员队起飞6架I-15战斗机、1架I-16战斗机。空军战斗机教导总队长刘炯光赶到机场，令第15队队长陈蔚文组织升空警戒，第15队副队长余平想、分队长李德标、队员陈崇文驾

⌃ 兰州空战击落的日机

⌃ 被击落的日本重型轰炸机上飞行员使用的手枪及通信设备

3架I-15、驱逐总队霍克战斗机2架，驱逐总队副队长毛瀛初驾1架I-16机，均于11时40分起飞警戒，在兰州与西古城之间巡逻。11时41分，命第5大队第17队起飞10架I-15，又起飞谭卓励座机1架。11时45分，令志愿队起飞7架I-15战斗机，以上计31架。12时20分，接防空司令部电话，"敌机20架由西峰岭向兰州进发"。

防空司令部获悉："第一批9架重型轰炸机到达静宁上空盘旋，折返平凉投弹20余枚向东去，第二批单翼战斗机9架到达会宁上空盘旋后，折向宝鸡东窜，以上两批敌机皆未袭兰。"第一批日机系佯攻的第98战队。12时20分，第三批日机过西峰镇上空时，鉴于距兰州尚远，恐在空中油量不足。12时40分令各队分批降落兰州机场及东、西古城机场，迅速加油后起飞，计第17队10架及谭机1架，驱逐总队霍克机2架、第15队3架、志愿队7架、俄员队6架，计29架。

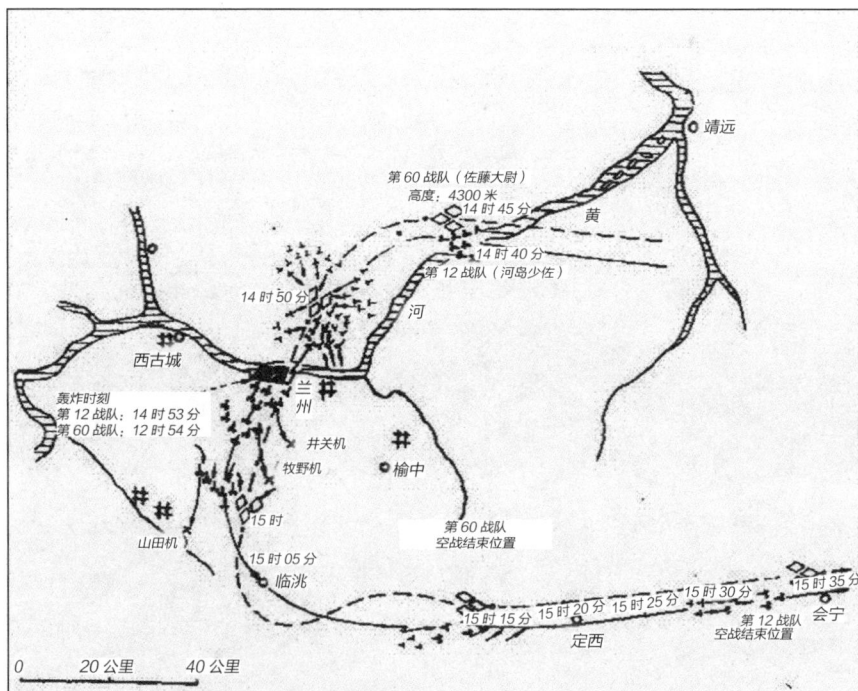

敌陆空军第3次轰炸兰州时之空战经过图（1939年2月23日）

13时40分（日方记录14时53分），第三批日机从东北进入兰州上空，分为相距500米的前后两群：作为主攻的河岛庆吾少佐率领的12战队8架伊式重爆在5000米高度进入兰州，随后14时54分，佐濑育三大尉率领的60战队12架97重爆也由5300米高度黄河铁桥进入市区。志愿队奋勇迎击，全部向后群的第60战队攻击，继以4架攻击第12战队，3架攻击第60战队。第12战队第1中队队长井关正夫大尉首当其冲受三四架围攻，立即中弹起火，横过编队群的头上，变成一团火球坠落。

空战已演变成对日本97重爆、伊式重爆一边倒的围攻。第12、第60战队见势不妙，立刻丢下炸弹返航逃跑，所投炸弹散布在城内、城外、北塔山、五泉山、黄河河床，有的未接近目标便投弹，以图减轻重量，摆脱战斗机的攻击。

第60战队的97重爆，转弯灵活、速度快，投下炸弹后立即就可离开，而第12战队的伊式重爆就没那么脱身了。当时陆军的93重爆轰炸机已落后，飞行性能、行动半径及可靠性均问题重重。而97重爆又未投入量产，不得已1938年1月开始购买便宜的意大利空军最新锐的菲亚特BR.20轰炸机72架。该机在西班牙内战和埃塞俄比亚的战争中颇受好评，但最大时速仅460千米，且油箱体

● 1939 年 2 月 23 日，日军大队轰炸机直扑兰州

◎ 黄河从兰州流过，有一座铁桥横亘在黄河上，当年袭击兰州的日机都从这飞过

积巨大又不防弹，机身、机翼都是易燃的木质骨架加帆布，中弹后难免着火，并蔓延帆布制造的机身及机翼，使飞机迅速丧失升力，被戏称为兰州上空的"火鸡"，其生存能力尚不如"飞行打火机"的海军96陆攻及97重爆。更要命的是，日本飞行员操作不习惯，以致故障频发。唯一聊以自慰的是拥有1000马力的强力发动机，以及机上自卫武器——3挺12.7毫米机枪。

僚机牧野克己中尉轰炸后回旋于内侧，减速保持队形，志愿队击落井关正夫后集中攻击该机，后者随即中弹冒黑烟在兰州郊外坠毁。短短片刻之间，双方队形已乱，各自为战。志愿队首开旗胜，报称"当被击落3架，其中2架着火"。经15分钟空战后，飞返兰州上空警戒。

13时55分，第17队在兰州机场上空，见日机20架分两群从东北方进入市区，兰州市区烟尘滚滚，各机同时作半滚俯冲，向日机施行猛烈扫射。第17队采用研究的"编队攻击"战术，每分队3架I–15同时咬尾1架日机，让其无法集中机群的火力射击单个目标，降低敌防御能力，又提高了每次攻击的准确性。10秒后见1架日机被副队长马国廉、队员陈桂民击伤后着火坠地。随着友机参战，进入混战状态，至为激烈。

△ 日本涂装的菲亚特 BR.20 轰炸机

　　徐吉骧中尉在这场围猎之中也抓住猎物——1架落单的伊式重爆，且速度和高度都不断下降。这是第12战队第3中队外侧的山田忠夫中尉机，机轮脱落，速度减缓，脱离编队。徐吉骧能轻松占领最佳位置开火，可偏偏他座机的4挺机枪中有2挺因拉线在先前混战中被击中断裂不能上膛，1挺卡壳，只有1挺可以开火，还不能制退打连发。徐吉骧只好手动上膛，1发1发地射击。他把I-15靠在这架伊式重爆的后面，瞄准驾驶舱慢慢地打，由于日机后座机枪手已毙命，因此它的飞行员只能忍受这种类似凌迟的惩罚。徐吉骧一直打到甘肃会宁上空，油量不足，而那架日机的油箱早已漏油，甚至还飞溅到I-15上，因此徐吉骧认定它肯定飞不回400千米以外的运城，便放心返航。在5分钟内，"又有2架日机被中国飞机先后击落，着地起火"，4架日机负重伤逃遁，直追至临兆附近返航。

　　返航途中，第15队的陈崇文中尉遇见徐吉骧，发现他的I-15起落架轮子已破裂，便飞近了用手指徐的机轮。徐吉骧看看底下已接近东古城机场，以为陈崇文要他降落在这，便降下去，落地瞬间觉得左边一震往左斜，还以为是左轮避震杆缩进去，便猛打右刹车，将飞机停下来。徐吉骧刚爬出座舱，先前落地的大群苏联志愿队员便围上来，兴奋地将他举起，赞扬刚才那幕简直是奇迹，徐吉骧这才明白。晚上，1架教练机将徐吉骧接回拱星墩基地，队长清点人数，不缺一人，而中方其他部队也未损失人机，证明这是一场全面的胜利。

俄员队6架I-15战斗机、1架I-16机落东古城加油后，因加油迟缓及开车不及，仅起飞I-15、I-16机各1架。两机在机场北方遭遇日机，开始向第12战队左方攻击多次，追至临洮定西才折回。

余平想率领的第15队3架I-15及霍克机2架正在巡逻中，见日机进入兰州市区，各友机已对敌人作猛烈攻击，当即率各机参战，攻击约10分钟，集中击落1架，坠于洮沙附近，直追至临洮返回。

本战结果，"敌机当被击落3架，皆在空中发火坠地，又在追击途中击落3架，共计6架，落五泉山后1架、洮沙2架，余3架在调查中"。在空中着火坠落五泉山的日机中，搜出敌空袭兰州行动概要图1张，经翻译后，"证明此次空袭的日机，皆由运城出发，番号为田中、原田及服部三个航空队，其中田中、原田系经会宁袭兰，服部至会宁后，折向宝鸡"。击落的日机中，检获日记1册，内记有出发轰炸各地及调防他处等空中出发时刻和轰炸目标时刻，以及到达防地上空时刻等，经计算运城到兰州平均1小时45分，汉口到彰德2小时05分，证明日机速度是每小时350千米。

第17队4架I-15战斗机被击伤，计P-7188机身右边大梁钢管中弹折断，P-7197、P-7177、P-7147油箱中弹漏油，其余各机中弹甚多。志愿队一名队员被击伤右肩，有2架中弹轻伤。第15队P-7130、P-7122亦中弹多发。日机空投8.4吨炸弹，空军各处均未被炸，但兰州市区被毁房屋200间，唐代著名佛教丛林普昭寺，藏经楼保存的《大藏经》6358卷全被烧毁，寺内的悟明方丈及和尚都被炸死。嘉福寺、东华观和柏道路、道升巷的古建筑都变成一片废墟。贡元巷、新关街、西北新村、南街和东大街也毁损严重。

2月20日至3月6日这半个月，各地又陆续运回15架日机残骸，本次空战中方一共击落敌机18架。自身无损失。赴台湾的李德标和陈崇文于1951年会见过参加"2·23"空战的日军飞行员，后者称当时空战后平安返回运城的飞机只有3架，其余18架均失去下落。而1988年原日军独立飞行第18中队飞行员河内山让拜会徐吉骧时，也承认自己在轰炸机部队的2名同学"2·23"空战中均被击落，说明损失之惨重。若如此，此战也是整个抗战期间中国空军（连同苏联志愿队在内）创造的最佳战绩。兰州空军司令部作战科科长李逸侪在《中国航

⬆ 中国空军在兰州训练曾使用的I-16UTI双座教练机，因I-16战斗机着陆非常困难，中国飞行员一度使用该教练机过渡训练

空掌故》中称："兰州这两天空战，为中国空军八年抗战历次空战中，创立了歼敌最多的辉煌战果。"

3月初适逢兰州空军新生社成立一周年，空军兰州第一军区司令部举办盛大的纪念祝捷晚会。参战有功人员分别获颁星序奖章，计有俄员队队长郭柴特阔夫、副队长白特鲁宁及队员佐洛塔廖夫、端臣阔、阿噶佛诺夫、扎依金6人，志愿队战斗机大队大队长热列别琴科及队员沃布霍夫、娄弗先尼阔夫、葛罗莫夫、那依间阔、夏弗黎洛夫、阿布拉莫夫7人获奖，中方队有第17队队长岑泽鎏、副队长马国廉、分队长刘敬光及队员郭耀南、陈桂民、任肇基、叶思强、徐吉骧、胡佐龙（第29队）等10位飞行员，第15队副队长余平想、分队长李德标及队员陈蔚文、陈崇文等各击落或合力击落日机一架，除岑泽鎏、马国廉、郭耀南获二星星序勋章外，其余各奖一星星序勋章一枚，严均、叶炳琪各记功一次，何觉民和谭卓励传令嘉奖。美中不足的是当时高炮部队连长赵也超、警卫部队排长谭玉卿均驻防兰州击落日机1架，但未在授奖之列。

晚会结束后中方在兰州大戏院招待各界代表，收到总队转来的兰州各界赠送的慰劳品，其中上刻"功盖戚俞"字样的银杯、强织颈布等物品。

194

⬥ 1939年2月23日，轰炸兰州的日机编队接近目标，方头的伊式重爆外观十分明显。远处右侧两架就是井关大尉的"ウ"号机和牧野大尉的"イ"号机

⬥ 2月23日，第12战队编队长粟原大尉发现宫岛满中尉、井关大尉、牧野中尉三机前方，可以看到一架小小的中国 I-15 战斗机

⬥ 日军整齐的编队下方，可看到中国空军 I-15 战斗机正急速接近。日军记者标注说明，该机正在向日机猛烈开火，紧接着井关机和牧野机就中弹起火，被打得倒栽坠落

⬥ 记者搭乘的负伤后生还的大村中尉所驾驶"伊式重爆"轰炸机，竟被打了 100 多个窟窿

⬥ 日机撤退途中，记者拍摄到还有架 I-15 紧追不舍

◎ 1939 年 2 月 20 日及 23 日，兰州空战中俄飞行员星序奖章得奖名单

中方战后总结，"各机均勇敢奋战，而降落加油时间得当，故能不失时机，准时起飞迎击，而收击落敌机之效"。日方也抛开感情因素地称赞："敌战斗机以I-15为主，其他尚有霍克及塞帕斯基，其攻击相当果敢，反复强行近接攻击，也善用死角之攻击。从弹痕研判敌机使用部分12.7毫米口径之机关炮（机枪），出现之敌战斗机出乎意料之多，从机种研判系从其他地方增援而来者，特别是从成都方面。本次攻击在轰炸市区上堪称成功，但缺乏战斗机掩护之重型轰炸机之单独攻击诚属困难一事，予人强烈印象。"

日方宣称"攻击队在轰炸前后约1小时内遭受约50架敌战斗机强烈之反击，结果击落对方20架，击伤20架"，也承认"伊式重爆3架在轰炸市区后被击落，攻击队的全数飞机中弹几乎体无完肤，重伤5架。第12战队受伤4人、第60战队轻重伤各2人，中弹最多的达153处弹痕"。

遭此重大失败后，日军第1飞行团立刻进行总结，认为：除了轰炸进入方向较单一，容易遭到战斗机集中攻击；队形零乱容易遭到各个击破外，还存在以下重大问题：

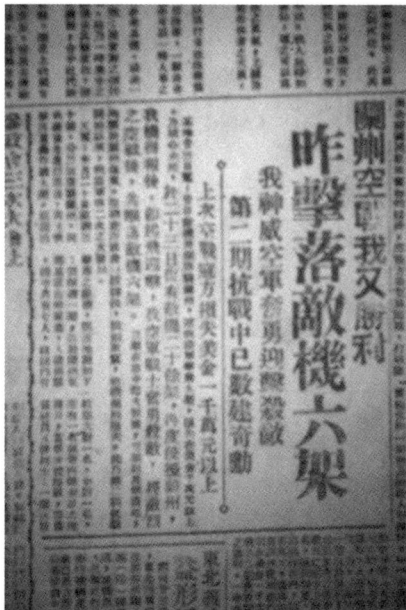

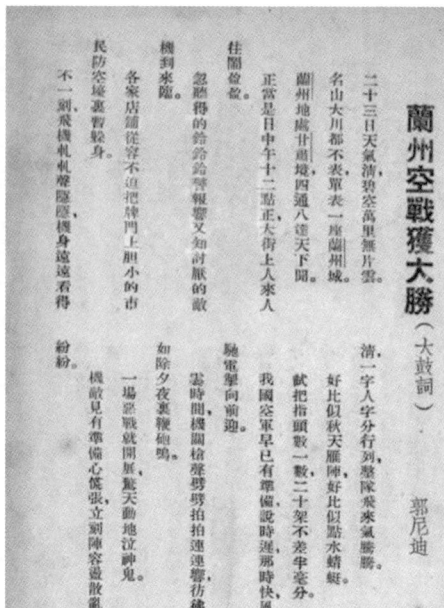

◎《新华日报》1939 年 2 月 24 日关于"2·23"空战的报道　　◎2 月 23 日兰州空战获大胜的大鼓词（郭尼迪 作）

1. 以现有轰炸机，在一般气象条件下编队远程轰炸，而且无战斗机护航，这无论在战术上还是战役上，都难以完成任务，还将招致很大的损害。

2. 对重要目标的轰炸，如选择昼间有利气象条件下，对方就更能够发挥战斗机和高射炮的作用。

3. 兰州地区适宜中国空军发挥力量，除了有利的气象条件外，还因为该地是苏联志愿队的中心基地，中国方面有决心而且也有源源不断的人力、装备对此地进行保卫。以有限的远程轰炸航空兵在此刻进行得不偿失的消耗战，是否必要？

根据轰炸部队在兰州连连失利的情况，2月23日，日军大本营决定停止对兰州的轰炸，但对西北其他各地照常进行。此时江桥英次郎的航空兵团正在考虑让部队进行休整和补充飞机之后，继续轰炸重庆地区之方案。

◈ 1939 年春，徐吉骧站在兰州的 I-15 机前留影

　　将这三大问题上交后，日军大本营也决定停止轰炸兰州。自3月15日起，3个重型轰炸机战队从运城基地撤离前，还分别以小机群对大西北各战略要点进行连续出击，计有：

　　1. 2月22日第98战队，3月6日第12、第98战队，轰炸延安，投弹约6吨；

　　2. 3月6日，第60战队12机轰炸银川，投弹9吨；

　　3. 3月7日，第60战队为试验编队的最大飞行航程（单程900千米），以12机轰炸甘肃省武威西北的永昌县城，投弹6吨；

　　4. 2月23日第98战队，3月7日第12、第98战队，3月15日第98战队，以及2月9日第60和第98战队，对宝鸡西北约130千米的平凉县及机场进行4次轰炸，投弹31吨；

　　5. 3月14日第60、第98战队，15日第12、第60战队以及2月6日第60战队，

⬆ 兰州附近被击落的日机残骸

⬆ 兰州附近被击落的日机的发动机和螺旋桨

⬆ 兰州附近被击落的日机螺旋桨叶片

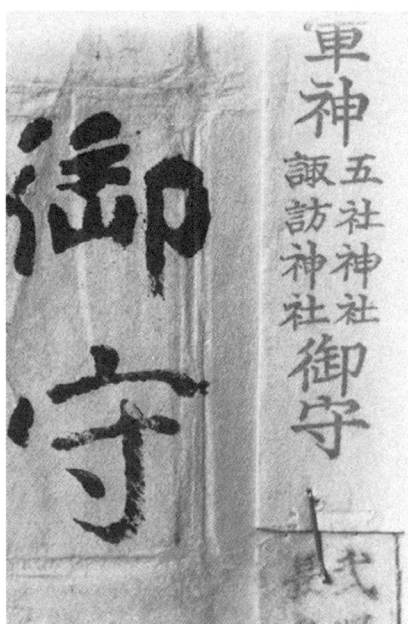

⬆ 日机残骸中发现的日军飞行员护身符

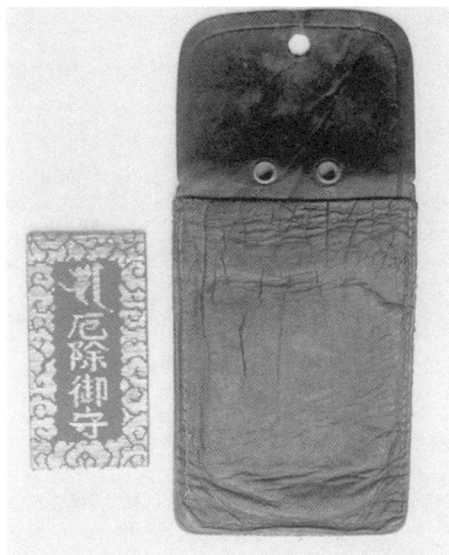

厄除御守

⊙日机残骸中找到的日军飞行员部分用品

⊙在日机飞行员残骸中搜获的生前戎装照片

⊙在兰州附近坠毁的日机残骸

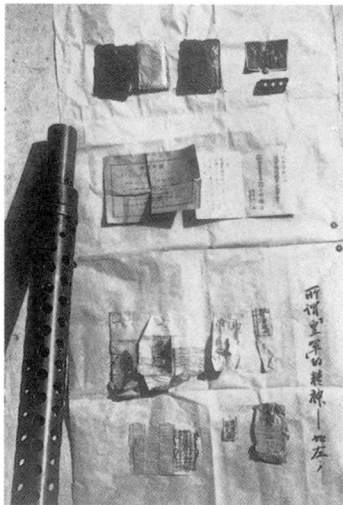

《中央日报》关于 2 月 23 日兰州空战告捷的报道

日机残骸中发现日军飞行员随身携带的身份凭证

对西安市及机场进行4次轰炸，共投弹29吨；

6. 3月12日，第12、第98战队以及2月6日第98战队，轰炸洛阳市和机场，投弹6吨；

7. 3月14日第12战队轰炸宝鸡的机场，投弹6吨。

3月13日，陆军航空兵团决定本月15日以后停止轰炸西北地区，第1飞行团返回汉口，准备配合冈村宁次的第11军进攻南昌。3月16日至18日，第1飞行团的各部开始离开运城，主力回汉口，一部进驻南京。第12战队仍返回河南安阳。至此，运城机场仅留一部分侦察和战斗机部队，西北地区的空战暂时告一段落。因兰州平静无战事，而四川防空吃紧。5月6日，第17队调回四川，8日驻成都，归还第5大队建制。

为表彰在第一次内陆进攻作战的功绩，陆军航空兵团司令官江桥英次郎中将分别授予飞行第12、第60、第98战队以部队感状，对1938年12月14日以来完成侦察兰州任务的独立飞行第18中队附大室孟大尉特别授予个人感状。

永昌 6000 千克
凉州
宁夏 8900 千克
3月6日，第60战队
延安 6350 千克
2月16日，第98战队
3月22日，第98战队
3月6日，第12、第98战队
3月7日，第60战队，900千米
31750 千克
兰州
2月12日，第12、第60、第98战队
2月20日，第12、第60、第98战队
2月23日，第12、第60、第98战队，680千米
静宁
平凉 30750 千克
2月9日，第60、第98战队
3月15日，第98战队，400千米
2月23日，第98战队
3月7日，第12、第98战队
天水
宝鸡 5600 千克
3月14日，第60战队
西安 28950 千克
2月6日，第12战队
3月7日，第60、第98战队
3月14日，第60、第60战队
3月15日，第12、第98战队
2月6日，第98战队
3月12日
运城
第12、第98战队
洛阳 6300 千克

0   100 公里   200 公里

🔺 敌陆空军轰炸西北各地概况图（1939年2—3月）

抗击"100号作战"

各自为战的陆海军攻势

  1939年7月1日，驻兰州的空军第1路司令官沈德燮调任航委会训练总监，遗缺由黄秉衡接任。7月中旬至9月下旬，苏联战斗机、轰炸机陆续运抵130架，包括新疆捐献的I–16战斗机10架。7月7日，黄秉衡赴迪化（今乌鲁木齐）参加献机典礼，油弹器材亦陆续输入，志愿队人员也有增加。在8月间，驻兰州的志愿队军人115人，新增达69人，武威驻志愿队15人、酒泉驻25人、安西驻14人。9月16日，第8大队奉命改为DB–3重型轰炸机大队，赴兰州接收DB–3机12架，即在兰州训练，10月中旬赴成都。

  1939年9月1日，德国入侵波兰，9月3日，英、法向德国宣战。为配合德国的攻势，对中国施加压力，切断苏联援华的西北补给线，日本决定实施早

在5月3日就开始准备、以西北地区为主要攻击目标的"田"号作战计划。当时陆军航空兵团司令部及部分兵力已奉命调归关东军指挥,9月1日将留在华北和华东的陆航部队新编为第3飞行集团,该作战由飞行集团团长木下敏中将坐镇运城指挥。9月下旬至10月上旬,第60战队(36架97重轰)、第90战队(轻轰)、独立飞行第10中队(12架97式战斗机)、独立飞行第16中队(侦察机)等参战部队陆续集结运城。

鉴于对兰州的第一次内陆作战损失伊式重爆5架,装备97重爆的第60战队将传统的3架品字形编队改为4架菱形编队,以弥补死角,将装备97重爆的第98战队第3中队编入该战队,使其充实到3个中队37架,预备机6架,另核准增加装备18架,编额662人。同时,改进的97重爆Ⅰ型防御武器有前方、侧方及后上方的3挺7.7毫米机枪,8月下旬安装1挺遥控操作的机枪于机尾,但12.7毫米机关炮(机枪)未研制成功。

10月6日,第60战队首先完成集结,奉陆军中央指示"该战队以距离较近的陕西及河南为攻击目标。因为陆军正在谋求扩充轰炸部队,其消耗将严重影响尔后的军备计划,故借攻击近距离目标积累更多的训练,以便将来转入内陆攻击时减少损失"。

10月10日开始,日军首先开始攻击华北方面要地,并见机企图歼灭敌空军战力。第60战队先后攻击西安6次,洛阳、陕县、延安各2次,郃阳、蒲城、同州、渭南、南郑、宝鸡、平凉各1次,共计17次,出动97式重爆359架次。第90战队先后空袭西安、秋林、宜川各2次,桑义村、吉县、引驾回、王曲镇、渭南、华县、高陵、洛川、蒲城、渑池、南郑、宝鸡各1次,共计18次,出动97轻爆223架次,尤其自10月10日到10月底,整个战队连日出动,最多一天出击2次。至10月31日,以"田"号作战的日本陆航第二次内陆攻击结束,日方空袭避重就轻,绕开兰州,认为"既无敌机之反击,也不算正式的战略轰炸,却达成了内陆进攻的训练目的"。第60战队返回南苑,准备下期进攻,令第1飞行团主力返回太原及南苑,继续执行原来支援地面作战为主的任务。

据中国情报,多达上百架日机已经集中在运城,目标看起来很诱人。"田"号作战结束当日,苏联志愿队借鉴10月3日、10月14日两度奇袭汉口的成功经验,为遏制日军的空袭,在没有进行空中侦察的情况下,苏联空军顾问

△ 1939 年 3 月，第 90 战队新旧战队队长在太原基地交接

△ 参与内陆进攻的飞行第 90 战队第 1 中队 99 双轻型轰炸机

阿尼西莫夫（P. N. Anisimov）就倾其所有16架DB-3轰炸机，分两队，令1队7架完成任务后返归成都、1队9架则返抵兰州，各机携带100千克爆破弹4枚、50千克杀伤弹2枚。阿尼西莫夫本人也搭乘91号机参加行动，坐在科兹洛夫座机的机枪手位置。10月31日9时40分，DB-3编队由成都太平寺机场起飞轰炸运城基地。运城机场在日军前线后21—32千米的地方，这已处于从成都起飞的

◈ 第 90 战队 99 双轻型轰炸机飞越秦岭

DB-3的极航程极限。

　　志愿队起飞后7个小时，成都、兰州两处均未见中国飞机返航，随后陆续接到各地报告，才知中国飞机先后迫降各地，计赴兰州的9架各迫降于宁夏附近大寨子、小坝、宁夏东北通贵府、中宁附近鸣沙州、枣园堡、里君堡、榆林安边堡、达县、横山西北的大石砂赶宁修梁30里附近。回成都的7架偏离航线，迫降于湖南、湖北一带的衡阳西洲里石渡、泉湖凌、慈利附近、石首、松滋、秭归。

　　《空军抗日战史》并未记载此次大规模异地迫降的原因。据苏联档案记录，DB-3编队因天气恶劣迷航，要命的是各机组都没有沿途备降机场的资料。没有人飞到目标运城机场，他们降落在任何可迫降的地方，导致这次行动彻底失败。具体的损失报告现已不可寻，但根据发往莫斯科索要零部件的清单，可知约有10架宝贵的DB-3丧失作战能力，而苏联援华的DB轰炸机总共才24架。

　　11月至12月初，日军海军航空队发起对兰州的攻击。

　　11月16日和17日，日机分批轰炸兰州城区及郊外，炸毁了甘肃省文庙东殿、皋兰县文庙大成殿和普照寺。

11月27日，第13航空队9架96陆攻夜袭兰州机场、市区72架日机分六批空袭兰州，在黄河铁桥附近、东大街、东关、山字石、皖江会馆与河北医院等处投弹，炸毁房屋7000多间，死伤近60人。11月29日，第13航空队2架97侦察机侦察兰州、成都。11月30日夜，鹿屋航空队9架陆攻空袭兰州市街，木更津航空队9架陆攻轰炸兰州机场。

12月1日，第1联合航空队和第2联合航空队出动鹿屋航空队9架96陆攻、木更津航空队15架96陆攻、第13航空队23架96陆攻，计47架轰炸兰州机场。11时25分据报"敌机48架靖远古浪西飞，于12时10分至西宁，乃拆向东飞。于12时40分成两群由西进入兰州上空"。俄员队10架I-15、志愿队7架I-15、4架I-16起飞迎战，报称击落1架96陆攻，坠于甘草店，并击伤1架冒浓烟。中国飞机场被炸弹坑，当即填复，未遭受大损失，并发现"敌机在投弹后，开始向我还击，其火力在前上方半周最为浓厚，下方较为微弱"。

日方总结："11月4日海军进攻兰州时，中攻机（96陆攻）损失累累，之后11月底至12月初之攻击行动中持续饱受敌战斗机坚强之反击。"

"12·26"大空袭

日军陆、海军航空队轮番对中国西北广大地区进行轰炸后，均感到单独行动损失不小，尤其是刚结束11月下旬对兰州空袭的海军航空队。12月5日，海军第2联合航空队司令大西泷次郎少将偕同幕僚访问陆军第3飞行集团，提出"希望陆海军联合攻击兰州"的意见，其要旨为"过去海军主要实施夜间轰炸，但效果不彰。最好白天发挥威力，痛击中国战斗机，使之无抵抗力"。为此，建议陆海军联合作战。而陆航在1939年10月第二次内陆进攻后，飞行集团曾将下期进攻时间预定为1940年春，并要求进攻部队加强训练，特别是夜间进攻能力方面。

据11月30日情报证实，"有中国空军轰炸机30架为主的57架飞机，现在驻留兰州方面"。

第3飞行集团经与中央协议后，于12月8日接到大陆指第614号（有关陆海军联合对兰州实施航空攻击），同日在南京签订必要事项的现地协定，此次行动代号为"100号作战"，寓意"以陆海联合百架大编队借反复攻击，达到震骇压倒敌方为目的"。12月底联合实施，是为"对中国内地的第三次大规模攻击"。日军在12月23日、24日集中陆军航空队参战兵力第60战队、独立第10中队，辖有36架97重爆、12架97式战斗机，以运城机场为基地；以及海军航空兵力为第1联合航空队和第2联合航空队，辖有63架96陆攻，以武汉为出发点，连续三天对兰州狂轰滥炸。

为统一行动，12月24日，日本陆、海军航空部队在运城集结完毕，包括陆航第60战队51架97重爆和海军的63架96陆攻。

12月26日晴空万里，由运城起飞1架的司侦机于凌晨5时侦察兰州附近的天候情况。该机的行动被兰州方面准确获悉："敌侦察机1架经西峰镇西飞，6时至靖远后折回，经固原向东窜去，又11时左右，大靖发现敌侦察机1架向西南飞，至西宁后折回，经靖远向东窜去。"7时30分起，日陆、海军集中102架飞机分3批空袭兰州：

第一批96陆攻27架于7时55分经李旺堡，向西飞行，8时55分过酒泉，9时20分在兰州轰炸后，经榆中、平凉返回。

△ 1939 年 12 月，华北侵华日军航空部队基地的飞机

⊙ 1939年12月，兰州上空飞行的日军航空部队

8时30分，第二批96陆攻36架起飞，8时05分经萧金镇西飞，过平凉、静宁，9时20分在兰州轰炸后绕西古城折回，又过兰州经会宁平凉返回；9时，陆军飞行第60战队36架97重爆飞离运城，经曲子镇向西南飞，过张易堡转向西北，10时25分轰炸兰州后，经甘草店、静宁等地飞返。

第三批日机分别攻击兰州市区和东古城机场。

8时35分，第一批96陆攻到达尾泉附近时，驻兰州的第一军区司令部即命令俄员队9架I-15及志愿队4架I-16起飞。至9时05分，各机从兰州机场及西古城机场起飞，以4组品字形，保持3400米高度，在市区及机场上空巡逻警戒。9时15分，第一批27架96陆攻在3000米高度向兰州飞行。发现日机后，俄员队的右分队长郭鲁布尼齐，左分队长沃尔阔夫，均即摇动机翼报告总领队多布洛司阔根。总领队即率全队向日机前上方占位，并摇摆机翼命令攻击。自第一次成队攻击后，单机各自战斗。

第1分队

领机多布洛司阔根向敌前上方攻击后，再实行后下方攻击3次，最后集合僚机，9时50分降落兰州机场。

右僚机伊瓦士产阔第一次由前上方攻击，距200米开始射击，至15米停止发射，紧贴敌机上方冲过，由瞄准镜见到敌机尾，即向右作急转弯，进入敌后上方，以20度的俯冲角，进行第二次攻击。连续发射一次后，向侧方拉开，变换位置，再行攻击，计攻击5次后，随总领队机返回。

左僚机开达塞夫第一次由前左上方攻击后，作上升转弯，在同一航线上，向敌右后方继续攻击3次，9时50分降落兰州机场加油。

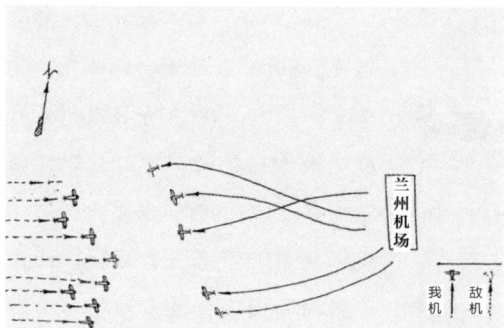

▲1939年12月26日，兰州空战第一批敌机攻击态势要图

第2分队

领队郭鲁布尼齐发现日机后，率分队3机变成左翼，以便向敌作前上方攻击，郭机由前上方向敌第一编队长机攻击后，经日机上方低飞冲过。因太阳照射，最初未发现其右方的9架日机，故冲过时仅高于日机上方7厘米，即以急转弯向敌下方拉开，在同航线上攻击4次，见2架日机冒烟，另2架脱离队形。

2号僚机伊万诺夫当接敌时抛掉副油箱，向敌前上方攻击，俯冲角20度，200米外射击。因见分队长郭鲁布尼齐在日机上方，猛拉机头，向敌前下方脱离，又向敌前侧下方攻击2次，下方攻击1次，最后向日机后方远处攻击1次，即脱离战斗，因嗅到汽油味，且主油箱油量顿减，即飞返西古城机场降落加油。

3号僚机波格丹诺夫，第一次前上方攻击，在250米射击后，向敌上方急转弯，攻击敌后方1次，再从后下方攻击1次，即脱离战斗，返回兰州机场。

第3分队

领队沃尔阔夫第一次俯冲攻击敌前左方后，由敌下放左转弯脱离，后再向敌右侧方攻击2次，因机枪故障，返兰州机场着陆，滑行最末端，飞机向右急弯翻倒，机损人无恙。

2号僚机鲁金第一次由前上方攻击，250米开始射击，至15米才停，由日机上方脱离后，继行后侧方攻击2次，追至距东古城三四十千米。返航时见第二批日机已在兰州投弹后北返，因油量告罄，降落兰州机场。

第4分队

领队志愿队分队长伊萨耶夫率4架I-16与多布洛司阔根的I-15战斗机，同时向敌第一编队9架的前上方攻击，伊萨耶夫机向敌前上方攻击，由其上方向右脱离后，情形不明，后查该员空战阵亡。

2号僚机麦里尼阔夫第一次攻击敌第一编队9架前上方，由其下方右转弯脱离，再向敌第三编队9机左侧方攻击1次，由敌下方横向穿过后，向左作上升转弯，利用太阳方位，对正敌第2编队9架作右下方攻击3次，最后一次攻击脱离后，见敌后下方攻击的戈尔杰耶夫机，脱离行动异常，继成尾旋，坠于东古城机场以东约9千米处，机头入土，麦里尼阔夫在上空盘旋一圈后，返回兰州机场。

4号僚机杜别列夫第一次向敌前上方攻击，由下方向左旋转俯冲脱离后，再向敌后下方及侧方连续攻击7次。因日机在兰州投弹后，即降低高度东飞，离市区50千米时，已由3000米降低至1200米，故I-16轻易追击攻击，杜别列夫第六次攻击脱离时，见1架I-16向敌后下方继续攻击后，脱离时，机头向上翻身下坠，察觉动作有异，判断是飞行员受伤，后才知下坠的是戈尔杰耶夫。至9时58分，降落西古城机场。

中国飞机一部追击第一批日机返航时，与第二批36架96陆攻遭遇。该敌以9架为一组，成菱形队形，2500米高度。因中国飞机油弹已用尽或受伤，无法攻击，正下降加油，未能攻击。

10时12分，第三批飞行第60战队经永登向东南空袭，对市区东半部投下25枚250千克炸弹、69枚50千克燃烧弹，市区浓烟蔽天。轰炸期间，俄员队大队长多布洛司阔根再度奉命率7架I-15战斗机，10时15分从兰州机场起飞拦截，至10时25分，第1分队多布洛司阔根、伊瓦士产阔、郭鲁布尼齐3架升至3000米，发现上方一批日机36架，以12架为一组，成菱形阵，保持3300米。当时若待集合全队开始攻击，已不可能，领机多布洛司阔根即以单机向敌下方攻击，距200米发射，攻击3次。右僚机伊瓦士产阔在下方攻击，向右脱离后，无法追及日机，回场着陆，检查发动机蒙皮中弹。左僚机郭鲁布尼齐发现日机时，因机枪故障，未能攻击。波格丹诺夫单机起飞，升至2000米时，发现日机，因高度不足不能攻击。鲁金起飞高度约百米，发现日机，因高度悬殊无法攻击。开达塞夫单机起飞时，即发现日机，无法追击。以上6机及库尼查机，均于警报解除后返回兰州机场。

攻击第一批日机后，降落西古城加油的杜别列夫的I–16机及伊万诺夫的I–15两机，因机场电话不通，情况不明，且跑道被炸毁，并有2枚炸弹未经爆炸，故未能起飞迎击第三批日机。降落兰州机场的麦里尼阔夫的I–16机，因第三批日机来袭正在加油，也未能起飞。

此战，日方投入海军鹿屋航空队17架96陆攻，木更津航空队18架96陆攻，陆军第60战队36架97重爆，计71架轰炸机。中方宣布："共击落敌机3架，内1架在榆中东南甘草店之白土窑查获，系96式重型轰炸机，已焚毁，内乘7人均死。"据日方记录"海军中攻部队轰炸兰州东机场及兰州市区，但其中1架被敌高射炮火击落"。经查，这是高射炮兵第42团第2营第5、第6、第8连，在日机来袭时均猛烈射击，击落的1架96陆攻，取得当天能确认的唯一战果。

志愿队损失2架I–16机，分队长伊萨耶夫中尉（I. V. Isaev）、队员戈尔杰耶夫中尉（M. M. Gordeev）阵亡，所驾7526、7524号I–16机坠毁于甘草店西。俄员队分队长沃尔阔夫的53号I–15战斗机降落加油时滚行300米倾覆，人轻伤，机翼、尾部损坏。日机在兰州总站投爆破弹90余枚，弹坑直径达五六米，深2米。总站传达中士李静、机械士队机械兵顾田云、任国泰被炸死，总站特务中士赵文树被炸伤，该站损失装具等169件。

🔺1939 年 12 月，黄河上空，大规模轰炸兰州的日军陆海军航空部队

空战中，日军4架97式司侦机负责确认战果及侦察攻击后的地面空军状况。大本营参谋谷川及第3飞行集团参谋山本同行，中国派遣军总司令西尾寿造飞临运城机场视察各攻击部队的状况。日方当天，鹿屋航空队17架96陆攻、木更津航空队18架96陆攻、第13航空队27架96陆攻、飞行第60战队36架97重爆计98架参与轰炸，总结"是日攻击行动成功，斩获良多"。

"12·27"大空袭

12月27日又是难得晴好天气，飞行第60战队出击，目标为西古城机场，副目标为兰州市区，飞行集团用意在于"从该机场驱出中国战机，当集结于东机场时予以捕捉"。

27日凌晨5时30分，2架97司侦机先行侦察气象，其行动亦被兰州方面获悉，"2敌侦察机2架先后经镇原西飞，过固原、靖远等地侦察后，回转东返"，另1架司侦机指定侦察17时兰州附近的中国战机移动状况。

9时，第一批飞行第60战队36架97重爆起飞，10时13分，以1个中队轰炸西机场，2个中队轰炸兰州市区。空投250千克炸弹57枚、100千克炸弹3枚、50千克燃烧弹58枚，轰炸兰州城关及总站后，经会宁庄浪向东返回。

10时53分，第二批27架96陆攻在机场投弹后，经隆德、张易堡向东返回。

12时06分，第三批35架96陆攻自西向东，在西古城及兰州机场投弹后，经静宁平凉向东返航。

第一批飞行第60战队至打拉牌时，第一军区司令部命俄员队9架I-15、志愿队2架I-16起飞，在兰州及机场上空警戒。9时50分，俄员队队长多布洛司阔根率各机以分队起飞后，爬高至3500米巡逻警戒。10时10分，发现第一批飞行第60战队36架97重爆自兰州城西5千米东向城区飞行，以9架一组，3500米高度。发现日机后，各分队协同不力，各自为战，未发挥I-15、I-16双机配合作战的优势，第60战队空战消耗机枪弹9854发，称"其攻击并不积极，结果击落其4架（不确实）"。

第一批飞行第60战队轰炸后，中国飞机队集合，在3500米高度巡逻市区。10时50分，在西城区，遭遇第二批日机，高度较中国飞机低。俄员队队长多布洛司阔根率全队由前上方攻击后，转入单机战斗。多布洛司阔根继续从后

● 1939 年 12 月 27 日，日本陆军航空基地的勤务人员与空袭兰州的飞行员道别

下方攻击敌3次，脱离降落兰州机场加油装弹。分队长沃尔阔夫随队进击，至距敌250米开始射击，至50米急向左转向下方脱离，其后又攻击3次，均由右下方进至200多米射击后降落西古城，经检查见滑油箱击破，未能起飞。

队员伊瓦士产阔在首次攻击后，向右转，进入敌左翼9机后，施行两次攻击，向下脱离，至东古城降落加油装弹。分队长郭鲁布尼齐在首次攻击后，转入敌下方脱离，继续向后下方攻击4次，见敌右翼9机种有1架着火，中央9机有2架离队落后，队员伊万诺夫随同左分队向敌右翼9机连续攻击3次，追踪日机至东古城，才返兰州上空。波格丹诺夫攻击第一批飞行第60战队后，编入郭鲁布尼齐分队为左僚机，巡逻间发现第二批日机向东飞行，为向队长报告敌情，向前飞出，并向敌右翼分队的正前方攻击，见敌分队长机开始冒烟，后上方施行第二次攻击，距200米开始射击，向右脱离，与分队长郭鲁布尼齐同往东古城降落加油，检查发现螺旋桨中弹6处，未能起飞。

队员鲁金遭遇日机时，随全队由前上方攻击，进至250米处开始射击。敌自中国飞机下方掠过后，才向左急转，继续攻击右下方3次，追踪日机至东古城后，落该机场加油。队员开达塞夫随全队由前上方攻击敌后，上升向右转弯，更由敌左下方攻击3次，降落西古城机场加油。

△ 1939 年 12 月 27 日，侵华日机拍摄的兰州城俯瞰

　　志愿队分队长麦里尼润夫对第一批敌机战斗后，与俄员队集合，在该队右方巡逻发现日机后，当即加速向前急转，摇动机身，通报全部队迎击日机。日机转弯进入目标航线时，该机在西古城机场以北，由敌前上方向攻击后向日机右上方脱离，背日光向敌右侧方攻击3次，开始飞东古城机场降落加油。队员杜别列夫第一次战斗后，集合俄员队的左侧，遇敌后，随队由正前方向敌右翼9机领队机攻击，继由右后下方攻击敌5次。在第4次攻击时，左翼机枪故障。第6次攻击时，右翼机枪及中间两枪均故障，即脱离降落兰州机场加油。

　　攻击第二批日机后，各机分别降兰州及中间东、西古城各场加油装弹，仅队员伊万诺夫在攻击第二批日机后返回兰州机场上空，发现机场有第三批日机来袭的信号，未经降落，巡逻兰州上空一带，随即油尽飞东古城要求降落。此时，第三批日机在通过东古城机场以北向西飞行，地面禁止其降落，该机因油尽，第二次强行降落，未参加对第三批日机的战斗。分队长沃尔阔夫，队员波格丹诺夫均因机损未再起飞，仅有6架I-15、2架I-16起飞迎击第三批日机，后因起飞机场不一，起飞后仅有4架I-15组队，其余4机不能成队。

214

⌃日机群在兰州上空

⌃苏联志愿队、俄员队在兰州上空整队迎敌

11时15分，队长多布洛司阔根自兰州起飞后，分赴东西古城，促令各机起飞，变成4机队形，以3900米高度巡逻，发现第三批日机在4000米高度，以八九架为一群，成菱形阵由西东飞，即率队由前上方向敌人攻击。脱离后，队长单机又从后下侧继续攻击2次，分队长郭鲁布尼齐在第一次攻击后，又连续由后下侧方攻击4次，见敌中央编队的9架飞机中有1架开始落后，并降低高度。队员伊瓦士产阔第一次攻击后，急向右转进入敌后，连续攻击2次，急向下脱离，回降兰州机场，经检查升降舵被洞穿。

队员鲁金在东古城加油时，舰队长机在机场上空促令起飞的信号，并舰分队长郭鲁布尼齐及队员库里察（M. E. Kunitsa）、伊瓦士产阔在11时40分陆续起飞，升高至400米时，见1架I-16机呼啸而过后，左转弯时发现南方有日方轰炸机队在4000米高度向东飞行，并见中国飞机向其攻击。鲁金也由前侧方向敌攻击，进至两三百米开始射击，由下方脱离后，再施行下方攻击1次。因较日机过低，不能再行追击，返降兰州机场。队员开达塞夫在西古城加油后，11时30分起飞，升高至3900米尚未及友机编队，已发现日机在4000米高度由西飞至，即单机向敌前下方攻击，进至300米开始射击。脱离后，继以半滚由左下方再行攻击3次，回降兰州总站。

11时25分，志愿队分队长麦里尼阔夫在东古城加油起飞升高至3500米，已发现日机，并见中国飞机向敌攻击中，当即自前下方对敌攻击，至300米开始射击，在距70米时脱离，再由右后下方攻击1次。至第3次攻击时，机枪故障，即脱离。友机亦停止追击，回降机场。经检查机身有2处中弹。队员杜别列夫在兰州机场加油后，11时25分起飞升高至3500米，在机场上空巡逻，遥见西古城机场有炸弹爆发状况，但未发现日机，系日机高出中国飞机，并逆光方向。日机逼近兰州市区才发现，即向左上升转弯，向敌追击，追过日机前600多米，以右上升转弯，向敌侧翼攻击，由右下方向敌左翼攻击2次，才脱离返场。

"此役击落敌第二批轰炸机1架，坠于东古城兰州之间，又1架重伤冒烟。"高射炮兵第42团第3营第5、第6、第8连在日机进入兰州上空时，均开炮反击。日机先后在兰州总站投弹130余枚，均系爆破弹，弹坑直径达五六米，深约2米。兰州总站及第3工程房舍多震损，机械士宿舍被炸毁，待修的霍克P-5218号机及04337号可塞式V-93C侦察机均被破片炸伤。

当天，日军出动98架飞机分五批空袭兰州，其中鹿屋航空队18架96陆攻、木更津航空队17架96陆攻、第13航空队27架96陆攻，陆航飞行第60战队36架97重爆。陆军飞行集团参谋久米精一、渡边光彦搭乘轰炸机参加行动。

日方报称第一批第60战队"遭若干敌战斗机升空拦截，但其攻击并不积极，空战消耗机枪弹9854发，结果击落其4架（不确实）"。"海军航空部队分别以一部及主力攻击西古城机场及东机场，与敌战斗机鏖战中1人受伤，飞机数架中弹"。

"12·28"大空袭

12月28日又是进攻绝佳的好天气，日本陆海军航空部队企图协同摧毁兰州市区重要军事设施。

一如既往，97式司侦机先行侦察。7时30分，据报"敌侦察机1架，经萧金镇到镇原侦察后，向东窜去"。轰炸机98架分两批，先后于11时56分、12时（日方时间13时52分）先后由西向东进入兰州市空，在城关及空军第7总站轰炸后，第一批经黑城镇，第二批经会宁东返。

11时28分日机过打拉牌南飞时，兰州空军第一军区司令部即令俄员队9架I-15、志愿队2架I-16起飞，在市区及机场上空巡逻警戒，高度4500米。11时30分，中国飞机自兰州机场起飞后，集合成I-15靠前、I-16殿后的品字形。巡逻至12时，发现第一批日机62架，由西东飞，向市区侵袭，区分为两队，其前后距离及高度差各约200米，前队高4000米，后队约居前队的稍左方，高4200米，前队27架，成人字形；后队飞行第60战队35架97重爆，成菱字队形。

经分析，对敌此队形，如由前方攻击时，攻击其后队为有利；若攻击前队，则脱离后必落入日机后队的火网中，且其前队的后座枪，亦能对中国飞机射击。此战库里察牺牲即蹈此弊。

发现日机后，队长多布洛司阔根发出攻击信号，同时推机头向左滑，以便全队各机能望见后队的日机，并领全队向后队日机的前上方攻击，再由后上侧方约50度，继续攻击2次。队员伊瓦土产阔当队长机向左侧飞进时，并未见到后队日机，即对前队日机由正前上方攻击，进至200米开始射击，对前队日机准备转弯时，才由瞄准具中发现后队日机在前队右后方高出200米，停止转

△ 在兰州空战中被击落的日机残骸

弯，由前上方继续射击向敌后队冲去，再向右急转，进入日机左侧9机编队的后方，攻击2次，急剧向下方脱离。

第二分队队长沃尔阔夫随队长向敌后队右侧方20度，上方45度进攻，至距300米开始射击，再由左下方脱离，再由左侧方120度对敌攻击2次。队员开达塞夫对前队日机由前上方攻击后，即转移火力攻击其后队，向左脱离时，忽见左方库里察机脱离战斗时起火燃烧，急驱上方占位，从左上方攻击2次，才脱离战斗。队员波格丹诺夫对前队日机由前上方进攻，进至200米开火。此时并未望见后队日机。攻击完后由前队日机上方飞越后，才发现后队日机，当即由前上方攻击，进至100米开火后，又由后下方攻击1次才脱离。

分队长郭鲁布尼齐在向敌前队最前列的9架飞机迎面进攻，并相机转弯，也未发现日机高度不同，致向右上升转弯脱离时，中翼及左翼被后队日机从下方击穿4弹。其后队日机已飞至中国飞机上方50米高。郭机以五六十度角度，继续由其下攻击5次，当见前列的9架日机及队后左翼的9架飞机中有2架开始冒烟，另1架日机脱离编队，落后较远。伊万诺夫随郭分队长向敌前队的前列9机攻击，正脱离时，已至日机后队之前，当即继续对后队日机攻击，计由各方向先后攻击4次。队员鲁金第一次向日机前队正前方攻击，右转弯脱离后，降至后队日机下方三四十米，向后撤日机继续射击。

志愿队分队长麦里尼阔夫首次随全队由前上方向前队进攻，脱离后向右转弯，即对后队日机左侧攻击，突有3挺机枪故障，急速脱离，整理后再向该队左侧下方攻击，而联动机枪又故障，再整理后，又攻击1次。此时，见I-15各机已有集合者，才停止追击。队员杜别列夫随麦分队长向敌前队攻击，进至500米开火，再向敌后队攻击。因与日机同高，攻击后由日机上方约25米通过，即俯冲转弯脱离。又向后队日机由侧下方连续攻击2次，才脱离战斗。

第一批日机返航后，俄员队队长即在4300米高度集合各机，仅得4架。已发现第二批日机36架，以4机分队的12架为1个编队，3个编队成人字形，以高度4500米由西向东飞来。队长发出攻击信号后，即由前方以15至20度夹角向敌攻击，又由后下方攻击2次。队员伊瓦士产阔攻击第一批日机后，即向队长集合，编为队长的右僚机。3分钟后，见第二批日机向市区飞行，当即随队长向敌前下方攻击，脱离后转入敌后方，行第2次攻击。经连续射击后，向右脱离，再攻击1次才俯冲脱离战斗。13时降落兰州机场，经检查螺旋桨中有弹痕。队员鲁金第二次编队后，见前方日机一队飞来，瞬即飞达中国飞机上方50米高，即自下方向敌射击。日机飞越后，才俯冲脱离，又由下方攻击1次才脱离战斗。队员开达塞夫第2次编入队长的左僚机，发现日机后，随队长向敌前下方攻击，至300米开火，经转弯脱离后，由左下方攻击1次才脱离战斗。

分队长郭鲁布尼齐追击第一批日机飞返后，未及集合，即遭遇第二批日机，因低于日机250米，向敌前下方攻击，又由后侧方攻击2次，并见1架日机落后下降。

分队长沃尔阔夫攻击第一批日机后，见发现第二批日机，未及集合，即单机由正前方向敌攻击，进至300米开火，至距七八十米才右转俯冲脱离，再由左后方攻击1次才脱离战斗。

队员伊万诺夫追击第一批日机后，飞返兰州机场上空，在4300米高度巡逻，见城西有炸弹爆发，并见前方第二批日机迎面飞来，高处中国飞机200米，当即加大油门上升向敌攻击，先后攻击2次才脱离战斗。

队员波格丹诺夫首次战斗后，正准备编入沃尔阔夫时，已于前面发现第二批日机，即向敌前下方攻击，至300米开火，至50米脱离，再由后下方攻击1次后，4挺机枪均故障，不得已脱离战斗。

△ 1941 年，中国空军和苏联援华航空志愿队的空中编队

志愿队分队长麦里尼阔夫攻击第一批日机后，见I–15各机在集结中，正飞往集结时，第二批日机已临机场上空，即单机对敌左方编队长机，由前下方攻击，再由左侧下方攻击2次，此次3轮攻击，因联动枪故障，仅用翼枪开火。

队员杜别列夫与第一批日机交战后，飞返机场上空，又发现第二批日机高出中国飞机200米，当即由前下方单机攻击，距敌100米才向右急转下降脱离，再连续上升转弯，由敌左后下方攻击2次，均以失速倒转脱离。随分队长麦里尼阔夫飞东古城降落加油，经检查发动机前方蒙皮被击穿，子弹穿过第3气缸的摇腕盖，塞入气缸垫，判断此弹系攻击第一批日机时，被敌后队机击中。

第二批日机返航后，中国飞机飞行市区上空警戒。至13时，大部分降落兰州机场，一部降落东古城。此战，高射炮兵第42团第5、第6、第8连，均经射击，但日机过高，未获战果。俄员队分队长库尼察中尉在攻击第一批日机时牺牲，坠于兰州机场北面土墙外，年仅24岁。炸弹除炸中市区外，兰州机场中弹6枚，弹坑直径五六米，深2米，均系爆破弹。

日方记录"海军中攻部队于13时52分轰炸兰州市区，陆军第60战队于13时55分轰炸兰州市区南半中央部附近。敌机数架凌空迎击，中方击落其1架。因该战队采取抢先射击集中火力相同的战法，故敌机不敢恋战飞逸而去"。陆海航空队联合攻击时，日本海军2名参谋搭乘第60战队97重爆，而第60战队的佐濑育三大尉搭乘海军96陆攻，观摩研习彼此战法。

在12月26日至28日的3天内，日本陆海军航空队对内地发动的第三次大规模攻击，日机均出动上百架飞机大肆轰炸，包括海军63架96陆攻、陆军36架97重爆，计达99架，是抗战期间日军对兰州出动飞机最多的大轰炸，兰州市区和中方基地蒙受巨大损失。由于实力众寡悬殊，且指挥、情报失误，中方未对日军造成很大伤亡。中国空军处于极度的弱势，仍与日机展开殊死奋战，"摧毁多处军事设施，取得击落11架、击破1架的丰硕战果，仅1架96陆攻在12月26日自爆的微弱损失，结束连续3天的攻击行动"。第3飞行集团参谋长服部武士大佐，将所见作如下叙述："此次进攻作战中，飞行第60战队完全无恙，实属难得。这是因为有周到之训练，良好之飞行维修以及陆海航空之大编队配合攻击始克有成。夜间攻击效果不彰，倒不如大编队群连续性攻击较具成效。"指挥此次攻击的飞行第60战队队长田中友道大佐和该战队中队长铃木清大尉回忆道："余怀着印证训练总成果之心情而参加此次攻击。或许敌方被中方庞大之陆海联合兵力所压到，抵抗乏善可陈。第60战队之实力不比海军航空队逊色，海军之中攻机虽拥有20毫米口径之后上炮，但速度比陆军97重型轰炸机差，且易着火，故敌机专对中攻机进攻。由于本战法坚强之菱形编队发挥防御火网威力，使敌机大有不敢轻易接近之感。"

另据12月30日美国合众社香港分社电："由于日本空军连日反复空袭兰州，使该地蒙受空前之损害，军事机构及政府机关被完全炸毁，自26日发生之大火焰迄今仍在燃烧中。"

至此之后，日军由于重点放在轰炸重庆，企图直接动摇中国抗战之决心，陆军航空队需要防备苏联而调集大量兵力出关，海军航空队谋划准备太平洋战争，才逐步停止对兰州的战略轰炸。自1937年年底到1939年全年，日机群共空袭兰州14次，仅1939年就达11次之多，报称击落日机20余架，中国空军和苏联志愿队发扬爱国主义和国际主义精神，紧密合作，共同作战，用热血捍卫中国的领空。在兰州东稍门外10千米处的东岗古城坪上，现存有一座合葬着中苏空军烈士的墓，墓碑上写着"为争取中华民族解放，抵抗日本侵略者空战阵亡"。长眠在此的苏联援华航空志愿队战士，有雅申科夫、马特维也夫、斯捷潘诺夫、波利卡诺夫、捷里诺夫、戈尔杰耶夫、伊萨耶夫等25位和其他一些未留下姓名的烈士。

⊙ 日军连续轰炸人烟稠密的兰州市区

⊙ 日本轰炸兰州时死难的民众

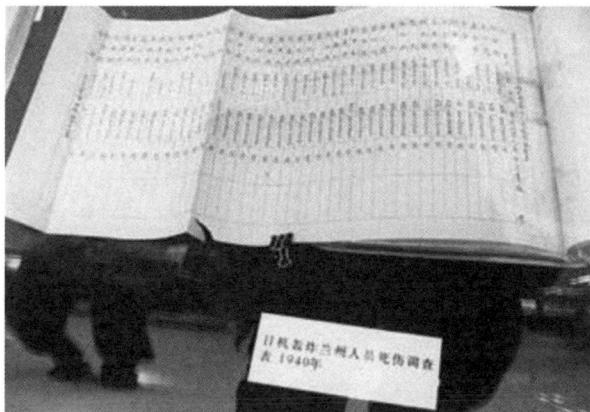
⊙ 日军轰炸兰州中的中国军民死难者名单

反击"601号作战"

1940年春，空军第1军区司令部仅驻有俄员队及苏联志愿队一部，飞机10余架。曾获得情报"敌机多架麇集运城，虑有袭兰企图"，遂于3月间请调志愿队全队来兰州，并将在兰州修建战斗机留兰担任警戒，但因中国飞机数量较少，防卫陪都重庆及四川各空军基地"尤感不足"，直至7月间，仅能派第25中队一部分人员至兰州，接收修妥的飞机约四五架，在兰州担任警戒。8月16日，奉令撤销军区，改组为空军第4路，仍下辖甘肃、青海、宁夏三省，调航委会人事处处长欧阳璋为该路司令官，军区司令官黄秉衡调航委会首席参事。

1940年全年并无大队日机空袭兰州，仅数度侦察，中国飞机均起飞截击。12月中旬，司令官欧阳璋率各队人员赴哈密办理接收苏联新机事宜。至1941年2月，先后运达哈密的飞机计240架，计SB轰炸机100架、I-15战斗机75架、I-16机15架，尚有I-16机10架未到。原定接收部队在哈密利用苏联飞行、军械等人员指导训练后，即分批飞成都准备作战，以装备、训练、机场、器材、天气等问题，迟迟未能全部东飞。限3月15日前一律集中成都，仍迟至4月中旬仍有多机留哈密，主要原因是I-16机均须彻底检查其损坏零件，I-15战斗机的枪械装置也常发生故障，而该处民用机场缺乏油斗、水斗。各部在哈密接收新机后，陆续经兰州返成都，仅有第6大队接收新机后驻嘉峪关许桩，第8大队DB3机由成都移驻兰州，均由第4路司令部统辖，并有俄员队I-15战斗机8架驻兰州。同时，第1、第2大队飞机也飞至嘉峪关疏散，致该地SB 2M-103轰炸机云集。为避免被日机袭击损失，令第6大队半数飞机移驻西安。

1月28日，第17中队上尉分队长郭耀南自哈密取I-153返回内地，在玉门关附近中途失踪。

5月20日，第5大队第29中队飞行员吴国瑞会同驻兰州的第4大队第21中队4架I-153击落1架来袭的三菱97重爆，开创了中方使用I-153以来的首次战果，这也是I-153仅有的战果。

5月、6月间，日本海军以第22航空战队为主进行了"601号作战"，日机共袭击内地22次。

5月21日至27日为"601号作战"第一阶段。日军分为南方队、北方队分区域作战，北方队包括美幌航空队的33架96陆攻、9架96舰战，元山航空队的4架96陆攻、2架运输机和第12航空队的9架零战、3架陆侦机；总计零战9架、96舰战9架、96陆攻37架、侦察机3架、运输机2架；以运城为基地，负责进攻兰州、天水的机场和军事设施。

5月21日，据甘肃防空司令部情报"8时20分，敌侦察机1架窜至郭城驿西飞。8时30分至靖远，9时05分在7000米高度经兰州上空掠过，9时20分经会宁东窜"。8时44分，空军第4路司令部命第24中队2架I-16-18及西古城第21中队2架I-153起飞，在兰州与机场上空搜索警戒，未与日机遭遇。9时25分，以布板指示各机降落原场。据报"9时17分陕西部阳发现敌重轰炸机27架向西飞行"，空军第4路军司令部命令驻兰的第4大队及俄员队起飞截击，并令轰炸机准备疏散，其部署如下：

1. 作战部署，第4大队7架I-153（内有第5大队1架）、I-163[①]战斗机6架及俄员队I-15战斗机7架，在兰州与机场间巡逻警戒，其区分及高度如下：

第1编队，I-163战斗机6架，由第24中队队长柳哲生率领，高度6000米；

第2编队，I-15战斗机7架由俄员队队长率领，高度6500米；

第3编队，I-153战斗机7架，由第21中队对峙陈盛馨率领，高度7000米。

俄员队队长潘阔夫任总领队。

2. 疏散部署第8大队DB轰炸机8架，先滚至出发线，候令向永昌以西上空疏散。第1、第2大队SB轰炸机3架，向武威以西上空疏散。第4大队I-153战斗机1架，飞降中川村站伪装疏散。

日机过海原时，警戒哨发出了紧急警报。10时59分，第4路军司令部令第8大队DB轰炸机8架起飞，10分钟后起飞完毕，向永昌以西疏散，12时25分电令飞嘉峪关降落。11时10分，令第1大队第9中队队长杨仲安率第1、第2大队3架SB轰炸机起飞疏散。11时25分令第4大队I-153战斗机1架起飞疏散。11时27分，命驻西古城的第4大队第24中队6架I-153起飞，各项规定高度及区域巡逻警戒。

兰州天气晴朗，能见度良好，中国飞机起飞后，按规定空域高度巡逻，仅第21中队副中队长张光蕴、飞行员赵伯英两机，因警戒敌侦察机后，致氧气不足，影响高度。12时58分，第21中队I-153在兰州以西上空发现敌编队机群27架，自西向东雁行队形侵入市区，高度6500米。队长陈盛馨当即率队向西迎头突进，至700米开始射击，至距敌50米，由敌下方脱离。日机猛烈还击，并将编队群向右移动规避。两分钟后，中国飞机复由左侧下方向敌攻击1次，以分队长孙伯宪最为勇敢，当见敌第3编队第3小队第3号机冒出浓烟，着火尾旋下坠，落于兰州机场南侧山谷中，机全焚毁，仅存残骸，尸体完全者4具，其他皆模糊不清。13时05分，敌机投弹70余枚，全落机场东南方指挥洞附近山上，中方毫无损失。日机侵入时，高射炮部队猛烈射击。中国飞机第二次攻击

[①] 原注：即I-16 Ⅲ，具体指哪种型号尚不清楚，有资料认为是安装或后期改装M62发动机的I-16。

后，除孙伯宪及飞行员王庆利，继续追击至榆中才返回外，队长即集合各机继续巡逻，警报解除后才分降西古城及兰州机场。

第24中队I-153起飞后，队员于学炽因起落架不能收缩，即降西古城疏散，副队长武振华机升至3500米时，发动机突然停车，迫降原场，机微损。其他4机在指定空域巡逻，因敌未进入，油量不足，45分钟后依布板指示降落临洮叶家坪机场待命，警报解除后先后回降原场。

俄员队I-15战斗机7架因高度不足，未与日机遭遇。日机返回后，13时20分解除警报。据防空司令部通报，回航日机仅25架。

空军第4路司令部关于此役所见：

1. 情报欠灵，监视队哨空隙太大，故常致二三十分钟无情报供给，指挥困难；

2. 空地联络简陋，仅有俄队队长潘阔夫I-15战斗机1架装有无线电收报机，其他均无装置，全赖布板联络指示，地面又仅哈佛机1架须对轰炸机战斗机通话通报，以致顾此失彼；

3. 各编队间缺乏联络，不能集团行动，俄员队不能迅速升至规定高度；

4. 攻击精神旺盛，第3编队攻击精神最为旺盛。

5月22日5时25分，灵台发现敌侦察机1架西飞，6时30分过甘草店，继于7时10分经水皁河东逸。该敌系下田辰一2空曹、古川涉空曹长所驾的98式侦察机。6时32分，第4路军司令部命驻西古城的第4大队第21中队起飞2架I-153在兰州上空警戒，未与敌机遭遇，于7时50分敌日机经华家岭返回，遂命2机降落。7时55分降落原场。

7时55分，敌轰炸机25架经澄城西飞，9时28分经泾川，10时05分过海原继续西进。9时40分，第12航空队第2战斗队铃木实大尉所率零战12架自运城起飞。9时48分，萧金镇发现"敌战斗机12架西飞，10时05分过固原后无消息"。10时28分，零战掩护轰炸机在兰州一带投弹后东去，7时55分，兰州各机场发出预行警报，9时25分发出空袭警报，10时16分发出紧急警报。

鉴于不可一世的零战参战，第4路军司令部因中方战斗机兵力劣势，决定将在兰州各机，悉数疏散，并令高射炮部队严阵以待。部署如下：

1. 10时05分，命俄员队I-15战斗机7架，由潘阔夫领队赴武威疏散，但俄代表郭洛瓦洛夫因飞武威航线不熟，由该代表改令向西古城疏散；

2. 10时20分，命第21中队队长陈盛馨率I-153战斗机8架，飞西宁机场就地疏散；

3. 10时20分，命第24中队队长柳哲生，率I-153战斗机7架，飞武威就地疏散，并由第2大队第9中队长杨仲安所驾1722号SB轰炸机领航。

杨仲安领航的I-153战斗机7架起飞后，于学炽的P-7593号机因起落架不能收缩，即落西古城疏散，其余6架于11时02分飞抵靖边驿时，发现武威方向天气突变，突起沙阵，编队长柳哲生独断回航中川村机场降落疏散。12时05分各机降落后，见敌轰炸机25架，由机场西北方向通过机场上空。12时10分，分队长高又新机因最后落地尚未开车，离机甚近，机内尚余油量供30分钟。想到中国飞机6架刚落地，而日机未曾投弹，势必折返，且向空搜索却无零战掩护，高又新果敢驾机随敌机群起飞，当见日机果然折回9架，高度5000米，成V字队形向中川村机场飞来，即向敌左侧方行第一次攻击，未获命中。12时23分，又向敌前侧方作第二次攻击，距敌400米开始射击，进至敌机群下方脱离，当即见敌第3小队长机及2号机冒烟。12时26分，再向敌前侧方作第三次攻击，专对该长机射击后，即飞返安降原场，共发射600发子弹，螺旋桨误穿1个洞，日机于中国飞机攻击时，仓促在机场投弹45枚后东返。在场I-153以疏散得法，除P-7587号李廷凯机被破片击中8个洞外，其余无损失。15时30分，各机先后飞回原场降落。据甘肃防空司令部转据监视队哨报告，"被攻击之敌机，由中川村东窜，沿途均冒烟低飞坠落于海原、靖远之间，机已焚毁"。

经中川村分批迳向东飞之敌机16架，至西古城以北上空与零战12架会合，12时19分以8000米高空由西进入兰州上空，在市区南关一带及机场东端投弹共80余枚，计市区被炸房屋30余栋，机场毫无损失。

俄员队I-15战斗机7架飞至西古城降落后，即推入场边土堡内疏散，第21中队I-15战斗机8架飞抵西宁降落时，队员赵伯英所驾P-7282号机系第5架降

226

⚑ 日机轰炸青海省会西宁，几乎达到日机空袭内陆的最西端

落，落地时稍跳起再着地向右前方滑冲，越过红旗线及机场北边便道，遇第二栋营房西南墙边的小沟，轮陷，飞机向前倾覆，双翼触墙受损，其余7架在17时飞回原场降落。

5月27日7时25分，"敌轰炸机25架西飞，过西峰镇同心城尾泉永登民和"，于11时17分由西向东侵入兰州机场上空投弹，经固原东返，站部房屋炸毁6间。9时15分，白水发现"敌战斗机8架，经旬邑泾川会宁"，10时50分抵兰州上空。11时44分，在西古城低空扫射，俄员队2架I–15和第24中队1架I–16各被击中数弹，仅受轻伤，驻站警备部队曾向日机猛烈还击。10时50分，同官发现"敌战斗机12架，经泾川、会宁、甘草店"，12时25分抵兰州上空，在西古城、中川村一带盘旋后经兰州东返。

9时06分，驻兰州空军第4路司令部令第6大队2架SB轰炸机，飞嘉峪关疏散、9时10分令第20中队1架I–16机，飞西古城疏散。10时05分，令驻西古城第21中队的5架I–15飞张掖机场疏散，俄员队7架I–15战斗机，仍以航线部署，于9时53分，3架飞西古城机场，推入土堡疏散，2架飞东古城疏散，2架仍留兰州机场，推入土堡疏散。

到5月27日第一阶段作战结束，日军北方队报称"击落5架、摧毁18架、击伤2架，另炸毁多数仓库"。

6月18日至23日为"601号作战"第二阶段。日本海军第12航空队18架零战、4架陆侦机，元山航空队36架96陆攻、9架96舰战，美幌航空队3架96陆攻、2架运输机以运城为基地，计出动18架零战、9架96舰战、39架96陆攻、4架侦察机、2架运输机，攻击集结在兰州一带的中国空军。

6月18日，敌侦察机2架、战斗机3批计19架，轰炸机1批计23架，9时30分至15时30分止在兰州机场及西古城一带侦察扫射并投弹。第4路军司令部在同官发现零战时，即决心将驻兰州的第8大队DB-3轰炸机8架向青海附近空中疏散，俄员队I-15战斗机7架及第5大队I-153战斗机6架，分别在兰州及东西古城分处伪装疏散，避其零战的锋芒，俄员队则决定I-15战斗机不参战。

在同官发现零战后，即令I-153战斗机6架，在东西古

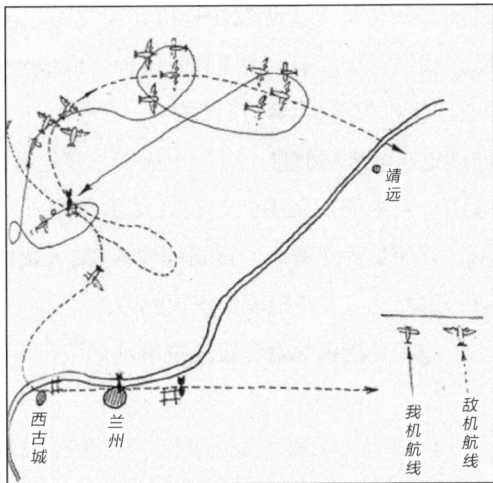

▲ 1940 年 5 月 22 日，第 4 大队第 24 中队分队长高又新在兰州附近空战要图

城及兰州每处两架分别疏散，但只有侦察机2架逼近兰州上空，为速避敌眼线起见，以2架飞西古城后，其余向西古城疏散，不料启动时临时故障，不能开车，推置山边疏散。因机场守卫部队不足，最后1机置于场东堡内，因时间仓促，未及抽油伪装。11时30分，I-16战斗机2架及I-15战斗机2架先后降落西古城，俄员队驾驶I-15，未抽油即推入长城下飞机掩体内隐蔽疏散。13时03分，零战9架在高空掩护，3架由东而西低飞降至100米高度，向掩体扫射，被警戒部队击退。13时15分，又有日机3架由北向南俯冲至50米高度，施行扫射，俄员队1架I-15战斗机被击中燃烧。

13时10分，零战12架由西北方向侵入兰州机场上空，以5架俯冲扫射，场东机堡内的第5大队1架I-153被击中焚烧。15时10分，敌轰炸机23架由西古城方向侵入机场上空投弹百余枚，场西南角中弹25枚，其余落场外。

12时07分，空军第8大队中队长钱祖伦率8架DB-3轰炸机自兰州机场起飞，至12时25分，除孟宗尧分队3机起飞较迟外，长机钱祖伦在机场上空盘旋两周，见地面紧急警报后，日机逼近，即决心率起飞各机由兰州西进，经西古城、河口镇、民和、乐都、西宁、湟源，于13时33分抵哈拉湖。因天气突变，14时08分转飞共和、贵德一带盘旋，接解除警报命令飞返，16时40分回降兰州

机场。队员黄飞达所驾70号机在起飞时，因场面东西两部高低悬殊，飞机跳跃，损伤左起落架，致回降时落地，成地转失事，飞机全毁。分队长孟宗尧率3机因他机起飞后场内风沙颇大，延长起飞后日机已逼近机场，未及集合，即向规定疏散区域航进，后因中途天气变化及地面电台故障，相隔52分钟后才能通信，致未能加入编队。而队员黄弈波所驾71号机于14时在西宁东南小峡撞山，驾驶员黄弈波、通讯员廖竟成等3人殉国。孟宗尧的91号机迫降青海湖湖边，机损，孟宗尧殉职，年仅25岁。

空军总指挥部对此役改进事项如下：

1. 西古城长城下飞机掩体，应重新检查，严密掩蔽，兰场东端机堡，目标暴露应改善；

2. 场外疏散各机均应切实漏油卸弹伪装，虽在敌弹雨直辖，亦不应放弃责任，否则以临阵脱逃论处；

3. 大队所在地飞机疏散之掩护任务，应由大队负责（部队移防地勤人员不齐时除外）；

4. 总站官兵在飞机未全起飞或疏散伪装未妥善前，不得擅离机场；

5. 无论作战或疏散，凡出动飞机达半数以上者，应由大队长或副大队长领队，出动在三分之二机数以上者，应由大队长领队；

6. 空中疏散之天候，须事先确实明了其现状，及未来3小时内之可能变化；

7. 陆空通信应预为准备；

8. 遇有作战损失情事，司令官应集合人员检讨原因责任，并依所得教训，提出有效办法，编为战训。

在第二阶段作战，日军北方队宣称"摧毁2架、击伤1架，炸毁若干军事设施"。此外，1941年7月中旬开始的"102号作战"中，日本陆航第12战队于8月31日轰炸了兰州，3架中国战机升空拦截，地面的高射炮也猛烈射击，"1架敌轰炸机被击中后在空中爆炸，另1架被击伤"。

据不完全统计，自1937年11月4日至1943年10月4日，中苏空军和地面炮火在甘肃上空共击落日本轰炸机20余架、战斗机2架。

第七章
支援桂南会战

航委会部署空军参战

移驻桂柳

　　1939年11月15日，日军为切断中方通过广东、广西和越南港口的西南交通线，集中兵力登陆广东钦州，以凌厉攻势越过十万大山取南宁，回师扫荡，占领邕宾交通要道、扼守桂南桂北的昆仑关。为配合地面部队攻势，还大量动用了航空兵。日本陆军起初有第21独立飞行队所辖战斗机、侦察机各1个中队参战，随即又从华中、东北等地调来侦察机和轻型轰炸机各2个中队、战斗机1个中队，总兵力达7个中队。12月10日，第90战队第1中队12架97轻爆从太原出发，经南京、嘉义，入列驻广州天河的第21独立飞行队指挥。日本海军开战时即投入第3联合航空队、第2航空战队等部，随即又增加了第14航空队（下辖96舰战18架、96舰爆9架）、高雄航空队。日本陆、海军各出动100多架参战。

　　为打通对接收外援至关重要的西南交通线，防止日军西进北上侵袭云贵川，蒋介石亲自赴柳州督战，还调动了国内唯一的机械化部队——机械化第5军，部署反攻昆仑关的桂南会战，这是武汉、广州失守以来，中国空军协同陆军作战最大的一次行动。中方也调集第1、第3、第4、第5、第6大队和苏联志愿队等各式飞机115架，其中用于广西作战的有106架，计本国战斗机51架、志愿队29架，本国SB轰炸机9架（5架在重庆）、志愿队SB机17架（8架在重庆），数量仅为日军的一半。第一路司令张廷孟从重庆移镇柳州指挥，第三路司令邢铲非驻桂林协同陆军作战。

◈ 1939 年 1 月，日本海军第 14 航空队舰战队在 96 舰战前合影，中间左侧为新乡英城大尉，右侧为帆足工中尉

◈ 1939 年 11 月 17 日，日本海军第 3 联合航空队 96 陆攻协力南宁作战

　　早在11月16日，航委会以轰炸北海附近糜集的日舰为目的，拟定空军空袭计划，并电令桂林空军第二路司令官准备地面设施，但连日天候不良，空军无法出动，而日军攻势猛烈，南宁告急，航空委员会主任周至柔不待天候不良，于11月23日中午，由重庆亲自率领战斗机出发赴芷江，以便掩护轰炸机出动，中途天候仍未好转，未至芷江即折回。预定的空军作战步骤无法实施。此时，为策应桂南攻势，广州的日军也北犯，牵制余汉谋的第七战区。11月下

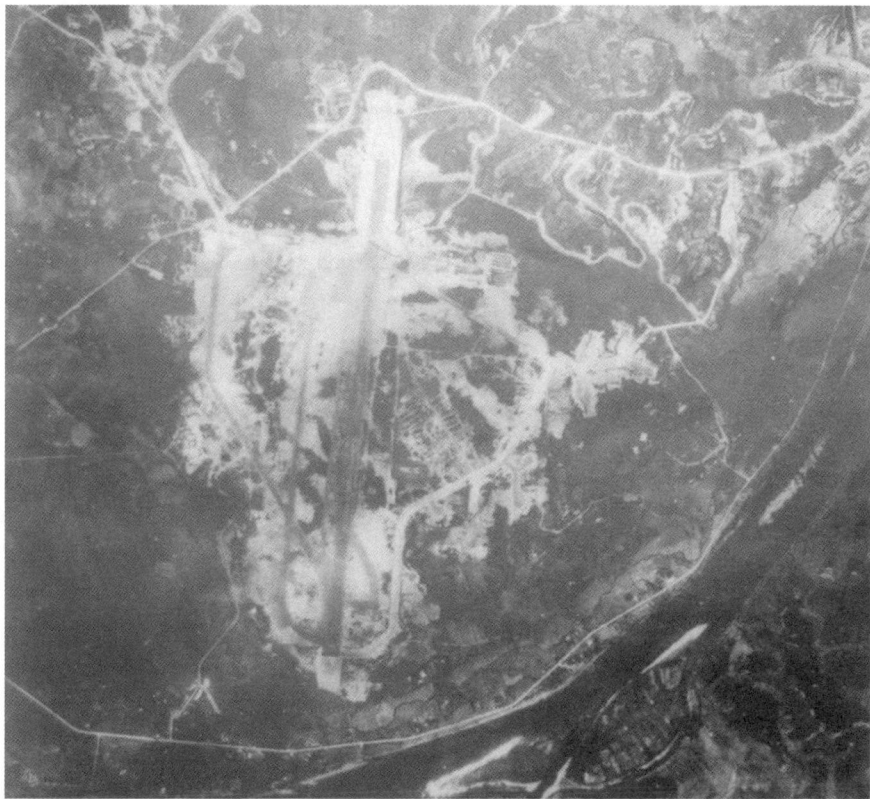

⚫ 抗战时期的芷江机场航拍图

⚫ 芷江机场旧跑道

旬，中国空军准备参加南宁方面会战，遂决心先全力协力南宁方面会战，原定调拨第三、五、九战区备侦察用的轻型轰炸机各2架，也调归南宁方面使用。11月30日，拟定空军参加南宁方面会战方案两项，核议后按照第一方案实施。

12月11日，蒋介石电令南宁方面协力的空军，统由桂林行营主任白崇禧直接指挥，慎密决定飞机攻击目标及时机，务与陆军作战协调一致。当即电令桂林第二路司令官邢铲非，向军委会桂林行营主任白崇禧请示南宁方面会战的空军用法。嗣经协议，陆军于12月18日开始转移攻势，空军同时行动，于18日、19日、20日对昆仑关、八塘等处之敌集中轰炸，遂于13日10时电令成都、重庆的空军各队，如天气许可，志愿队费金、卓泊夫各队及第19队等各轻型轰炸机，于13时飞往梁山。战斗机队如天气许可，即飞往芷江。

12月14日拟定南宁方面空军作战方案，要求如天气许可，则于15日开始行动，日落前向柳州、桂林、零陵一带集中，16日开始工作。但因天气不良，奉命改在20日开始行动。川湘滇黔边区非雨即雾，轰炸机与战斗机不能如期进出，加之志愿队的行动与中国空军各部协调不良，至25日仍未集中完毕。

中转芷江基地

战斗机分三批行动，第一批为第4大队带副油箱的18架I-15，自重庆广阳坝起飞，由运输机领航，经芷江加油，待第三批战斗机到达时，即继续飞往零陵。第二批为志愿队及第5大队18架I-15，19日13时30分，自白市驿起飞，由空运机领航飞至芷江。第三批为志愿队及第4、第5大队未带副油箱的26架I-15，于14时从广阳坝起飞，由空运机领航至芷江。预定19日到达梁山的轻型轰炸机及第2、第3批战斗机，均于20日到达柳州、桂林、零陵。

12月19日，第一批第4大队大队长刘志汉所率的18架I-15，由空运队员袁宗祺驾比奇D-17通用飞机领航，飞越武陵山等三条山脉。领航员在飞过两条山峰线后，误以为到了芷江，下降高度找机场，却没找到，才发现已飞到黔阳上空，盘旋约1小时后，油耗尽时，见到一个小小方方像机场的平地，遂迫降于洪江沙湾机场，13架飞机中有1架稍损；2架迫降于洞口均损坏；2架迫降于黔阳附近榆树湾沙滩，均完好；还有1架迫降于零陵附近，也已损坏。在抗战进入最低谷时，仅此一次未达目的地的飞行就损失4架宝贵的I-15，教训非常沉重。参加这一行动的徐华江认为："此前航委会派比奇D-17通用飞机试航芷江，但有的领航员头脑死板，他算甲地到乙地的三个数据：方位度数、距离、巡航速率所需的时间。预计的时间到了，如找不到目标，领航员就没办法，当时的比奇D-17通用飞机遇到稍微强的风时，比预定时间晚到10至20分钟是常有之事。他没有注意到山岭，预定时间到了就下去，他沿途是否核对各检查站？试飞后还出这种事，太大意了。如果认真一点，哪会有这种事！"

因战局紧迫，航委会要求迫降洪江的飞机在当晚加油后，务必于20日飞芷江加油，立即飞往桂林。12月20日，迫降洪江的13架，除1架仍在洪江外，有8架于9时35分飞抵芷江，10时05分又飞到4架，其中1架在芷江落地时损坏，推进驻芷的飞机第二修理厂大修。经加油后，11架于13时04分飞向桂林。之所以停驻中转机场的时间不长，一是战局紧张，要争分夺秒驰援前线，二是中方飞机频繁高密集转场调动，情报早已被日方无孔不入的谍报网络所获知，因此在12月20日从洪江飞抵芷江时，芷江、衡阳就同时遭遇54架日机的大规模轰炸，其中25架空袭芷江，154枚炸弹均投在机场附近，不过未造成损失，机场也能继续起降使用。

经过12月19日的生死历险后，领航员格外谨慎，仔细对照沿途标志。这些转场飞行任务受到以下几方面的影响：

1. 天气不良、突变的影响；

2. 中转的机场太少，大部队动作不自由，缺乏机动；

3. 通信不良，为防止电报多而被日军察觉，长途电话也多生阻碍，同一时间指挥不在同一地的空军也极为困难；

4. 受指挥官、飞行员等个人主观影响，特别是苏联志愿队人地生疏，交流不畅，半年一个轮训周期，指挥不能如意，未达到预期的希望，还要时刻警惕突遭日机空袭的干扰。

第二批志愿队12架I-15在日机返重庆之前，即令飞赴芷江，但未遵令赴芷，起飞后仍降落白市驿。第三批应出动的I-15，因日机经过重庆，起飞警戒，降落后，以时间过晚，仍留广阳坝。

12月21日，受天气限制，后方各部未能移动，柳州机场被炸，昼间躲警报，夜间抢修，桂林机场也未修复。23日晨，最先进驻柳州机场的第4大队主力11架为避免日机轰炸，转场到零陵。在重庆的各队为是否继续挺进柳州、桂林而各执一词，争执不下。主张不移动，或延迟数日以避敌锋者理由有下：

1. 柳州被炸，飞机难以活动
2. 我企图暴露，日机将迫我决战
3. 芷江为孤立的机场，被炸后无降落地
4. 正值上弦月，月夜堪虞

主张移动者的理由也很充分：

1. 连日等候天气，以本日天气良好，必须出动，否则年关将至，难以再等
2. 陆军将期盼空军协助甚为殷切，不前进则使其失望
3. 蒋委员长不谅解，将疑空军长期退缩
4. 消极终非良策

经过决定，后方的轰炸机暂时待命，I-16战斗机不动，I-15战斗机移至芷江，日机若来，即在芷江就地攻击，再相机转入零陵、桂林。于是，第5大队从成都飞抵重庆后，第26队的6架I-16驻留重庆白市驿担任警戒。12月23日13时20分，第4大队剩余的7架I-15、第5大队14架I-15在空军第一路司令张廷孟率领下，从重庆广阳坝，14时49分到达芷江。第二批志愿队12架I-15则没这么幸运，23日同时从重庆起飞后，未能跟随，中途折返，1架因迷航跳伞。21日从兰州飞至绥宁的8架I-15于23日午后飞到重庆。24日14时20分，志愿队17架I-15由38号达机领航，从重庆起飞，因领航机在云层飞行，不能跟进，遂又折回。

第二次芷江空战

12月25日9时45分，第18队队长杨一白率5架霍克75由贵阳起飞，10时40分到达芷江。自12月8日以来，各队飞出的机数为：

轻型轰炸机：

第19队SB机4架

志愿费金队SB机9架

战斗机：

第3大队格罗斯特"斗士"5架

第4大队I-15机22架

第5大队I-15机14架

第18队霍克75M机5架

因集中及连日战斗，损失也较大，计轰炸机被炸3架、损坏5架、在野外不能飞回2架，现在前方能作战者仅剩3架；计战斗机损失1架、进厂维修3架，在前方能作战者41架（加上在芷江出厂者1架），在重庆尚未移动者有35架。

25日，日方再次侦知芷江云集大量中国飞机，派日本海军第15航空队27架96式轰炸机在黄昏时前来轰炸。此时，中方可以应战的兵力为：

此前迫降洞口、洪江损坏的3架I-15经修复后飞抵芷江，与先期抵达的第4大队7架I-15汇合，携带俄造7.62毫米子弹24000发、美造12.7毫米子弹2500发；

第5大队大队长黄泮扬、副大队长王汉勋率10架I-15，携带美造12.7毫米子弹2500发、比利时造7.9毫米子弹9000发；

第18队队长杨一白率5架霍克75，携带美造7.62毫米子弹1000发、俄造7.62毫米子弹14000发。

共计25架战斗机16时10分先后起飞迎敌，其中第18队及第4大队在芷江30、50公里的外围警戒，第5大队在机场上空巡逻。16时15分，日机迫近芷江，随即向东飞去。当时中国飞机因敌情不明，起飞仓促，致使升空后未能整队汇合。巡逻高度约2500米到5000米，巡逻40分钟之久。天气渐暗，能见度不良，第5大队一部即降低高度视察地面符号，及至1000余米高度时，才见到铺摆日机在东北方向的符号。再向上升至1500米高度时，见日机已由东北方进入投弹，高度3500米，保持密集的V字形，几乎成一字形状排开。

17时10分许，中国飞机开始向日机发起攻击，因各部所处位置的关系，第21队队长陈盛馨率各机自700米距离向敌左侧追袭，共射击6次；第22队队长张伟华率各机自前侧方攻击两次，第23队队长毕超峰率各机在左前方攻击一次后，再由后下方攻击，尔后又从左侧后方攻击两次。第5大队各机则由下方攻击三次，战斗约15分钟，因天黑不能远追，除第23队队员郑松亭的2308号机被击中两弹，迫降泸溪，人机无恙；队长毕超峰的2305号机迫降沙湾机场，机轻微损伤，人无恙；第18队队员冯俊忠的5031号霍克75机，因发动机温度及转速增高，不能上升，发现日机时欲上升追击，座机着火坠地全毁，好在立即跳伞，右臂被机翼碰伤。其余各机先后降落机场，但因机场被炸有弹坑，加之天色已黑，致使第21队有2架I-15的尾橇擦损。

祸不单行的是，第5大队第27队在日机轰炸机场后，黑夜慌不择路地迫降，致使第27队队长谢全和2701号I-15机、重庆空战伤愈复任的副队长王殿弼2702号机、队员张鸿藻2709号机，均因弹坑撞损。18时战斗结束，第23队副队长邹赓续的2303号机，钢板中五弹，机翼中4弹。至此，中国飞机2架作战负伤、非战斗损伤6架、全毁1架，损失惨重。第21队击中日方左侧编队第1分队的第3号96式轰炸机，致其漏油后冒烟逃遁。

1937年"8·14"空战以来，第4大队与日本海军96式轰炸机多次交手，熟悉其"空中打火机"的弱点，取得多次一击绝杀的获胜记录。但在此战中，日机始终保持密集队形，并在发现中国飞机已升空预警后，隐蔽其企图，而中国飞机升空时间过长，对敌丧失警惕。日机开始投弹时，中国飞机各自为战，在夜幕下无法追敌，致其全身而退，无不遗憾。

两度追击日军侦察机

12月25日，航委会决定贯彻原计划，集中、协力对南宁方面的攻击。航委会主任周至柔26日先到桂林，待桂林、柳州机场修复后，已到前方的飞机即行进至该处，先行工作，仍在成都、重庆、遂宁的各部，仍努力按照计划继续向前移动。26日15时06分，滞留芷江的第4大队得到迫降、修复的8架I-15补充后，以18架I-15编队与第5大队11架I-15飞往桂林，落地时损伤1架。27日，两度中途折返的苏联志愿队18架I-15在达机领航员引导下，终于从重庆广阳坝于

⊙ 1939 年 11 月 24 日至 12 月 27 日，驻涠洲岛的第 14 航空队 96 舰战正在加油

⊙ 1939 年 12 月 27 日开始，进驻南宁待机的第 14 航空队 96 舰战

⊙ 1939 年年底，进驻桂南的第 15 航空队 96 舰战 4 号机

表9：桂南会战中方部队经芷江基地中转的飞行统计表（1939年11月至1940年1月）

时间	番号	机型	数量	时间	起止	备考
12月19日	第4大队	I-15	18		由重庆起飞至黔阳迫降洪江	13架迫降洪江，另3架迫降洞口，2架落黔阳附近，榆林沙滩上，1架落零陵附近
12月20日	第4大队	I-15	12	9时35分到8架，10时05分到4架	由洪江到芷江	系19日迫降洪江13架，1架仍在洪江，1架在芷江落地损坏
12月20日	第4大队	I-15	11	13时04分起飞	由芷江到桂林	
12月23日	第4大队	I-15	7	14时49分到达	由重庆到芷江	
12月23日	第5大队	I-15	14	14时49分到达	由重庆到芷江	
12月23日	苏联志愿队	I-15	12		由重庆至芷江	中途折回
12月25日	第18队	霍克75M	5	9时45分起飞，10时40分到达	由贵阳到芷江	
12月26日	第18队	霍克75M	2	14时53分起飞	由芷江到桂林	
12月26日	第4大队	I-15	18	15时06分起飞	由芷江到桂林	落地时损伤1架
	第5大队	I-15	11	15时06分起飞	由芷江到桂林	
12月27日	第18队	霍克75M	2	14时16分起飞	由芷江到桂林	
12月27日	苏联志愿队	I-15	18	15时35分到达	由重庆至芷江	
12月28日	苏联志愿队	I-16	11	14时30分起飞，16时18分到达	由重庆到芷江	原起飞13架，中途折返2架
12月29日	苏联志愿队	I-15	18	15时15分起飞，16时40分到达	由芷江至桂林	
12月29日	苏联志愿队	I-16	10	15时25分起飞，16时40分到达	由芷江至桂林	
12月31日	第4大队	I-15	11	14时40分到达	由柳州至芷江	
1940年						
1月2日	第19队	SB	5	14时35分起飞，17时07分到达	由白市驿到芷江	
1月2日	第5大队	I-15	9	14时30分到达	由零陵到芷江	
1月3日	苏联卓泊夫队	SB	1		由宝庆到桂林	
1月3日	第4大队	I-15	6	12时30分起飞，13时25分到达	由桂林到芷江	
1月3日	第4大队	I-15	10	14时44分起飞	由芷江到重庆	系1939年12月31日由桂林至芷江的飞机
1月3日	第4大队	I-15	6	12时15分到达	由芷江至贵阳	
1月6日	第5大队	I-15	9	13时57分起飞	由芷江至零陵	

表9（接上页）

时间	番号	机型	数量	时间	起止	备考
1月7日	第18队	霍克75M	5	12时18分起飞	由桂林至芷江	
1月7日	第8大队	霍克75M	5	15时30分起飞	由芷江至昆明	原文如此，第8大队装备的是DB-3重型轰炸机，疑似改乘战斗机转场
1月12日	第19队	SB	3	14时30分起飞，16时20分到达	由芷江到重庆	
1月12日	第5大队	I-15	10	14时由零陵至芷江，40分钟后飞渝，16时20分抵渝	由零陵到重庆	

15时35分飞抵芷江。28日9时，航委会主任周至柔在桂林秧塘机场召集汇报，决定驻前方各机场飞机不准移动，敌机来袭，少则迎击，多则避战；重庆各部速向前方集中。是日14时30分，苏联志愿队13架I-16从重庆起飞，中途折返2架，16时18分到达芷江，落地时损失1架。

29日7时48分，据情报称"敌机1架，由湖北监利向西南飞，经益阳、安化，9时40分到芷江侦察后向东南飞，经洪江、武冈、邵阳到零陵侦察"，驻零陵的第4大队第21队队长陈盛馨率I-15机3架，于日机到达邵阳时起飞，在5000米高空成品字形，在机场南方巡逻警戒。10时48分，日机到达冷水滩上空，仍向南飞。10时50分，被中国飞机发现，适时中国飞机背阳，日机在中国飞机前下方，中方即用有利地势，向敌俯冲，距离800米时，才开始攻击。敌才发觉，即加大速度转弯脱离，中方以俯冲的高速度，仍能接近至300米，再行射击，日机受伤冒烟，但中国飞机机枪突然发生故障，致使未能继续射击，受伤的日机也停止冒油，此时敌我高度相等，但距离已远，未能追及。

经过12月30日柳州空战后，日机夜间4次袭击柳州，中方为减少损失，第4大队11架I-15于次日14时40分从柳州飞至芷江。1940年1月1日13时，日本海军第13航空队1架97式侦察机由常德经桃源向芷江进飞，13时10分，驻芷的6架I-15在大队长刘志汉率领下，携带苏制7.62毫米子弹14000发、美制12.7毫米子弹1500发。为吸取2天前的教训，以两机分队，在机场的东、南、西三个方向分区3500米高度巡逻警戒。日机自榆树湾绕经芷江东南，向西转入芷江县城上空向北飞行，经在东方警戒的第22队队长张伟华两机首先发现，其高度约2500米，当即俯冲追击。此时，西、南两方的各机亦协力追击，凭借起初的俯冲速度，得以接近至四五百米处，对其射击。但该敌向北加速逃遁，未能追及，至14时10分返回降落。两次拦截均让其逃脱，让刘志汉等人懊恼不已。

在此期间，无论是重庆到桂林参战、转场，还是战后从桂林返回重庆的中苏战机，几乎都途径芷江转场，计233架次，包括3架轻型轰炸机，芷江空军基地由此成为西南、华南之间的中转枢纽。

陆空反攻昆仑关

1939年11月底，第3大队本部及第7队、第32队驻柳州，第8队驻成都，第28队驻梁山，实际仅有第32队3架格罗斯特"斗士"参战。与此同时，第4大队下辖的第21、第22、第23队计25架I-15，从重庆调拨南宁参加桂南会战，其中第22队一部由队长张伟华率6架移驻云南蒙自担任防空。

△第5大队第17中队队员，拍摄于柳州机场，左起第三人为高金铮、林恒（林徽因的三弟）等人

第5大队下辖第26、第27、第29队，计I-15机14架、I-16机6架，奉命从成都转场广西，其中第26队6架I-16经重庆后未移动，即驻留任警戒，实际到位仅14架I-15机。第18队6架霍克75M在12月8日由昆明至贵阳失事损失1架。第6大队第19队9架SB机自双流进驻广西。

苏联志愿队19架I-15中有9架于12月22日返回重庆，由重庆出发失事损失1架，11架I-16亦从重庆进驻广西。费金队9架SB机、卓泊大队8架SB机自温江进驻广西。上述各机进驻广西后，分驻桂林、柳州机场。

桂林秧塘机场位于广西桂林西面13公里，距临桂县城2公里，始建于1933年，建有东北—西南走向的跑道1条，及停机坪、机窝、电站、油库、指挥塔、营房等。因该简易机场只能停降小型飞机，用于空袭西进长征的中央红军。1939年5月15日广西省政府负责征调桂林、恭城、灌阳、资源等7个县民工1.8万人进行首次扩建，由航委会空军第10总站工程股具体施工，机场东西长1000米、南北宽1200米，跑道位于机场中部偏西，南北长1000米，宽50米，用碎石筑成。

柳州机场始建于1929年。1934年4月，成为第四集团军航空学校主要训练基地，为广西最大军民两用机场。次年成为广西航校校址，1937年由中央航空委员会接收，10月进行扩建。

12月16日，独立飞行第84中队9架97式战斗机掩护第90战队12架97轻爆从广州天河出发，全力轰炸梧州的军事设施。

12月17日，中国军队大举反攻昆仑关，驻桂林、柳州的空军亦频繁出动，对昆仑关之敌和六塘至九塘地区被困之敌实施猛烈轰炸。

12月22日，第3大队3架格罗斯特"斗士"携带比利时造7.9毫米子弹6000发，第4大队10架I-15机携带苏制7.62毫米子弹21000发、美制12.7毫米子弹2750发，7时25分从柳州出发，飞至昆仑关上空掩护陆军第5军进攻，因低空联络不畅，地面部队未铺设布板符号，恐误伤友军，未能射击。

同日，第3大队1架格罗斯特"斗士"携带苏制7.62毫米子弹4800发，第4大队10架I-15机携带美制12.7毫米500发、苏制7.62毫米子弹2400发，11时35分从柳州起飞，在柳州迎击敌轰炸机18架，击落日机1架，机组乘员两人毙命，数人在逃。追至来宾，因油量有限，13时22分返回柳州。

　　同日傍晚，高雄航空队9架96陆攻夜袭柳州机场。柳州机场接空袭警报后，令第4大队9架I-15携带美制12.7毫米子弹4750发、苏制7.62毫米子弹21000发，16时自柳州起飞，在柳州上空警戒，但日机未至，中国飞机便油量耗尽，18时30分降落。18时59分，日机在标营投弹。

　　12月22日，第4大队、第3大队第32队与日机激战昆仑关，第3大队副大队长陈瑞钿、第3大队第32队队长韦一青与第4大队第22队飞行员周志开合力击落1架96陆攻，坠于来宾县古习乡。

　　12月27日，第3大队所有3架格罗斯特"斗士"奉命与第4大队I-15战斗机3架共同掩护志愿队3架SB轰炸机出击，原本拟轰炸敌老巢三灶岛机场，后改9时自桂林秧塘机场出发炸昆仑关九塘敌阵地。因格罗斯特"斗士"续航短，遂于9时30分自柳州出发，在二塘上空遭遇第14航空队9架96舰战、6架水侦。中方战斗机为掩护志愿队的轰炸机顺利轰炸地面日军，为陆军反攻做准备，面对优势之敌，拼死厮杀，开战初，便击落2架96舰战，坠于思乡九塘附近，查明属"敌海军第14航空队，其中两架敌机身编号3312、4423"，还有1架坠于敌阵。尽管兵力悬殊，中方仍坚持1小时之久，最后的3架斗士MkⅠ完成了各自悲壮的使命：第32队队长韦一清击落1架敌机后，又乘胜追击另一架敌机时，不幸被从后面突然冲来的敌机击中，坠落在敌我阵地之间。陆军官兵目睹自己飞行员奋勇杀敌、壮烈牺牲的情景，士气大振，他们冒着猛烈的炮火，冲出掩体，将韦一清烈士的遗体抢回，并乘势反攻。第3大队副大队长陈瑞钿和第8队副中队长陈新业也机毁跳伞，均负重伤。其中，陈瑞钿面部、手足严重烧伤，随即送柳州抢救，苏联志愿队大队长特意从衡阳赶来看望，表示感谢。陈瑞钿尽管保住生命，但未能再升空，个人战绩8架，官方承认6架，被击落3次，迟至他去世1个月后的1997年10月4日，被美国认定为二战第一位王牌飞行员。

　　12月27日，第18队5架霍克75M携带比利时造7.9毫米子弹9000发、美造12.7毫米子弹1000发，40P高爆弹12枚，13时50分起飞，轰炸亭子圩敌军实屯集地区，三处冒烟并扫射。遭遇数架96舰战，中国飞机被击落、击伤各1架。

　　12月27日，第15航空队1架陆侦机侦察桂林，获悉了桂林集结大量的中国空军战机。12月28日，第15航空队23架96陆攻空袭桂林。中方6时35分起飞迎击，参战兵力如下：

第4大队8架I-15机携带苏制7.62毫米子弹19200发、美制12.7毫米子弹2000发；

第5大队7架I-15机携带苏制7.62毫米子弹16800发、美制12.7毫米子弹1750发；

第18队1架霍克75M机携带比利时造7.9毫米子弹1800发、美制12.7毫米子弹2900发。

战斗中中方1架迫降微损，除1架降落柳州外，其余在秧塘机场降落。

12月29日，第18队2架霍克75M携带比利时造7.9毫米子弹3600发、美制12.7毫米子弹400发，第4大队3架I-15携带7.62毫米子弹7200发、美制12.7毫米子弹7750发，分别于9时35分、10时从桂林秧塘机场起飞，"侦察绥深山圩敌情迎击"，见敌机受伤冒油。13时40分返航降落秧塘机场。

1939年12月30日清晨，日本海军2架陆侦机侦察柳州方面。13时30分，日本海军第12航空队舰战分队长相生高秀大尉会同刚从海口进驻南宁机场的第14航空队13架96舰战经宾阳袭击柳州机场，驻柳的第4大队17架I-15机携带7.62毫米子弹47200发、美制12.7毫米子弹7250发，志愿队16架I-15机、9架I-16机携带子弹43000发，共42架起飞迎击。因情报距离仅120公里，约合敌机25分钟航程，故中国飞机爬升3000米，在4500米与日机遭遇，双方发生本年度最大规模的战斗机大空战。

首先，大队长刘志汉率9架分三个分队，在爬高约3300米之际，即于机场东南方发现敌96舰战18架，由上方向中国飞机袭来，刘大队长即率僚机迎击。双方皆因射击角度过大，均无战果。在经15分钟混战后，敌机纷纷逃去；而副大队长郑少愚所率8架，则在绕场巡逻至机场西南角处，发现一架敌机摇动机翼，似在指挥攻击，故随即示警并射击三次。此时约12架敌机向郑机群后上方突袭，双方彼此冲过并互相咬尾。郑少愚向一架敌机射击四次后，见其冒白烟下坠，郑正凝视坠落地点时，忽遭另一敌机偷袭，致左足受伤，双方激战数分钟后，志愿队亦赶来支援，战斗历时15分钟。

中方战后总结，"与敌战斗机18架空战，击落敌机3架，中国飞机毁伤12架"，另有3架疑似坠机未查获，计郑少愚副大队长击落敌机1架，第21队分队长王特谦、第23队队长王玉琨、分队长范新民、第22队队员刘铠，协同击落日机两架，各坠落于大龙潭、茶山北拱村和拉堡，"其中1架查明系敌海军第14

航空队，号码为96号，该机为昭和13年8月制造，击毙敌机师藤田博"。而中方除郑少愚伤左足，所驾2302号机中弹30余发，司徒福之2108号机及王特谦2304号机，周志开所驾2204号机，王玉琨之2102以及刘铠所驾2207号机均受微伤，其余无恙。

苏联志愿队亦伤亡颇重，1人阵亡，2人受伤，战斗机队长伊万·卡尔波维奇·罗津卡上尉（I. K. Rozinka）空战牺牲，时年29岁。战斗机队长叶尔硕夫头部被子弹擦伤，沙也金左腿中弹1颗。

日方则称"击落中国战机14架"，其中第14航空队分队长周防元成大尉上报击落2架，自损1架，第14航空队藤田博一等空兵战死。

12月31日，中国陆军夺回昆仑关。为配合陆军攻势，扩大战果，志愿队费金大队3架SB机携带12.7毫米子弹4250发、苏制7.62毫米子弹12000发，100千克炸弹18枚，8时36分从桂林秧塘机场出发，轰炸南宁机场，"均命中爆发，炸毁日机8架"。13时，SB机编队平安返回桂林秧塘机场。

1940年元旦，日本海军第13航空队的97式司侦飞往湖南上空侦察。10时30分，第5大队第29队队长马国廉率6架I-15携带苏制7.62毫米子弹14400发、美制12.7毫米子弹1500发，自零陵机场迎击。该机在零陵上空被第29队队长马国廉、飞行员陈梦鲲、张祖骞合力击落，坠于东安县双岸平山堂。该机功率高达750马力，日军仅有5架，为其出名于世界的国宝。被击落的这一架编号为"神风105"，驾驶飞机的空军军士在机舱里中了两弹，后座的侦察军官死于坠机。该机为日本海军航空兵的耳目，航速达每小时510公里，升限11900米，续航2400公里，乘员两人，适用于远程导航及气象、敌情侦察。

1月1日，志愿队2架I-15机携带美制12.7毫米子弹250发、苏制7.62毫米子弹5000发，3架I-16机携带苏制20毫米子弹640发、7.62毫米子弹10000发，自桂林秧塘机场起飞，12时54分迎击1架97式司侦，但未能遭遇。13时29分，全队返回秧塘机场。

1月2日14时30分，苏联志愿卓泊夫队8架SB机、第19队5架SB在没有领航机的情况下，自白市驿飞往桂林，偏航飞至黔阳时，苏联志愿队仍继续东飞，16时40分降落宝庆机场，1级军事技术员柯金·阿列克谢·叶菲莫维奇在降落中失事。第19队则盘旋良久，在战斗机领航下，飞至芷江。1月3日，卓泊夫队

8架SB决定凌晨6时从宝庆飞往桂林，到5时10分各机发动，6时10分发起飞信号，领航员以机场有雾为由拒绝起飞。至6时30分，日本海军第13航空队20架96陆攻袭击宝庆机场，6时45分分四次投弹，卓泊夫队8架SB被炸毁3架、炸伤4架，仅剩1架完整的SB当天寻飞桂林。同时，志愿队认为柳州天气能见度不佳，不能出发，因而第19队5架SB滞留芷江。第4大队10架I-15由桂林、芷江飞广阳坝，3机在柳州、1机在桂林，5机在芷江检修中。待修复后，第4大队第22队队长张伟华率6架I-15从芷江经贵阳飞昆明，12时15分到达贵阳。

▲ 日本海军"神风"号 97 式司令部侦察机

▲ 日本海军"神风"号 97 式侦察机坠毁现场

表10：苏联志愿队和中国空军在秧塘机场迎击日机的战斗（1940年1月）

日期	参战兵力	携弹量	起飞时间	概况
1月2日	2架I-15	美制12.7毫米子弹500发 苏制7.62毫米子弹4800发	8时	迎击敌侦察机1架，攻击1次，未能击落，致其以高速脱逃
	3架I-16	苏制7.62毫米子弹6000发		
1月3日	3架I-16	苏制20毫米炮弹384发 苏制7.62毫米子弹6000发	12时43分	迎击敌侦察机1架，稍接触被敌脱离
1月4日	13架I-15	苏制7.62毫米子弹37000发 美制12.7毫米子弹12050发 苏制20毫米弹640发	10时30分	霍克75M属于中国空军第18队，迎击前来轰炸的9架96陆攻，未遭遇，11时46分返回秧塘机场
	7架I-16	苏制7.62毫米子弹18000发		
	1架霍克75M	7.9毫米子弹1800发 美制12.7毫米子弹7200发		
1月5日	5架I-16	苏制7.62毫米子弹10000发	8时45分	迎击敌侦察机1架，未遭遇
1月6日	6架I-16	苏制20毫米炮弹640发 苏制7.62毫米子弹14000发	13时21分	迎击1架敌侦察机，未遭遇
1月8日	13架I-15	苏制7.62毫米子弹37600发 美制12.7毫米子弹1250发	10时44分	迎击敌侦察机，遭遇敌侦察机1架，攻击1次未果，致其成功脱离。12时15分降落加油，12时30分再次起飞，13时17分降落
	7架I-16	20毫米炮弹640发 7.62毫米子弹18000发		
1月10日	14架I-15	7.62毫米子弹41600发 美制12.7毫米子弹1000发	11时50分	第15航空队27架96陆攻、2架陆军侦察机，在第12航空队10架96舰战、第14航空队14架96舰战的掩护下分两批突袭桂林。志愿队大队长科基纳率队起飞，迎击"敌战斗机27架"，战斗后我伤人员2人、飞机5架
	7架I-16	20毫米炮弹512发 7.62毫米子弹20000发		
1月11日	2架I-15	7.62毫米子弹3680发	9时13分	起飞迎击敌侦察机1架，攻击1次后返回秧塘机场降落
	2架I-16	美制12.7毫米子弹1000发 苏制7.62毫米子弹1000发		
	1架I-16	20毫米子弹128发 7.62毫米子弹4000发	10时45分	迎击敌侦察机1架，未遭遇

△ 1939 年，桂南空战的第 14 航空队 96 舰战队，左一为分队长周防元成的座机

破坏后勤补给战

　　据中方报称"桂南会战期间，中国空军和苏联志愿队共出动轰炸机12架次，投弹28吨，炸毁敌机15架，并在桂林、柳州、零陵、芷江等地上空与敌进行空战11次，击落敌机11架，其中96重轰1架、96舰战9架、神风105侦察机1架，掩护轰炸机行动，扫射日军阵地、侦察日军状况等共6次。中方损失15架（含迫降），伤15架，9名飞行员牺牲，12名负伤，胜利保证了支援地面作战任务的完成"。

　　这一纸面数据的背后，根据1940年1月1日航委会对空军状况判断：航委会派驻广西的106架战机，除移动与连日作战损伤外，可用的兵力计61架，战斗机中方26架、志愿队19架，轰炸机中方在重庆5架SB机，志愿队在重庆8架SB机、在桂林3架SB机。除第4大队调回重庆外，在广西可用仅战斗机31架、SB机16架，此外在数日内可修复的战斗机约10架，可用于南战场的DB重型轰

SB-2 M-103 轰炸机，注意桨毂外没有整流罩，似乎正在维护

炸机11架。而日军在长江中部及南战场使用兵力达357架。基于以上，总结了"空军应有之顾虑"：

1. 不能予陆军以极大之协力，尤其在战术战斗上不能直接援助；

2. 不能解除我陆军之空中威胁；

3. 继续与敌空军角逐，至10日以后，我将全部损耗；

4. 敌在我前进基地之南北，均有较我优势之空军兵力，设湘桂机场被破坏，我转移困难，加以旧历年关之天候变化，有限于不能机动之危险；

5. 重庆、成都空防空虚，使敌得在我后方猖獗，摇动人心及国际观感；

6. 此际消耗后，一时不能补充，至明年春末，四川天候转佳，无防空之力量；

7. 我陆军冬季攻势时，空军虽不能积极协助，但陆军未至最后决战之阶段，宜有在陆军攻势停顿后应付敌方攻势之准备。

表11：苏联志愿队在秧塘机场破坏日军后勤补给的战斗（1939年12月—1940年1月）

日期	参战单位	兵力	携弹量	概况
1939年 12月21日 7时06分	志愿队	9架SB	7.62毫米子弹30000发 100千克炸弹36枚 10千克18枚	志愿队轰炸机大队大队长费金率队自轰炸钦州湾敌舰，投弹于广州湾西营海面及深山中，返航时迷途油尽3架迫降牛头山，5架降郴县机场，1架迫降酃县
12月21日 12时50分	第4大队	10架I-15	苏制7.62毫米子弹24000发 美制12.7毫米子弹2500发	格罗斯特"斗士"起飞于柳州，两大队均前往昆仑关一带驱逐敌轰炸机，并于16时30分降落在柳州
14时28分	第3大队	3架格罗斯特	比利时造7.9毫米子弹6000发	
12月22日	第6大队	3架SB	子弹12000发 100千克高爆弹6枚 50千克燃烧弹12枚	轰炸南宁市敌据点及亭子圩仓库，分别在南宁及亭子圩投弹，11时45分迷途迫降封川
12月25日	志愿队 费金大队	3架SB	子弹12000发 100千克高爆弹12枚 50千克燃烧弹49枚	轰炸九塘敌阵地。因地面未铺设布板符号，恐误伤友军，转往南宁投弹，"燃烧甚烈"。8时35分返回秧塘机场
12时30分		3架SB	子弹12000发 50千克燃烧弹18枚 10千克杀伤弹48枚	轰炸九塘敌阵地，掩护并指示目标，协助陆军占领据点四五处，16时30分返回柳州机场
1940年 1月2日 12时42分	志愿队 费金大队	3架SB	苏制20毫米子弹384发 7.62毫米子弹12000发 50千克燃烧弹65枚 10千克杀伤弹72枚	轰炸九塘的日军，飞至柳州因浓雾折回
1月4日 9时25分	志愿队 费金大队	4架SB	7.62毫米子弹10000发 100千克高爆弹24枚	轰炸南宁敌机场，因判断失误，误投贵县附近
1月7日 12时49分	志愿队	5架SB	苏制7.62毫米子弹20000发	共带50千克炸弹72枚，自秧塘机场起飞轰炸南宁敌阵地，轰炸后"见南宁火焰冲天"。16时57分，8架返回秧塘机场，1架降落零陵机场
	第19队	4架SB	苏制7.62毫米子弹10000发	
1月8日 12时57分	志愿队 费金大队	6架SB	苏制7.62毫米子弹24000发 100千克炸弹24枚 50千克炸弹12枚	轰炸七塘敌阵地，副目标为南宁，将有3架将炸弹投于南宁市区北部，另3架投弹故障，于15时48分带弹返回
1月10日 9时40分	志愿队 费金大队	6架SB	7.62毫米子弹24000发 100千克高爆弹36枚	轰炸南宁敌机场，"炸毁敌机3架"。19队在中渡两机相撞2架，投弹手黄兴安、射击士姬晓集殒命。费金大队迷航迫降沿河，队员金爵洛哥牺牲
	第19队	3架SB	7.62毫米子弹12000发 50千克高爆弹18枚	

中方力量薄弱，滇西告急后，陷入川、滇、桂三面作战的境地。1940年1月18日《关于加调空军两中队增防昆明电》称："……目前战斗机数量有限，尚须分防渝、蓉、兰各地。滇省除官校原有战斗机外，近已加调空军第18、第22两中队增防昆明……"桂南空战后，中国空军战机使用过于频繁，保障难以为继，无力主动出击，只有收缩防御，在相对平静中迎来了1940年的春天。

第八章
内陆防空战

1939 年的四川防空战
苦难的开始

作为抗战时期的大后方，四川是日机轰炸的重点，重庆和成都在抗战中都遭受了日机的野蛮轰炸，无辜民众死伤累累。

早在抗战之初，日机对武汉进行大规模空袭时，就开始对处于西南内陆的重庆展开远程突袭行动。1938年2月18日，木更津航空队飞行队队长佐多直大少佐指挥9架96陆攻从南京起飞，横越中国南部空袭重庆。因受自宜昌起天气转坏，四川方面气候恶劣，中途奉命暂停实施突袭而折返，然而其中2架96陆攻的天线被冻断，未接到返回命令，便突破川鄂山岳地带，抵达重庆上空。11时35分，投下14枚炸弹，轰炸重庆机场的10余架教练机，14时10分返回南京大校场基地，为日本海军实施最远的攻击行动，往返达3500公里。不亚于1937年12月，陆军第12战队的97重型轰炸机从北平南苑机场起飞轰炸兰州。

11月5日9时50分，四川巴东发现日机9架；10时20分，据报"敌机18架已过磨刀溪"，驱逐总队陆光球率I-15战斗机10架，格罗斯特"斗士"、霍克机各1架，陆续起飞，在梁山机场上空巡弋。11时25分，发现9架96陆攻呈品字形，利用上方云层，在2000米的高空从西面进入机场。陆光球即率全队进入敌前方，从攻击96陆攻的前下方、前上方、两侧及直上方展开攻击。96陆攻机群没有96舰战掩护，慌乱投下炸弹，均落于场外田间。中国飞机在首次攻击脱离后，改从后上方、后下方攻击，96陆攻利用密集阵型，构成强大机枪火力网。

● 1938年2月18日，日军海军木更津航空队机群掠过四川盆地上空

中国飞机直追日机远离机场后，11时40分才陆续飞归机场降落。

此战，日机第2编队领队机及第3编队第3号僚机油箱中弹漏油，但未起火，仍能飞返。第15队队长陈蔚文右脚中弹3发、驱逐总队见习官苏刚右腋被击中1弹，5架I-15及1架霍克机略受伤，所幸机场毫发未损。这是日机轰炸四川遭遇的首次空战，尽管未取得击落战果，但打乱了日军的计划，使其轰炸未取得实效。

1938年10月武汉陷落，国民政府西迁。12月9日，军事委员会从桂林飞抵重庆。自此，中国战时政略和战略指挥中枢全部移驻重庆。同时，日本裕仁天皇12月2日下令对重庆进行战略轰炸，总参谋长闲院宫载仁亲王向侵华日军下达第241号大陆令："大本营企求确保占领地域，并促进其安定，以牢固的长期围攻态势，争取压制消灭残存的抗日势力。"为此，决定"以中部中国派遣军司令官为主，指挥中部中国及北部中国航空进攻作战，特别是在压制、扰乱敌战略及政略中枢的同时，争取消灭敌航空兵力，为此须与海军密切协作"。

随即，根据裕仁命令，日本总参谋长又向侵华日军发出第345号大陆令："关于实施对全中国航空作战的陆海军中央协定，如附册规定：攻击敌战略及政略中枢时，须集中兵力，投入优良飞机，特别是要捕捉、消灭敌最高统帅和最高政治机关。"此命令第6项中还特别做出如下指示："对中国各军可以使用特种弹（红色弹、绿色弹、红色筒），但使用时须尽量避开第三国之居住区域，混合使用，对毒气的使用必须严守秘密，不留痕迹。"

接到上述命令后，12月15日华中派遣军航空兵团司令江桥英次郎中将命令第1飞行团团长寺仓正三少将于5—7周时间内完成远距离航空作战和轰炸的训练任务。随即，航空兵团以直属司侦中队的97司侦机对重庆进行连续拍照侦察，令第1飞行团在24日以后实施重庆攻击，并令第3飞行团适时策应作战。

第1飞行团：

第12重型轰炸机战队

第60重型轰炸机战队

第98重型轰炸机战队

飞行第59战队（97式战斗机）

独立飞行第10中队（97式战斗机）

独立飞行第18中队（司侦机）

第3飞行团：

飞行第45战队（轻型轰炸机）

飞行第75战队（轻型轰炸机）

第77战队（97式战斗机）

独立飞行第16中队（司侦机）

独立飞行第17中队（司侦机）

鉴于当时陆航主流的97式战斗机作战半径仅为450公里，而汉口至重庆为780公里，于是采用轰炸机或攻击机大编队行动，以自卫机枪火力构成强大的火力网，阻挡中苏飞机的攻击。12月18日，汪精卫从重庆叛逃河内，引起了国民政府内部的极大震动。日本上下认为，这正是打击重庆政权的大好时机，应立即发动空袭，予其最后一击。

12月25日下午，寺仓正三在汉口的司令部举行第60、第98轰炸战队飞行指挥官会议，正式下达轰炸重庆的命令："此战以飞行团为主力，攻击重庆市街，震撼敌政权，攻击时间定在明天（26日）13时……"日军将轰炸时间定在中午，是因为"经研究，能最大程度地挫败敌人的续战意志"。他们准备在昼间最能够显耀日军武力的时段进行轰炸，以使国民政府威信扫地，同时在市民中散布厌战情绪。早在11月中旬，中薗盛孝大佐率第60战队的93重爆23架、第98战队伊式重型轰炸机28架进驻刚占领的汉口基地。在空袭前2天的12月24日，第12战队伊式重型轰炸机19架从彰德转场汉口。25日夜，判断重庆驻有I-15战斗机20架、侦察机12架、SB机3架、教练机5架，计40架。

1938年12月26日10时30分，陆航第60战队田中友道大佐指挥22架97重爆1型机作为第一攻击波从汉口起飞，轰炸780公里外的重庆，主要目标为重庆市街、中央公园、公署、公安局和政府中枢机关，其次是重庆机场。到达宜昌后发现云层低迷，只好上升到云端。13时35分飞抵重庆，却发现3000米以下都是

⊙ 1938 年 12 月 26 日 10 时 30 分，陆军第 60 战队 22 架 97 重爆准备空袭重庆

⊙ 1938 年 12 月 26 日，陆航第 60 战队队长田中友道在出发前指示轰炸主副目标

云雾，无法判别目标，逡巡2小时后带弹返航。第2批第98战队服部武士大佐的10架伊式重爆于10时50分从汉口起飞，14时从云洞中找到重庆东郊，便对市区作推测轰炸，命中率不高，仓促投完所带炸弹后返航。中国空军因天气原因也没起飞拦截。抗战爆发以来，日军对重庆的首次轰炸在双方尚未接触时就草草收场，连轰炸结果都无法判识。

⬢ 1938 年 12 月 26 日，从武汉前往重庆进行轰炸的日本陆军第 60 战队在飞行途中

⬢ 1938 年 12 月 26 日，日军陆航第 98 战队伊式重爆参加第一次重庆大轰炸

⬢ 1938 年 12 月 26 日，重庆首次笼罩在轰炸的浓烟中

⬢ 1938 年 12 月 26 日，重庆市区首次遭受轰炸的场面

● 1938 年 12 月 28 日，临时航空兵团司令、"陆航之父"德川好敏中将因病卸任，回国任参谋本部附，临行前还特地视察汉口基地，勉励空袭重庆的"赤鹫"

● 1939 年 1 月 7 日，在武汉日本空军基地拟前往重庆进行轰炸的日机与飞行员

　　1939年1月7日下午，天气良好，陆航第12战队伊式重爆9架，第60战队每机携带250千克炸弹的12架中岛97轰炸机、第98战队携带100千克的10架伊式重

◎在日本海军 96 陆攻、陆军 97 重爆轰炸下的重庆

爆再次袭击重庆。机群抵达重庆上空时，天气又突变，日机只好在2500米的云层上以长江和金佛山为参照进行推测轰炸。第12战队于15时05分、第98战队于15时08分在4200米高空以长江为基准、第60战队于15时11分以东南的金佛山为基准，共投弹74枚，中方被炸死4人，伤7人，损坏房屋5栋。这是重庆在日机轰炸中首次遭受损失，中国飞机未及时迎击，日机安然返航。日方无法判断战果，但据重庆的广播"重庆虽被轰炸，但击落日机9架云云"，结合中方无线电通信状况，研判此次轰炸颇有效。

鉴于司侦机侦察获悉1月9日中国战斗机不断从兰州南下至成都，第1飞行团于10日再次出动第12、第98战队各9架伊式重爆和第60战队12架中岛97重爆在独立飞行第18队2架97司侦引导下三犯重庆。途中有97重爆、伊式重爆各1架因故障返航，中国空军出动4架拦截，且地面防空火力旺盛，敌无法低飞投弹，透过云层的间隙在4500米高空实施密集轰炸，投弹达4.5吨，判断大部分命中，实际上并未取得预想效果，日方认为"重庆的防空情报功能尚不十分完善"。

1月14日，日军截获中国战斗机从宜宾增援重庆的情报，并派2架侦察天候、1架侦察中国战机状况，第1飞行团见15日天气好转，命田中友道大佐率第60战队于11时45分从汉口起飞，第12、第98战队随后跟进，计重爆29架、侦察

● 1939 年 1 月 15 日，日机出发轰炸重庆前 20 分钟，位于武汉空军基地的日军飞行员在作行前动员

机3架保持4500米高度四犯重庆。大出日军意料的是，重庆已加强防空，担任先导的侦察机在14时30分发现中国飞机12架升至4000米高空迎战，当即高速摆脱其追击，用无线电通报轰炸机队后返回基地。20分钟后，3个重型轰炸机编队保持紧密队形飞临重庆上空，不顾中国战机10余架的中途拦截和地面高炮的炽烈射击，按预定计划实施投弹，毁房屋20余栋，炸死124人、炸伤166人，市区及附近要地一时浓烟蔽天。经过激战，战队队长原田宇一郎大佐指挥的第12战队报称"击落4架、击毁3架"，第98战队船津勇少尉协同友机报称"击落2架、击毁1架"。在高炮配合下，中国飞机专挑防御薄弱的伊式重爆攻击，击落敌机1架，坠于南岸大兴场。日方承认有4架中弹受伤，其中第98战队第3队相泽寅四郎中尉的伊式重爆中弹达32发，冒着黑烟飞返。第2队吉田大八中尉负伤，但认为重庆的"高射炮虽猛烈，但炮弹均炸裂于编队的后方。对攻击部队而言，敌机的攻击似不够积极，战志亦不甚旺盛"。同时，实战得出"97重爆比伊式重爆快速，回旋性能较佳，故轰炸后可迅速脱离战斗"。

日本轰炸重庆的初期，由于缺乏地面目标的详细导航资料，加之四川特有的多雾、低云天气影响，虽出动重型轰炸机122架次，投下33.5吨炸弹，但难以取得较大战果。因此，第1飞行团团长寺仓正三少将建议先行轰炸气象条件好的兰州，待4月、5月份以后重庆天气好转，再全力轰炸重庆。日方高层同意了这一设想。日本陆军轰炸航空兵主力随即转向兰州方向，大部分力量调往山西运城。先后对兰州进行了3次大的轰炸行动，却遭到中国空军及苏联志愿队联合打击，损失惨重，不得不提前终止作战，撤回汉口休整。

重庆 1939

1938年10月下旬，第1、第2两大队再赴兰州接收SB新机20余架，1939年2月底飞返成都。至此，苏联援华航空志愿队和中国空军飞机数量由135架恢复到245架，志愿队此时拥有战斗机和轰炸机大队各2个。第4大队在1938年年底从兰州接收新机抵达成都，整理训练，1939年1月下旬将地面人员、器材等运达，3月转场重庆，驻广阳坝，担任重庆空防。

1939年年初，日军在华航空队拥有410多架战机，其中海军航空队有不少部队回国休整补充，仅剩青岛航空队5架、第12航空队44架、第13航空队18架、第14航空队36架、江上队8架、神州丸9架等计132架。关内日本陆军280余架。日方分析在汉口陷落后，中国空军即全面后撤，据判断"短期内难有积极性之活动"。1939年年初，据估计"中国空军之兵力约有40个中队约300架之多，多半似属战斗机。通常以兰州、汉中、重庆、宜宾、昆明、芷江、柳州等作为作战训练基地，而以西安、梁山、南郑、恩施、衡阳、吉安等为第一线基地。中国空军之兵力虽然如此，但尚缺乏积极性攻击能力，对深入内陆后方空袭之日机，只能以若干战斗机实施拦截而已"。

日本陆军第1飞行团在三度空袭兰州受挫后撤离战场休养生息，时逢重庆气象转好，海航接替陆航恢复对重庆的轰炸，考虑96舰战的航程仅够单程，故只派海军陆攻队单独前往。第13航空队在半年前的1938年11月已撤销战斗机分队，代之以18架96陆攻，第14航空队也在12月改编为陆攻、舰攻各18架，于1939年4月24日奉调汉口，隶属第2联合航空队。5月以后，海军航空队增至200余架，连同陆航达500架。

5月3日，日本海军第2联合航空队第13航空队的21架96陆攻会同第14航空队的24架96陆攻进袭重庆。12时50分重庆发出空袭警报，13时日机经綦江向西北飞行，中方驻广阳坝机场的第4大队25架I-15分批拦截，并判断"敌有袭渝企图后，复调驻蓉第5大队12架飞渝加油后参战，期予敌以重大打击"。

12时58分，大队长董明德率8架I-15起飞，在重庆及广阳坝一带警戒。13时20分在4500米的高度发现5个9机编队计45架96陆攻，密集重叠配备，由重庆西南方向西北飞行，认定日机并非针对广阳坝机场，而是直奔市区，当即向敌右前方对右侧编队猛攻。由于敌机缺乏远程战斗机护航，因此96陆攻密集编队以自卫机枪火力构成严密火网。中方飞行员大多自抗战开始就和96陆攻打交道，对其性能也相当了解，纷纷自发从敌尾后由下向上进入，因96陆攻11型机腹机枪射界有限，可避开其机枪火力，射击其机体或一侧发动机后作半滚脱离。96陆攻设计上存在问题，故中方在空战中只要攻击位置得当，常常一击即杀，虽然这次日方投入的是96陆攻22型（G3M2），增加了大水泡式机枪塔，能够360度旋转还击，但仍存在死角。在火网交织的空战中，1架96陆攻拖着浓烟，一头栽在江北的山坡上，见势不妙的日机编队开始掉头向巴县方向撤退。董明德凭借I-16的速度优势率队紧追，对准1架96陆攻的机尾开火，致其翻滚坠毁在农田里。见敌最右一机起火下坠，另一敌机亦冒烟坠地，瞬即转到敌右侧继续攻击。因队形已散，各机追敌猛攻，追至涪陵长寿一带返回。

13时，第23队队长郑少愚率9架I-15起飞，以品字形疏散队形升高至5000米，在重庆上空巡逻一周，发现同高度西南方三四公里有日机摇动机翼的反光，正向重庆侵入。因有雾视线不良，不能辨其队形，中国飞机头正对敌来方向，随即与重叠密集大编队的日机群遭遇，占位后作正前方攻击。上层日机高于中国飞机50米，郑少愚决定攻其总领队，攻至最近距离。因中国飞机在日机下方有15度夹角，故从其下方脱离，再由其后向上作180度转弯，但中方队形已散，变为各自攻击，每机平均反复攻击3次，见2架带伤逃窜的日机开始冒烟，一前一后地坠落。

第三梯队由副大队长刘志汉率领，8架I-15分为三个分队，起飞即在市区上空巡逻。13时20分，在4500米高空见日机摇摆机翼，5队45架重叠配置，自西南方向进入市区。中国飞机向敌前方升高占位，施行正前方攻击，第1分队3架攻敌左前方中间队；第2分队3架攻敌第3分队。因距离太远近，其僚机龚业悌、杨一楚两机速度落后，各自跟踪追击。第3分队张光明机亦向第1分队的目标攻击。因脱离较远，入敌火网，同时发动机故障，不能就追击。据称"曾

262

1939年重庆"5·3"空战，迎头痛击（选自《中国空军抗战史画》）

日军轰炸机飞临重庆上空

见敌第3分队一机，被我击中，落重庆东北40公里处"。此后，我各机均单机攻击，尾追至酆都、涪陵一带，恐油量不足而返航。

13时17分，日机群进入市区上空投弹，这是敌海航对重庆的第一次大规模轰炸。第4大队大队长董明德偕同副大队长刘志汉，率第22队队长张伟华、第23队队长郑少愚的16架I–15bis奋起直追，以求在敌机轰炸前进行阻击，减小市区的损失，第21队队长罗英德则率9架I–16向日机群后上方迂回，以便形成高空俯冲攻击的态势。

第4大队激战时，驻成都的第5大队第27队及马国廉的第29队3架由第27队队长赖岩逊率领，11时飞赴重庆，12时35分降落白市驿机场加油。13时25分，据该机场通知"广阳坝机场已发紧急警报"，各机当即起飞，向重庆方向升高，到重庆上空见市区数处起火，并见东方有中国飞机三五飞行，略见战后凌乱情形，并有跳伞者，当即在四处巡逻，已无敌踪。至警报解除后，分落广阳坝、白市驿机场。17时，分由赖岩逊、马国廉率飞成都。

"是役，我攻击精神极为畅旺，各员无一落后者"，经中国飞行员忘死攻击，报称：

1. 击落敌机3架，两架落四坪场，一架罗江北陈滩，但据防空情报所报称敌机7架未回，因中国飞机攻击次数过多，击落之敌机不知系何人射中。

2. 中方损失如下：

第24队队员张哲驾P-7141机，被敌击中要害，跳伞落于唐家湾，机毁人亡；

第21队副队长张明生驾P-7153号机受伤跳伞，机毁人旋亡；

第23队队员林耀驾P-7197号机受伤，机损降落大佛寺附近；

第22队分队长龚业悌驾P-7114号机，机焚人伤，跳伞落酆都树仁镇；

队员杨一楚所驾P-7196号机因温度过高，恐将起火，迫降涪陵，人无恙，机稍损。

3. 重庆市区起火多处，损失甚重。

4. 事后检查，参加战斗者，除10机无恙外，余均中弹，有一机中50余弹者，其战斗之烈可以想见。

5. 中国飞机开始攻击时，敌机忙乱投弹，致半数以上落江中及山上，被我击落之3机尚未投弹尽，落地始爆发。

日方承认损失2架96陆攻，而2架冒烟的96陆攻最终竟支撑着返回武汉。

当天的轰炸仅持续半小时，投掷爆炸弹98枚、燃烧弹68枚，两江汇合处的朝天门到中央公园两侧约两公里市区最繁华的街道成为一片火海，人口密集、商业繁荣的市中区873人炸死、350人受伤，市中区27条主要街道有19条化成废墟，1088栋房屋被毁。

5月4日18时，第2联合航空队第14航空队15架96陆攻、第13航空队12架96陆攻再次袭渝，通过先前核实5月3日轰炸效果的侦察机传来的报告和对照片的判读，日方决定更加广泛地使用燃烧弹。加之中方机场无夜航设备，战斗机拦截不及，被迫在黄昏前降落，敌机得以临空投掷燃烧弹48枚，爆炸弹78枚，全市10余处起火，延烧两日，造成重大损失和伤亡，都邮街等10余条中心街市被烧毁。国泰电影院的观众被当场炸死200余名；全市37家银行有14家被毁；古老的罗汉寺、长安寺也被大火吞噬；同时被炸的还有外国教会及英国、法国等各外国驻华使馆，连挂有纳粹党旗的德国大使馆也未能幸免。

5月3、4两日，日机63架首次大规模轰炸重庆，共投炸弹176枚，燃烧弹116枚，重庆市区房屋被毁4871余幢，市民死亡2648人，损毁建筑物4889栋，约20万人无家可归，世界舆论哗然。重庆市政府连日调查，获悉"被灾之户达七千余家，死亡者达三千余人，伤亡共达五千余人"。

鉴于第三国对此次轰炸的普遍反映，日本顾虑影响第三国权益，认为"中国政府所在地重庆有许多第三国外交机构及权益集中存在，而最令日本海军头痛的是，既要迫使中国政府早日屈服达成战略目的，亦须小心翼翼不可与第三国之间惹起纷争，实在是难上加难。但有误炸美舰'帕奈'号事件之前车可鉴，上级对航空部队之攻击行动管制甚严"。

这次大轰炸中日军虽也遭受一定损失（5月3日损失率为15%，4日基本无损失），但与重庆的损失相较，被认为是可以接受的，于是日本海军公然宣称："我海军航空部队于3、4两日，连续对重庆实施轰炸，国民政府十分狼狈，民心动摇之至，蒋丧失武汉后，依赖山城重庆也已不能久留。另外，纷纷议论蒋介石的首都也已穷途末路……时至今日，不仅是成都，不管逃到哪里，都应考虑我海军航空队优秀轰炸机队的能力。无论怎样也逃不脱我们的空袭，四百余州广阔的土地，没有蒋的藏身之处。必须看到，敌后退一步，我航空部队的基地就会前进两步……时值夏季空袭的好季节，我海军航空部队鹏翼下尽收中国全土，蒋政权的气数有限，上苍也叹无藏身之处。尽管如此，辗转迁都，幸与不幸，真是劳民伤财。我航空部队当然以军事设施为唯一轰炸目标。但偶然有炸弹伤及市民之处，市民也应有牺牲的觉悟，这也是常识。只要抗日政权继续存在，首都选在何处，麻烦便会殃及该地。"

轰炸当天，第4大队在黄昏也曾起飞应战，因机场无夜航设备，被迫提前在黄昏前降落。

5月9日，日机轰炸了英国驻华使馆，在随后的轰炸中，又多次"误炸"

美、苏等国驻华使馆。英、
美、苏等政府均向日本提出强
烈抗议，并要求停止对平民的
无差别轰炸，但人性泯灭的日
军置若罔闻，继续轰炸。此举
引起了日军高层内部的高度关
注，曾任日本军令部第一部第
一课课长草鹿龙之介轰炸当日
致信木更津航空队司令官奥田

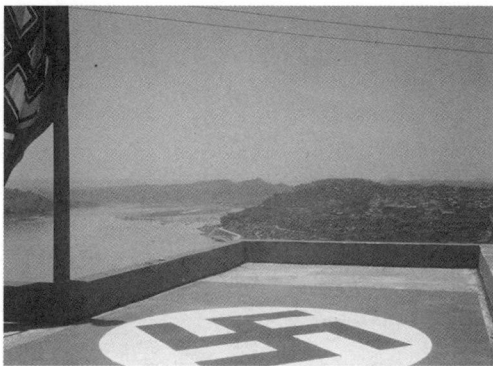
在重庆的德国驻华使馆涂国徽防止日机误炸轴心国使馆

喜久司大佐，将统帅部的精神与无奈表露无遗：

　　……有关第三国权益事，弟在担任该业务主管及副参谋长时曾有深刻经
验。尤其是执行任务之部队最容易遇到此类问题。但如处之以大则有功亏一篑
之虞。'帕奈'号事件乃毕生之一大憾事，幸勿重蹈覆辙。对此问题之认识，
阶级越低越淡薄，敌忾心则常与之成反比。因此战斗方酣时往往会被忽略，一
旦事到临头就噬脐莫及矣。总之首先应注意的是外国舰艇、其次为外交机构，
此两者不论理由如何均有国家为背景，稍有疏忽就会引起难于收拾的危险，不
可不慎……

　　5月12日黄昏，海军第13航空队9架96陆攻、第14航空队18架96陆攻来袭，
中方飞机曾一度与日机遭遇，时已接近黄昏，两次攻击均毫无战果。因中方大
部分为速度较慢的I-15，连攻击敌轰炸机都非常吃力，故连续三次在重庆上空
的空战都未获得显著的战果，致使重庆市民不满，误以为空军惧战，不敢飞。
在此期间，驻广阳坝的空军人员都避免前往重庆市区，但中方仍在研究有效的
战法。在一次会议中，第23队队长郑少愚郑重表示："我提议与敌机相撞，同
归于尽，不论白天或夜间，只要捕捉到机会，我愿意第一个撞敌人的领队机，
各分队长撞敌机的小队长，各僚机撞敌人的僚机。"在极为沉重的气氛中，队
员们一致发下誓言，通过了该决定。当时只有第4大队内部知道此事，外界不
曾知晓。担任会议记录的是郑松亭，若干年后才对外披露。

▲第13航空队司令奥田喜久司大佐

5月25日18时33分，第13航空队18架陆攻、第14航空队8架96陆攻经广安向南飞，重庆发紧急警报，第4大队9架I-15战斗机从广阳坝起飞应战：18时30分，第23队副队长邹赓续率3架起飞，在重庆上空升高4500米巡逻。19时发现首批日机27架以品字形，在4800米的高空从北向南飞，有轰炸重庆态势。邹赓续率队在市区北的4700米高度向敌攻击，每1机应战日机1队，施行前下方攻击，至50米处才脱离，计邹赓续攻击敌右侧下方1次，敌向左转速甚大，未能再攻，返回白市驿。王殿弼攻击左下方2次，见敌第1队第3分队长机起火坠地，继又攻击，致中敌弹，即脱离降落白市驿。梁添成在敌右后下方攻击后，因敌左转无法再攻，降白市驿。

第21队队长罗英德率3机起飞后，奉命在白市驿降落警戒。刚落地即知日机已在重庆投弹，又起飞在4700米上空飞行达1小时45分钟，搜索未见日机，望见白市驿有着陆灯才降落。

第24队分队长江浩雄率3架I-15起飞后，升至3800米高度，在广阳坝警戒，发现27架日机在4800米高度由重庆东北向西南飞行。高度悬殊，经爬升仍未能攻击，至投弹后，直向南飞。因领队速度慢，指示僚机追击，第3僚机韩参追及射击2次，直追江津，20时10分返降白市驿。

此战，报称"击落敌机2架，计23队3架合力击落1架，该分队长王殿弼单独击落1架，同坠江津"。王殿弼P-2310号机散热片、座舱各中弹1发，左下翼中2发，腹部被破片擦伤；梁添成P-2304号机中弹3发，计气缸、右翼各1弹。

当晚19时，第14航空队6架96陆攻夜袭广阳坝机场，中方无损失。20时，第三批日机6架再袭，在重庆50公里外盘旋良久，未投弹。

进入6月上旬，重庆遭受的大规模轰炸达5次。6月10日，装备97重爆的第98战队第3中队编入第60战队，成为其第3个中队。97重爆Ⅰ型的防御武器有7.7毫米机枪3挺，分列于前方、侧面、后上方，在8月下旬安装遥控操作的机枪于机尾。6月11日，第14航空队27架96陆攻第6次轰炸重庆，第4大队起飞

15架奋起拦截，以大队长董明德所率7架I-16战斗机在嘉陵江北岸警戒；第23队队长郑少愚率8架I-15在重庆西北上空巡逻。天色昏暗，日机的速度大而逸去，中方机队未能追击成功。激战中，柳哲生击落1架96陆攻。郑少愚的2310号机中弹38发，勉强飞返；第23队分队长梁添成2307号座机追击逃窜的日机，追击到涪陵上空时，天色已晚，未料日机集结几架掉头包抄，被击中机头起火，未及跳伞，与机同殉，坠于涪陵新妙镇的黄家岩。至此，抗战初期中国空军的"四大天王"——高志航、刘粹刚、乐以琴、梁添成已全部殉国。

为了打击日机轰炸的嚣张气焰，鼓舞陪都军民的抗战意志。6月间，应中国的请求，苏联志愿队的1个歼击航空兵团（50架飞机）由苏普伦少校率领，进驻重庆，下辖装备I-15bis、I-16-18①的战斗机大队各1个，每队25架，分别由沃罗比约夫大尉、科基纳基大尉（Kokkinaki）指挥。又有库里申科中校率领的DB-3轰炸航空兵团来华，下辖DB-3轰炸机2个大队，每队20架，分别由库里申科和科兹洛夫指挥。至此，苏联援华航空志愿队兵力猛增至战斗机、轰炸机各4个大队，达到鼎盛时期，大大提高了中方抗击敌空袭的实力，加强了重庆的空防力量。几次接触后，日方放弃了昼间轰炸行动，改为夜间进袭。同时还频繁出动侦察机，并动用谍报机关，企图查明苏联志愿队驻地所在。

6月15日，临时参与轰炸重庆的第14航空队返回海口。

7月6日，日机30架夜袭重庆，中苏战机不顾机场夜航设施匮乏，起飞迎战。苏联志愿队I-16大队科基纳基大队长用20毫米机炮击落敌机1架，但苏联飞行员帕达依采夫在追击1架敌机时，被另1架日机击落牺牲。地面被炸损失颇大，驻广阳坝的第4大队装配士全辅臣、第22队机械士张祥春、第23队机械士曾汉光、第24队机械士朱延仁、隋洪仁、第2总站机械士刘福元、邱鹤轩等被炸殉职。7月底，第4大队从重庆移驻梁山。8月3日夜，日机18架分两批空袭重庆，被中方击落2架，但第4大队第23队飞行员李志强也在突入敌防卫火网时被击落，坠于巴县南坪坝，年仅23岁。

_____

① 装备20毫米机炮的I-16是type17或18型，具体是那种型号尚有待考证，有资料指出1939年8月3日，曾有30架I-16抵达兰州，在那里加装了10门航炮。

⬥ 1939 年 6 月 11 日重庆空战中牺牲的最后一位"四大天王"梁添成，战绩 5 架

⬥ 苏联援华航空志愿队轰炸机大队长格里戈里·库里申科大尉（1903—1939）

1939年6月，诺门坎事件发生后，日本陆军航空兵团司令部及第1、第11、第24、第33、第64战队被调驻东北，参加对苏作战。9月1日，关内的陆航组成第3飞行集团，司令官木下敏中将，兵力大为减少：

第3飞行集团
第1飞行团（驻华北）
第3飞行团（驻华中）
第21独立飞行队（驻华南）

同时，在华的海航第2联合航空队拥有舰战33架、舰爆6架、96陆攻27架、96舰攻6架，合计72架。此外，第三舰队司令部附属6架96水侦。

8月28日，日机分三批空袭重庆，被击落1架。9月3日，日机36架再次夜间来袭，被击落2架。

9月下旬，第4大队大队长董明德因试驾寇蒂斯–莱特CW–21飞机失事重伤入院，副大队长刘志汉接任大队长，第23队队长郑少愚升任副大队长，第27队副队长王玉琨升任第23队队长，罗英德仍为第21队队长。10月6日，第4大队所属第22队10架I-15、23队9架1-15驻广阳坝，第24队8架I-16驻遂宁，第21队6架I-15驻重庆，计33架。到1939年12月，苏联在华飞行员、地勤人员计712人。

1939年日机共出动865架次，分34次轰炸重庆，投弹1897枚，炸毁房屋4757幢，炸死市民5247人，炸伤4196人。10月7日，敌机对重庆白市驿机场轰炸后，因为重庆天气再次转多雾，遂结束了1939年度对重庆的轰炸，但继续对成都轰炸。

成都1939

抗战时的四川，除了陪都重庆，日军轰炸最多的就是四川的省会、西南地区的政治、军事要地成都了。武汉会战结束后，中国空军主力撤退入川，最初主要将战斗机力量配属重庆，以保卫陪都，又将装备苏制图波列夫SB、伊留申DB-3轰炸机的中方第1大队及苏联志愿队轰炸机大队主力驻留成都，并适时出击，给予敌反击。

11月8日，鹿屋航空队飞行队队长安延多计夫少佐指挥木更津航空队、鹿屋航空队96陆攻各9架首次空袭成都，在凤凰山机场和太平寺机场的上空800米投弹逾百枚，报称炸毁8架，并与5架升空拦截的战斗机激战，击落其中的2架。15日，敌机17架又空袭凤凰山机场。后由于气象原因，一同停止了对成都、重庆的轰炸。

12月19日，1架TB轰炸机改装的军用运输机坠毁成都市郊居民点，造成机组人员及志愿队飞行员17人遇难。

1939年1月，第5大队奉调成都，大队部及所属第26、第27、第29队飞行人员次第抵达，仅第17队留驻兰州，担任警戒，至5月才调成都。

1939年5月3日，日本海军航空队以进袭重庆为序幕，恢复了对四川的轰炸。5月8日，日本海军第2联合航空队首次轰炸成都。

1939年年初，航空委员会分配一批航空特别费时，只分给少数高级官员。有人密报此事，钱大钧被撤职查办，由空军军官学校教育长周至柔回任航委会主任。周至柔重掌中国空军指挥权后，对航委会进行大规模改组。副主任仍为黄光锐。原有各厅取消，新设训练监、防空监，保留参事室和顾问室。参谋、教育、人事、航政、机械、经理各处及秘书室、航空研究所直隶于航委会。

6月11日傍晚，海军第2联合航空队第13航空队以18架96陆攻再次袭击成都。为达到最佳奇袭效果，敌首次选择下午起飞、黄昏时临空，19时30分在盐市口一带投掷炸弹，燃烧弹百余枚。中方遂宁、金堂方向首先得到警报，中方第5大队尽数起飞27架战斗机，爬升到4200米高度巡逻等待拦截敌机。当时夕阳已渐渐西沉，从高空向下搜寻十分困难。19时30分，第17队岑泽鎏队长率先于市区东北角发现敌机9架品字形编队，立即带队俯冲而下截击，靠近后发现实为敌机27架，成3个9机品字形编队由东北方向进抵成都上空。岑泽鎏俯冲占位后发现这是敌海军96陆攻，他从敌机群中选出品字形编队中最前面的敌总领队指挥机，咬住一阵射击，成都上空的首次大空战就此展开。等他完成第一轮攻击自敌机群中脱离时，发现敌总领队长机机体已开始冒出白色烟雾，说明敌机油箱中弹漏油。岑泽鎏队长拉起后再次攻击，追逐敌机达10余分钟后返航。与此同时，他的2架僚机也俯冲攻击敌编队最左侧的队，飞行员叶思强抓住1架敌机，从成都市区的东御街一直打到华西坝东南。经过20分钟的追击，眼见敌机已冒烟下降，叶思强却被敌右侧编队火力所伤，一弹穿过左肘，血流不止，叶只好赶快返航降落。

经第5大队的轮番攻击，敌轰炸机难以支持，仓促间在人口密集的盐市口和少城公园一带投下部分炸弹，后向东南方向逃跑，为了加速脱离，又将所有炸弹抛弃。是役由于发生在黄昏，搜寻敌机困难，因此虽派出大规模兵力拦截，但仍然让敌进入市区及南门外投弹200多枚，起火6处，共计炸死平民226人，伤432人，参与抢险救护的军警和防护团员34人殉职，航委会第1科参谋毛溥天在南门外被炸殉职，毁坏房屋4700余间。市南郊的教会学校华西大学也被炸，两名美籍教授受伤。1架96陆攻被击伤冒烟，因黄昏无法确知其损伤程度。中方第5大队损失为：

1. 任肇基机右翼、方向舵各中1弹；
2. 张先普机发动机包皮中1弹，汽油箱包皮中1弹，机翼中2弹；
3. 叶思强左手受伤，机身座位中9弹，左右翼中7弹，发动机第4气缸中弹；

4. 马国廉机右上翼中1弹，支柱中1弹；

5. 哈虎文机落地不慎，尾撬损坏，机身后部损伤。

成都空军军士学校教育长晏玉琼呈报，此次中国飞机攻击方法似应改良如下：

1. 依此次遭遇之情况，应由敌编队之右前方接近攻击之，似不必费数秒之间，绕至敌队后；

2. 敌编队之形状火力最强，其前侧方与后侧方火力较弱；

3. 攻击大编队，依战法须用中队同方向之同时攻击，或中队不同方向之同时攻击，方易收效；

4. 搜索技术稍差，以致发现敌机较迟；

5. 占位过早，俯冲角度不得不小，下致射击开始过早，而不易命中；

6. 攻击时须抱有我无敌之精神；

7. 中国飞机未能追击敌机之最大原因，即为迂回动作太多，应用迎击拦截之战法。

为报复中苏空军，日本海军10月3日、10月14日两次奇袭汉口，连日派司侦机遍寻中国空军基地，终于判明中国空军主力集中于成都周边。决定于11月4日倾其所有地派出驻武汉的第13航空队36架96陆攻及鹿屋、木更津航空队各18架96陆攻，合计达72架组成庞大的轰炸机群，由第13航空队司令、"轰炸大王"奥田喜久司大佐指挥，直奔成都。中国空军的地面情报网得悉后报警，第5大队等部分2批出动拦截。第17队长岑泽鎏的7架法国造D.510战斗机，第27队队长谢全和率7架I-15bis首先起飞，在成都和温江间巡逻待战。随后第29队队长马国廉的9架I-15bis也由带领从太平寺机场起飞后，在成都附近待战。第5大队副大队长王汉勋率领第26队的6架I-16战斗机在温江上空待战。

敌第一机群在成都市区正北的凤凰山机场投弹，第二机群则前往轰炸成都西面的温江机场。中国飞机分头应战，在凤凰山上空4000米高度处，第27队首先和日机交手，由于防空预警网给了飞行员足够的预警时间，因此，中国飞机群得以事先爬高，从高处俯冲攻击敌机，I-15bis机群以65度角从后方俯冲，集中攻击日机群前锋。第一次攻击通过后，第27队又从后方在同样高度再次攻击。接着，第17队装备机炮的D.510登场，过去俯冲攻击时，由于西斯帕诺HS-404机炮的弹鼓的弹簧簧力不够，经常无法正常供弹，所以这一次，岑泽鎏以平飞状态迎头攻击日机。数发20毫米弹立刻将其右翼根部打着，并扩展到机身油箱，随后发生爆炸，第17队的飞行员见状大喜，又翻身从后面攻击日机，敌机群中四处火起。

另一边，第29队副队长邓从凯由于长期在华南与敌96陆攻交手，深知其性能，率先冲入敌机群，咬住敌带队长机不放，只可惜I-15bis仅有7.62毫米机枪4挺，火力远不如D.510。邓从凯从成都上空一直追到南面的仁寿与简阳交界处才将敌机击落，其僚机见奥田喜久司在垂直坠落前，与驾驶员直立在舱内。而邓从凯的座机在咬尾追击中也被敌机尾的火力击中多处，在追降时不幸于仁寿县向家场撞树牺牲，年仅23岁。第26队飞行员段文郁在激战中也腿部中弹2发，但他仍强忍伤痛，追击敌机，将其击落于中江县境内。但段文郁也因失血过多昏迷，座机失控坠毁在金堂县境内，年仅22岁。

当晚，日本电台广播称："日本海军航空队远征成都，胜利凯旋，不幸损失飞机2架，领队奥田大佐壮烈殉国云云。"中国方面获悉这一消息后，高度重视，四川省空防司令部立即派出刘景轼参谋前往核查残骸。在成都东南的简阳、仁寿两县交界处的三岔坝发现1架坠毁的G3M2 Model 22轰炸机，从飞机残骸上发现标有成都党政军机关详细位置的地图、一尊用银盒装的小佛像。在飞行员尸体上找到"奥田大佐"字样的印章和裕仁天皇亲赐的"爆击の王"短剑，可见其正是号称"轰炸大王"的第13航空队司令官奥田喜久司大佐，他是抗战期间被中国空军击毙的日本海航军衔、军职最高者，追晋海军少将。在他战死的追悼会上，第2联合航空队司令官大西泷治郎少将悲痛震天，一病不起。

因地形复杂，无法使用车辆，因此刘景轼组织民工将敌机残骸先抬到仁寿县后再装车运回成都，并将在机上检查到的文件、地图及3张照片亲自交给航委会主任周至柔。此战，日方宣称击落中方7架，击毁地面10余架，但承认损失4架，奥田喜久司大佐、分队领队细川直三郎大尉、森千代次大尉及16名飞行员毙命。实际上，中方损失3架，飞行员3人牺牲，2人负伤。此战显示了装备20毫米机炮的D.510战斗机的威力，只可惜法国不愿提供零备件，中方仅有的24架D.510很快便消耗殆尽，但随着"11·4"空战大捷和奥田喜久司大佐之死，1939年度对西南大后方的大空袭也随之惨淡收场了。

战后，成都方面认真总结了战斗应研究及改良的方向：

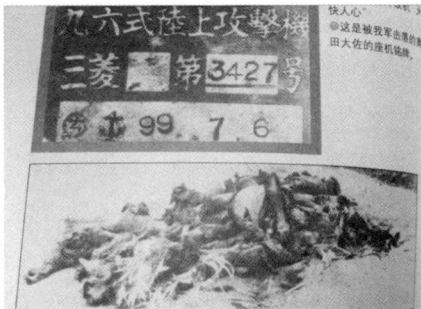

▲关于奥田喜久司座机残骸的报道

1. 战斗机亦应积极扩充无线电通讯装置；

2. 对敌新采用之大队纵队队形，应研究其攻击方法；

3. 对中队协同战斗时，关于攻击顺序、攻击方向等，应有所协定，以免战斗间发生困难；

4. 对敌大编队之攻击，以同时由直上方攻击为最有利，不宜施行各个攻击（如本日第29队以梯形向敌攻击之法）；

5. 警戒空域大则兵力分散，如本日情况，尚分2个编队群，则各群实力既增，且均得借无线电之指挥施行战斗。

1939年，中方全年实施防空作战85次，出击轰炸30次，击落日机30架，地面炸毁日机100架，作战中损失飞机54架，牺牲各类飞行员374名。1939年一年统计，日机对川、黔、甘、滇腹地进行密集空袭次数达2600余次，出动飞机1.4万余架次，投弹6万枚。平民被炸死的达2.8万余人，伤3.1万余人，全毁房屋有13.8万余幢。

难能可贵的两次出击

"10·3"奇袭武汉

1938年10月27日武汉三镇失陷后，中国抗战进入艰苦卓绝的相持阶段。

日军为加紧入侵内陆，首先抢修了被破坏的武口王家墩机场，将原机场四周扩充4000多亩，总占地面积达7000多亩。又将武昌南湖民用机场改为军用机场，鉴于南湖机场地势较低，临湖处又有防水堤，积水时要用抽水机排水，而汉口的华商赛马场毗邻日本租界，并靠近长江沿岸码头及仓库，1938年12月，日军汉口赛马场地区整建为大型机场，平整了赛马场，铺设了两条没有铺装面的跑道，设有停机坪、诱导路等，赛马场观众台改建成司令部和兵营、飞机修理厂、弹药库、送信所等供给设施。该机场代名为秘密的"W基地"，足可容纳日本海军第1联合航空队、第2联合航空队及陆军航空兵团所属的第1、第3飞行团，达200架以上，维持了6年，直至1944年12月18日遭美国第20航空队的B-29重型轰炸机地毯式密集轰炸，才被彻底摧毁。

虽然中国空军和苏联援华航空志愿队兵力同日军航空兵相比相差悬殊，但他们仍抓住有利战机，利用有限的力量，出其不意地予敌人以沉重打击，遏制了日军的嚣张气焰。1939年2月6日，中国空军空袭武昌，炸毁日军军火库。2月19日，日本反战地勤人员烧毁南湖机场轰炸机13架，油库1座。

1939年9月5日，日本海军第1联合航空队经回国休整和补充，再次来华，进驻汉口机场。至此，汉口基地成为日军在华中的最大航空基地，代号"W基地"，集中了日本海军第1、第2联合航空队和陆军第3飞行团的200余架各式飞机，袭击重庆、成都等中国内地的日机大部分是从该地起飞。而1939年苏联志愿队轰炸机联队来华后，中方远程打击能力得到进一步增强，可以对敌出击。中、苏空军决定联合行动，对汉口机场进行大规模攻击，力争削弱日军航空队的有生力量。

随即第一次长沙会战爆发。9月30日，中方计划袭击洞庭湖的日舰船及武汉敌机场，以策应湘北陆军作战。但日军沿湖进犯登陆，第9战区准备于10月3日反攻，空军奉命先空袭武汉敌机场。

10月3日预计天气良好无云，稍有薄雾。凌晨5时，驻成都太平寺机场的苏联援华航空志愿队轰炸机队9架DB-3轰炸机开始整备。每机满载油料，携带100千克爆裂弹10枚，由大队长库里申科率队。9时，各机滑行41秒至50秒，滑行700米至900米，至9时20分空中集结完毕，前往袭击武汉王家墩机场。最初航向94度，高度4000米，时速200公里，自涪陵附近升高至7000米。飞临洪湖附近，改向50度航行，并紧缩队形，严加警备。至汉口时，见长江江面停有兵

◈ 1938 年年底，汉口王家墩机场的塔楼及停放的 96 舰战

◈ 1939 年 5 月，日本陆军独立第 18 侦察中队飞行员祭拜空袭汉口的苏联 SB 轰炸机机组人员墓地

舰数艘。此时因目标图欠精准，尚未发现目标，向左方作15度拐弯，才见王家墩机场，并以密集队形，在7000米高度，保持时速360公里至400公里，于12时40分保持无线电静默，以紧密楔形编队飞抵王家墩机场上空，发现"机场四边停满飞机，密集排列，以东西北三面为最多，每面约二三十架"。

汉口王家墩机场在敌纵深，SB轰炸机的作战半径不够，日军对中苏远程奔袭能力估计不足，机场上停放有逾百架飞机，机场周围疏于戒备。10时，先是20余架96舰战起飞警戒武汉上空，至11时30分全部降落，竟没有1架在空中执勤，防空炮火也没有准备。该基地准备接收本土运至的木更津航空队6架96陆攻，并有日海军舰队司令部代表和汉口伪政权代表出席交接仪式，第1联合航空司令官塚原二四三少将以下军官都在战斗指挥所门前迎接，并听取接收新机的指挥官报告情况。

这批新式战机着陆后，刚完成报告仪式时，DB-3轰炸机群即以机场中心为瞄准点，连续投弹。库里申科的领队机电路突生故障，用手拉柄投下，致迟缓2秒钟。第一波在6000米高空倾泻了混合挂载的高爆弹、杀伤弹和燃烧弹，50多枚炸弹从天而降，除部分落在附近水田之外，其余都在指挥所前一带爆炸，将接收仪式现场变成一个血淋淋的人间修罗场。由于未遭到任何反击，又降低到1400米低空实施第二波饱和轰炸。据机组报告，大部分的炸弹沿着日机纵列爆炸，弹片火焰抛向四面八方。在巨大的杀伤力震慑下，日军高炮呆若木鸡，竟始终没有开火。

轰炸火网笼罩机场东北角，顿时浓烟四起，火光冲天。中国飞机通过目标后，以270度航向，向西直飞返航。

中国飞机第二次进入目标上空时，见机场内尘土飞扬浓重，似96舰战在巨大火焰下再度起飞。同时日军高射炮自机场及市区纷纷射击，炮弹均在中国飞机后方1000米至1500米处爆炸。中国飞机转弯飞离目标上空时，96舰战已在下方开始爬升，高度低于中国飞机600米至1000米。中国飞机升高加速脱离，96舰战追击达250公里左右，其最前者距离中方飞机机尾仅600米左右。此时，日机仍在中国飞机下方，即袭击中国飞机腹部，中国飞机以浓密的自卫火力网将其击退，计在高空飞行约400公里，尔后开始降低减速，16时30分返回成都太平寺机场。

这架96舰战的飞行员是后来日本著名王牌飞行员坂井三郎，但他尾追上百公里，也无法赶上返航的DB-3。

这位未来日本海军第四号王牌飞行员久经战阵，见证了无数生死考验，但仍对此留下了毕生无法磨灭的深刻记忆：

▲ 1939年9月，汉口王家墩机场集中了海军96陆攻约60架，随即成为苏联志愿队的空袭目标

我清楚地记得1939年10月3日。这天，我读完信后就检查自己那架战斗机的机关炮。机场上，人们工作从容，情绪松懈。

机场的平静突然被控制塔传来的叫声打破了。接着，没有任何其他警报，四面八方就响起了轰隆隆的爆炸声，大地颠簸摇荡，响声震耳欲聋。"空袭"不知谁喊了一声，但没有必要。这时，所有警报器都尖叫起来，当然也是为时过晚，毫无用处。

轰炸开始前没法到隐蔽所了。炸弹愈来愈强烈的爆炸声，有如边疆不断的雷鸣。地面烟尘滚滚，空中弹片横飞。有几个驾驶员与我一起，发疯似的从机修车间往隐蔽所跑。我把身子弯得低低的，以躲避嘶叫着飞来的钢片。我一头向两个水箱中间砸下去，要不是动作快，恐怕连人影子都找不着了。因为附近一弹药撒了一机场，震得耳朵发痛，地面飞沙走石。

所以，若我有片刻迟疑，恐怕早就见阎王去了。附近的爆炸声突然停止，我抬起头来，看看发生了啥事。机场里，炸弹还在乒乓作响，透过爆炸声，传来人们痛苦的叫喊与呻吟，躺在我周围的人都负了重伤。我立刻向离我最近的那个驾驶员爬去。此刻我才感到大腿和屁股痛得像刀割，顺手一摸，血已把裤子浸湿了。伤口很痛，幸好不深。

我慌了，站起身来就跑，不过这次是向机场里跑。奔到跑道时，抬头向天上一望。头顶上有十二架轰炸机在编队，它们飞得很高，至少在20000英尺的高度上大转弯盘旋。它们是俄国的SB双引擎飞机，是中国空军的主要轰炸机。不可否认，敌机的突然袭击达到了惊人的效果，打得我们措手不及，狼狈不堪。可以说，在敌机尖叫着俯冲投弹时，我们实际上没有一人事先知道。

汉口机场的第 12 航空队 96 舰战群，派驻舰战拦截空袭宜昌的中国轰炸机

看到机场上情况，我吃了一惊。

一架挨一架地停在那长长跑道上的两百架海军的轰炸机和陆军的战斗机，大部分在燃烧。一片片火焰从炸开的油箱中飘出，翻起滚滚浓烟。有些飞机的机身被弹片击穿后正在漏油，暂时还没烧着。火从一架飞机烧到另一架飞机，汽油淌到那里就燃烧到那里，整个长长的一排飞机全都变成了一团团暗红色的蘑菇云。轰炸机噼里啪啦像鞭炮一样爆炸；战斗机烧得呼呼啦啦，像一盒盒点着了的火柴。

我疯也似的围着燃烧的飞机跑，极想找一架没损坏的飞机。也巧，真还有几架隔开停着的"克劳德"没挨炸呢。我赶紧爬进座舱，发动引擎，甚至没等全部发热，就开着它向跑道冲去。

轰炸机正在渐渐升高。我径直追上去，把油门推到底，从这架不甘示弱的"三菱"飞机获取每一点速度。起飞二十分钟后才赶上敌机。

我没注意自己飞的是空中唯一的一架战斗机，很明显，这架轻武装"克劳德"对那十二架轰炸机根本不是个大威胁。飞机下面长江边上的宜昌市，它仍在中国防卫部队的控制之下。倘若我在这里被击落，即使当场不死，落到敌人手中也不会生还的。我从后下方接近，敌人全然不知，当炮弹通通通地发射出动时，敌机炮手打不着"克劳德"了。我尽可能靠近最后那架飞机，集中火力打左引擎。开火后我迅速爬到它的上方，看见那台被击中引擎冒出了长长的一条黑烟。它已掉离编队，开始下降高度，我掉过机头，想结果这残废，可是没能那么做。因为就在我向前推驾驶杆进入小角度俯冲时，我记起宜昌在汉口以西至少150英里，若继续追击轰炸机，就没有足够油料飞回基地，那就得迫降敌区。

进行有利的冒险与拿自己的生命和飞机开玩笑完全是两码事。继续攻击就是自杀，这种极端行为没有必要。我转弯回飞，那架俄国轰炸机是否成功地到了自己的机场，不得而知。当然，最坏莫过坠毁在友军控制区内。

回到汉口机场一看，十二架敌机所带来的重大破坏真难以相信。我们几乎所有飞机不是被炸毁，就是被炸坏。基地司令的左臂被炸掉，他手下的几名上校以及一些驾驶员和维修人员，死的死，伤的伤。猛烈的追击和战斗的激情，使我忘却了自己的伤痛，但从飞机上下来只走几步，便晕倒在跑道上。

此战，苏联志愿队报称的战果是炸毁64架飞机，但《空军抗战三周年纪念专册》《空军抗日战史》《八年抗战》（何应钦著）记载，"炸毁战斗机24架及修理中的飞机10余架，炸毁汽油库及材料库一部分，炸死130人（内敌人7名），炸伤300人（内敌人4名），油库及航空器材库的部分被炸毁，机场燃料足足烧了三个小时，损失极为惨重，价值在2000万元以上"。

日方证实全毁50架飞机，近100架受伤，汉口机场的大部分飞机都被认定无法起飞。人员伤亡更重，木更津航空队附石河淡中佐、鹿屋航空队附小川弘中佐及第12航空队冈崎兼武中尉等军官4名、士官1名当场毙命，塚原二四三少将左手被炸断，另有军官4名、士官8名受重伤，鹿屋航空队第三任司令兼新任中国方面舰队司令部附大林末雄大佐以下25人受轻伤，"现场满目疮痍，血肉模糊惨不忍睹"，死伤多达240人。据日本学者中山雅洋2007年考证，当天有12人被炸死。

日方战后总结"以中国空军此次成功之空袭，系以新型轰炸机8架乘虚而入，从7000米高空投弹轰炸，完全是攻其无备出其不意者，不仅'事前无从察觉，事后也茫然不知'"。有人甚至认为此次轰炸的长远意义超过当时本身，因为九死一生的塚原二四三少将的左手被炸断，虽于11月15日被晋升为海军中将，但因残疾，被认定不再适合舰队勤务，只好转任基地航空队的指挥官。第

⌃ 1939 年 10 月，苏联援华航空志愿队轰炸汉口的航拍图

⌃ 1939 年 10 月 3 日 14 时 35 分，日本拍摄"中国 SB 爆击汉口基地"照片，实为 DB-3 轰炸机

1联合航空队司令官空缺了2个月，直至1940年1月才由山口多闻少将接任，由于再也找不到他这样精通航空的人才，只好让同为海军36期毕业，却始终与航空无缘的南云忠一担任海军机动部队司令长官。此举被认为间接导致日军在中途岛的惨败，扭转了盟军在太平洋战争的颓势。

"10·14" 再度奇袭

10月14日上午，苏联援华航空志愿队以20架DB-3轰炸机再次出击汉口王家墩机场。根据上次轰炸的经验，大队长库里申科率机11架，各机除携带100千克爆破弹2枚外，又追加50千克燃烧弹3枚和14千克杀伤弹27枚、8千克杀伤弹11枚。大队长科兹洛夫率机9架，每机携带100千克爆破弹5枚、50千克燃烧弹5枚，于8时30分及8时50分先后自成都起飞，至9时编队出发。沿遂宁、江陵一线前进，至遂宁、梁山之间，因云低遮蔽，科兹洛夫所率9架失联，分离为6架、3架的两个编队继续前进，经江陵邓家口折返东北，向汉口挺进。

11时55分，库里申科的首批11架以7800米高度，到达汉口王家墩机场上空，见机场东西南各边停机最多，约70余架，其中有轰炸机约30架，当即以机场东南部的日机、仓库及机关建筑物等为轰炸目标。在几乎完全相同的背景下，11天前的情景在同一地点再次上演。库里申科编队将炸弹连续投下，机场顿时起火。12时20分，科兹洛夫所率6架的编队在8200米相继进入机场上空，见机场东南部大火燃烧甚烈，当向机场西南部预定目标连续投弹。

12时30分，另外3架的编队也以8200米高度最后进入，将炸弹连续投在机场南部，全场火光冲天，浓烟蔽空。苏联志愿队带队长机指挥若定，各机操作严密，仅一次通过即投放了所有炸弹，地面旋即火起。各队飞机投弹时，正好背对太阳，在空中警戒的3架96舰战（一说第12航空队8架96舰战）始终未能觉察，仅有高射炮猛烈射击，其炮弹在中国飞机群的下方1000米至1500米爆炸，形成一朵朵弹幕。此刻在第一次轰炸后起飞于空中警戒的96舰战赶来拦截，在地面待命的7架96舰战也紧急起飞拦截。但为时已晚，苏联志愿队机群已圆满完成机场上空投弹。

返航时，库里申科大队的11架DB-3在汉口以西约80公里附近，遭遇来自孝感方向飞来的9架日机（日方记录为7架96舰战）向编队前下方及侧下方连续追逐攻击6次，双方飞越了250公里，空战历时35分钟，"计被机枪手普拉合夫击落日机2架、机枪手别洛夫、则列聂夫、道布罗梅斯洛夫等3人，合力击落日机1架，所击落的日机，其中1架全身红色，在空中着火下坠，其他2架机身白色，机尾红色"。日机数十架尾随追击，每个编队9架，因其高度比苏机低约1000米至1500米，所幸未发生空战。

空战中，库里申科大队有1架受重伤，坠于湖北沙洋附近襄河东岸罗汉寺东北林家集的日军阵地内，领航员那佛叶达克、投弹手鲁金·伊万·丹尼洛维奇上尉、机枪手谢尔盖·安德烈耶维奇·费多谢耶夫准尉跳伞后被日机惨无人道地攒射，其中后两人牺牲，分别为26岁、27岁，葬安陆市60公里处的西杨镇。那佛叶达克落地后，正巧被驻沙洋的第26军第44师获悉，第26军军长萧之楚派第44师第131团宁团长组织偷渡抢救突击队营救脱险，并突入敌阵抢回随身物品、部分残骸、引擎等器物多件，用集束手榴弹将残机炸毁无存。两夜一昼的救援行动中，第44师渡河攻击达五六次，伤亡排长王精元以下20余人。鉴于及时完成任务，军委会特电嘉奖并发奖金1万元。

大队长库里申科驾驶的领航机遭3架96舰战包抄堵截，油管及左发动机受损故障，凭借高超的飞行技术，靠右发动机沿长江返航。飞临万县上空时，机身失去平衡，无法控制。最初在长江南岸的陈家坝上空左右盘旋一圈，发现陈家坝太小，重型轰炸机难以在此着陆。为保全战机并确保附近居民的安全，库里申科驾机平稳迫降于万县下游约8公里的猫儿沱附近江心。飞机尚未沉没时，他叮嘱同机的投弹手和机枪手脱掉飞行服游向江边，并命令他们记住岸边特征标记，以便将来打捞。投弹手和机枪手均泅水获救，唯独库里申科因连日劳累，无力泅渡溺水殉难，被江水卷走，时年36岁。20天后，人们才在下游猫儿沱发现了他的遗体。该机后来被及时打捞并修复。

中国人民为纪念这位国际主义战士，特地在万县为他精心建造了一座纪念碑。1951年春天，万州区人民募捐数万元购买了一架飞机，命名为"库里申科"号，飞赴朝鲜前线作战。1958年10月8日，库里申科夫人和女儿英娜曾来万州区库里申科烈士陵园扫墓。1989年4月10日，英娜带着女儿别列谢多娃参加了万州区对外友协举行的库里申科牺牲50周年纪念活动。万州区人民政府将库里申科烈士陵园修葺一新，格里戈里·库里申科烈士陵园成为万州区西山公园最靓丽的景点之一。2009年9月14日，他被评为100位为中华人民共和国成立做出突出贡献的英雄模范。

此次出击，计击落日机3架，自损2架，其余凯旋。科兹洛夫大队9架返航顺利，未遭遇日机。

关于日军地面的损失，《空军抗战三周年纪念专册》《空军抗日战史》

⬆ 1958 年建于重庆市万州区的库里申科烈士墓园

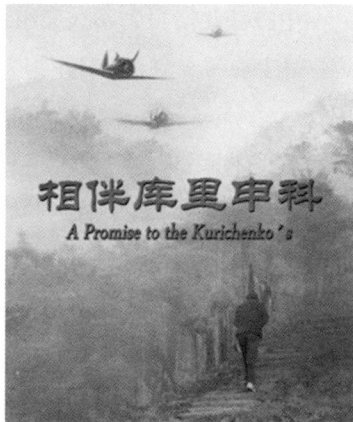

⬆ 1958 年以来谭忠惠、魏映祥母子默默为库里申科守墓长达半个多世纪的故事，在 2015 年被拍摄成电影《相伴库里申科》

记载，"炸毁日机50余架、炸死机师（飞行人员）80余名、中山公园附近之敌20余人，并炸毁卡车五六十辆、救护车3辆、焚毁汽油数百桶"。中央社报道："炸毁轰炸机66架，战斗机39架，容量5万加仑汽油库1座，炸毁敌弹药3万余箱，救护车3辆，汽车40余辆，炸死敌军飞行员60余人及陆海军官兵300多人。"日本方面战后的战史记录也承认此次损失惨重，防卫厅防卫研修所战史室编撰的《中国方面海军作战》记载，在这次轰炸中，日本"已遭受莫大之损失，光被炸毁的地面军机竟达60架之多，分别是海军第13航空队的主体约40架飞机被炸毁，陆军飞机20架也遭损坏，现场支离破碎，一片混乱，这是事变以来发生的最大损害"。除此外，还炸毁了日军机场的1座油库、40余辆汽车及3万箱弹药。日军海、陆航空队伤亡少佐2人、飞行员60余人及陆海军官兵300余人。第12航空队飞行员越智勇3空曹被炸死。

经10月3日和14日两次奇袭日军汉口机场，共炸毁日机84架，击落日机3架，使日军在武汉地区航空部队元气大伤。据情报显示，"14日14时30分，残存汉口王家墩机场的单翼双发动机轰炸机7架离汉东飞，15时40分又有同样敌机8架东去，敌军用票立见跌落，足证敌损失之巨！"日军大本营为加强华中方面的防空，派遣刚结束诺门坎作战的飞行第11战队进驻武汉。

中方获此情报，不久又组织苏联轰炸机队第三次轰炸该机场，据苏联报道，算上前两次空袭，日军损失多达136架。

一雪前耻的南郑"4·29"空战

1939年4月28日午后，第2大队大队长金雯率第1、第2大队SB机各6架自成都飞抵南郑待命。29日又是日本"天长节"。凌晨5时30分，金雯率第1、第2大队SB机各6架，每机携带100千克炸弹1枚、50千克炸弹2枚，使用瞬发引信，自南郑经卢氏、陕县，轰炸与第一战区司令长官卫立煌协定的目标，即解县、运城城厢及敌机场、附近车站，以此鼓舞抗日军民士气。7时30分，飞抵运城，以3500米高度侦察机场无日机停留，遂向预定目标分别一齐或连续投弹，全部爆发，命中运城市街及车站，弹着点在运城东北角及车站一带，投弹时并无炮火妨碍。9时30分，经商县返回南郑。第1大队I-88号机因油管欠通，迫降南郑七里杨家湾，机损造成吴达之、彭光雄眼部均受轻伤，沈恩长腰腿重伤。好在随即据卫立煌来电证实，"是日晨中国飞机轰炸后，整日未见敌机起飞，运城及解县城区被炸均着火燃烧，惟损失不详，中国飞机返航经虞乡东时，遇敌疏松弹药汽车20余辆，当即全部被我炸毁等情"。当天午后，金雯率10架SB机飞返成都，留I-85号机因发动机转数及分布压力过低，留南郑修理至5月1日返回成都。

4月28日15时20分，第5大队第29队队长马国廉亦率6架I-15从成都至南郑机场，归总队长杨鹤宵指挥。凌晨4时，马国廉率队警戒南郑机场，7时接到情报"敌机7架在西安附近盘旋，机种及方向不明"。8时10分，奉第三路司令部参谋长胡国宾命令，马国廉率机6架I-15起飞，在机场上空做360度转弯集合，分作3组：第1组马国廉、邓丛凯，第2组蔡仕伟、刘孟晋，第3组刘盛芳、孔叔明，成品字形向东爬高。8时25分，高度仅至2500米，即发现"敌96式战斗机7架，以密集队形，由东向西飞来，高度3000米"，已占据优势位置。

其实，该敌是从运城飞越大巴山屏障奇袭南郑的第64战队第3队的7架97式战斗机，该队系原独立飞行第9队，3月进驻太原，以运城为前进基地。马国廉对该战机并不陌生，1938年"5·20"仪封空战中，他所在的第17队及第4大队第22队计10架I-15战斗机，遭遇新锐的97式在内的飞行第2大队24架围攻，几乎全军覆没，马国廉安全迫降幸免。因其外观与96舰战几乎相同而存在误认，而当时优先试装97式战斗机的飞行第2大队如今已扩编为装备97式的飞行第64战队。面对劲敌，马国廉遂决心仍领各机向南继续爬高，日机亦尾随上升。8时40分，与日机接触。

第64战队第3中队由号称"编队之王"的外村义雄中尉领队，亦分为两个小队：第1小队5架、第2小队2架。第1小队仍以高度和数量的优势，先向中方第2组俯冲攻击，第2小队向中方第1组攻击，第3组驰援第1组，形成马国廉、邓丛凯两机对付1架日机，刘盛芳、孔叔明两机对付1架日机的有利局面。邓丛凯凭借I-15近身格斗性能与1架日机缠斗，马国廉则爬高以取得高度优势后，俯冲攻击尾随邓机的日机，当即将其油箱击破，冲出浓烟。该敌脱离遁逃，马国廉尾追至仅距50米，该机左右摇摆，经一度射击后，转入平直飞行，判断该机飞行员已受伤，马继续射击，所有机枪竟卡壳。该敌见马机既占据优势仍不发射，遂以速度优势，加大油门俯冲逃遁。I-15速度慢，又卡壳，不便穷追，9时20分马国廉与邓丛凯会合着陆。嗣后据报"该机坠落蓝田附近晋公庙，飞行员重伤毙命"，判断该飞行员为外村义雄中尉。

日机先攻击孔叔明时，刘盛芳与之格斗，孔亦攻击侧后，但日机位置高，且利用爬升优势反咬孔叔明，将孔的机翼击破11个洞，仍不能取胜，向前逃走。孔机因速度不济，未能追及。第2组刘孟晋机与3架日机格斗，将1架日机射中，成尾旋下坠。此时有1架日机向刘机偷袭，"致未能证明该敌机是否被击落"，刘机随即也被击中，成尾旋下坠至500米，操纵杆完全失效，下临山谷，跳伞降落南郑法家寺附近水磨河，机毁人轻伤。

据报"敌机仅有5架经华县北返，且队形散乱"，可见刘孟晋击伤的日机也坠落。据日方记录，该机飞行员原田威治曹长毙命。尽管日方始终占据有利高度，中国飞机损失3架，飞行员刘盛芳、蔡仕伟与机同殉，坠南郑天慈寺，但中方参战飞机数量略少，性能落后，处于不利位置下，仍击落2架97式战斗机，为一年前的仪封"5·20"空战的死难战友复了仇。反观日军长机殒命，为隐瞒败绩，却谎报"第3队7架与20余架I-15交战，队初战即击落11架"。

战后，中方总结检讨，"此次因机场发出起机符号太晚，致起飞后中国飞机上升至2500米，已发现日机在3000米迎面而来。敌机速度快，高度亦较

⊘ 1939年，第64战队主要军官合影。站立者为横山八男少佐，前排右起为：第1中队队长丸田文雄大尉、第3中队队长铃木五郎大尉和第2中队队长安西秀一大尉

⊘ 1939年，第64战队97式战斗机，尾翼方向舵黑色涂装的是第3中队所属机

高，应付极为困难。故此次作战最大的缺点，又是接情报起机时，仍不知敌机之种类为轰炸机抑或战斗机，致不能预为决定应战方法，盖攻击轰炸机与攻击战斗机方法不同也。似此情报不能准确，亦是此次作战缺点之一"。

因考虑成都空防吃紧，并防止日机前来报复，马国廉率剩余3架I-15来不及休整，于15时50分返抵成都。

配合支援陆军作战

日军认为："实际上自1940年4月上旬以来，中国空军之行动已显得相当活跃，曾经数次空袭日军前线。根据情报所示，中国空军于5月9日以轻型轰炸机15架、重型轰炸机5架支援第五战区之作战。且由情报获悉，中国空军计划轰炸安陆、武汉、孝感及随县等地之基础日军部队及重要据点。因此日军企图先发制人，拟摧毁中国轰炸机基地，以挫折中国空军之气势。"

5月中旬，枣宜会战期间，中方为协助陆军作战，派轰炸机轰炸随县、枣阳、襄阳、钟祥一带敌交通线及日军，原拟于13日出动，因天气关系，延至19日实施，并由第4大队派战斗机11架担任梁山轰炸机加油掩护。

9时25分，第8大队第10中队队长梁国璋率DB-3轰炸机3架，共携带50千克炸弹20枚、10千克者14枚、8千克者6枚，由成都太平寺机场出发，经梁山、万县、襄阳，空袭随县南北路上的日军及侦察敌情。12时40分，到达随县上空，以5500米高度，由随县北约1000米沿公路至城边止，连续投弹，"全部命中爆发，烟火突起，投弹时见地面有敌高射机枪数十门，猛烈向我射击，又见随县东南方，有长约1000米的机场，为东西南北向的长方形，中有跑道1条"。中国飞机完成任务仍循原路于16时10分安返成都。

10时10分，第1大队9架SB机由副大队长郑长庚率领从温江机场起飞，携带炸弹2400千克，轰炸钟祥之敌。12时10分到梁山机场落地加油，第100号机冲入机场新修的软地，致螺旋桨触地弯曲，轰炸舱微损，未能出动。13时50分，8机自梁山出发，经万县、宜昌，15时45分到达目标上空，见钟祥城东南车站房舍甚多，公路上车辆颇多，向东疾驶，灰尘飞扬。中国飞机当以4000米高度，在钟祥城区及公路车站一带，将炸弹一齐投下，全部命中爆发，公路上车辆被炸甚多，车站及城区发生浓烟2处。中国飞机投弹时，车站附近敌高射炮向中方猛烈射击，均在中国飞机后方爆发，幸无损伤。轰炸后，中国飞机经荆门、秭归、万县，17时30分降落梁山加油，34号机因故障留在梁山，其余6架于18时起飞，19时25分降落温江。

5月19日，日方发现中国轰炸机群空袭湖北安陆后，返回梁山基地，日机当即在24时夜袭，发现机场8架大型机，虽扫射未见着火爆炸，报称命中5架中国轰炸机。5月20日，日机又窜犯梁山机场，投弹30余枚，第4大队第24队队长李文庠率本队8架I-16起飞拦截,报称击落敌引导轰炸的侦察机1架及轰炸机3架,李文庠、韩参的战机迫降受损。

6月9日,日军全力向当阳、远安之线主阵地猛攻,右翼阵地被敌突破后,中方退守古老背、双通寺、当阳、沮水、远安之线的第二阵地,至10日当阳陷落。中方为协助陆军保守阵地,11日派第8大队分队长钱祖伦、侦察员陈祖珂、通讯员赵环,驾驶89号DB-3轰炸机1架,使用两百万分之一地图,11时40分自太平寺机场起飞,侦察襄河一带情况。14时16分过宜昌,14时40分以3800米高度在远安上空盘旋一周后,降低至3000米,经南桥铺、宜城、襄阳、南漳等地,侦察完毕,18时15分返回太平寺机场。

同日11时55分,第8大队DB-3轰炸机6架,共携带50千克炸弹38枚、14千克炸弹13枚、8千克炸弹8枚,使用瞬发引信,由第10中队队长梁国璋领队,自太平寺机场起飞,12时06分整队前往当阳。14时40分,中国飞机到达宜昌上空,在3500米高度抵达宜昌东约24公里的雅雀岭上空,发现敌散乱的9架96舰战,分成2队,前方6架较我高,后方3架较我低。因中国飞机机警,未遭遇,继续向当阳前进14时54分,在当阳西方1公里的公路上,发现汽车百余辆,沮水江中并有木船百余艘,当以3500米高度,成队连续投弹,"全数命中爆发,炸毁敌车船各约数十"。中国飞机轰炸后返航,至17时25分全部抵达太平寺。

6月19日,第8大队副大队长洪养孚率9架DB-3轰炸宜昌东北东山寺之敌及炮兵阵地,各带炸弹400千克,10时15分由太平寺机场起飞,11时17分经遂宁,11时48分至石龙场时,天气异常恶劣,遂在该地返航。12时52分返回成都,13时07分将全部炸弹投于新津投弹场,13时28分全部降落太平寺机场。

中苏联合出击敌后

1940年5月20日,第8大队第14队副队长李昌雍奉命驾90号DB-3轰炸机前往太原一带散发传单。8时45分自成都太平寺机场起飞,10时20分到南郑,11时10分抵西安,12时35分抵绥德,12时42分抵军渡柳林上空时,高度6500米,即开始散发传单,13时18分抵榆次,高度7000米,又散发传单1次。13时25分至13时35分,在太原7000米上空将传单全部散发,任务完成后返航。14

时55分到西安，15时40分到南郑，17时35分返回太平寺机场。本日侦察所得以下情况：

1. 榆次西北之李鸣东北新建机场一处，方圆约800公尺，无场站及跑道，似尚未使用；

2. 阳曲以西北之敌机场，现正向西方及北方扩充中，较旧机场约扩充1倍，向北扩充之部似未竣工。

1940年4月3日8时30分，中国空军第8大队大队长徐焕升率副大队长洪养孚、第10队队长梁国璋、副队长李森芹、第14队队长苏光华、副队长李昌雍，分驾DB-3轰炸机6架，每机携带100千克炸弹4枚，于9时05分从太平寺机场起飞，各机集合完毕后向东进发。

8时50分，苏联志愿队大队长科兹洛夫率DB-3轰炸机9架，携带100千克炸弹12枚、70千克15枚、50千克14枚、14千克104枚、8千克44枚，由太平寺机场起飞，于9时15分，集结完毕后，起飞东进。上述两支轰炸编队的目标均是汉口基地。

第8大队因氧气使用不惯或机械故障，中途折返4架：

1. 苏光华机在距宜昌100公里处，因投弹手袁恕明忘开轰炸座舱的氧气瓶，以致高空飞行时，氧气不足，体力不支，乃降低高度折回，于14时10分，带弹降落于太平寺机场；

2. 洪养孚机保持高度5300米到宜昌附近时，左发动机冒滑油，油压不良，也中途折返。炸弹投落万县东南方斗山后，降落梁山机场检修，16时50分飞抵太平寺机场降落；

3. 李森芹机因滑油温度表损坏，飞抵沱江折回。10时30分返抵太平寺机场。降落前，炸弹投落新津投弹场；

4. 李昌雍机爬高困难，滑油泄露，以致滑油压不够，追随长机不上，且投弹手晕机，致未收到大队长所发宜昌集合电讯，将炸弹投于潜江北即回航，16时55分降落太平寺机场。

表12：中国空军对日军后方的几次空袭概览表

时间	目标	战果
1939年3月16日	广州白云机场	炸毁日机十余架
1939年5月7日	广州天河机场	
1939年6月5日	广州西村等日军阵地	
1939年9月29日	广州白云机场	毁日军仓库十余座及日机10架
1941年2月20日	广州天河机场	毁日机5架

无独有偶，苏联志愿大队DB-3轰炸机1架，因未赶上编队，中途折回，降落太平寺机场。

至此，除因机种故障，中途先后折回的5架外，计第8大队2架、志愿大队8架，仍向主日标前进，至宜昌附近，天气恶劣，在7000米高度有积云，遂放弃空袭汉口机场，折向西南，朝副目标岳阳前进。由于天候不佳，穿过积云后，编队的飞机散开，计分为两队，一队7架、一队3架。

12时05分，中国飞机群保持6500米到达岳阳上空，第一批志愿队7架DB-3首先投弹，弹落城北及江岸码头。另一批3架于12时05分相继投弹，弹落岳阳城与群山之间爆发。

轰炸过程中并无日机升空拦截，仅有高射炮射击，敌弹爆发，约及中国飞机高度。15时20分，志愿大队飞机全部安返成都。徐焕升及梁国璋机于15时30分及16时12分先后返抵太平寺机场。

事后据报，轰炸成果为："炸毁兵舰1艘、毙伤百余人；轰炸了岳阳的日军司令部、仓库及城陵矶、岳阳、南津港、甘明寺、观音阁、九花山等处日军营房和阵地，炸毁火车车厢2节、车门外毙敌5人、小队长1人、马夫马匹各2，洞庭路毙敌20余人，汽车5辆，西门外海军部毙敌20余人、五里牌毙敌5人，炸毁房屋七八十栋，敌损失极重。"

鉴于本日第8大队6机出发，竟有2/3中途折返，未达任务，第3路司令部在4月11日制定该大队训练要点"三则令"施行：

1. 今后该大队长应尽器材及时间之许可，切责依照原定训练计划加紧训练，倘在训练期间，因事实上需要必须出发工作时，则当利用工作机会施行适切之实际训练。

2. 该大队现有人员中，尚有一部不能服行作战任务，过去每次出发，仅有指定数人，无法替换，不能增加工作效率，今后应着重飞行轰炸通讯之各项补充人员训练，以资充实。

3. 由大队长负责即日组织飞行学术研究会，务使飞行机械轰炸通讯各部门人员，确明自己职责及娴熟职责内应有之业务，并由该大队长随时切实监督考核具报，务期达到训练要求。

同日9时30分，志愿队SB机7架，各携带炸弹100千克炸弹4枚，由温江机场起飞，11时10分降落汉中加油，12时15分由汉中起飞，经西安向运城进航。13时47分，抵达运城机场上空7000米处投弹，弹落旧机场东部，一部分投落城内，"嗣据敌被炸损失奇重，并毁房七八十栋"。中国飞机投弹时，敌高射炮猛烈射击，中国飞机5架被破片击有轻微弹痕，同时独立飞行第10中队以9架97式战斗机在同一高度向中国飞机追击，但以中国飞机速度较优，日机无法追及，未发生空战。中国飞机完成任务后，经西安、宝鸡，15时25分降落天水机场加油。16时55分，由天水起飞，18时全部降落兰州机场。

4月12日，第8大队大队长徐焕升率DB-3轰炸机5架与志愿大队DB-3轰炸机10架再度联袂出击，携带炸弹100千克11枚、70千克者60枚、50千克者2枚、14千克者104枚、8千克者48枚，使用瞬发引信，仍由科兹洛夫大队长指挥。7时56分机群从成都太平寺机场起飞，8时20分集结东进，主目标汉口机场，副目标为岳阳敌司令部及附近仓库。

出发后，志愿队88号机因发动机发生故障折返，弹投新津靶场，平安降落太平寺机场，其余14架继续前进至公安县以南时，10时48分据防空司令部情报，"敌侦察机2架在恩施一带活动"，轰炸汉口已暴露企图，电令总领队机向岳阳进航，并紧密队形高度戒备。11时05分，保持8000米高度到达目标上空，从西南向东北进入，对岳阳城埠车站、码头及江中敌舰以成队连续轰炸，并散发传单。见车站东西两侧及轨道上中弹甚多，冒烟炽烈，车辆被毁，城西沿江有数百吨的兵舰2艘似乎未命中。事后据报，"炸毁敌汽艇2艘，毙伤敌数十人，车站一部粮秣一车及附近仓库均被炸毁，并死敌兵30余名，塔前炸死敌兵4名，梅溪桥炸死敌兵3名，岳阳城内敌伤亡80余名"。

中方轰炸机未遭日机，只有高射炮火射击浓密，子弹距中国飞机群仅一两百米。中国飞机投弹后向西返航，过恩施后至遂宁间高度降低至3000米，在云上飞行，过遂宁后高度500米在云下飞行。14时38分，全部回抵成都太平寺机场，无一伤亡。

战后总结："此次作战，中国飞机队形整齐，无线电通讯正确，氧气使用亦较良好，惟第8大队上游少数人员于下机后轻感头晕，或系高空尚未习惯之故。本日敌军以2机侦察天气，我则全视天气报告而出动，足证敌不知中方天气。"

功败垂成的几次空袭

中苏空中娇子联袂取得战果空前的成功空袭背后，有着更多鲜为人知的失败过往。

1940年8月17日，空军第1大队3架SB机、第6大队第19中队6架SB机，由第1大队大队长郑大庚率领，由成都起飞，黄昏抵梁山。18日7时30分，由梁山出发，各携带100千克炸弹2枚、50千克炸弹2枚，使用瞬发引信，轰炸宜昌机场。9时抵目标上空，云下4500米高度连续投弹，弹着点在机场两边。敌高射炮猛烈射击，中国飞机轰炸后回航5分钟，遭遇3架96舰战迎头攻击，续增3架向第2、第3分队追击，中国飞机群组织火网还击，掩护回航。至12时，仅郑大队长的5架返回成都，内有1架中敌弹2发，其余4架相继被攻击，损伤惨重：

第2分队第3号僚机B-1920号机，在秭归附近上空被击中起火，飞行员王韶、投弹手唐鲁东、机枪手水生民均跳伞安全降落，仅王韶被火灼伤；

第2分队第2号僚机B-1919号机，因左发动机水箱及汽油箱被击穿停车，用右发动机飞至奉节云阳间，右发动机亦停车，迫降奉节县甲字乡，人机安全，仅查左发动机及汽油箱中弹就达20余发，全机中弹70余发，机枪手洪新君左腿中弹7发，飞行员赵毓栋、投弹手陈定员无恙；

第3分队第2号僚机B-1929号被击中起火，机内飞行员石顺承、投弹手何健生、机枪手张瑞生，均跳伞安全降落，机坠于云阳县云阳镇全部焚毁；

第3分队第3号僚机B-1937号机被击中起火，飞行员傅冲、投弹手郭焕章跳伞安全降落，机枪手陈弹日负伤跳伞，伞开人脱离坠地殉职，机坠于野三关石马岭焚毁。

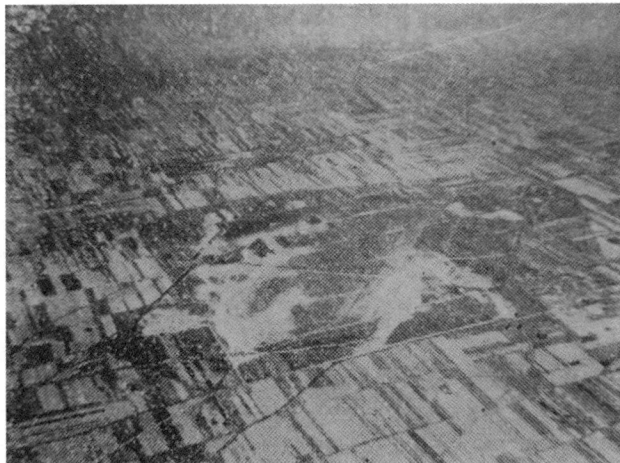

◈ 1940 年 8 月 15 日，陆军重爆队用来空袭重庆的山西运城基地

　　此战据报"炸毁日机1架，敌人三四十名，及在机场做工者百余人（据另一报告，炸毁敌机3架，高射炮1门）"。

　　日方记录，"自从日军占领宜昌后，即企图阻挠日军在宜昌、当阳建设航空基地。乃于6月11日首次空袭当阳，继自6月19日直至8月18日之间，对宜昌共实施11次之编队空袭或单机侦察，活动虽见频繁，却仍停留在游击战形态。所以对日军并未造成重大之损害。尤其在8月18日当天，中国空军以SB机9架攻击宜昌机场时，被日军96舰战3架截击，将其中3架击落，另2架迫降于途中，仅4架能安然逃离。经过此次空战之后，中国轰炸机之活动，一时又告寂静。不料于8月28日突获情报谓中国空军计划于8月30日出动残存轰炸机攻击宜昌之消息，然其所谓残存轰炸机不过是DB机约10架、SB机约15架而已。日军自忖如中国空军胆敢蠢动无异自寻末路"。

　　1941年2月20日，第8大队驻太平寺机场。3月6日，第11军发起宜昌以西作战，3月9日，大队长陈嘉尚率6架DB-3轰炸机自成都太平寺机场起飞，袭击宜昌渡南岸大桥一带行进的日军。2架途中掉队，其余4架飞抵宜昌上空，瞄准目标投弹，毙伤日军200余人。掉队的1架在失联后仍坚持飞往宜昌，与12架日机遭遇，在报称击落2架日机后，自身也被坠毁，飞行员高冠才身负重伤，抢救无效于18日去世。1941年9月21日追赠少校。

1940年"101号作战"

1940年上半年的战斗

1940年年初，中国空军尚有作战飞机161架，其中战斗机112架，轰炸机49架。原空军第1、第2、第3路司令部建制不变，驻兰州的第1军区8月16日改为第4路司令部，仍驻兰州，黄秉衡任司令。飞行部队保留第1、第3、第4、第5、第8大队及直辖第18、第25中队番号，仅有17个中队。12月16日，增设了第11、第12大队。

到1940年4月30日，中国空军击落日机256架、炸毁253架、高射炮击落122架、陆军袭击毁坏121架、炮兵击毁11架、自行迫降51架、击落后未寻获残骸，或受重伤坠落敌阵地的有34架，共计848架。炸伤敌舰194艘（内含炸沉40艘）。

日本大本营陆军部认为对重庆零散的轰炸难见实效，必须配合地面进攻，才能彼此促进。5月1日，敌11军发动了宜昌作战，次日，大本营陆军部指示："中国派遣军总司令官可自今日起实施空中进攻作战。"5月13日，中国派遣军总司令部和中国方面舰队司令部达成了轰炸中国大后方的《陆海军中央协定》，企图通过对重庆、成都的政治军事目标的轰炸，加以地面进攻，彻底打消中方抵抗意志，"加速瓦解敌政权"。这次行动代号定为"101号作战"。这种对中国内地的轰炸只有海航才能进行，因为陆航是靠地形导航，无法轰炸地形不熟的区域，而日本海航的导航一直是采用和航海一样的六分仪定位，无须地形地图，只需太阳的方位角。中国方面舰队参谋长兼第3舰队参谋长井上成美这样评价其亲自起草策划并现场指挥的"101号作战"："这是能和日俄战争的日本海大海战匹敌的作战，一定要坚持到底。"

表13："101号作战"中第8大队兵力

单位	机型	数量
大队部	SB轻型轰炸机	1架
第6队	DB-3远程轰炸机	4架
第10队	DB-3远程轰炸机	4架
第14队	DB-3远程轰炸机	3架

参加"101号作战"的日本陆军飞机有80架、海军有200多架（含96陆攻90架），共计297架，是日军对中方进行的最大规模空中作战。1940年5月18日夜，日本海航根据《联合空袭部队机密第五号之四十三》命令，借助月光对成都方面的温江、凤凰山、太平寺机场和重庆各机场轰炸，开始了"101号作战"。中国空军由于在南线昆仑关作战消耗过大，1940年年初作战飞机仅160余架，其中战斗机仅余112架，日方情报判断分别配置于重庆30架、成都50架及兰州若干架。由于中方实力不断下降已无力拦截，只好采取起飞避警战术。第5大队主要负责成都防空，在此期间，驻温江的第5大队第27中队华侨飞行员林日尊避警返航时，因夜色太浓不幸坠落于温江东门外狮子山。

5月19日起，日机群连续3天对白市驿、广阳坝机场大肆轰炸。

5月26日，日军派轰炸机109架在3架侦察机指引下轰炸重庆，白市驿机场中炸弹200余枚，炸毁机棚8座，炸坏住室数间。中国空军起飞10架战斗机升空拦截，这是一场力量极为悬殊的空战，中方以零损失，击落敌机1架、击伤敌机多架，驻防重庆的中国空军第1路司令官毛邦初接到指示，"中国飞机以少胜多，第4大队第21中队长陈盛馨、副队长范金函，队员高又新，合力击落96陆攻1架，当即分别奖励。高又新奋勇猛追击落敌机一架，被记大功一次"，重庆国民公报并特别大幅报道。

26日日军第四次攻击后，轰炸范围从机场扩展到城市街道。26日、27日轰炸市近郊正在建设的小龙坎、磁器口的新街道，中央电报局全毁，广播电台破坏严重，中央日报社、国民公报社遭到破坏，2个钢铁厂受损亦重，弹药库全部炸毁。

5月28日上午，当年最大一次空袭开始。日本海航出动94架飞机兵分三路：

第1联合航空队的高雄航空队、鹿屋航空队36架96陆攻空袭广阳坝机场
第15航空队26架飞机轰炸江北区金陵兵工厂附近
第13航空队32架飞机轰炸市中区川东师范学校一带

日军轰炸毁坏效果显著，第13航空队的飞机在6200米高空投掷250千克炸弹62枚、60千克炸弹128枚，顷刻间烧毁和炸毁房屋700栋，死亡178人，伤408人。

表 14：参加"101 号作战"的日军序列

单位	机型	数量	主要基地
陆军第3飞行集团（木下敏中将）			山西运城
第60战队	97重型轰炸机	54架	
独立飞行第10队	97战斗机	11架	
独立飞行第16队	侦察机	8架	
第44战队第1队	侦察机	7架	
海军（第1、第2联合航空队分别由山口多闻少将和大西泷治郎少将指挥）			湖北汉口
第1联合航空队的鹿屋航空队	96陆攻	48架	
第1联合航空队的高雄航空队	96陆攻		
第2联合航空队的第12航空队			
第2联合航空队的第13航空队	96陆攻	至少32架	
第14航空队陆攻队	96舰战		
周防元成大尉所部半数	96舰战		

　　防空哨于9时55分发空袭警报，10时34分发紧急警报。10时33分，空军第4大队副大队长刘宗武驾驶霍克67号机率第21队队长陈德馨、第22队分队队长张浩英、第23队队长王玉琨的2架霍克、6架I-15从广阳坝机场起飞警戒。第5大队第17队队长胡佐龙率6架I-15从遂宁机场起飞迎敌。

　　5月12日至30日，日机轰炸重庆13次，飞机608架次，投弹419吨。进入6月后，日本陆军航空队也投入空袭。小川小二郎中佐接替3月在白城子航空学校航空事故死亡的田中友道大佐出任第60战队队长，于6月3日率第60战队51架97重爆及582名机组、地勤人员进驻运城。第3飞行集团长木下敏中将听取了小川小二郎中佐的状况报告后予以训示，参谋长服部武士大佐针对汉口协调的海军航空部队的攻击要领提出说明。原定于6月5日陆海军航空队同时攻击重庆市区的军事设施，但受重庆附近天气不良，延至6日。6日9时，司侦报告重庆附近转晴，或许鉴于长江方面的天候不佳，海军通知攻击时间延后2小时。飞行集团原本决定单独攻击，但还是遵照延后2小时。

　　13时15分，第60战队队长小川小二郎中佐率36架97重爆起飞前往轰炸重庆白市驿机场，15时40分以3000米高度飞临重庆时，上空云层密布。中国飞机15架起飞拦截，由于重庆依旧多雾，且战斗机攻击炙烈，敌仅带队长机、

⊙1940 年年初，第 12 航空队战斗机队阵容

⊙1940 年 4 月底，进驻孝感的第 14 航空队 96 舰战队。右前的"9-151"机为分队长周防元成大尉的座机

⊙1941 年 5 月 26 日，第 12 航空队天水攻击前在接受训示

⊙1941 年 5 月 26 日，第 12 航空队攻击天水机场时，大石英男 1 空曹在零战上拍摄确认战果

第2队队长铃木清大尉自北向南轰炸了发现的白市驿机场，报称炸毁大型飞机1架，其余35架初次上阵，竟在紧张之下将炸弹投到梁山附近的野地里。由于敌机护卫火力严密，中国飞机虽未击落日机，但仍击伤19架，其中5架受损待修，命中102发，致其机组人员重伤、轻伤各2人。事后，日方称冒白烟坠落了中方战机8架，但确切击落的仅4架，并击毁1架，参加空袭的机组人员感慨："重庆上空不好对付。"参与行动的大本营参谋松前未会雄更坦然承认："靠轰炸来粉碎重庆政权的抗战意志并非易事。"

10日，日陆军第60战队97重爆36架，海军第13航空队1式陆攻22架（一说27架）对重庆进行第9次轰炸，并有侦察机多架引导。1式陆攻刚将各机携带的250千克炸弹2枚、60千克炸弹4枚投掷在川东师范学校附近地区，第13航空队指挥官小谷雄二少佐向汉口战斗指挥所发出"已空炸完毕"的电报，所有战机刚飞离市区上空，就遭遇中方起飞34架战斗机拦截，击落了包括曾"渡洋爆击"南京的空中指挥官小谷雄二少佐、池田大尉、矢野空曹长及下士官兵5人的第1分队1号座机在内的2架96陆攻。另重伤1架，中弹达27架，累计战死18人、负伤2人，报称击落15架，不确实1架。

11日，陆军第60战队36架、海军机79架再犯，中方起飞11架、38架分头拦截，击落海航1架，但重庆江北区及迁渝的金陵兵工厂中弹重重，仅陆航就投弹7248千克。

日方承认："到了6月11日已实施第六次重庆攻击行动，不过始终都是苦战连连。"12日，日军陆航36架97重爆和海航77架96陆攻又联合空袭重庆，中方起飞45架次拦截，将第3队林隆曹长、永野武一曹长2架97重爆击落于万县，14人毙命、1人重伤、3人轻伤，1架中弹，但海军的96陆攻利用其4200千米的超长续航力在市区上空盘旋，待中方战斗机油尽着陆时突然突入投弹，中方损失惨重。据美联社报道：这天重庆的损失是"本年度最大的一次"。

6月14日，日本向各国发出通告，公然要求各国驻华使馆迁至他们划定的弹子石以南龙门浩一带"安全区"，以便放手轰炸重庆市区各要害目标。16日，敌海军75架飞机和陆军第60战队36架97重爆袭击重庆。中方起飞37架迎战，集中力量攻击了第60战队。1架97重爆被高射炮击伤，返航时坠落于陕西洛南，松本典重中尉以下8人战死，另1架"自爆"，6人失踪，还有22架

⚫ 1940 年 5 月至 9 月 "101 号作战" 期间，第 1 联合航空队及第 2 联合航空队陆攻 120 架与陆军 97 重爆 20 架连日空袭重庆

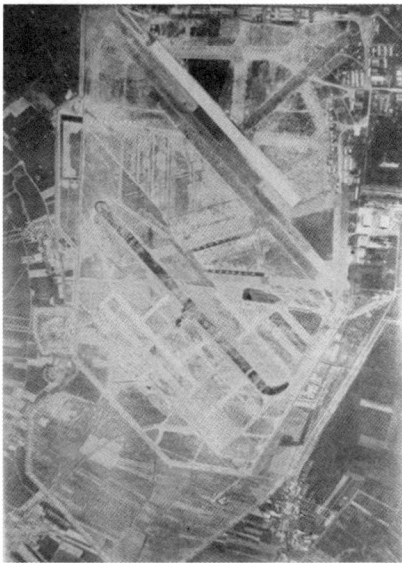

⚫ 1940 年 5 月 20 日 "101 号作战" 时期，日本海军第 1、第 2 联合航空队使用的汉口机场

中弹，其中1架严重损坏，重伤3人、轻伤2人。报称击落中国飞机9架，不确实2架，实际中方仅有第4大队第24队彭均牺牲，时年25岁。这是中方在1940年保卫重庆空战中战绩最好的一次战斗，比起1937年在南京、1939年在兰州的战绩来说，仍相去甚远，可见长期的抵抗敌大规模轰炸已使中国空军力量大减。

6月15日，第14航空队返回华南。6月17日，73架96陆攻夜袭重庆，投弹837枚，全部为6式烧夷弹。24日下午，日本海军89架、陆军35架协同轰炸重庆北碚机场等地，持续2小时之久，连蒋介石的委员长行营也未能幸免。市区多处燃起熊熊大火，浓烟笼罩着整个重庆半岛，有3架战斗机冲破爆炸腾起的烟雾迎击，仅有1架与日机接战，中国空军的还击能力已明显减弱。

6月24日至29日，敌海军航空队每日派出90架以上轰炸机对重庆进行疲劳轰炸，中国飞机基本没有起飞拦截的还手之力，只好听任敌机在重庆上空肆虐。6月28日，陆航因内部意见不一，第60战队取消轰炸行动，但海航仍保持轰炸的旺盛势头，中国空军第4、第5大队的7架I-16起飞迎战80余架96陆攻，第26队飞行员邱瑷殉国，日军"发现重庆机场内有30余架战机起飞，但凌空挑战者只有寥寥数架，令人感到敌方反击力似乎有减退现象"。29日14时15分，陆军第60战队队长小川小二郎中佐率35架97重爆以5300米高空飞临重庆，第1队队长高桥猛夫大尉率先将全部炸弹投下，命中重庆大学及附近工厂区。日机轰炸前遭8架中国战斗机拦截攻击，经一番交战报称击落4架（含2架不确实），同时1架97重爆因氧气瓶爆炸发生故障，机体前部受创，脱离编队单独返回汉口，但着陆时机体坠毁，另损伤2架，中弹10架，可谓占不到便宜。

6月期间日军损失的人员超过整个"101号作战"损失的半数。至此，96陆攻在华损失已达70余架，但对日本国内庞大的产能来说，区区损失无伤大雅。

进入7月后，由于重庆多雨天气阻碍，敌轰炸稍微减轻，中方压力有所减弱。但日本海航仍在7月4日、5日、8日、9日及10日以80多架96陆攻轰炸重庆。其中在7月4日，第4大队大队长郑少愚率9架I-15起飞迎战，因在空中滞留过久，油料耗尽，飞行员黎宗彦在迫降时失事遇难。在此期间，驻运城的日本陆航轰炸机战队因天气恶劣无法起飞，被迫终止行动。7月中旬，重庆地区阴雨连绵，日本海、陆航都暂停轰炸。

◈ 1940 年初夏，汉口基地的第 12 航空队飞行员合影

7月22日8时20分，日本陆航独立飞行第16队桑原太郎中尉驾驶1架侦察机侦察重庆方面天候及空军状况，不料该机报告梁山附近的状况后竟踪迹全无。已出动的第60战队因遭遇恶劣天气，在海航51架战机的伴随下，于15时40分转向重庆西北50公里的次要目标——合川工厂区。

7月24日，陆航第60战队队长小川小二郎中佐以33架97重爆从运城起飞，其中有2架因发动机故障返回，其余31架克服恶劣天气，跋涉800公里飞临成都，投弹135枚，成功轰炸市区西南的兵工厂、发电厂、军校等军事设施，史称"7·24"惨案。40分钟的轰炸中，29架I-15、I-16及法制"德瓦蒂纳"战斗机升空拦截，日方称"击落、击毁各2架中国战机，但损失1架、负伤2名，中弹6架"，飞行集团对此"表示满意"。中国飞机实际上未受损失。25日至30日，因运城机场暴雨连绵，第60战队无法起飞，直至31日小川小二郎中佐率36架97重爆出击，以一部轰炸重庆，主力空袭重庆以南50公里的铜梁南部，宣称"成功炸毁飞机装配工厂等，敌战斗机2架曾凌空拦截"。

7月31日天气好转，日本海军88架、陆军第60战队36架97重爆分4批轰炸重庆、铜梁等地。第4大队第24中队副队长龚业悌率I-16机5架从白市驿机场起飞迎战敌上百架飞机，每个飞行员都深知此行凶多吉少。祸不单行的是，起飞

◉ 1940年6月16日，日军随军记者在轰炸机上拍摄、发表在《朝日新闻》上的日军轰炸渝中半岛的照片

后有2架马力不足不得不返航，龚副队长义无反顾地仅带余下3机在重庆、涪陵上空攻击敌机群26架。由于敌众我寡，第24队飞行员陈少成战死，年仅25岁。他曾在1939年11月4日遂宁空战中因油箱起火跳伞，1940年5月20日梁山空战击落侦察机1架及击伤1架，6月16日在重庆击落日机1架。王云龙跳伞重伤于次日牺牲，参加"8·14"空战的宿将、高志航的僚机龚业悌负伤退役。他们用自己的鲜血捍卫了祖国的领空，使敌机无法准确投弹。

中国空军已快要到了油尽灯枯的地步，由于中方防空实力大为减弱，加之从1940年3月开始，苏联志愿队就逐步撤离中国，到6月，仅剩1个战斗机大

表15：1940年6月日军轰炸重庆情况

单位	日本陆航	日本海航	合计
出动架次	9批320架次	14批1014架次	23批1334架次
投弹量	150吨	775吨	925吨
任务次数	重庆6次，梁山2次，西安1次	重庆11次，其他地区3次	23次
飞机损失	4架，另大损1架、中损6架	5架96陆攻	9架
飞机中弹	67架	144架	211架
死亡	22人（另失踪6人）	43人	71人（含失踪）
负伤	17人	13人	30人
宣称战果	38架（含不确实4架）	39架（含不确实16架）	77架（含不确实）

表16："101号作战"统计

单位	日本陆航	日本海航
出动架次	21批904架次	54批3651架次
空袭重庆市区的架次	286架次	1737架次
交战次数	129架次	478架次
飞机损失	8架（含司侦机3架）	8架
飞机中弹	75架	312架
死亡	35人，失踪6人	54人，失踪16人
负伤	20人	29人
宣称战果	46架（2架未证实），地面炸毁2架	71架（12架未证实），地面炸毁63架

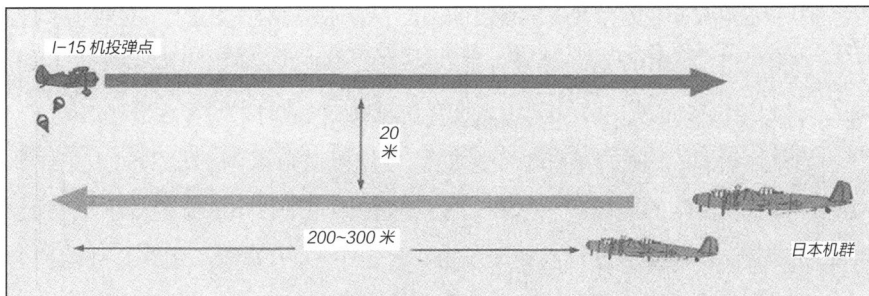

I-15 机投弹点

20
米

200~300 米

日本机群

◎ 国军空军的反轰炸机轰炸战术——浮游炸弹

队留驻。中方失去外援，战斗机性能又无法保证突破敌大编队的密集火网，因此飞机和飞行员在消耗战中损失惨重。

为了对付敌狂轰滥炸，昆明空军军官学校教官阎雷研制出用小降落伞悬系的"浮游炸弹"，在6000米高度、敌机编队前方200米、上方60米处投放，由定时装置引爆。8月11日，敌海军87架飞机轰炸重庆时，第4大队大队长郑少愚率王广英、高又新、王玉琨、郑少亭、洪奇伟驾6架I-15bis，各带4枚浮游炸弹在敌编队前上方投放，形成立体火力网。虽然理论效果在实战中并未得到体现，没有击落敌机，但打乱敌队形，震慑了敌飞行员心理。随后中方乘乱发起攻击，击落1架敌机。次日，敌机空袭自贡自流井，中方再次使用浮游炸弹。随即，日方改大编队密集队形为小编队疏散队形，使这一战法失效。

零战初战

7月15日，日本海军最新研制的零式战斗机6架抵达汉口，接受实战检验，7月底又飞抵7架。该机加挂副油箱续航达3000公里，能从汉口到重庆飞两个来回，配备2门20毫米机炮和2挺7.7毫米机枪，时速达541公里，盘旋灵活，远超过其他战斗机。它的参战弥补了日本海军中攻队的缺陷，使中国空军完全陷入困境。

8月19日9时05分，日本海军第12航空队12架零战从汉口基地出发，途中在中继基地宜昌加油时有1架着陆翻覆，由横山保大尉率领11架在6000米高空首次护航36架96陆攻轰炸重庆。第4大队第21队队长陈盛馨带6架、第23中队队长王玉琨带8架、第24中队队长杨梦青带5架、第22中队队长张伟华带6架各成一个编队，计14架I-15、5架I-16、6架霍克Ⅲ升空迎敌，拦截时未与零战遭遇。

是日，第1攻击队的第15航空队27架轰炸机对市区南部投下60千克炸弹312枚，第2攻击队的鹿屋航空队27架96陆攻在城东南投下60千克炸弹324枚。轰炸期间也曾"缓慢地进行高射炮还击"，击中1架97重爆，但在零战的护卫下，日机"有效地实施了轰炸"。此次日机出动陆航飞机36架、海航飞机107架，计达143架，进行史无前例的"地狱式"大规模轰炸，重庆的损失范围及程度远远超过1939年"5·3""5·4"大轰炸。

日方原本希望依靠威慑性轰炸促使中国军民投降，但中国在"8·19"大轰炸后的9月6日发布《国民政府令》，明确将重庆定为"陪都"，且"将永久成为中国之陪都"，表达了抗战到底的坚定决心。

8月20日，敌又出动陆航35架、海航106架飞机轰炸重庆，是1940年度空袭重庆使用飞机最多的一次。第12航空队舰战分队长进藤三郎大尉率12架零战掩护。中方因装备未妥，无法与敌机格斗，当即于11时50分令第4大队6架I-15、5架I-16飞赴遂宁待命，8架I-15及硕果仅存的第22队5架霍克向成都疏散，拟于敌轰炸机群单独进入时，再返回拦截。由遂宁返回的中国飞机14时姗姗抵达市区，未能遭遇日机，仅在13时15分第一批日机36架轰炸时，高射炮集中射击，报称"击落2架"，陆航2架97重爆中弹。重庆市区共遭到5批次的大轰炸，西部商业区、郊区、江北区均遭到毁灭性打击破坏，38处起火，殃及2000多户居民及商店，死伤逾千，巴县县城仅残存1/5的建筑未倒。

8月21日重庆天气恶劣无法攻击。8月23日，海军80架飞机对重庆市区进行了"101号作战"的最后一次大轰炸，但对重庆郊区及其他地区的袭击则持续到9月4日。第60战队虽拥有61架97重爆，但空勤预备人员少，在频繁出动中，精神疲惫日趋严重。从8月起，日本大本营已将目标转向越南，准备将陆军第60战队调往华南。经中国派遣军与海军中国方面舰队共同商议，到9月4日止，长达110天的"101号作战"结束。9月6日，第1联合航空队从汉口起飞，分别返回鹿屋及高雄，第14航空队亦于9月7日返回华南，随后对大后方的轰炸由第2联合航空队担任。12月10日，中国派遣军司令官西尾寿造大将对陆航第3

⚫ 1940年，第12航空队横山保大尉（左）、飞行长时永大尉（右）在研究零战战术

飞行集团在1940年下半年的表现颁发了奖状，以示特别嘉奖。

日军在作战中投弹27107枚，重2957吨，其中对重庆市区投弹10021枚，计1405.06吨，重庆市民被炸死4149人，炸伤5411人，损坏房屋达6952栋。按照中方记录，1940年共进行空战61次，击落敌机32架，被击落、击毁29架，损伤64架，到年底，各式作战飞机仅存65架，飞行员阵亡14人，失踪4人，相比飞机的损失而言，有经验的飞行员的相继牺牲更为令人痛心。

1940年9月13日8时30分，进藤三郎大尉率零式编队13架从汉口起飞，9点半时降落在前进基地宜昌加油和休息。12时，编队起飞，于13时10分与中攻队27架汇合，并于20分后结束对重庆的轰炸返航。

10时44分至11时03分，中方飞机先后从遂宁起飞赴重庆迎战，11时42分到达，遥见敌轰炸机一群（上有模糊的白点若干，系战斗机）投弹后东返。因距离过远未予攻击，即绕市区环飞两圈。这一行动被日军97式侦察机发现并通报，零战队返回。11时57分，敌轰炸已远去，奉节又发现日机9架西飞，空军第1路司令部命中国飞机飞回遂宁。

璧山空战中方参战兵力：

第4大队（大队长郑少愚）10架I-15

第23中队（中队长王玉琨）9架I-15

第3大队第28中队（中队长雷炎均）6架I-15

第24中队（中队长杨梦青）9架I-16（含第3大队第8中队的3架）

🔺 1940 年夏，汉口基地的第 12 航空队零战队，第二排左起：东山市郎空曹长、白根斐夫中尉、进藤三郎大尉、飞行长时永缝之助中佐、司令长谷川喜一大佐、队长蓑轮三九马少佐、横山保大尉、饭田房太大尉、山下小四郎空曹长

12时01分，郑少愚率队在白市驿西方10余公里的璧山，I-15机群在4500至5500米，I-16机群在6000米。此时"突有日机约30架，有大小两种，大者收缩起落架，有座舱罩及无线电杆，机枪约6挺，内有似为2.5公分口径的小炮，小为97式战斗机，大者多小者少"。进藤三郎大尉所率13架零战亦在6500米高度发现了"5000米高度的中国空军的I-15编队和随后I-16机共计30架"，当即由左侧方向最上方的杨梦青所率I-16编队突袭。23中队队尾第2分队长机的王广英突然发现从高空中直窜下一白点（日本飞行员大木芳男），以可怕的速度冲向后上方的I-16机群，杨梦青机当即冒烟下坠。第2分队领队蔡名永被奇袭后俯冲拉起机首反击，作半滚向中国飞机群脱离。队员佟明波发现日机多架由后上方袭来，即加速俯冲反击，见长机杨梦青跳伞坠落，双方混战。

当时零式飞行员中没有几个空战老手，有半数飞行员甚至在空战开始时忘丢掉副油箱。但他们毕竟受过十分系统训练，在战斗中严格执行了一击脱离的掠袭战术，让中国飞行员几乎没有还手的机会。中方的战报承认，"（敌机）升高及脱离均能操纵自如，纵虽坠入中国飞机射程之内，不一秒钟，亦即兔脱远去……故全战斗中，中国飞机之取得发射之机会实属寥寥"。

◈ 1940 年 8 月 19 日零战首次出击，中国方面舰队司令长官屿田繁太郎中将为零战队壮行。前列左：横山大尉、羽切一空曹、东山空曹长、进藤大尉、北畑一空曹、白根中尉

◈ 1940 年 8 月 19 日，第 12 航空队零战队首次出击前，航空队司令长谷川喜一作训示

此外，第4大队大队长郑少愚、陈盛馨、王桂谦、王广英、武振华、龚业悌、韩文虎及徐华江8人受伤，幸免于难的第28中队长雷炎均1937年随陈其光（曾击落"驱逐之王"三轮宽）在山西战场以寥寥5架老式霍克Ⅱ对抗日本陆航飞行第2大队21架95式战斗机，并不示弱。而当天遭遇让他落地后不禁英

雄泪满襟："我们的飞机差多了，根本还不了手！"徐吉骧回忆说："直至半年后才知当时遇到的是什么飞机。中方的俄制飞机和零式机一接触，就知中国飞机的性能及马力及灵活度都比日机差太多了，虽知是如此我们依旧奋战不肯脱离战场，我见到中方的战机一架架坠落及有人跳伞。"张光明也说："得知众多队友献身，大家难过得连晚饭也不想吃，一门心思想要报仇。"被抢救到重庆黄山空军医院医治的大队长郑少愚得知消息，不顾身上有伤，挣扎着要下病床，马上要求出院重返战场。经医护人员劝阻，他在病床上号啕痛哭着说："我对不起弟兄们！我发誓，血债要用血来偿，不消灭仇敌我死不瞑目！"郑少愚入院后，以副大队长刘宗武为代理大队长，第21中队副中队长柳哲生接任第24中队队长。这是抗战以来中国空军在空战中最惨重的失败，参战的25架I-15机、9架I-16机中有13架被击落、11架负伤迫降。

随着天空逐渐平静，日机陆续返回宜昌，最后一架北畑三郎战机于16时20分降落。13架飞机全部返航且飞行员都宣称获得战果，指挥官进藤三郎大尉召集12名参战飞行员，把大家汇报的战果统计，并结合自己从高空目击判断，形成详细战果报告，认定总战绩为27架，这与中方的实际损耗24架基本吻合。根据这份报告，新闻报道将其渲染为"27∶0"。事实上，战斗中大木芳男、藤原喜平、高冢寅一、三上一禧的零战均中弹受伤，在宜昌着陆时，高冢寅一的178号机的起落架受损，迫降时损毁，实际上是非战斗损失1架。

中方损失的13架飞机中，坠落大兴乡9架、狮子乡3架、福禄乡1架。坠机残骸经县政府派保甲壮丁武装保护，后由空军总站机务人员拆卸堪用零件后运回机场，负伤飞行员王特谦、武振华、王广英被寻获，包扎后送返。另迫降福禄乡1架基本完整，如修理后尚堪用，由于看护人员吸烟不幸焚毁。空战结束后，璧山县民团队员立即前往搜寻，到22时已寻获10具遗骸，烈士骸骨经清洗用白布包裹，并赶制10口棺材装殓，上覆国旗。14日7时，璧山县党政军民及中国空军代表等召开公祭大会，为避免民众知晓事情，也防日本特务探知实际损失情况，仅以4车载棺木4具前往，而另外6具棺木则于15日晚间秘密运至空军第2总站，全体烈士遗骸连夜移往南山山麓，葬在1938年冬修建的"空军坟"中。航空委员会电告四川政府嘉奖璧山、铜梁"热忱协助，爱护备至之诚，实堪嘉慰"，特授予铜梁县奖金法币200元，璧山县1600元。

△ 1940 年 9 月上旬，第 12 航空队零战队出击前合影

△ 这是一张非常经典的照片，第 12 航空队零战队飞翔在中国天空，近前的 1 号机为分队长铃木实大尉

战后，中方得失检讨："此役敌以最新机种参加空中各兵种之连合战斗，以其九七式对我I-16，另以其较九七为优越之一种专对我I-15式，背向太阳，利用高度分为上下二层，向我分进突击，综其性能速度，均较我为优越。中国飞机则以性能关系，利于三千公尺高度作战，故敌先占高度之优势。中国飞机性能太差，速力、升空力、火力均较敌机远逊，除防御外，几无还击之机会。故全战斗中，中国飞机之取得发射之机会实属寥寥，胜败之因果昭然若揭。幸中方精神旺盛，始终团结一致，虽伤亡惨重，但无一离队者。亲爱精诚，生死与共，实为此次减少损害之总因。而爱护器材之心由切，虽于人机两均受伤之困苦中，均能将飞机勉强飞回基地，此点确为难能可贵。"

交战时，中方两种机型毫无协同，没有利用数量优势一部牵制，一部反击；过早转入圈阵防御被动挨打，撤退时又不能做到交替掩护，结果被日机分割包围，一一解决。

对于此战失利乃中国飞机落后所致这一观点，苏德空战研究专家顾剑并不认可："在飞机性能上，I-15对零式固然劣势明显，但I-16并非毫无还手之力。投入中国战场的零战11型最大平飞速度不超过510公里/小时，俯冲速度不

表17：璧山空战的第12航空队零战队各飞行员战果

番号（指挥官进藤三郎大尉）			战果
第1中队	第1小队	进藤三郎大尉（161号机）	I-15×1（确实）1架，最初击中一架I-16（杨梦青上尉），再击落I-15 架（工广英中尉机），与光增，山谷，平本机返回宜昌
		北畑三郎1空曹（166号机）	I-16×1（确实）最初一击使中国空军右翼I-16×1（不确实），一架I-16空中解体I-15×1（地上击破）
		大木芳男2空曹（167号机）	I-16×2（确实）击落的第一架I-16是杨梦青，I-15×2（确实）4架I-15×1（不确实）
		藤原喜平2空曹（169号机）	I-15×2（确实）1架
	第2小队	山下小四郎空曹长（171号机）	I-15×2（确实）I-16×1（确实）I-15×2（与末田机共同）5架I-15×2（地上击破）
		末田利行2空曹（165号机）	I-15×3（确实）I-15×2（山下机一起同）1架I-15×2（地上击破）
		山谷初政3空曹（173号机）	I-15×3（确实）2架I-15×1（3机共同）
第2中队	第1小队	白根斐夫中尉（175号机）	无战绩，扫射跳伞后王广英中尉
		光增政之1空曹（162号机）	I-15×2（确实）I-15×1（3机共同）2架
		岩井勉2空曹（163号机）	I-15×2（确实）I-15×2（不确实）2架
	第2小队	高家寅一1空曹（178号机）	I-15×1（确实）I-15×2（不确实）3架I-16×1（不确实）
		三上一禧2空曹（170号机）	I-15×2（确实）I-16×1（确实）2架I-15×1（不确实）
		平本政治3空曹（176号机）	I-15×2（确实）I-15×1（3机共同）

表18：璧山空战中方阵亡名单

单位	职务	姓名
第4大队第24中队	中队长	杨梦青
第28中队	分队长	曹飞
第23中队	分队长	何觉民
第21中队	队员	黄栋权
第21中队	队员	余拔峰
第21中队	队员	司徒坚
第22中队	队员	张鸿藻
第23中队	队员	刘英役
第23中队	队员	康宝忠
第28中队	队员	雷廷枝

能超过530公里。据日本飞行员回忆，零式在时速400公里以下时才有良好的机动性，一旦超过这个速度，操纵将变得极为笨重，动作反应迟缓。而国军的I-16，最大平飞速度450公里/小时，爬升和俯冲性能并不逊色于零式11型。在苏联伟大卫国战争中，苏联飞行员就驾驶I-16击落很多比零战更先进的德军BF-109战机。即使璧山空战这样极度被动的局面下，I-16除杨梦青1机坠毁外，其余全部返航。如中国空军能及时总结经验教训，调整战术，有效运用手中武器，完全有机会进行复仇。但悲剧在于，国军整体缺乏随机应变、及时纠错的能力。"

　　璧山空战后，中国空军为保存仅有的实力，尽量避免与敌机正面交锋。10月4日，日本海军8架零战掩护27架攻击机袭击成都。中国空军第3大队第18队6架珍贵的单翼霍克75分作2个小队，向灌县方向疏散。第2小队三机与敌遭遇空战，被分割夹击：陈桂林、吴国栋两机被5架零战围攻，分队长顾涌也遭2架零战攻击，边打边撤，终因性能及速度不济，陈桂林、吴国栋两机中弹甚多，顾涌则降落温江。第1小队飞行员石干贞因故掉队，在双流金华桥上空遭遇2架零战夹击，随即机毁人亡，时年26岁。第8大队第6中队驾驶员王其的DB-3轰炸机因发动机故障拟回场降落，在3架零战猛扑下，被击落于双流县大腰塘，王其及机组投弹手卢国民、机枪手杨伯威牺牲。

第 4 大队第 23 中队飞行员徐吉骧在璧山空战坠地后，用随身携带的相机拍下座机残骸

1998 年，徐吉骧（右）与在璧山空战击落其座机的原日本海军第 12 航空队飞行员三上一禧先生合影

　　扫荡当面的中国空军后，零战队第3小队队长东山市郎空曹长、羽切松雄1空曹、大石英男2空曹、中濑正幸3空曹竟不可一世地降落于太平寺机场，东山、中濑目中无人地将指挥所烧毁，再将地面用于报警、指示部队等级转进的警报旗拔起带走扬长而去。除大石英男外，其余3人均成为日军海航的"击坠王"，总战绩分别达9架、13架、18架。升空后，羽切松雄1空曹以单机奇袭3架霍克组成的编队，报称当场击落2架；东山市郎空曹长与僚机有田位纪3空曹向SB轰炸机编队发起攻击，宣称击落3架。

表19：成都"10·4"空战的日方参战兵力及战果

	日机序列	战果
第1小队	横山保大尉	空战击落：2架I-15机，1架I-16机，2架霍克M75机、1架DB轰炸机，计6架。
	羽切松雄 1 空曹	
	大石英男 2 空曹	地面击毁：7架I-15机、5架I-16机、3架弗机、1架台夫来机、3架双翼机，计19架。
第2小队	白根斐夫 中尉	
	中濑正幸 3 空曹	地面重创：6架小型单翼机、4架小型双翼机，计10架。
	山谷初政 3 空曹	合计 35 架。
第3小队	东山市郎空曹长	
	有田位纪 3 空曹	

中方称太平寺机场检修未能起飞的第3大队2架I-16、6架弗机、1架台夫来焚毁及1架"德瓦蒂纳"D.510被重创，军士学校的I-15、霍克各2架焚毁，计15架焚毁。12时，日机返航后，12时55分解除空袭警报，第28队邢肇颐的I-15降落时失事机毁人重伤，第18队飞行员金炜的I-15被敌夹击，迫降受损，第4大队第21队的I-15待降时，发动机与机身脱离，飞行员梁镇生跳伞，其余降落于原机场，当天损失达18架。日方报称击落6架、击毁19架。值得一提的是，这次"降落事件"的主角东山市郎空曹长等4人并未因此受到表扬，反被飞行队队长进藤三郎大尉训斥了一顿。

◎ 1941 年 12 月 7 日，苍龙号零战队小队长饭田房太对夏威夷的美国海军基地发动攻击，因油箱中弹而无法返航，驾机撞向美国海军基地，被美国刻碑纪念。在日本军国主义分子眼中，饭田是"珍珠港伟勋三勇士"之一

10月26日，饭田房太大尉率零战8架第三次空袭成都，报称"击落我战斗机、教练机10架"。11月6日日本纪录片《日本新闻》第22号中，饭田等人被誉为"击落敌机八勇士"。11月26日，零战掩护陆攻计53架分三批袭击成都，空军轰炸总队及军士学校所属各机分别疏散。中国机群向邛崃以西转移途中突

● 1940 年 10 月 4 日，第 12 航空队零战队在成都太平寺机场焚毁 15 架（横山保 拍摄）

● 1940 年 10 月 4 日，日本海军第 12 航空队的东山市郎空曹长、羽切松雄 1 空曹、大石英男 2 空曹、中濑正幸 3 空曹四名飞行员降落于成都太平寺机场，其中东山、中濑两人在光天化日之下，竟徒手一举将中国空军指挥所纵火烧毁，扬长而去

遭零战攻击，被击落5架，飞行教官万应芬、第32队上尉分队长王自杰、飞行员刘文林、石大陆和轰炸总队附员李维强、邢达牺牲。12月30日，12架零战空袭成都各机场，报称击伤中国战机33架，日机全队安然返航。

到1940年年底，中方作战飞机仅存65架，在强大的日本航空兵面前只能采取"跑警报"避战的办法保存实力，但中方躲避敌机也时常遭袭击。特别是零战投入中国战场之后，更是对所剩无几的战机斩尽杀绝，利用其超长的续航力，欲将中方飞机斩草除根。这种避战的情况一直维持到1941年年初从苏联引进I-153战斗机，航委员会及接收该机的中国空军飞行员们对其寄予厚望。不过，这种期许还是很快就在"3·14"空战中破灭了。

保卫抗战大后方的空战中，中国空军飞行员发扬了高度的爱国主义精神。他们不畏强敌，视死如归，在中方能够投入战场的战斗机数目远低于敌机情况下，依旧义无反顾地以区区数机挑战数十架甚至上百架敌机。涌现出无数英雄，如第5大队第28队的陈桂林、陈桂文兄弟，本为南洋华侨，出于爱国其父送回投效空军，分别毕业于广东航校七期甲、乙班。陈桂林保卫成都时英勇牺牲，老父回国将寡媳孙子接回去，吩咐小儿子陈桂文要坚持战斗，报国恨家仇，在昆明上空，陈桂文又英勇牺牲，而老父又默默回国来接孙子和媳妇，其爱国献子的伟大精神，令闻者无不感慨。正是这些平凡的英雄用自己的鲜血捍

⬆ 1940 年 9 月 13 日，进藤大尉率零战队初战重庆，凯旋汉口后，接受第二联合航空司令大西泷治郎少将（后方叉腰者）的检阅

⬆ 1940 年 9 月，璧山空战后的汉口基地第 12 航空队零战，近前的是零战队进藤三郎大尉的 3-361 号座机

卫了祖国的天空，体现了中华民族从不屈服的光辉传统，使敌企图利用空袭消磨、摧毁中国军民抗日意志的妄想无法得逞。1940年6月20日，《新华日报》发表《向空军致敬》专文，对中国空军的英勇抗战给予了高度评价：

　　在这半个多月的敌机狂炸中，重庆的市民，经常在烈焰烟硝中过生活，敌人的烧夷弹虽然摧毁了部分同胞的房屋，化成了灰烬，但是烈焰燃烧不了广大市民对日军愤怒的心。今天全重庆的市民无论男女老少，大家没有一点沮丧，反而增加了兴奋的情绪和紧张的工作精神，这是由于什么？我们不得不感谢空中的英雄，他们的视死如归，奋勇杀敌的精神。因此，我们要特别代表重庆的市民，全国抗战的民众对英勇作战的空军将士致热烈的敬礼！

1941年"102号作战"
1941 年年初的态势

　　进入1941年后，中国空军补充苏制SB轰炸机100架和战斗机148架，实力有所回升。由于1940年9月13日I-16-10、I-15bis战斗机在重庆璧山与敌零式战斗机首战惨败，暴露出飞机性能远在敌机之下，因此国民政府要求苏联"提供可与敌零式一战的新式飞机"。但这些补充的I-16-10和I-153的性能仍然不如零战，因此中方很少出动，尽量避免与敌正面相遇。尤其是苏德战争即将爆发，

316

▲ 1940 年 7 月，零战 11 型（左边机）进驻汉口机场，与右侧的 2 架 96 舰战同时停放

▲ 横行中国大陆上空的零式 11 型舰战（3–175）号机

苏联撤出援华航空队之后，独力奋战的中国空军更难抵挡日军的肆虐。

1941年，继1940年日军的"101号作战"之后，侵华日军再次部署更为残忍的"102号作战"，即对重庆实施"轮番轰炸""月光轰炸""疲劳轰炸"，又称"第三次战略轰炸"。参加这次轰炸的日机，除在华的第1飞行团、第3飞行团和第60战队外，还征调了驻东北用以对付苏联的第12、第98重型轰炸机战队，及驻在太平洋地区用以对付美国的第11、第22航空部队投入这次轰炸行动。日军企图倾其全力，孤注一掷，一举解决"中国事变"。

由于日军大本营准备全力以赴投入太平洋战争，因此海军于1941年1月15日对其陆基航空兵进行大改编。撤销原联合航空队编制，改设第11航空舰队，下辖第21、第22、第23、第24航空战队，开始强化训练，准备进行针对英美的战争。而日本陆军则期望在对英美开战前能够"解决中国事变"。4月10日，在侵华日本陆军的要求下，原第2联合航空队改编的日本海军第22航空战队结束紧张训练，奉命编入海军中国方面舰队司令长官屿田繁太郎大将指挥的序列下，下辖美幌航空队、元山航空队。

1940年夏，德国闪击西欧成功，日本决定乘机南进，夺取西方国家在亚洲、太平洋地区的势力范围。为实施南进战略，日本在加强同德、意勾结的同时，积极谋求调整对苏关系，以便巩固北方安全，并促使苏联停止援华，达到早日结束"中国事变"的目的。此时，面临德国侵略威胁的苏联，为摆脱东西受敌的危境，一方面支持中国抗战，以束缚日本手脚；另一方面力求和日本签订条约，保障东部边境的安全。1941年4月13日，苏日签订《苏日中立条约》，有效期5年，自此苏联对华援助逐渐减少。

成都上空的耻辱

I-16具备运用高速掠袭战术打败零式的性能，但中国空军墨守成规，仍热衷于贴身缠斗，这正中以格斗见长的零战下怀。也正因如此，中国空军选择的复仇武器不是I-16，而是更灵活、但在速度和爬升等方面远逊于日机的I-153——这也为复仇的结局埋下伏笔。

1940年11月18日，第5大队新任大队长黄新瑞率队前往新疆哈密，换装了26架I-153，第27队亦于同期换装；1941年1—2月，第3大队接收17架，第4大队接收20架。该机拥有可收放式的起落架，时速提高到440公里。中国空军上下普遍认为，通过发挥I-153的机动性优势，足可击败零式。1941年3月14日，日军得悉中国空军已换装了新型的I-153后，以第12航空队零战队分队长横山保大尉率12架零式战斗机从宜昌机场出发，护航10架中岛97舰攻（B5N1）再次赴成都寻战。恰航委会也想实验下自半年前璧山惨败后一直寄予厚望的苏制I-153新机的战斗力，在第4大队被打得七零八落的情况下，第5大队成为中国空军复仇的主力。第5大队遂奉命会同第3大队第28队共出动31架I-153出战，迎击零战。是役，中国空军从上到下都很重视，吸取了璧山空战的教训，采取重叠配置战术，由王牌飞行员黄新瑞率领的编队9架、副大队长岑泽鎏所率的编队11架、第3大队第28队队长周灵虚率领11架前往迎敌。大队长黄新瑞率领第5大队9机在7500米高度掩护，副大队长岑泽鎏率11机在7000米高度上待机，第3大队第28中队周灵虚中队长率领11机在6500米高度上巡逻，黄新瑞担当总领队。11时32分，零战队从新津县下降高度，7架零式在上方5架友机的掩护下扫射了双流机场。半小时后，中方机群与正在低空扫射、编队飞行的零战在双流附近发生交战。

起初，中方挟以逸待劳之势在高空待战，占据了高度优势。敌机初到，正全力向地面双流机场上搜寻停留的飞机，未及注意中国飞机群奇袭，因此，一开始中方占据主动。但在随即的近身格斗中，由于零式的格斗性能相当优秀，水平盘旋半径、垂直爬升率和最大速度等性能都远在I-153之上。因此，日本零式居然很快从遭奇袭、高度低、被咬尾的一系列不利局面中摆脱出来，利用其远胜于I-153的机动性反超。短短20分钟的混战中，中方损失惨重：第5大队大队长黄新瑞头部重伤迫降于苏码头，虽经地面人员奋力抢出，送至医院，但终因伤势过重于16日不治辞世；副大队长岑泽鎏被当场击落在双流机场旁，人机同殉；第5大队参战的第17队分队长江东胜、飞行员任贤、林恒、陈鹏扬战死，队长谢荃和、分队长严钧轻伤；第3大队第28队队长周灵虚和飞行员袁柄芳也在空战中牺牲。

中方在空战中被击落8架I-153，连迫降损失共16架，其中10架全毁。日方宣称击落7架，击伤地面27架。日机全部返航，只有4架轻伤（1机中弹2发、1机中弹3发、1机中弹1发、1机中弹8发）。上平启州、羽切1空曹踊跃出击，一举击落4架（含1架不确实），中濑幸一更报称击落6架（含1架不确实）。惜黄新瑞、岑泽鎏、周灵虚等有着丰富对日空战经验的粤籍英雄百战而死，中方痛折栋梁。至此，中方主力飞行员已损失85%以上，中国空军的血快要流光了。

若说璧山空战的失利还情有可原，双流空战的败北则完全是人祸。指望用盘旋能力强的I-153对抗高速度、高爬升的零式本身就是错误。单就这场战斗而言，国军在大好局势下，打半小时只命中14发子弹，技战术水平实在令人难以置评。零式根本没有防护钢板和自封闭式油箱等防御装备，如果中国飞行

1941 年年初，第 3 大队第 32 中队摄于成都双流机场。后左一张济民、后左二洪奇伟、后左三薛凤翯；前排左一李光刚、左二乔无遏、左四梦昭勋、左五队长徐葆昀、左六司徒福、左七徐华江

员的枪法稍好一点，在战斗开始时打爆几架零式，那么后续战况很可能会完全不同。事实上，战后中方报告也承认"平时战斗及射击之训练较少"。

　　从团队配合看，尽管中国战机在战前分三层部署，但在战斗中各层飞机却缺乏协同和掩护，被零式运用高爬升率抢回先机；由于平时器械保养工作欠妥，多架飞机因机枪卡壳、氧气不足、发动机过热等故障而不得不退出战斗，致使数量优势没法完全发挥。在这些因素的共同作用下，中国空军不仅被日机打出16：0的交换比，还牺牲了黄新瑞、岑泽鎏两位经验丰富的指挥官，全军士气大挫。事后，航委会被迫承认新换装的战斗机也无法与敌性能占绝对优势的零式抗衡，遂下令对其采取"避战"政策，遇有情报通告敌零式出动，中国飞机不得与其交战，只可远遁保存实力，在当时情况下，实乃不得已而为之。

　　4月，航委会改组，迁至重庆，3月26日在成都成立空军总指挥部、军政厅、防空总监部，分别负责军令、军政和全国防空。其中，毛邦初任空军总指挥部总指挥。

▲1940年10月，第14航空队换装零战11型，该机为周防元成大尉的座机

▲1940年11月3日，回国换装零战前的第14航空队96舰战

4月30日，第22航空战队54架96陆攻、18架零战进驻汉口机场，配合原驻华的第12航空队开始实施"601号作战"。5月21日至27日为"601号作战"第一阶段，日本海军第22航空战队及原在华的第12航空队零战27架、舰攻11架、陆

侦5架以宜昌为基地，元山航空队96陆攻27架、96舰战9架，以汉口为基地，元山航空队9架96舰战以宜昌为基地，计出动零战27架、96舰战18架、96陆攻38架、陆用侦察机5架袭击重庆、成都及梁山等地的机场及其他军事目标。

5月20日，日本海军的零战袭击成都太平寺机场时被地面防空火力击落1架，坠于机场东南约2公里的白羊场附近，"系三菱工厂制造，单座单翼单发动机，大部金属之舰上战斗机，隶属第12战队，驾驶员木村俘当场毙命，有海军符号、地图、手枪、保险伞等物，均入土甚深"。据日方记录，该飞行员系第12航空队飞行员木村英一1空曹，这是继1941年2月21日在昆明防空炮击落第14航空队蝶野仁郎空曹长之后，第二架被击落的零战。

关于这架零战的击落还纯属巧合。据高庆辰回忆："有次成都太平寺机场被日机任意攻击。但有1架日机俯冲扫射时，就一直冲到地面，自己摔死了。去检查的人到处找不到枪伤。飞机发动机也检查不出毛病，奇怪这架飞机怎么会失事。经检查那个日本飞行员尸体的人才发现，原来他心脏里中了一发机枪子弹。再仔细检查，才发现这枚子弹是我们空军警备旅布在机场周围的卫兵，用机枪击中飞机机身下方正中间。那颗子弹射穿机身铝皮与铝制的座位，又穿过了飞行员的坐伞。刚好打进他的肛门，穿过肚肠，进入心脏。那粒子弹还嵌在他的心房里。众人都叹息这人命里该死，甚么巧都被他赶上了。"

正当第5大队重整旗鼓之际，却迎来一场灭顶之灾。5月25日，情报通告日机来袭，第5大队大队长吕天龙因胃病复发无法飞行，副大队长曾达池因事出缺，无奈向空军第3路司令张有谷请假，改由第29队队长余平想、副队长谭卓励率大队17架尚能堪用的I-153，在空中收容第4大队赵曜的1架I-15，飞向陕西南郑避敌。

26日，驻成都的第三路司令部，据报敌轰炸机分批有犯南郑企图，因与南郑的电话不通，用无线电与南郑的第8总站联络，要求转令空军第5大队疏散在南郑的18架I-15（含第4大队1架），遇空袭时飞赴兰州，听从第4路司令部指挥。后经第8总站报告，第5大队已于敌机投弹前飞成县疏散，第三路司令部鉴于成县机场的通信与情资条件欠佳，令第5大队转兰州。9时55分，余平想未及传达去向即从成县机场起飞，10时50分在天水以南40公里的小天水4000米高度与5000米高空的日机5架遭遇空战，余平想、张森义两机被击落，人员跳伞

⊙横山保大尉率零战队取得双流空战胜利后，在 1941 年 4 月 10 日调离前合影

安全落地。其余各机群龙无首，以圆形阵让日机知难而退，但中国飞机不知何去何从，由谭卓励率队11时05分飞至天水机场上空。未见看到地面铺设符号，盘旋三圈才见地面铺出西北有日机的箭头符号。机群立刻沿场拉高戒备，不久机场地面改补T字降落符号，随即全体降落准备加油。落地后，第12航空队9架零战临空扫射，中国飞机已不及升空，任由日机扫射1小时。

日方报称击落5架飞机，击破18架飞机，实际上中国飞机16架中仅有2架发动机能用，其余皆毁，卡车、加油车各一辆被击毁，幸得人员无恙。事后天水站长何禄生指挥布板符号失误，撤职。大队长吕天龙因病出缺，也未派副大队长指挥，与第29队队长余平想一同撤职，空军第3路司令官张有谷以"指挥不力"的罪名被处分。副大队长曾达池接任大队长，副大队长由第27队队长谢荃和接任。6月6日接收第11大队3架I-153以备夜间警备。7月1日航委会公布，自1941年年初第5大队接受I-153新机以来，共计毁机32架，损伤12架，为惩前毖后，自即日起取消部队番号，改称"无名大队"。全队人员佩"耻"字于胸前，以示惩罚作战不力，因此士气益形不振。

璧山空战、双流空战、天水空战，是零式在中国战场最知名的三场战斗。从1940年9月起，仅仅几个月的时间，日军就以不到20架零式把中国空军逼入了绝境。在和零式的交锋中，中方先后折损各类军机约百架，却未在空战

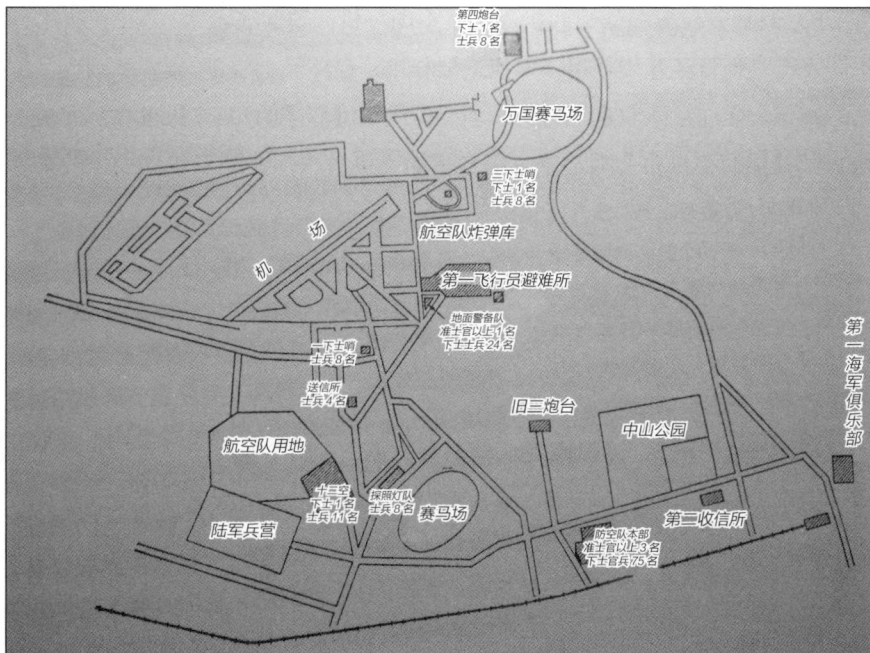

△ 1941 年，汉口基地日机配置图

中打下一架零式（仅依靠地面防空火力在昆明、成都、兰州各击落1架）。但把这种惨败归咎于装备落后是无论如何都说不过去的。较之武器，国军更为落后的是战术理念、训练水平和情报工作，这些不加以改善，拥有再好的飞机也难以扭转局面。

第一阶段作战，日本海军南方队报称"击落2架、摧毁10架"。

进入6月，日军转用疲劳战术，或用密集机群轮番轰炸，或小股敌机不断轮流临空袭扰，以达到使中国军民抵抗意志消沉的目的。6月5日18时，正值下班高峰期，日机前来轰炸，拥挤的人群纷纷就近涌入位于繁华市区的较场口大隧道，以致比最大容纳人数6555人超员一倍有余。日机持续轰炸重庆达5小时之久，洞内氧气稀薄，毫无通风设备，人群向外挤出，不料隧道的门是向内开的，拥挤的人群无法控制，以至酿成死伤人数逾三千人的"大隧道窒息惨案"，与1938年黄河花园口决堤、长沙文夕大火并称为抗战三大人祸之一。

6月22日，日机53架分四批入川，中国飞机闻警起飞疏散，第2大队第11中队飞行员杨冠英起飞较迟，未能追上长机，在广元上空遭7架零战围攻，被击落殉国。轰炸总队教官王自信和训练班组长洪养孚的2架飞机也在广元被攻击，洪养孚的飞机负伤后迫降，王自信的飞机被击落在距昭化15公里的车家坝，王自信重伤，见习飞行员卢伟英等4人阵亡。

在第二阶段作战，日军南方队宣称取得"击落3架、摧毁2架、击伤7架，其他炸毁军事设施"的战果。

自"3·14"空战后，中方更难与在技术、数量、保障等方面都占据绝对优势的敌人抗衡，以至于让日本最早装备零式的12航空队飞行员妄言"重庆空军已毫无丝毫抵抗之能力，我旭日旗尽可飘扬于中国上空"。这对于曾经在上海、南京、广州、武汉、南昌上空与敌人誓死厮杀过的中国空军来说，是从未有过的莫大耻辱；对于涌现出如高志航、刘粹刚、陈怀民、阎海文等空战英雄的中国飞行员们来说，是锥心的苦痛。可是，在全军仅存不足百架战斗机，而且性能远在敌人之下的现实面前，就算空有一腔报国热忱，又怎么能战胜敌人呢？在苏联停止对华援助，西方国家还没有卷入太平洋战争的1941年，我们毫无外援，且自己又不能设计制造堪敌日机，那么唯一保存自己的途径，就只有逃警报了。当时，这是每一个中国人都不得不背负的屈辱……

为在对美英开战前从中国战场上解脱，日本大本营决定集中在华航空兵力大部，对中国内陆作最后一次毁灭性打击，代号"102号作战"。陆航第3飞行集团于7月开始准备，主要投入第60战队的97重爆，另外第1、第3飞行团的轻型轰炸机和战斗机、侦察机予以配合。早在6月返回日本首先换装一式隼战的第59战队因故障频传，换装进展不顺，未能预期参战。以运城为主参战兵力为97重爆19架、川崎99轻型轰炸机38架、战斗机16架、侦察机41架，计114架。

海军也准备加入"102号作战"，第11航空舰队主力纷纷从国内训练基地转场汉口、孝感。顺便也赶在太平洋战争爆发前对新装备的三菱1式陆攻（G4M1）轰炸机作一次实战检验，同时对新补充飞行员作实战练兵。其中，由原第1联合航空队改编的第21航空战队下辖鹿屋、东港、第一航空队计96陆攻54架，高雄航空队辖最新的1式陆攻30架，加上已在华的第22航空战队的96陆攻54架、零战18架，总数在180架以上。

△ 1941 年初夏，第 12 航空队零战队飞行员阵容

中国方面舰队司令屿田繁太郎是叫嚣"用空中力量迫使蒋政权投降"论的极力鼓吹和实施者。他在1941年4月8日日记中写道："为迅速处理日、中事变，极须积极作战，给敌人以彻底打击，使之屈服。日益加剧敌人的困境，使其放声悲鸣。为此，重庆攻击战最为有效要用航空兵力重创敌人。"

1941年5月，日海军最新式的三菱一式陆攻开始交付部队，首批30架配属驻台湾的高雄航空队。7月25日高雄航空队进驻汉口，参加"102号作战"，为了避免白昼前来中国飞机"跑警报"飞走，敌海军航空队实行夜间—凌晨奇袭战术。1式陆攻炸弹携带量与96陆攻相同，航速、升限都与零式相当，能有效躲避中国战机及高射炮的威胁，由其担任夜间导航任务，引导零战攻击。7月27日，1式陆攻30架在零战掩护下首次空袭成都，拉开了"102号作战"的序幕。1式陆攻载弹量大，航速快，可上升到7000米以上高空，在高射炮火及战斗机火力射程之外轰炸，给中国带来更为严重的破坏。当日，轰炸成都的日机达108架，是成都有史以来遭受最大的一次空袭。

7月28日，日本海军108架分5批空袭四川各地。第4大队9架I-15战斗机及无名大队7架I-15战斗机从双流及太平寺机场起飞，在璧山上空与第二批18架日机遭遇。中方战斗机立即发动攻势，报称击落敌轰炸机1架，但中国飞行员高春畦中弹迫降合川后，因脑部受伤牺牲。

日本海、陆航对重庆的"无差别"轰炸，进一步引起了日美之间关系的恶化。7月30日，敌海空军第4次对重庆大轰炸时，其第21航空战队所属鹿屋航空队的26架重型轰炸机于上午10时55分，将部分炸弹投入重庆市南边的长江内，距美国停于江上的炮舰"捷泽依拉"号很近，日军认为弹着点离美国炮舰至少有350公尺。而美国驻日大使格鲁为此向日本政府提出抗议时指出：日本与美国之间的战争，已接近至八码的距离（指弹片距美军炮舰）。为此日本的海军军令部于7月31日20时，以电报指示屿田繁太郎的中国方面舰队：今后对重庆市区的轰炸，必须严格控制各项飞行条件、轰炸目标。

8月1日起，敌陆航各部开始对陕西和四川的军事目标进行轰炸。6日，在海军要求下，陆航第60战队重新加入了对重庆、自贡、内江的轰炸。

8月11日凌晨3时35分，从汉口起飞9架1式陆攻在濑户大尉率领下，于4时50分在荆门上空与由宜昌起飞的第12航空队飞行队队长真木成一少佐所率20架零战会合，由木更津航空队分队长铃木正一少佐统一指挥，直奔成都实施"102号作战"。

中方地面警戒哨报告传到成都双流机场时，为时已晚，7时05分敌机已临空轰炸扫射。无名大队仅存的4架I-153和第4大队1架I-153战斗机起飞迎敌，在温江上空首先发现敌1式陆攻，攻击一番后敌轰炸机利用高速脱离，正在追赶之际，敌零战从高空云层中俯冲杀出，围攻中国飞机。这也是坂井三郎在华的最后一次空战，中国空军逆境下的顽强给他留下难以磨灭的印象：

1941年8月11日，我就参与了一次这样的作战行动……我看到了一架老式的双机翼飞机正在跑道上磕磕碰碰地起跑要飞起来的样子。一瞬间，五架零式战机已经冲到跑道上空，对着这架双翼老飞机就是一顿猛射。但操纵这架老爷飞机的敌机飞行员技艺非凡，左闪右转，就是打不着。敌机驾驶员飞得极为灵巧，老爷飞机尽管速度很慢，但还是做出了超常规的特技大回转动作，避开了零式战机射过去的所有枪弹。五架零式战机面对毫不气馁的老爷飞机也无计可施，只得无功而返，都呼啸着向上腾起。

比对8月11日的中国空军战斗要报，只有无名大队陈康的战斗经历吻合：

"无名大队陈康所驾P-7289
号I-153战斗机1架于攻击敌
轰炸机后,与敌战斗机3架格
斗,因众寡悬殊,进入云中回
避,在云层内飞行1小时余迷
航出云,在中兴机场平安降
落。"坂井三郎做梦也没想
到,这位"牛人"驾驶落后的
I-15在5架零战联合绞杀下,
居然奇迹般幸存。陈康因作
战勇敢,被记功一次。

▲ 1941年8月11日成都空战中中弹的前川机尾炮塔枪座

但其余各机就没这么幸运了,总计有4架被击落,无名大队第29中队副中队长谭卓励在温江被击落,分队长王崇士、黄荣发和第4大队7261号机飞行员欧阳鼎分别华阳、新津、仁寿迫降时牺牲。其中,黄荣发在华西大学经济系就学的女友杨全芳因爱生憾,于16日在无名大队飞行员宿舍找到一把手枪后举枪殉情。国民政府航委会感其英烈,于1942年3月29日合葬于成都北郊空军烈士墓。另外,在双流机场加油迟缓未及起飞的第4大队1架I-153被击毁,2架被击伤,航委会直属的36号DC-2运输机多次执飞运送人员、物资从重庆经成都停兰州至乌鲁木齐任务,恰好经停在凤凰山机场,亦未能幸免,机长衣复恩为此受到人生第一个"大过"处分;温江机场未及起飞的第1大队2架SB轰炸机被击毁。

空战45分钟,日方宣称"陆攻队与4架I-16战机交战,击落其中2架,战斗机群则击落3架,燃烧或大损16架的战果",混合编队14时20分返回基地后,发现36架编队的先头中队1小队2号前川机的尾部炮塔20毫米机枪弹仓被1架I-16击中,引发爆炸,机枪手长谷川2等兵曹重伤。日本海航这种以攻击机为诱饵,吸引避免同零战接触的中国战斗机来攻击,再用躲在附近的零战出击的"才"号作战行动由此得手,日方评价"此种战法后应用对菲律宾的空袭,作为第一击作战构想的基础,可见当时零战飞行员驾驶技术与战法已达相当高超的水平",中国空军却付出了惨痛的代价,教训极为沉重!

战后,中方就此役检讨,自昨(10)日23时起至本(11)日4时止,蓉附

表20：1941 年 6 月 18 日至 23 日日本海航"601号作战"的第二阶段

单位	基地	兵力
第22航空战队美幌航空队	汉口	33架96陆攻、9架96舰战
第22航空战队元山航空队	宜昌	9架96舰战
第12航空队	宜昌	18架零战、11架舰攻、4架陆侦机

表21：1941 年 8 月 31 日日军轰炸情况

时间	数量	路线	概况
9时58分	17架	石柱—长寿—合川—遂宁	11时55分在成都以机枪扫射，12时25分在成都凤凰山投弹，12时35分在成都投弹，经遂宁、开江东返
9时18分	9架	三斗坪—秭归—建始—酆都	10时34分在重庆盘旋，经南充、三台，于12时36分在成都投弹后，经遂宁东返
10时20分	36架	来凤—彭水—綦江—泸县	13时56分在昭通投弹后，经松坎、彭水返回
10时14分	26架	宜都—宣恩—石柱—涪陵	11时50分在重庆投弹，经涪陵东返
11时36分	27架	聂家河—恩施—黔江—酆都—南川	13时30分在重庆投弹，13时55分经长寿回窜，重庆解除警报
12时08分	17架	三斗坪—云阳—开县	13时30分在梁山两次投弹后，仍经开县返回

近雷雨交加，机场泥泞，11日3时许大雨如注，致碍加油工作，而各站队准备不周，情报传递迟缓，敌机临空急迫，实为此次损失主因，兹检讨如下：

1. 无名大队及第4大队作战之勇敢，士气之旺盛，虽众寡悬殊，已予敌寇严重之打击，一挽年来之颓风，迫令敌轰炸机未敢投弹即逸去；

2. 敌机第一次利用拂晓袭击成都，适当成都倾盆大雨，故准备欠充分；

3. 因情况紧急，各方面纵横联系稍欠确实；

4. 沿途防空情报因深夜传递稍迟且有缺报，故各队站未能充分明了全般情况；

5. 空军情况瞬息万变，命令不免前后变更或重复；

6. 因限于人力物力，各站场之场面宿营交通场夫等设备，不能适应天候突变或情况紧急时之要求。

成都方面。当天零战及轰炸机各27架分三批进袭。9时16分，据防空司令部情报"9时12分敌机18架经五峰西飞"，驻蓉空军第3路司令部令各机场发出预行警报，并令各部的I-15、I-16、SB机等，悉数推进场外漏油伪装疏散。

10时35分，以判知敌系战斗机进袭，令第4大队I-153战斗机5架、无名大队I-153战斗机4架，由第4大队派出中队长陈盛馨领队，飞雅安以西疏散待避，11时05分开始起飞，11时09分起飞完毕，按照预定疏散空域进航。

11时25分，第一批零战27架进入成都上空，分别向凤凰山、温江、太平寺、双流、新津、邛崃各机场低空扫射，除双流站伪装的1架被击伤外，其余无损失。

12时26分，第二批轰炸机18架在凤凰山机场投弹，轰炸总队宿舍一部、68站站部飞行员休息室、机械士宿舍、滑翔班机棚被炸起火焚毁，士兵、场夫死6人、伤3人，轰炸总队比奇D-17通用机1架疏散场外被炸燃烧。

12时30分，第三批敌轰炸机9架，在军政部兵工署第11兵工厂及成都东门投弹轰炸，在第11工厂待修及报废的SB机翼各1个被破片炸中轻伤，中山室合作社被炸。

12时35分，日本海军航空队零战队、轰炸机全部返回，第3路司令部用无线电及布板符号命令疏散雅安的I-153降落原场加油，第4大队I-153战斗机5架于12时53分降落。13时11分，第4大队I-153加油完毕，令无名大队I-153战斗机4架于13时19分降落。13时27分加油完毕，令各机在机场紧急待命。

由于与美英关系急剧恶化，日本不愿接受对方提出的有关"终止对华战争，开启和谈、撤退军队"的条件，最终决定对西方国家一战。遂提前结束"102号作战"，将第11航空舰队主力撤回国内备战太平洋战争，而自淞沪参战至今已称霸长达4年的第12航空队也在9月15日改编解体，飞行员分别调拨新成立的台南航空队、第3航空队。从9月2日后，留华日本海航飞机仅余10多架，以后随有所增加，但已无力组织大的进攻作战，主要作战任务从此交给陆航，之后对重庆只有零星轰炸。与此同时，随着1941年6月22日苏德战争爆发，

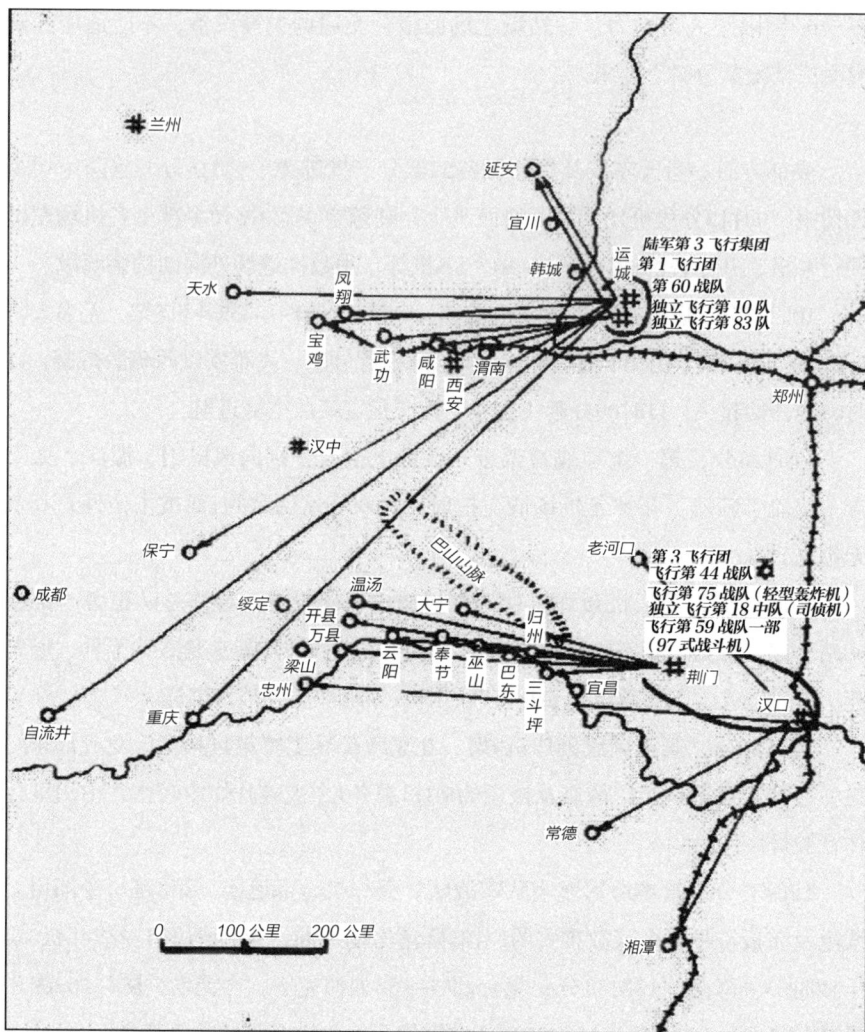

◇ "102号作战"概况图

地图标注：
兰州
延安
宜川
天水 凤翔 韩城 运城 陆军第3飞行集团 第1飞行团 第60战队 独立飞行第10队 独立飞行第83队
宝鸡 武功 咸阳 渭南 郑州
西安
汉中
保宁 巴山山脉 老河口 第3飞行团 飞行第44战队 飞行第75战队（轻型轰炸机）独立飞行第18中队（司侦机）飞行第59战队一部（97式战斗机）
成都 绥定 温汤 大宁 归州
开县 万县 云阳 奉节 巫山 巴东 宜昌 荆门
梁山 三斗坪 汉口
忠州
自流井 重庆 常德
湘潭
0 100公里 200公里

西线吃紧，苏联援华航空志愿队相继回国参战。10月，苏联政府宣布中止对华军事援助。截至1941年年底，在华的苏联军事人员基本撤尽，飞机和装备移交中国空军，一直沿用到1943年。

日方总结"本次作战堪谓空前之大航空作战，也成为后来太平洋战争初期航空作战模式"。"102号作战"期间，日军出动陆攻2050架次、舰攻及舰轰201

⊕ 日军空袭摧毁的 SB 轰炸机，苏联援华航空志愿队撤离后，苏制轰炸机仍然使用了很长一段时间，其中 DB-3 轰炸机使用至 1943 年 9 月，少量 SB 轰炸机一直用到了 1946 年年初。1937—1945 年，中国一共接收了 2351 架外国飞机，其中 566 架是轰炸机，这里面有 322 架来自苏联，244 架来自美国

架次、舰战99架次、陆侦39架次，总计2389架次；攻击次数达20次，重庆占了14次之多，消耗80号炸弹94枚、25号（陆用）2906枚、其他11148枚，合计15036枚，并报称击落中国战机8架，扫射致燃或击毁达18架，炸毁3架。

尾声

　　1938年10月至1941年8月短短3年内，就有3585架次日机分84次对重庆城区进行空袭，共投下各类炸弹9877枚，直接造成16376人死亡，其中主城六区占9300人；16453人受伤，主城区占7782人。而从1938年2月18日首次空袭到1943年8月23日最后一次空袭，日军共轰炸重庆218次，出动飞机9513架次，仅市区工商界损失就达到500万美元。日本对重庆实施空袭的目的是透过制造大量平民杀伤，瓦解对方抵抗的士气。日本轰炸重庆时首次大量使用燃烧弹，用以燃烧市区的房屋。

　　日本海军航空队空勤人员阵亡829人，其中驾驶侦察军官59人、士兵594人、机上整备员176人，宣称击落834架、不确实136架；地面炸毁904架、不确实60架。

表22：太平洋战争爆发前夕（1941年9月30日），日本海军航空队宣称在华航空战概况

机型	空战中被击落	被击伤
总数	553架	615架
陆攻	113架	368架
舰战	156架	105架
舰爆	90架	16架
舰攻	57架	37架
水侦	114架	76架
其他飞机	23架	13架

附录 1 苏联志愿队烈士名录

烈士姓名	军衔/职务	出生年份	牺牲日期	埋葬或牺牲地	死因
米哈依尔·米哈依洛维奇·阿诺索夫	中尉	1908年	1937年2月24日	南昌	空难
瓦西里·米哈耶维奇·库尔久莫夫	上尉/大队长	1906年	1937年10月28日	肃州	空难
尼柯莱·伊万诺维奇·基里洛夫	准尉	1910年	1937年11月7日	肃州	空难
特卡钦科·尼柯莱·查哈洛维奇	中尉	1911年	1937年11月7日	肃州	空难
尼柯莱·尼基弗洛维奇·涅日丹诺夫	中尉	1913年	1937年11月22日	南京	空难
亚历山大·伊万诺维奇·布尔达诺夫	上尉	1911年	1937年12月2日	南京	空战
阿尔西尼·彼得洛维奇·彼得罗夫	中尉	1909年	1937年12月2日	南京	空战
谢尔盖·格里戈里耶维奇·波波夫	准尉	1915年	1937年12月2日	南京	空战
瓦西里·谢尔盖耶维奇·阿列克谢耶夫	中尉	1907年	1937年12月2日	南京	空战
米哈依尔·伊万诺维奇·安德烈耶夫	中尉	1910年	1937年12月2日	南京	空难
A. D. 普拉霍洛夫	中尉		1937年12月4日	南京	空战
卡申·格里戈里·雅科夫列维奇	中尉	1911年	1937年12月22日	南昌	空战
杜日尔金·格里戈里·瓦西里耶维奇	中尉	1912年	1938年1月1日	洛阳	空战
康斯坦丁·叶戈洛维奇·查巴鲁耶夫	上尉	1907年	1938年1月7日	南昌	空战
伊万·伊万诺维奇·波塔波夫	中尉	1909年	1938年1月7日	南昌	空战
亚历山大·瓦西里耶维奇·奥连霍夫	中尉	1912年	1938年1月9日	南昌	空战
瓦西里·巴甫洛维奇·格里雅切夫	初级指挥官	1913年	1938年1月12日	芜湖	空战
阿列克谢·安德烈耶维奇·约西弗夫	中尉	1908年	1938年1月15日	南昌	空难
阿列克谢·基里尔洛维奇·利特维诺夫	中尉	1912年	1938年1月15日	南昌	空难
亚科夫·拉夫连季耶维奇·柳巴里	中尉	1912年	1938年1月15日	南昌	空难
安德烈·马尔基安诺维奇·舒曼	中尉	1907年	1938年1月15日	南昌	空难
柯西金·格里戈里·彼得洛维奇	初级指挥官	1913年	1938年1月21日	南京	空战
彼得·叶尔莫拉耶维奇·波依科夫	中尉	1913年	1938年1月26日	南京	空战中失踪
符多维钦科·弗拉基米尔·伊万诺维奇	中尉	1913年	1938年1月26日	南京	空战中失踪
亚历山大·尼柯莱耶维奇·拉兹古洛夫	中尉	1908年	1938年1月26日	衡山	空战
舍夫琴柯·菲利浦·米哈依洛维奇	上尉	1910年	1938年1月26日	衡山	空战
贝利茨基·格里戈里·查哈洛维奇	初级指挥官	1913年	1938年1月26日	衡山	空战

苏联志愿队烈士名录（接上页）

烈士姓名	军职军衔	出生年份	牺牲日期	埋葬或牺牲地	死因
葛尔琴柯·伊万·福明	中尉	1906年	1938年1月30日	洛阳	空战
亚历山大·瓦西里耶维奇·克留科夫	中尉	1908年	1938年1月30日	洛阳	空战
尼柯莱·瓦西里耶维奇·沙拉依斯基	中尉	1908年	1938年1月30日	洛阳	空战
尼柯莱·伊万诺维奇·查兰斯基		1914年	1938年1月30日	洛阳	空战
米哈依尔·伊万诺维奇·茹拉夫列夫	少校	1901年	1938年2月4日	不详	空难
卡杜克·亚历山大·莫依赛耶维奇	上尉	1904年	1938年2月4日	不详	空难
库库施金·格里戈里耶维奇·雅可夫	少校	1897年	1938年2月4日	不详	空难
瓦连金·瓦西里耶维奇·奥西波夫	初级指挥官	1911年	1938年2月4日	不详	空难
米哈伊尔·德米特里耶维奇·绍什洛夫	2级军事技术员	1908年	1938年2月8日	汉口	空难
莫伊赛·伊萨阿科维奇·基吉里什登	初级指挥官	1913年	1938年2月15日	汉口	因伤不治
瓦连金·谢尔盖耶维奇·考兹洛夫	初级指挥官	1912年	1938年2月15日	汉口	空战
乌拉基米尔·伊凡诺维奇·巴拉莫诺夫	2级军事技术员	1911年	1938年2月15日	汉口	因伤不治
瓦西里·瓦西里耶维奇·别索茨基	中尉	1907年	1938年2月15日	汉口	因伤不治
米哈依尔·马克西莫维奇·鲁缅采夫	准尉	1908年	1938年2月17日	南昌	事故
福明·瓦西里·尼柯莱耶维奇	上尉	1908年	1938年2月17日	不详	空战
亚历山大·马特维耶维奇·别柳科夫	初级指挥官	1914年	1938年2月17日	南昌	事故
费道尔·谢苗诺维奇·罗曼诺夫	中尉	1908年	1938年2月18日	兰州	飞行事故
米哈依尔·阿列克谢耶维奇·塔留金	大队政委	1900年	1938年2月24日	南昌	空难
恰邦·彼得·伊格纳基耶维奇	中尉	1908年	1938年2月24日	南昌	空难
尼柯莱·伊万诺维奇·瓦西里也夫	中尉	1909年	1938年2月25日	南昌	空战
尼柯莱·阿列克谢耶维奇·斯米尔诺夫	中尉	1907年	1938年2月25日	南昌	空战
谢尔盖·德米特利耶维奇·斯米尔诺夫	上尉	1908年	1938年2月25日	南昌	空战
米哈依尔·安德列耶维奇·多姆宁	2级军事技术员	1907年	1938年3月14日	芜湖	空战被俘
伊万·尼柯莱耶维奇·库谢琴科	中尉	1911年	1938年3月14日	芜湖	空战被俘

苏联志愿队烈士名录（接上页）

烈士姓名	军职军衔	出生年份	牺牲日期	埋葬或牺牲地	死因
巴维尔·瓦西里耶维奇·穆拉维约夫	中尉	1909年	1938年3月14日	芜湖	空战被俘
阿尔谢尼·马特维耶维奇·奥布霍夫	初级指挥官	1913年	1938年3月15日	南昌	空难
加夫利林·伊万·安那利耶维奇		1901年	1938年3月16日	兰州	空难
马特维·格奥尔基耶维奇·葛洛莫夫		1902年	1938年3月16日	兰州	空难
安东·格里戈里耶维奇·古雪夫		1912年	1938年3月16日	兰州	空难
捷里雅金·尼柯莱·安德列耶维奇		1907年	1938年3月16日	兰州	空难
斯捷潘·尼柯莱耶维奇·德洛科夫	上尉	1907年	1938年3月16日	兰州	空难
尼柯莱·拉里沃诺维奇·祖伊科夫		1911年	1938年3月16日	兰州	空难
安德列·尼柯莱耶维奇·耶鲁沙利莫夫	1级军医	1903年	1938年3月16日	兰州	空难
庸金·尼柯莱·伊万诺维奇		1908年	1938年3月16日	兰州	空难
亚历山大·伊万诺维奇·鲁施科夫		1910年	1938年3月16日	兰州	空难
维克多·瓦西里耶维奇·波利卡诺夫		1916年	1938年3月16日	兰州	空难
沙文·谢尔盖·伊万诺维奇		1902年	1938年3月16日	兰州	空难
尼柯莱·叶菲莫维奇·捷里诺夫	上尉	1910年	1938年3月16日	兰州	空难
格奥尔基·伊诺肯基耶维奇·舍尔加切夫		1916年	1938年3月16日	兰州	空难
彼得·伊万诺维奇·阿列尼科夫	大尉	1902年	1938年3月16日	兰州	空难
尼柯莱·彼得洛维奇·别索诺夫		1912年	1938年3月16日	兰州	空难
布申·安德烈·叶甫多基莫维奇	中尉	1910年	1938年4月4日	西安	空难
瓦西里·米哈依洛维奇·涅斯缅洛夫	中尉	1906年	1938年4月4日	西安	空难
舒库拉·伊万·伊万诺维奇	2级军事技术员	1909年	1938年4月4日	西安	空难
契赫拉窦依·亚历山大·涅斯捷洛维奇	中尉	1914年	1938年4月4日	西安	空难
列夫·扎哈罗维奇·舒斯特尔	中尉	1914年	1938年4月29日	汉口	空战
阿列克谢·叶夫根尼耶维奇·乌斯片斯基	大尉	1906年	1938年4月29日	汉口	空战
格奥尔基·尼科莱耶维奇·韦利古罗夫	中尉	1911年	1938年5月21日	安庆	空战
格里戈里·费道洛维奇·列别杰夫	初级指挥官	1915年	1938年5月24日	不详	失踪
伊万·巴甫洛维奇·马卡洛夫	中尉	1909年	1938年5月24日	不详	失踪
苏里曼·阿赫梅章诺维奇·穆尔秀卡也夫	上尉	1905年	1938年5月24日	不详	失踪
沙姆松·安德列耶维奇·莫斯卡利	中尉	1907年	1938年6月3日	安庆	空战

苏联志愿队烈士名录（接上页）

烈士姓名	军职军衔	出生年份	牺牲日期	埋葬或牺牲地	死因
巴维尔·米哈依洛维奇·祖柏科夫	准尉	1913年	1938年6月13日	咸阳	空难
拉夫连丘克·尼柯莱·伊万诺维奇	2级军事技术员	1907年	1938年6月13日	咸阳	空战
伊万·弗多洛维奇·乌达诺夫	中尉	1910年	1938年6月21日	重庆	空战
斯杜尔明·安那托里·德米特利耶维奇	上尉	1908年	1938年6月26日	南昌	空战
安德列·伊里奇·马特金	上尉	1907年	1938年7月3日	安庆	失踪
伊万·沙维里耶维奇·巴斯季丘克	初级指挥官	1912年	1938年7月3日	安庆	失踪
瓦西里·阿列克谢耶维奇·卡什卡罗夫	中尉	1907年	1938年7月4日	南昌	空战
康斯坦丁·季莫费耶维奇·奥帕索夫	上尉	1908年	1938年7月4日	南昌	空战
叶甫盖尼·伊里奇·苏霍鲁科夫	中尉	1912年	1938年7月4日	南昌	空战
谢苗·阿列克谢耶维奇·赫留科夫	中尉	1911年	1938年7月4日	南昌	空战
谢尔盖·瓦西里耶维奇·费多罗夫	初级指挥官	1914年	1938年7月6日	汉口	牺牲
马尔克·尼古拉耶维奇·马尔琴科夫	初级指挥官	1914年	1938年7月9日	汉口	因伤不治
乌拉基米尔·格拉西莫维奇·多尔戈夫	上尉	1907年	1938年7月16日	汉口	空战
德米特里·巴甫洛维奇·马特维耶夫	中尉	1907年	1938年7月16日	汉口	炸死
伊凡·伊里奇·斯图卡洛夫	上尉	1905年	1938年7月16日	汉口	牺牲
康斯坦丁·马特维耶·乌达洛夫	1级军事技术员	1914年	1938年7月16日	汉口	牺牲
弗拉基米尔·米哈伊洛维奇·乌达洛夫	初级指挥官	1914年	1938年7月16日	汉口	牺牲
尼基塔·叶菲莫维奇·波德瓦尔斯基	初级指挥官	1915年	1938年7月26日	安庆	空战
伊凡·尼科诺罗维奇·古罗夫		1914年	1938年8月3日	汉口	空战
维克多·彼得洛维奇·沃尔科夫	准尉		1938年8月5日	乌鲁木齐	空难
德米特利·康斯坦丁诺维奇·沃洛霍夫	中尉	1915年	1938年8月5日	乌鲁木齐	空难
格诺也弗依·维克多·安东诺维奇	上尉		1938年8月5日	乌鲁木齐	空难
巴维尔·尼基弗洛维奇·哥洛沙波夫	3级军事工程师	1905年	1938年8月5日	乌鲁木齐	空难
阿列克谢·阿列克山得洛维奇·茹科夫	2级军事技术员		1938年8月5日	乌鲁木齐	空难

苏联志愿队烈士名录（接上页）

烈士姓名	军职军衔	出生年份	牺牲日期	埋葬或牺牲地	死因
齐赛尔·波利斯·伊兹拉依列维奇	中尉	1913年	1938年8月5日	乌鲁木齐	空难
维克多·巴甫洛维奇·克尼亚采夫	中尉	1911年	1938年8月5日	乌鲁木齐	空难
米哈依尔·谢苗诺维奇·科洛特可夫	中尉	1912年	1938年8月5日	乌鲁木齐	空难
维克多·伊诺肯基耶维奇·库兹涅佐夫	1级军事技术员		1938年8月5日	乌鲁木齐	空难
米哈依尔·尼柯莱耶维奇·梅尔库洛夫	初级指挥官		1938年8月5日	乌鲁木齐	空难
瓦西里·卡皮多诺维奇·尼基弗洛夫	1级军事技术员	1909年	1938年8月5日	乌鲁木齐	空难
彼得洛维奇·格奥尔基·安东诺维奇	2级军医	1902年	1938年8月5日	乌鲁木齐	空难
格奥尔基·尼柯莱耶维奇·帕列沙科夫	中尉		1938年8月5日	乌鲁木齐	空难
沙夫金·彼得·法缅科维奇	1级军事技术员	1907年	1938年8月5日	乌鲁木齐	空难
尼柯莱·米哈依洛维奇·斯米尔诺夫	中尉	1914年	1938年8月5日	乌鲁木齐	空难
伊万·尼柯莱耶维奇·雅姆希科夫	1级军事技术员	1908年	1938年8月5日	乌鲁木齐	空难
伊万·德米特里耶维奇·费多林诺夫	中尉	1911年	1938年8月5日	乌鲁木齐	空难
亚历山大·谢尔盖耶维奇·楚古诺夫	红军战士	1914年	1938年8月5日	乌鲁木齐	空难
亚历山大·谢尔盖耶维奇·波格丹诺夫	初级指挥官	1910年	1938年8月5日	乌鲁木齐	空难
尼柯莱·伊万诺维奇·阿加福诺夫	政治指导员	1909年	1938年8月11日	不详	病逝
菲利普·杰尼索维奇·古里耶	上尉	1909年	1938年8月12日	九江	空战
格奥尔基·康斯坦丁诺维奇·达维多夫	初级指挥官	1911年	1938年8月12日	九江	空战
亚历山大·彼得洛维奇·伊万诺夫	初级指挥官	1915年	1938年8月12日	九江	空难
马格里亚克·亚历山大·格里戈里耶维奇	中尉	1913年	1938年8月12日	九江	空战

苏联志愿队烈士名录（接上页）

烈士姓名	军职军衔	出生年份	牺牲日期	埋葬或牺牲地	死因
巴维尔·格里戈里耶维奇·波波夫	初级指挥官	1912年	1938年8月12日	九江	空战
尼古拉·米哈伊洛维奇·捷列霍夫	上尉	1907年	1938年8月12日	九江	空战
亚历山大·巴甫洛维奇·吉洪诺夫	大尉	1910年	1938年8月12日	九江	空战
柯西杨·柯西杨诺维奇·楚里亚科夫	上尉	1907年	1938年8月12日	九江	空战
阿列克谢·费道洛维奇·别柳科夫	初级指挥官	1911年	1938年8月12日	九江	空战
彼得·阿列克山德洛维奇·雅伯利科夫		1904年	1938年8月16日	兰州	空难
列昂尼德·伊凡诺维奇·斯柯尔尼亚科夫	上尉	1909年	1938年8月17日	武汉	牺牲
德米特里·费奥法诺维奇·库列申	初级指挥官	1914年	1938年8月21日	福州	因伤不治
亚历山大·伊万诺维奇·索洛维耶大	准尉	1912年	1938年8月21日	汉口	空战
亚历山大·伊拉里昂诺维奇·雷苏金	大尉	1910年	1938年9月9日	衡阳	空战
鲁巴什金·安纳托利·德米特利耶维奇	中尉	1909年	1938年9月15日	南昌	牺牲
萨拉姆·库尔别柯维奇·柏达依采夫	大尉	1909年	1938年10月4日	白石地区	空战
伊万·彼得洛维奇·波多戈夫	中尉	1909年	1938年10月5日	不详	不详
A.C.拉赫曼诺夫	战斗机大队长		1938年10月10日	衡阳	空战
尼柯莱·彼得洛维奇·马特维也夫	大尉	1907年	1938年10月19日	兰州	空难
科施窦斯金·安德列·巴甫洛维奇	2级军事技术员	1906年	1938年10月20日	汉中	牺牲
彼得·伊万诺维奇·捷连霍夫			1938年10月20日	不详	牺牲
亚历山大·马克西莫维奇·瓦西尤科夫	准尉	1911年	1938年11月1日	汉中	空难
列昂尼德·季洪诺维奇·季里雅也夫	上尉	1901年	1938年11月1日	汉中	空难
安德列·瓦西里耶维奇·格里沙也夫	初级指挥官	1908年	1938年11月1日	汉中	空难
阿尔赛尼·费道洛维奇·茹霍夫	初级指挥官	1913年	1938年11月1日	汉中	空难
彼得·伊万诺维奇·伊万诺夫	2级军事技术员	1912年	1938年11月1日	汉中	空难
卡西扬尼基·特洛菲姆·阿列克山洛维奇	初级指挥官	1911年	1938年11月1日	汉中	空难
基尔纽斯·阿尔卡基·祖赛维奇	2级军事技术员	1913年	1938年11月1日	汉中	空难
尼柯莱·伊沙耶维奇·科瓦列夫	中尉	1908年	1938年11月1日	汉中	空难

苏联志愿队烈士名录（接上页）

烈士姓名	军职军衔	出生年份	牺牲日期	埋葬或牺牲地	死因
亚历山大·巴甫洛维奇·柯金采夫	2级军事技术员	1909年	1938年11月1日	汉中	空难
阿列克谢·伊万诺维奇·柯列斯尼科夫	初级指挥官	1911年	1938年11月1日	汉中	空难
马里明·费道尔·瓦西里耶维奇	大尉	1904年	1938年11月1日	汉中	牺牲
伊万·巴甫洛维奇·奥采洛夫	2级军事技术员	1915年	1938年11月1日	汉中	空难
尼柯莱·瓦西里耶维奇·西良夫斯基	上尉	1904年	1938年11月1日	汉中	空难
亚历山大·格里戈里耶维奇·捷连霍夫	1级军事技术员	1910年	1938年11月1日	汉中	空难
伊万·叶菲莫维奇·托尔季诺夫	初级指挥官	1911年	1938年11月1日	汉中	空难
伊沙克·安得列耶维奇·舍夫卓夫	2级军事技术员	1911年	1938年11月1日	汉中	空难
维克多·伊万诺维奇·舍施塔科夫	2级军事技术员	1913年	1938年11月1日	汉中	空难
阿列克谢·尼柯莱耶维奇·舍尔巴科夫	2级军事技术员	1908年	1938年11月1日	汉中	空难
格里戈里·伊万诺维奇·弗洛罗夫	2级军事技术员	1907年	1938年11月1日	汉中	空难
米哈依尔·查哈洛维奇·契连科夫	初级指挥官	1908年	1938年11月1日	汉中	空难
恰依金·谢尔盖·伊格纳基耶维奇	1级军事技术员	1904年	1938年11月1日	汉中	空难
季洪·列昂尼多维奇·阿芙捷也夫	上尉	1903年	1938年11月1日	汉中	空难
德米特利·彼得洛维奇·安德烈耶夫	中尉	1913年	1938年11月1日	汉中	空难
伊万·阿列克山德洛维奇·波柏洛夫	中尉	1909年	1938年11月1日	汉中	空难
费道尔·格里戈里耶维奇·雅申科夫	中尉	1908年	1938年11月2日	兰州	空难
彭达莲科·瓦西里·依卓托维奇	大尉	1906年	1938年12月19日	成都	空难
亚历山大·叶梅里亚诺维奇·觉格捷夫	3级军事工程师	1906年	1938年12月19日	成都	空难
亚历山大·伊万诺维奇·克留科夫	准尉	1907年	1938年12月19日	成都	空战
列文·伊万·马克西莫维奇	2级军事技术员	1910年	1938年12月19日	成都	空难
尼柯莱·瓦西里耶维奇·马里采夫	2级军事技术员	1913年	1938年12月19日	成都	空难

苏联志愿队烈士名录（接上页）

烈士姓名	军职军衔	出生年份	牺牲日期	埋葬或牺牲地	死因
巴维尔·瓦西里耶维奇·米洛特沃尔采夫	2级军事技术员	1915年	1938年12月19日	成都	空难
斯捷潘·米哈依洛维奇·米哈依洛夫	初级指挥官	1911年	1938年12月19日	成都	空难
奥波隆·亚历山大·瓦西里耶维奇	初级指挥官	1913年	1938年12月19日	成都	空难
波古金·阿尔卡基·伊万诺维奇	初级指挥官	1911年	1938年12月19日	成都	空难
米哈依尔·丹尼洛维奇·波波夫	2级军事技术员	1909年	1938年12月19日	成都	空难
尼柯莱·费道洛维奇·斯梅斯里雅也夫	2级军事技术员	1911年	1938年12月19日	成都	牺牲
托夫钦尼克·伊万·阿列克山得洛维奇	2级军事技术员	1914年	1938年12月19日	成都	空难
托洛波维奇·斯捷潘·雅可夫列维奇	3级军医		1938年12月19日	成都	空难
谢尔盖·瓦西里耶维奇·特里弗诺夫	2级军事技术员	1907年	1938年12月19日	成都	空难
施平·瓦西里·库帕里雅诺维奇	上尉	1907年	1938年12月19日	成都	空难
尼柯莱·伊万诺维奇·费里莫诺夫	初级指挥官	1915年	1938年12月19日	成都	空难
依格纳特·安东诺维奇·阿列克山德连科	2级军事技术员	1914年	1938年12月19日	成都	空难
科瓦里·亚历山大·叶梅里亚诺维奇	上尉	1907年	1938年12月20日	成都	空难
德米特利·盖拉西莫维奇·柯列斯尼科夫	2级军事技术员	1908年	1938年12月20日	成都	空难
亚历山大·阿列克谢耶维奇·库兹涅佐夫	初级指挥官	1913年	1938年12月20日	汉中	牺牲
别达克·德米特里·丹尼洛维奇		1915年	1938年12月20日	成都	空难
卡那施科·谢尔盖·季莫菲耶维奇	准尉	1915年	1938年12月22日	南京	不详
维尼亚明·伊万诺维奇·沙尔马诺夫	红军战士	1916年	1939年2月9日	兰州	轰炸中牺牲
西蒙宁柯·格里戈里·彼得洛维奇	红军战士	1917年	1939年2月9日	平凉	轰炸中牺牲
巴克拉金·尼基福·格里戈里耶维奇	红军战士	1917年	1939年2月9日	平凉	轰炸中牺牲
伊万·彼得洛维奇·斯捷潘诺夫	大尉	1907年	1939年8月3日	兰州	空难
彼得·谢苗诺维奇·菲利波夫	上尉	1910年	1939年8月3日	汉口	空战

苏联志愿队烈士名录（接上页）

烈士姓名	军职军衔	出生年份	牺牲日期	埋葬或牺牲地	死因
亚历山大·马卡洛维奇·巴巴诺夫	中尉	1914年	1939年8月3日	兰州	空难
米哈依尔·费道洛维奇·波里雅科夫	中尉	1913年	1939年8月18日	天水	空难
鲁卡舍维奇·米哈依尔·瓦西里耶维奇			1939年8月20日	不详	牺牲
库里申科·格里戈里·阿基莫维奇	大尉	1907年	1939年10月14日	万县	空战
鲁金·伊万·丹尼洛维奇	上尉	1913年	1939年10月14日	湖北沙洋	空战
谢尔盖·安德烈耶维奇·费多谢耶夫	机枪手/准尉	1912年	1939年10月14日	湖北沙洋	空战
纳查鲁克·米哈依尔·伊万诺维奇	少尉	1909年	1939年10月19日	不详	牺牲
尼柯莱·米哈依洛维奇·戈尔杰耶夫	中尉	1914年	1939年12月26日	兰州	空战
伊万·瓦西里耶维奇·伊萨耶夫	中尉	1913年	1939年12月26日	兰州	空战
库尼察·米哈依尔·叶菲莫维奇	中尉	1915年	1939年12月28日	兰州	不详
伊万·卡尔波维奇·罗津卡	上尉	1910年	1939年12月30日	柳州	空战
柯金·阿列克谢·叶菲莫维奇	1级军事技术员	1914年	1940年1月2日	宝庆	空难
金琴柯·.费道尔·菲利波维奇	上尉	1911年	1940年1月10日	延河地区	空难
伊万·季莫菲耶维奇·英科夫采夫	初级指挥官		1940年3月26日	不详	战役中牺牲
叶戈尔·马克西莫维奇·柏里略夫	红军战士		1940年4月1日	哈密	病逝
德米特利·尼柯莱耶维奇·沃洛帕也夫	中尉	1914年	1940年5月16日	莫斯科	因伤不治
瓦西里·查哈洛维奇·叶尔菲耶夫	红军战士	1917年	1940年8月13日	哈密	牺牲
伊万·米哈依洛维奇·巴布什金	大尉	1905年	1940年9月16日	桂林	病逝
科托鲁平柯·瓦西里·德米特里耶维奇	少校	1904年	1940年11月15日	重庆	病逝
亚历山大·瓦西里耶维奇·帕基莫夫	红军战士	1918年	1941年4月12日	不详	空难
伊万·巴甫洛维奇·谢列波良尼柯夫	2级军事技术员	1916年	1941年4月12日	不详	车祸
彼得·拉夫连基耶维奇·斯柯科夫	团长	1901年	1941年5月1日	重庆	病逝
基达耶夫·康斯坦丁					不详

附录 2 苏联志愿队烈士墓地列表

序号	墓地地址	埋葬人数	备注
1	兰州东门外东岗镇古城坪	25	原葬皋兰牛嘴山麓，1942 年迁此，已不存
2	南京中山公园	6	1937 年 12 月 2 日等南京空战牺牲
3	南昌	28	已不复存在
4	乌鲁木齐	17	1938 年 8 月 5 日空难
5	西安	3	1938 年 4 月 4 日空战牺牲
6	武汉汉口解放公园	29	2015 年增补 14 位英名，尚存
7	重庆市渝中区鹅岭公园	2	原葬袁家岗左侧山头，后迁至江北杨家花园，1959 年迁此，尚存
8	重庆万州区西山公园	1	库里申科
9	成都	19	含 1938 年 12 月 19 日成都空难 17 人
10	汉中	23	1938 年 11 月 1 日空难 21 人
11	湖北安陆市西杨镇	2	1939 年 10 月 14 日空袭武汉牺牲
12	衡阳	3	1938 年 10 月 10 日等空战牺牲，已不存
13	桂林西山公园	1	1940 年 9 月 16 日去世的苏联顾问
14	柳州	1	1939 年 12 月 30 日空战牺牲
15	甘肃平凉	2	1939 年 2 月轰炸牺牲
16	甘肃天水	1	1939 年 8 月 18 日牺牲

苏联志愿队烈士墓地

苏联援华飞机图集

附录 3 苏联志愿队烈士墓地

武汉汉口解放公园

（图片提供：王晓光）

重庆万州区西山公园

（图片提供：江韬）

重庆市南岸区空军抗战纪念园

（图片提供：马桂军）

重庆市渝中区鹅岭公园

苏军烈士墓

公元1937年至1941年，_____抗日战争的原苏联航空志愿队军官_____（又名__科托普嘉夫·瓦西里·特米_____），_____（原名__诺夫·彼得·拉普_____）在对日空战_____分别于1940年11月15日和1941年5月11日牺牲于_____，葬于袁家岗、江北刘家坡_____，_____市委决定1959年9月_____，1962年2月，重庆市人民政府_____公布为_____确定为市级文物保护单位。重庆_____，_____。_____于2000年9月再次将其确定为_____护单位。_____，2010年在俄罗斯大使馆资金的_____下对其进行修_____。

Могила героев Советской Армии

В этом месте похоронены советские офицеры-добровольцы, которые в 1937–1941 годах были военными советниками при правительстве Китайской Республики.

Указанные на памятнике имена Сторфа и Катнов являются псевдонимами полковника Скорова Петра Лаврентьевича и майора Котолупенко Василия Дмитриевича, отдавших свои жизни при исполнении интернационального долга 1 мая 1941 г. и 15 ноября 1940 г. соответственно.

В 1959 году по решению Комитета КПК в Чунцина прах офицеров-добровольцев был перенесён сюда из местечка Юаньцзяган и парка Янцзяпо.

В 1962 году Народное правительство в Чунцина присвоило братской могиле офицеров-добровольцев статус охраняемого памятника городского уровня.

В сентябре 2000 г., после того как Чунцина стал городом центрального подчинения, статус захоронения как охраняемого памятника городского уровня был подтверждён.

В 2005 г. 2010 годах при финансовом содействии Посольства России в КНР памятник был отремонтирован.

Colonel Kalnov and colonel Storf with the volunteer group of the Soviet airforce died in Chongqing in 15th November 1940 and 11th May 1941 respectively in the air battle against Japan. In february 1962, the Chongqing Municipal People's Government designated the cemetery of the martyrs of the Soviet army as the municipal-level cultural relic protection unit.

南京中山公园

（图片提供：马桂军）

附录 4 苏联援华飞机图集
（建模 & 绘图：宋晨，张博）

I-15 系列性能诸元

特性	I-15	I-15bis（I-152）	I-153
乘员	1	1	1
投产年份	1934	1937	1939
长（米）	6.1	6.27	6.17
翼展（米）	9.75	10.2	10.0
翼面积（平方米）	23.55	22.5	22.14
起飞重量（千克）	1390	1700	1765
发动机	M-25	M-25V	M-62
动力（马力）	640	775	1000
海平面最高时速（千米/小时）	315	327	364
最高时速（千米/小时）	367（高度3000米）	379（高度3500米）	424（高度5000米）
爬升到5000米用时（分钟）	6.2	6.6	5.7
转弯用时（秒）	9	10.5	13~13
实用升限（米）	9800	9300	10700
实用航程（千米）	550	520	560
武器	2挺7.62毫米ShKAS机枪	4挺7.62毫米ShKAS机枪	4挺7.62毫米ShKAS机枪

I-15战斗机

358

I-15bis（I-152)战斗机

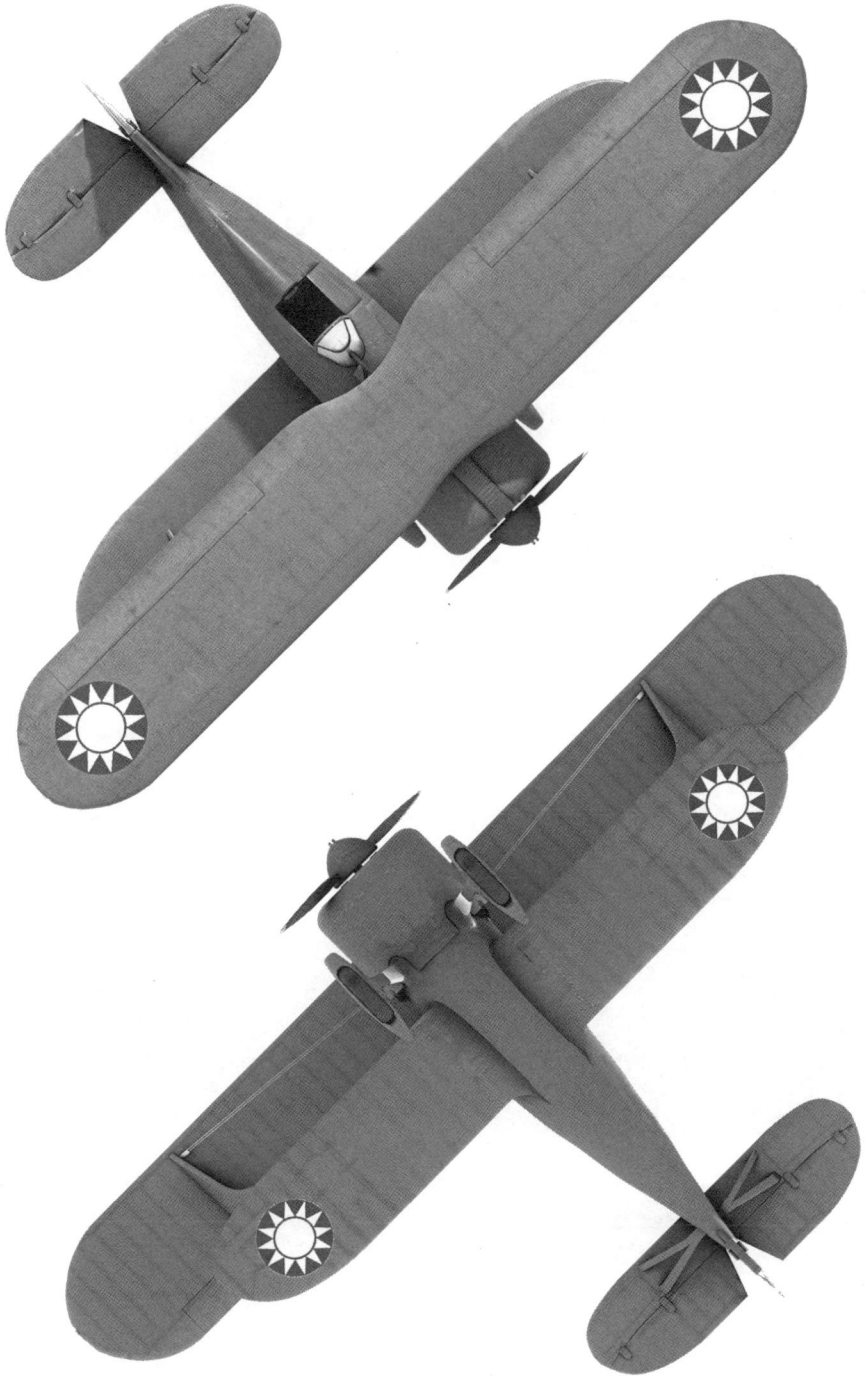

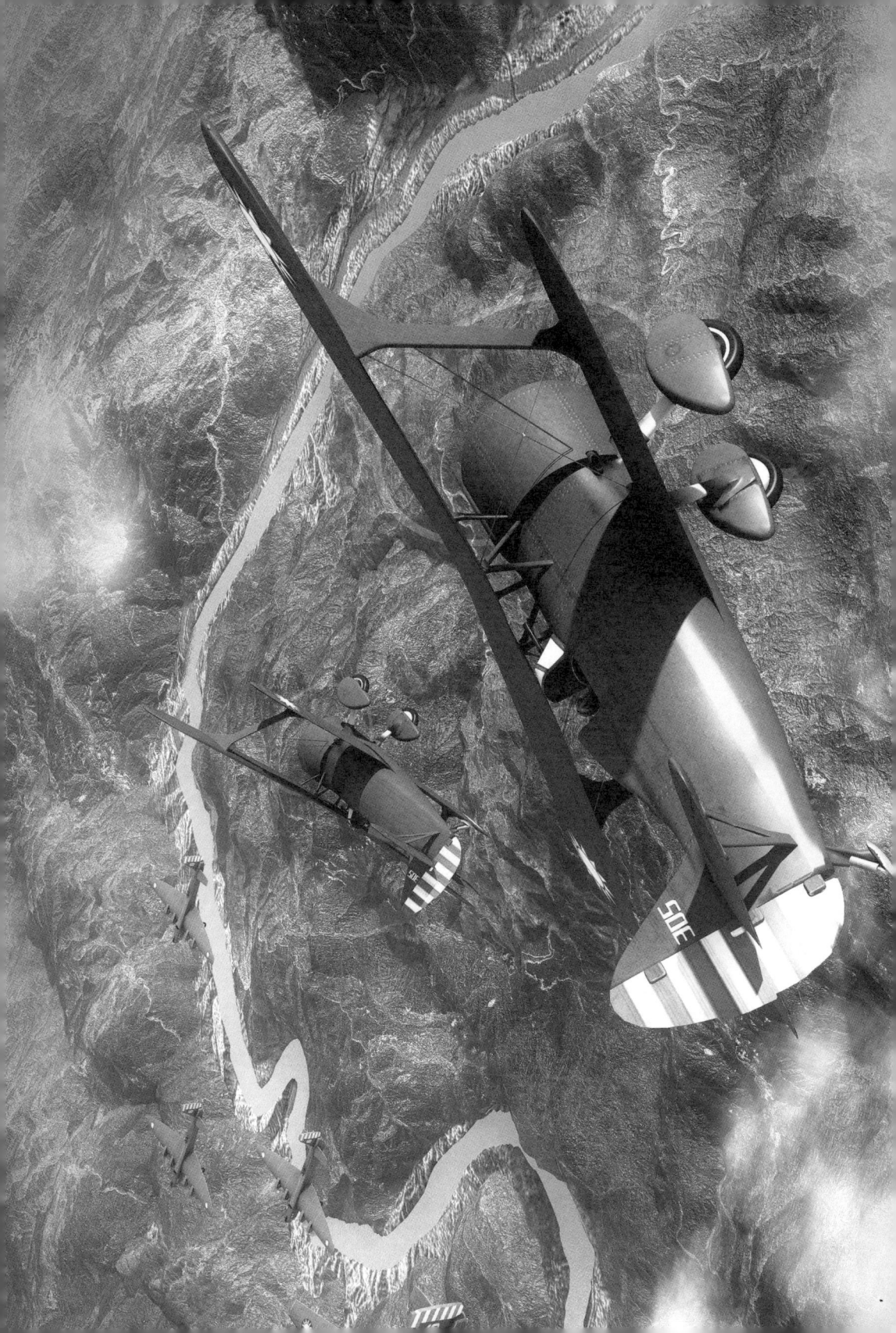

I-153战斗机

I-16 系列性能诸元

特性	I-16-5	I-16-10	I-16-18
乘员	1	1	1
投产年份	1936	1938	1938
翼展（米）	9	9.004	9.004
高（米）	3.25	3.25	3.25
长（米）	5.985	6.074	6.074
翼面积（平方米）	14.54	14.54	14.54
发动机	M-25A	M-25	M-62
动力（马力）	730（高度 2400 米）	750（高度 2900 米）	800（高度 4500 米）
翼载荷（千克/平方米）	103.5	118	125.5
起飞重量（千克）	1508	1716	1830
空重（千克）	1118.5	1327	1433.5
海平面最高时速（千米/小时）	390	398	413
最高时速（千米/小时）	445（高度 2700 米）	448（高度 3160 米）	461（高度 4400 米）
爬升到 5000 米用时（分钟）	4（高度 3400 米）	3.4	2.9
爬升到 5000 米用时（分钟）	7.7（高度 5400 米）	6.9	5.4
转弯用时（秒）	14~15	16~18	17
实用升限（米）	9100	8470	9300
实用航程（千米）	540	525	485
武器	2 挺 7.62 毫米 ShKAS 机枪	4 挺 7.62 毫米 ShKAS 机枪	4 挺 7.62 毫米 ShKAS 机枪

I-16-5战斗机

I-16-5战斗机

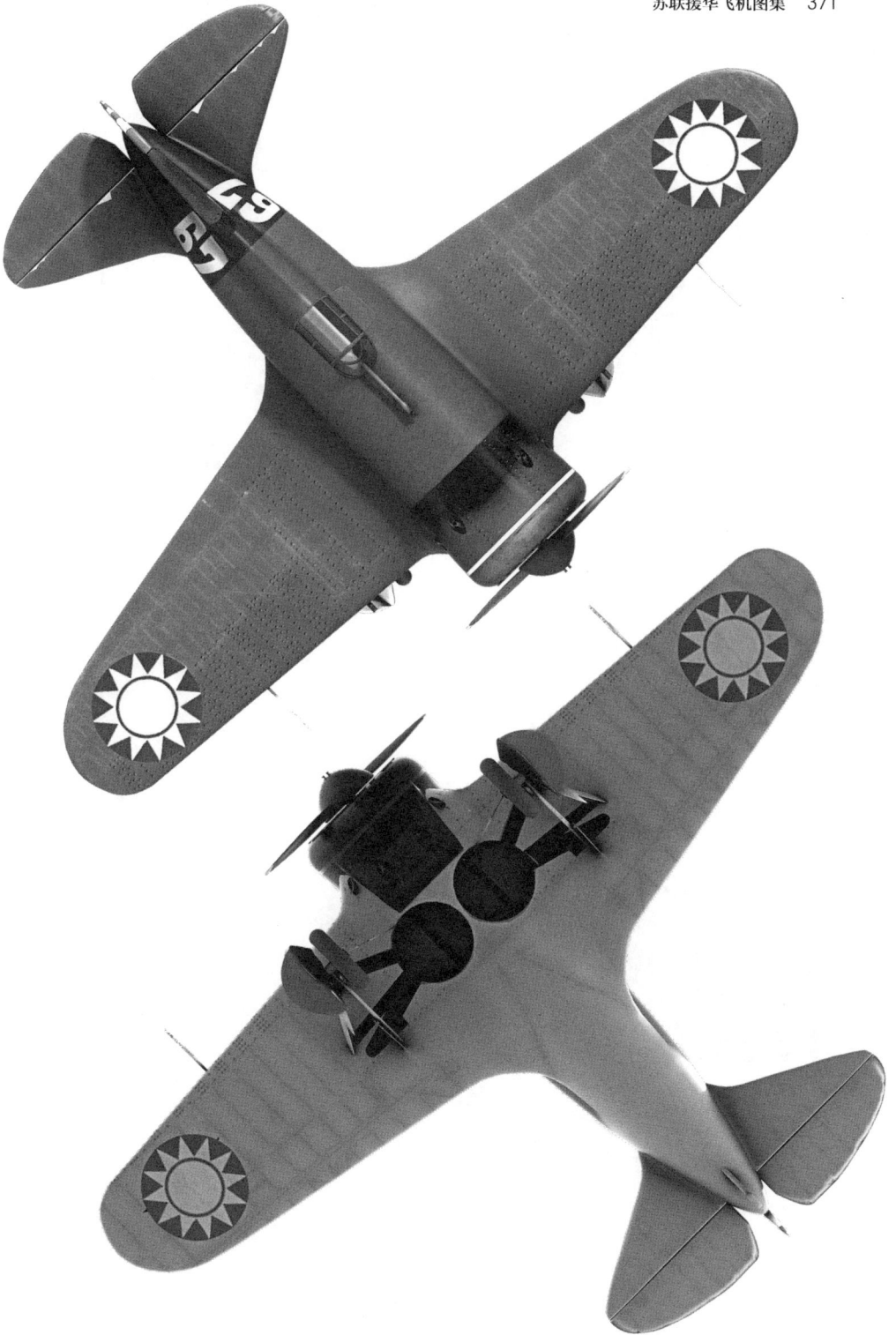

I-16-6战斗机

I-16-10战斗机

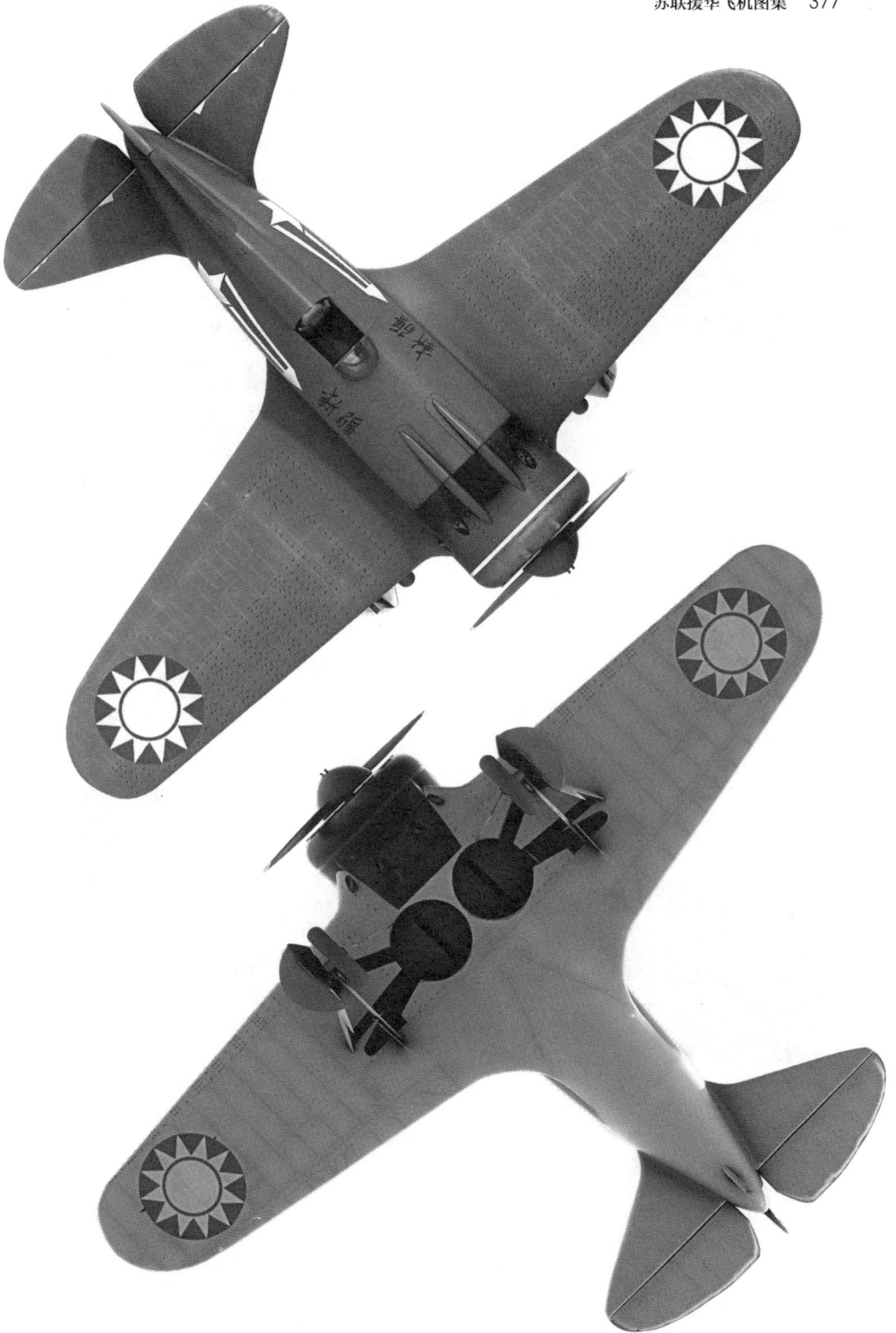

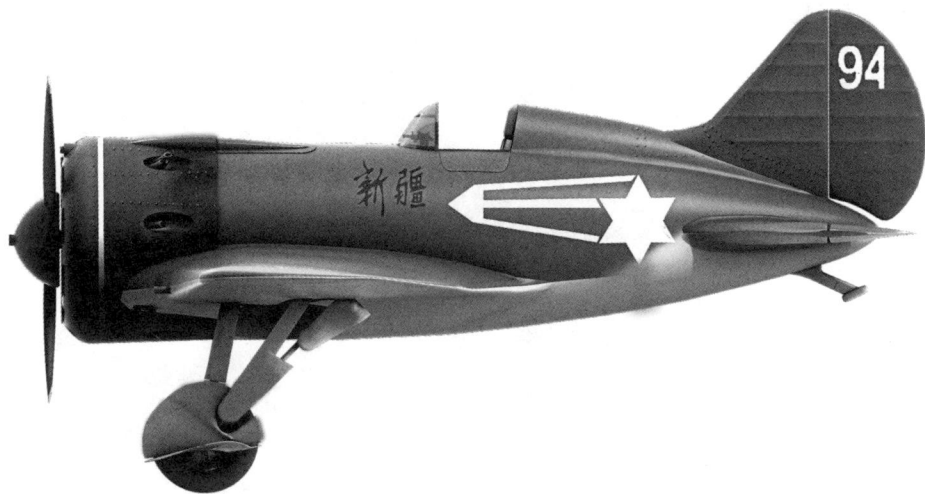

I-16-18战斗机

SB 系列性能诸元

特性	SB 2M-100A	SB 2M-103
投产年份	1936	1939
长（米）	12.27	12.27
翼展（米）	20.33	20.33
翼面积（平方米）	56.7	56.7
起飞重量（千克）	5732	6175
最大起飞重量（千克）	6462	7750
发动机	M-100A	M-103
动力（马力）	2×860	2×950
海平面最高时速（千米/小时）	371	375
最高时速（千米/小时）	423（高度4000米）	450（高度4100米）
实用升限（米）	9560	9300
标准载弹量下的实用航程（千米）	1900	1350
标准载弹量（千克）	500	500
最大载弹量（千克）	600	1600
自卫武器	4挺7.62毫米ShKAS机枪	4挺7.62毫米ShKAS机枪

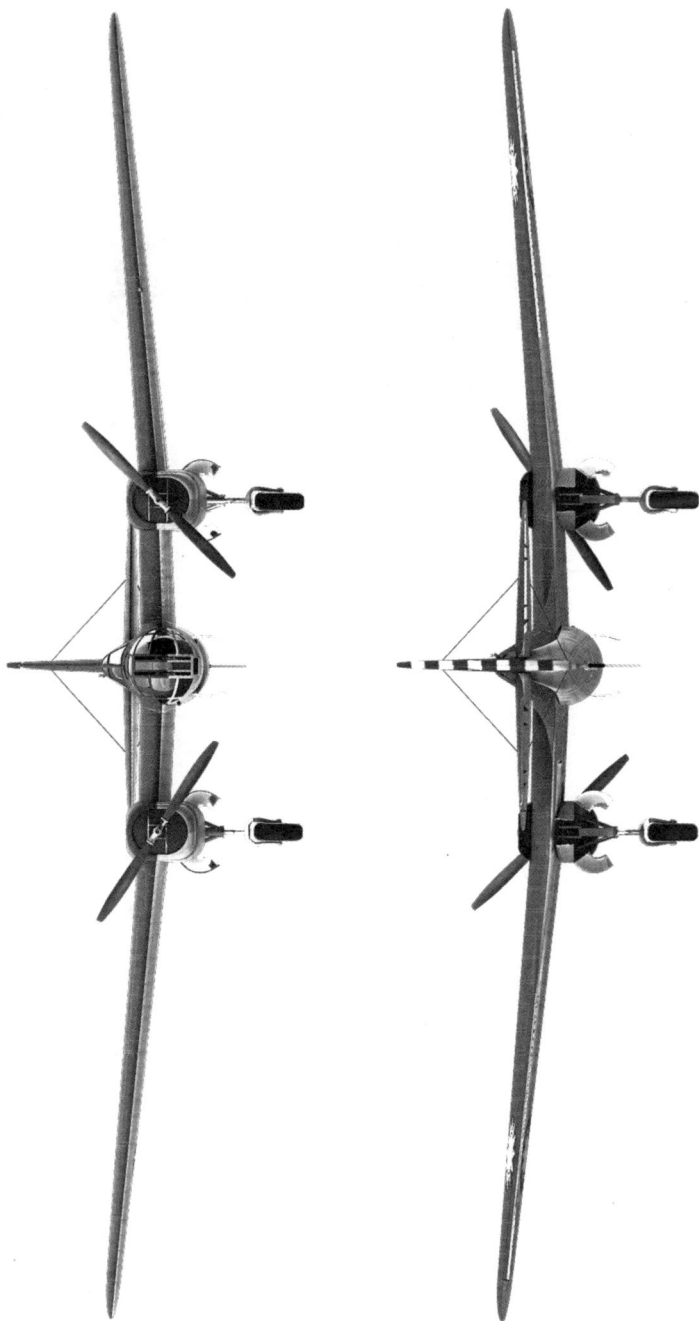

SB 2M-100'快速轰炸机

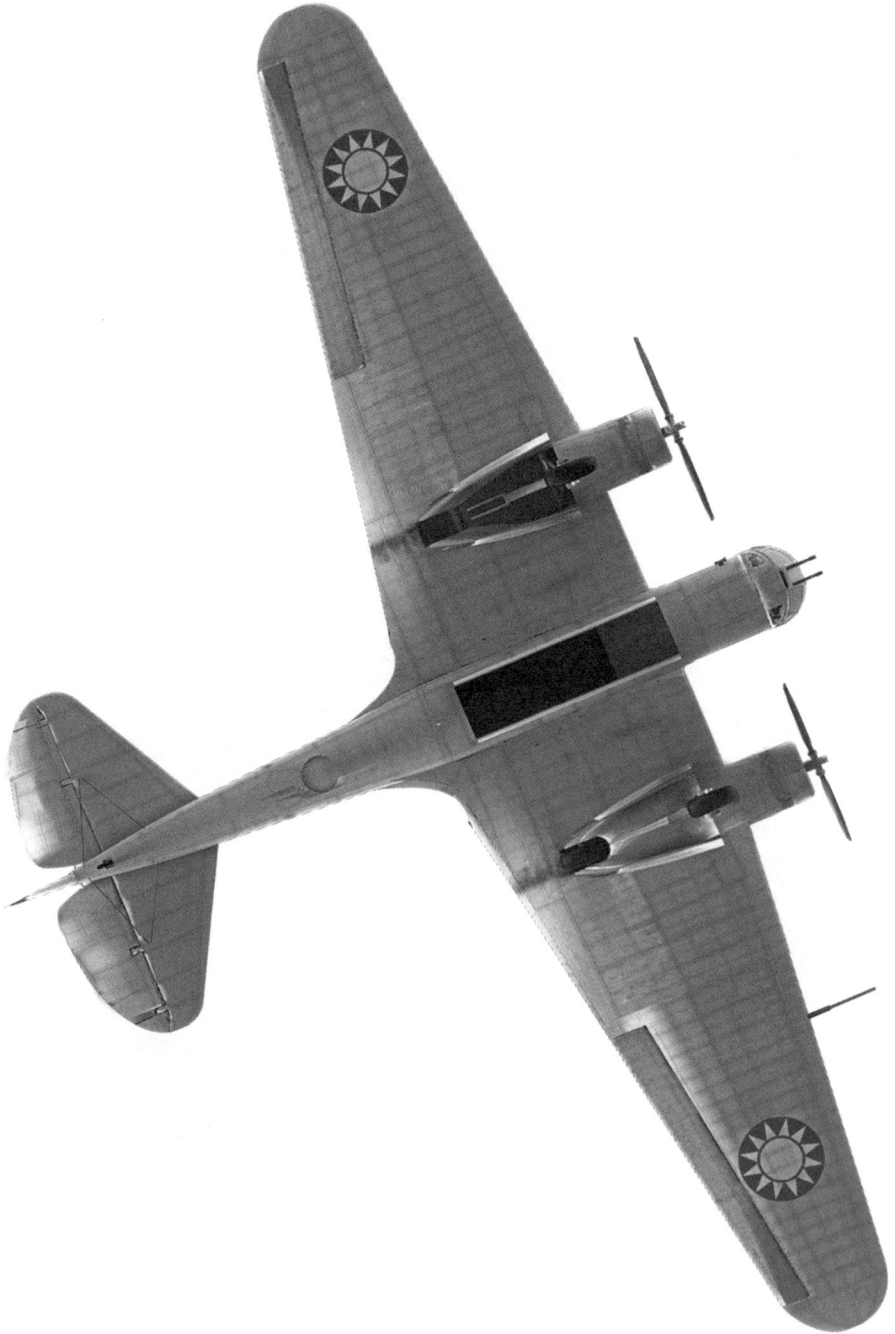

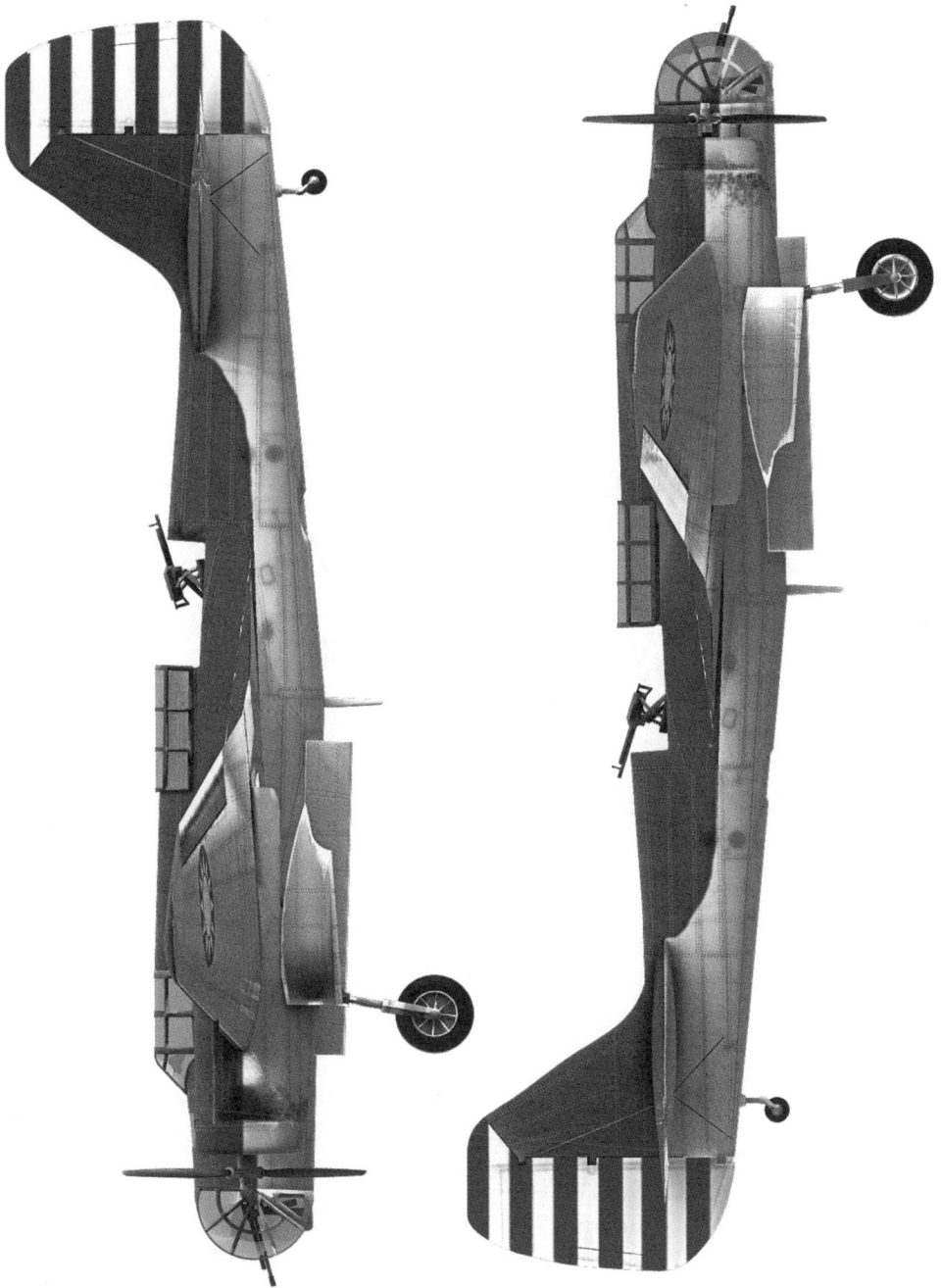

SB 2M-100A快速轰炸机

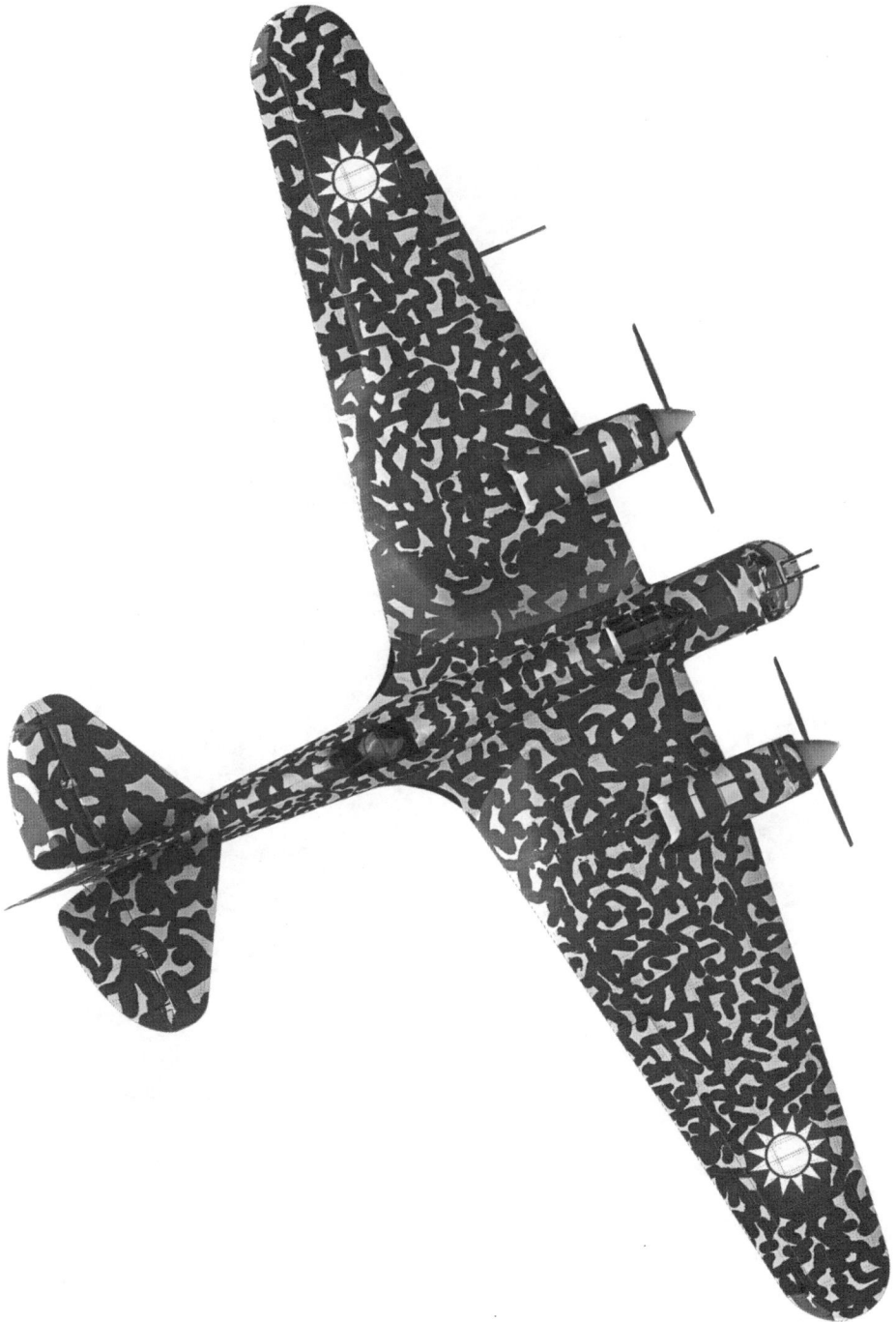

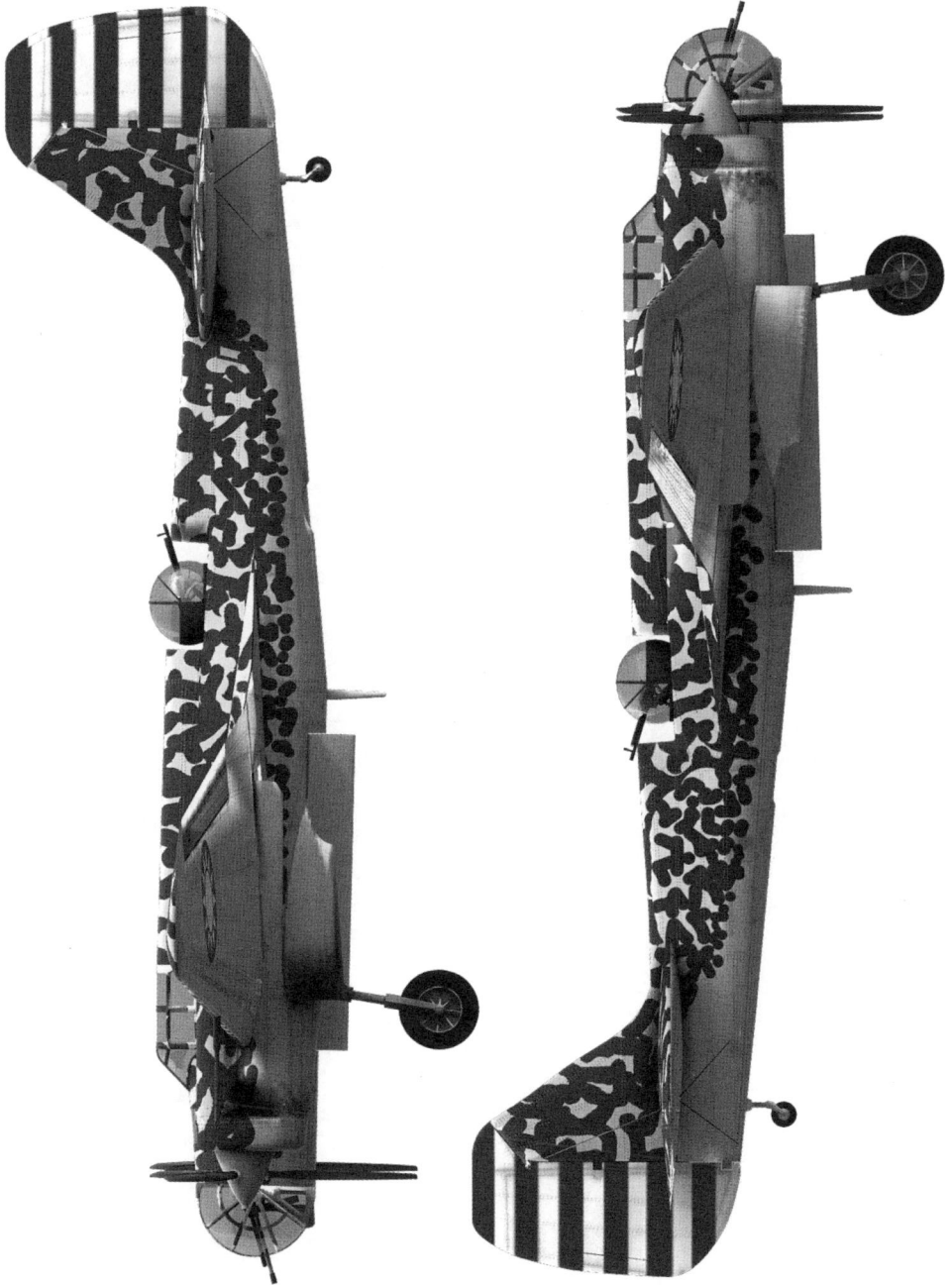

SB 2M-103快速轰炸机

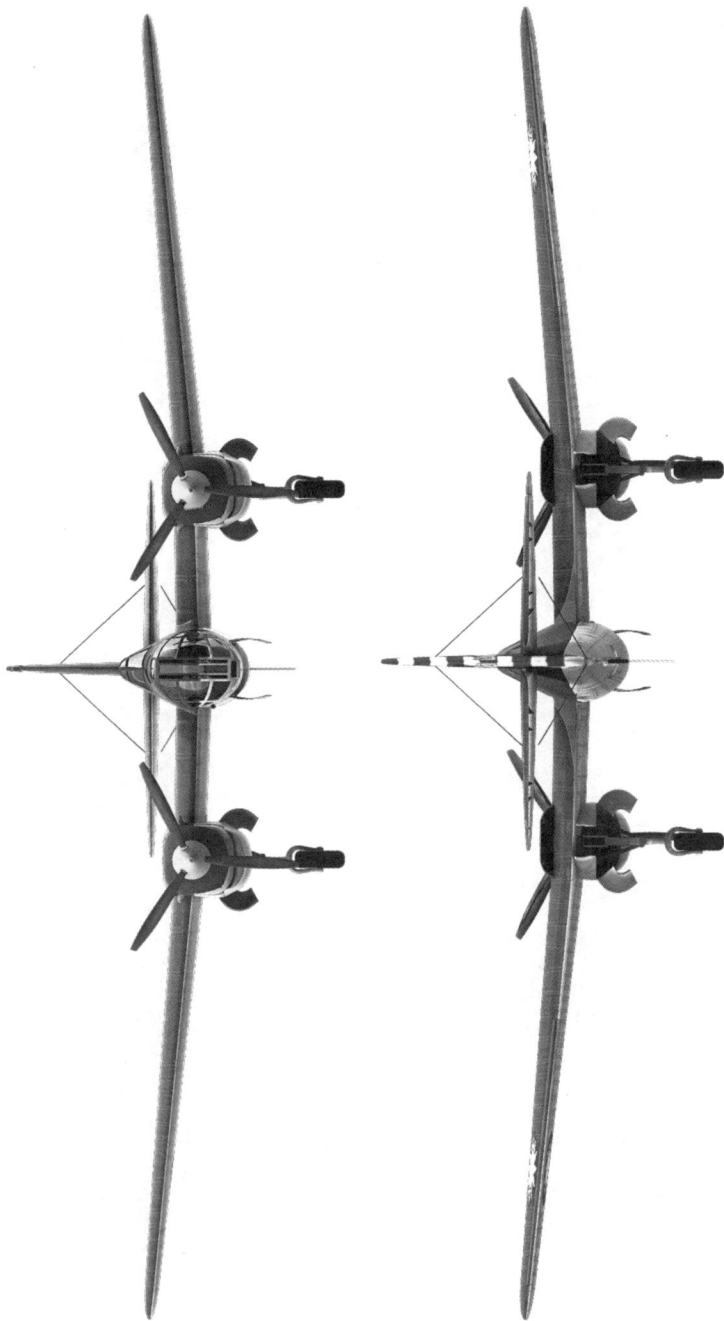

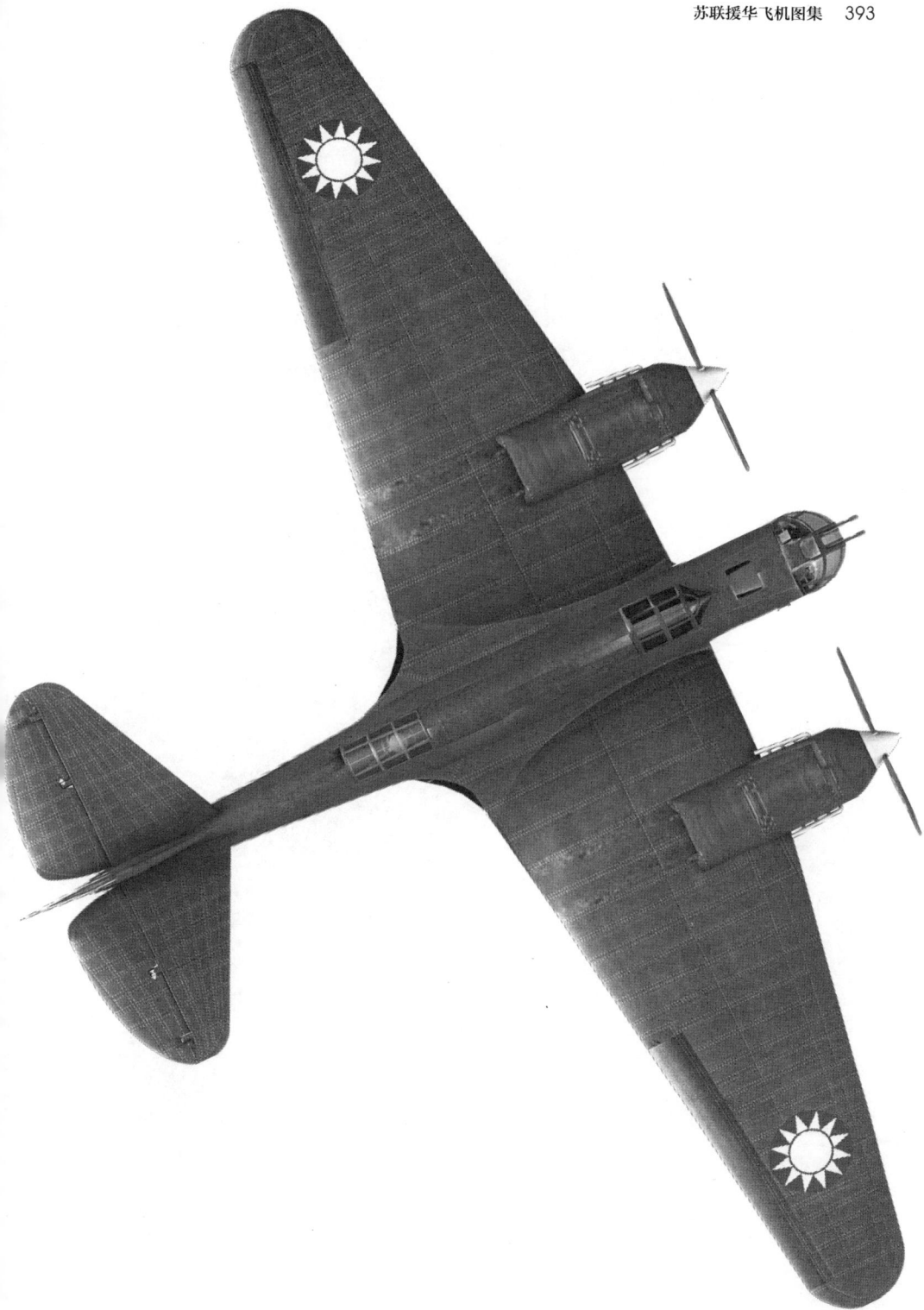

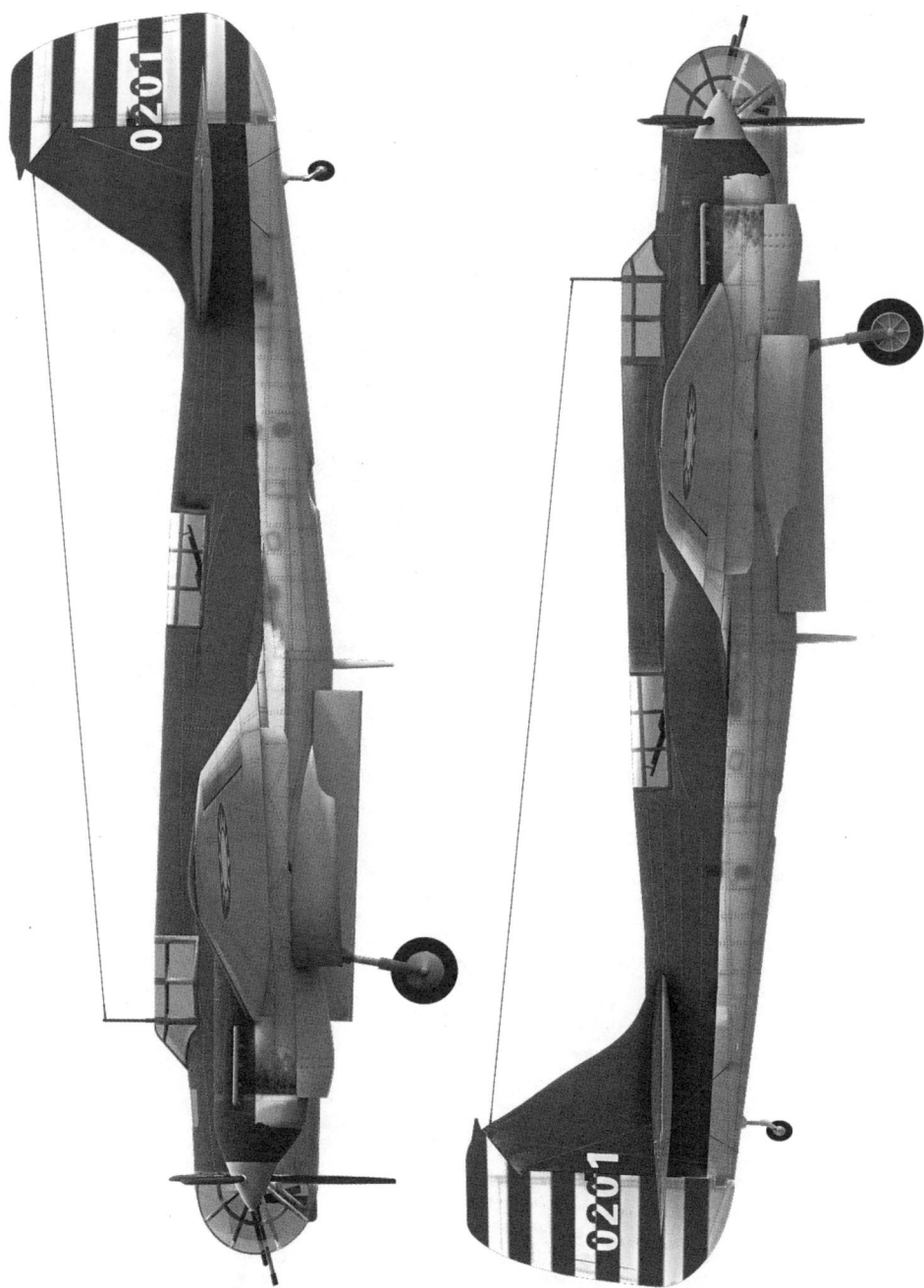

DB-3 系列性能诸元

特性	DB-3 2M-85	DB-3 2M-87A（DB-3B）
乘员	3	3
投产年份	1937	1939
长（米）	14.22	14.22
翼展（米）	21.44	21.44
翼面积（平方米）	65.6	65.6
起飞重量（千克）	6500	7450
最大起飞重量（千克）	8500	9450
发动机	M-85	M-87A
动力（马力）	2×750	2×950
最高时速（千米/小时）	395（高度4000米）	439（高度4900米）
实用升限（米）	8800	9600
最大载弹量下实用航程（千米）	4000	3800
标准载弹量	2500	2500
武器	3挺7.62毫米ShKAS机枪	4挺7.62毫米ShKAS机枪

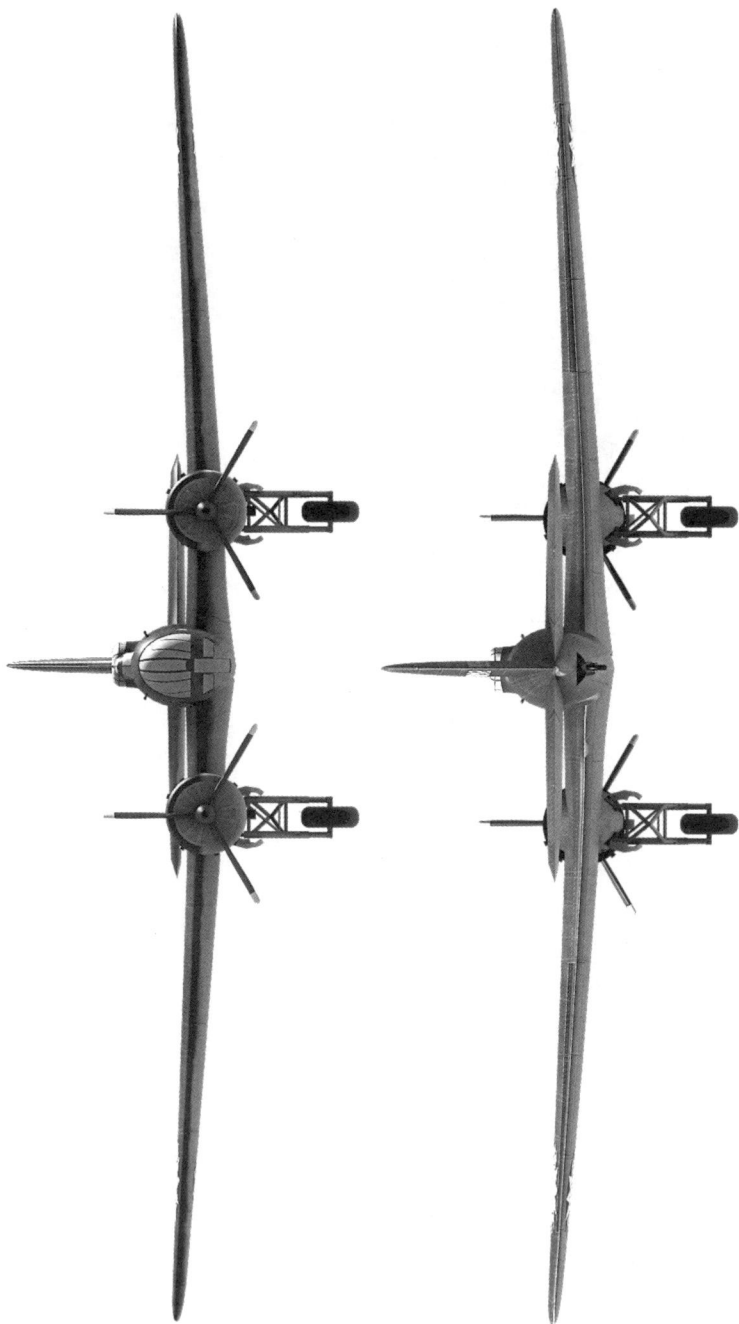

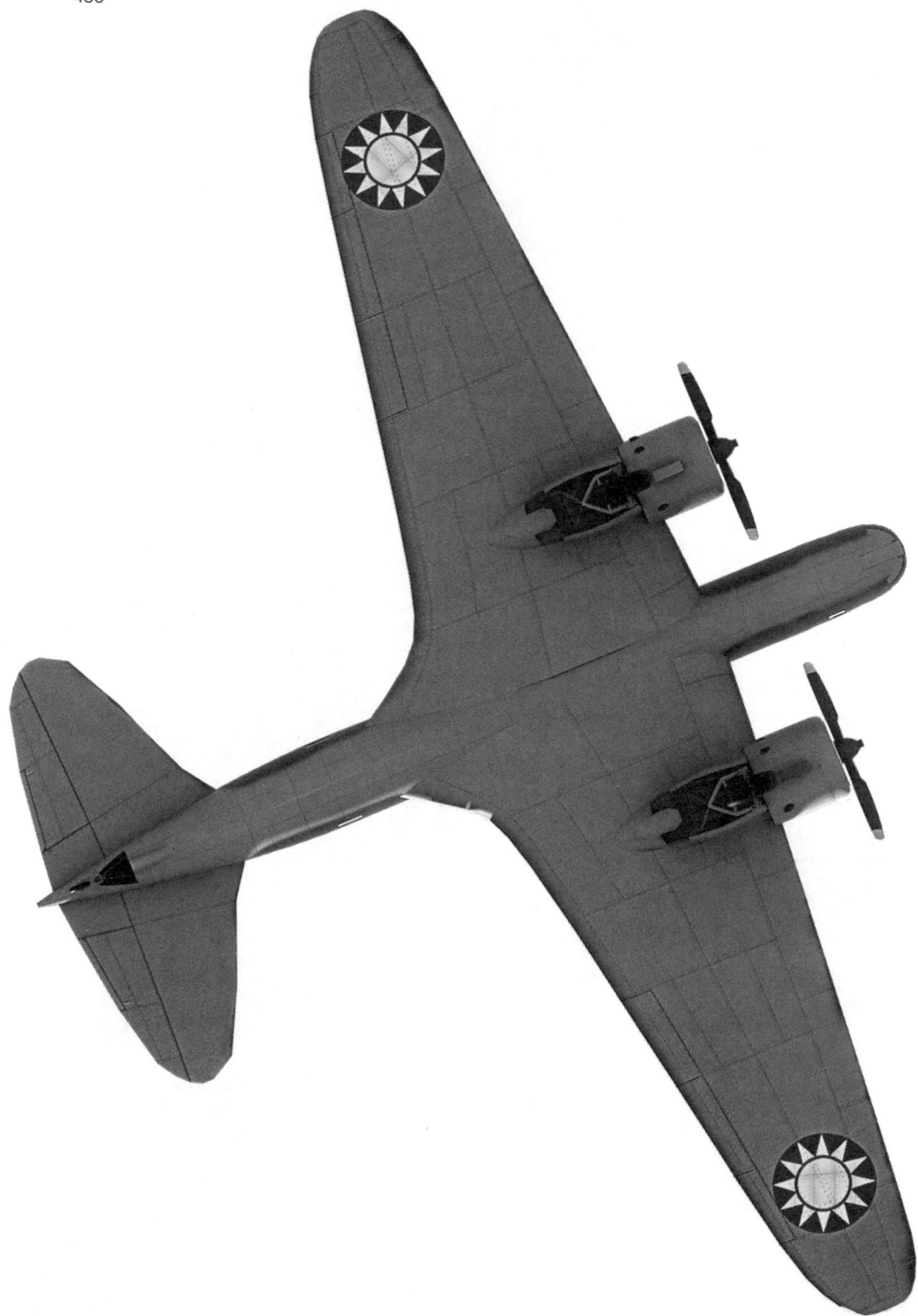

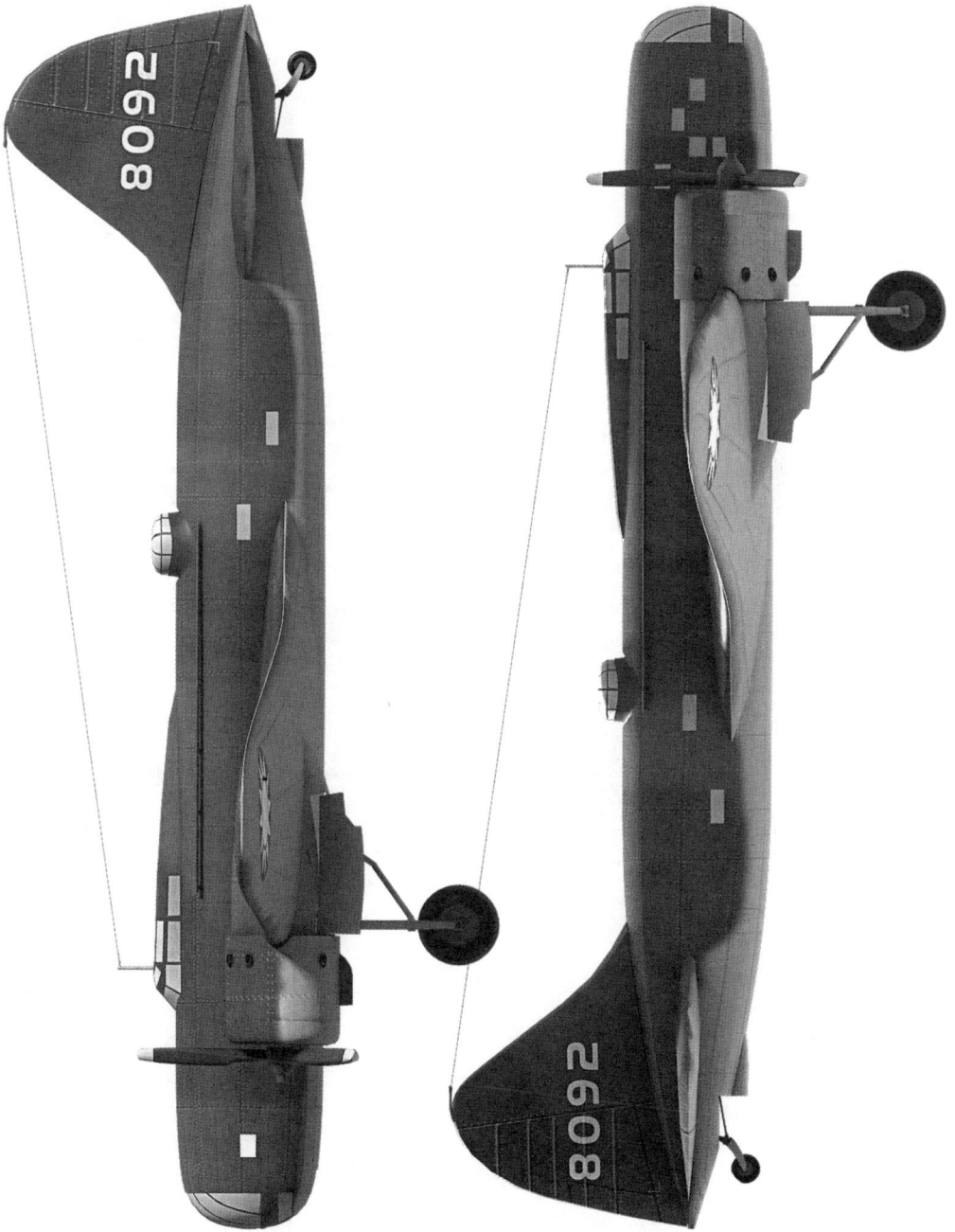

DB-3

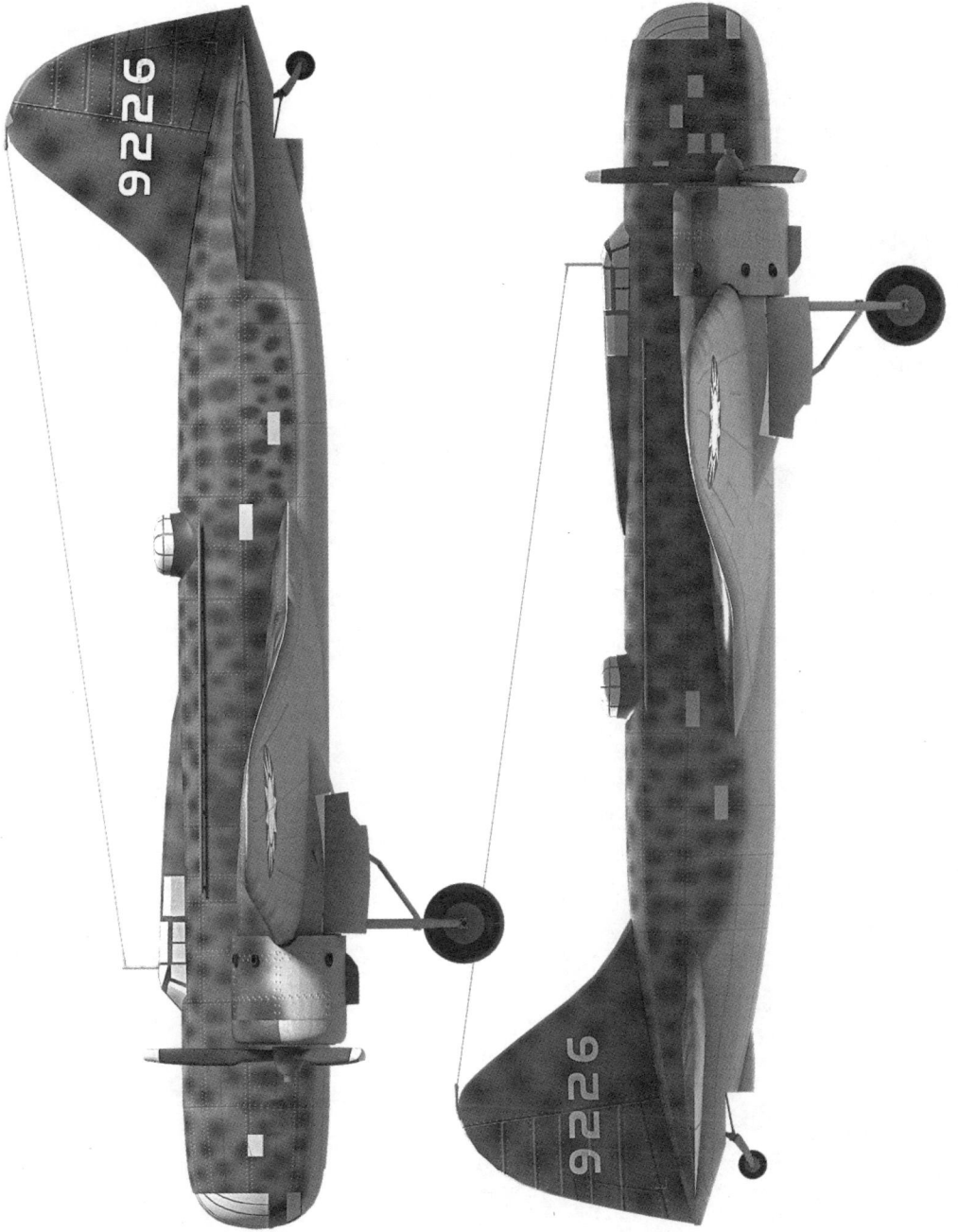

TB-3 系列性能诸元

特性	TB-3 4M-17F	TB-3 4M-34RN
乘员	4	4
投产年份	1932	1935
长（米）	24.4	25.1
翼展（米）	41.8	41.8
翼面积（平方米）	230	234.5
空重（千克）	11200	12585
起飞重量（千克）		18877
最大起飞重量（千克）	19300	
发动机	M-17F	M-34RN
动力（马力）	4×705	4×900
海平面最高时速（千米/小时）		245
最高时速（千米/小时）	196	288 （高度 3000 米）
实用升限（米）	4800	7740
最大载弹量下实用航程（千米）		960
载弹量	2000	3000
自卫武器	5~8 挺 7.62 毫米 DA 机枪	7.62 毫米 DA 机枪

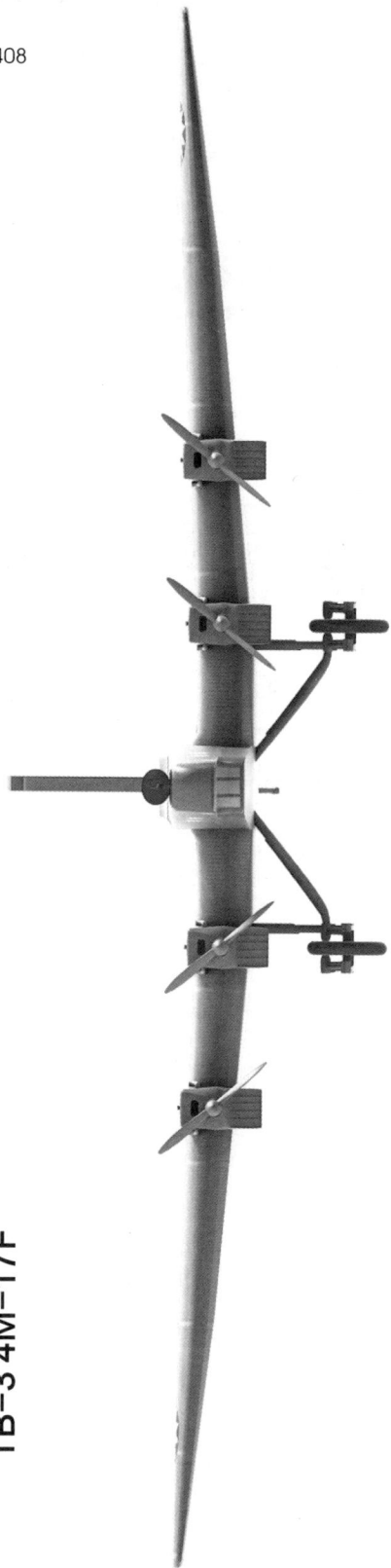

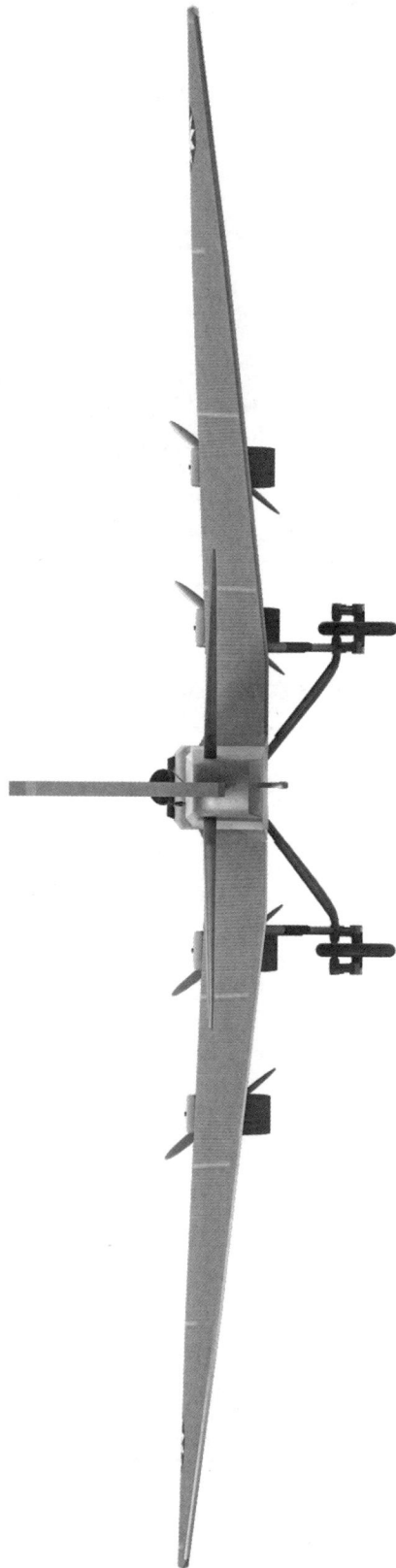

TB-3 4M-17F

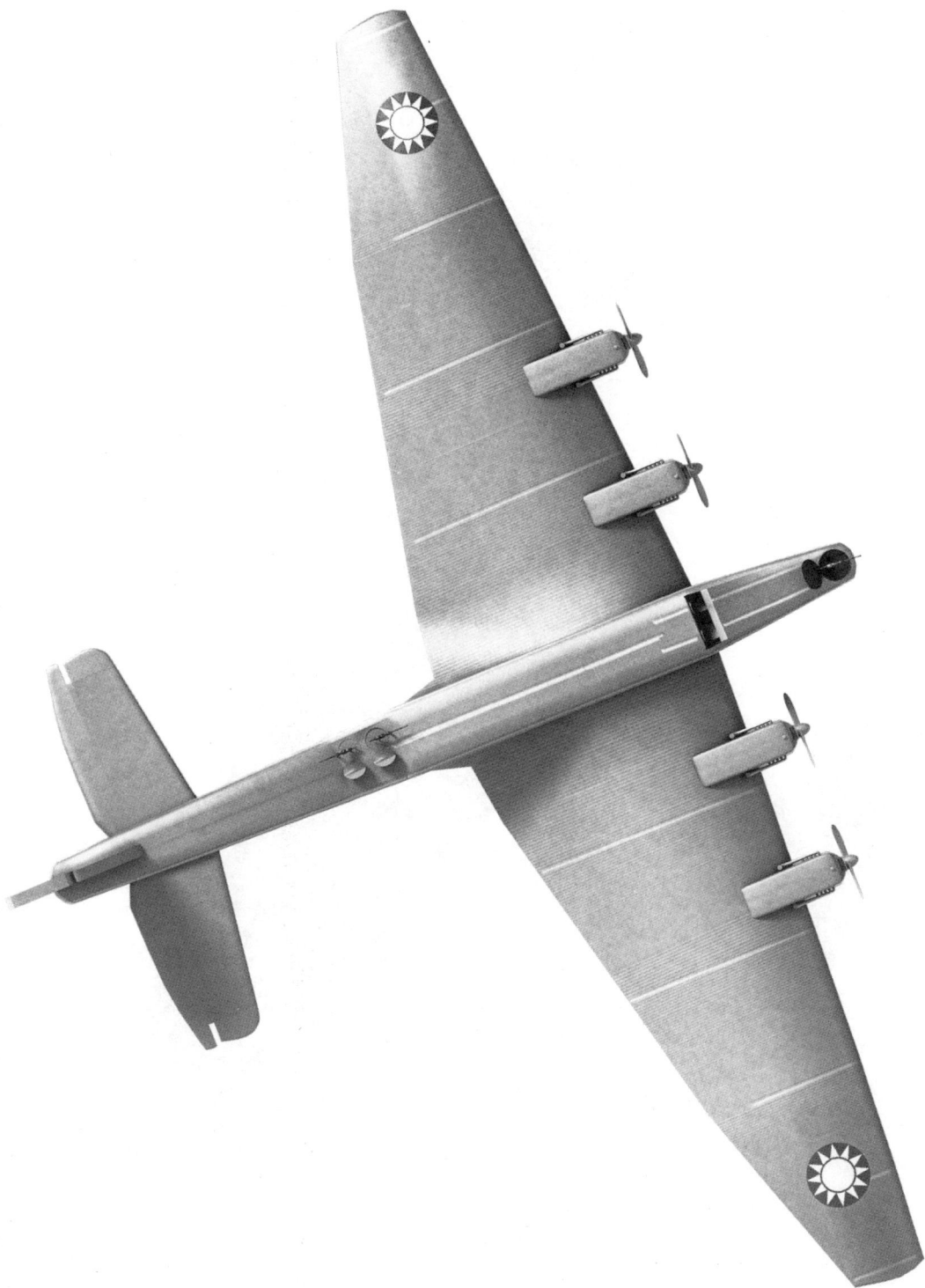

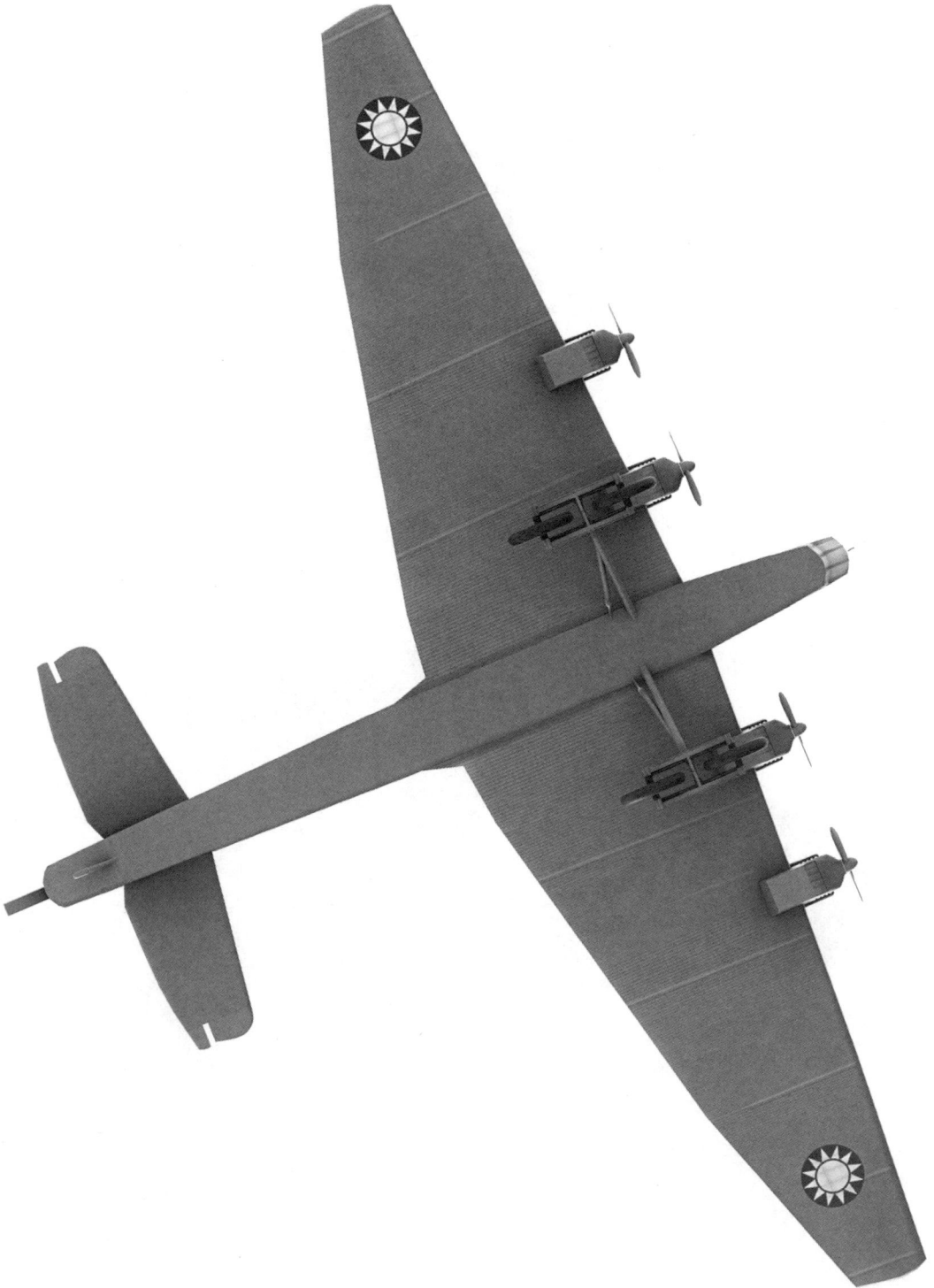

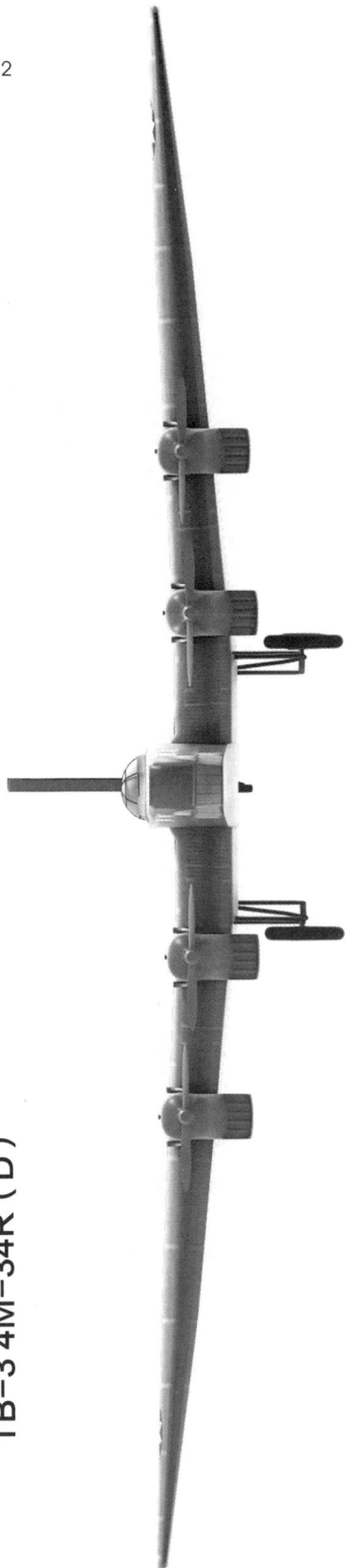

TB-3 4M-34R（D）

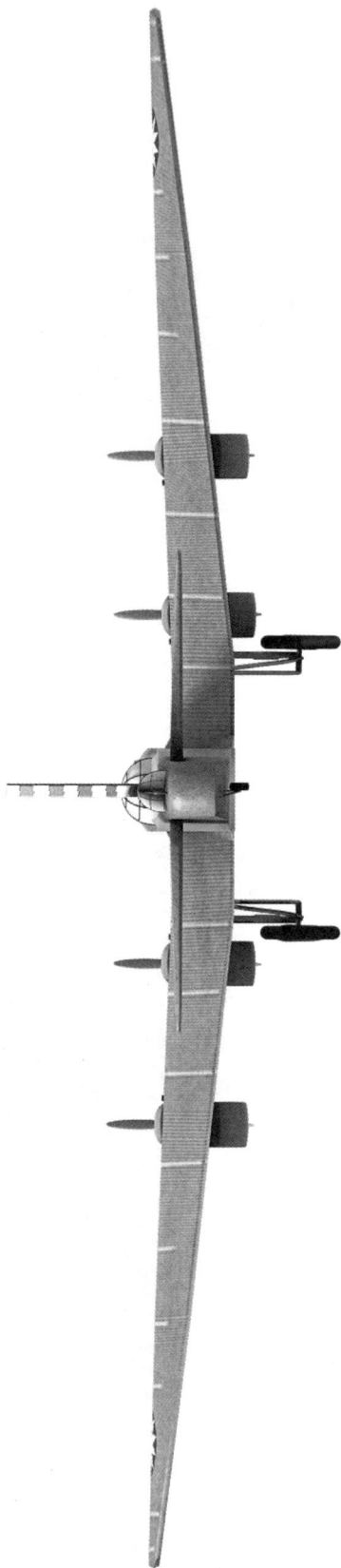

TB-3 4M-34FRN

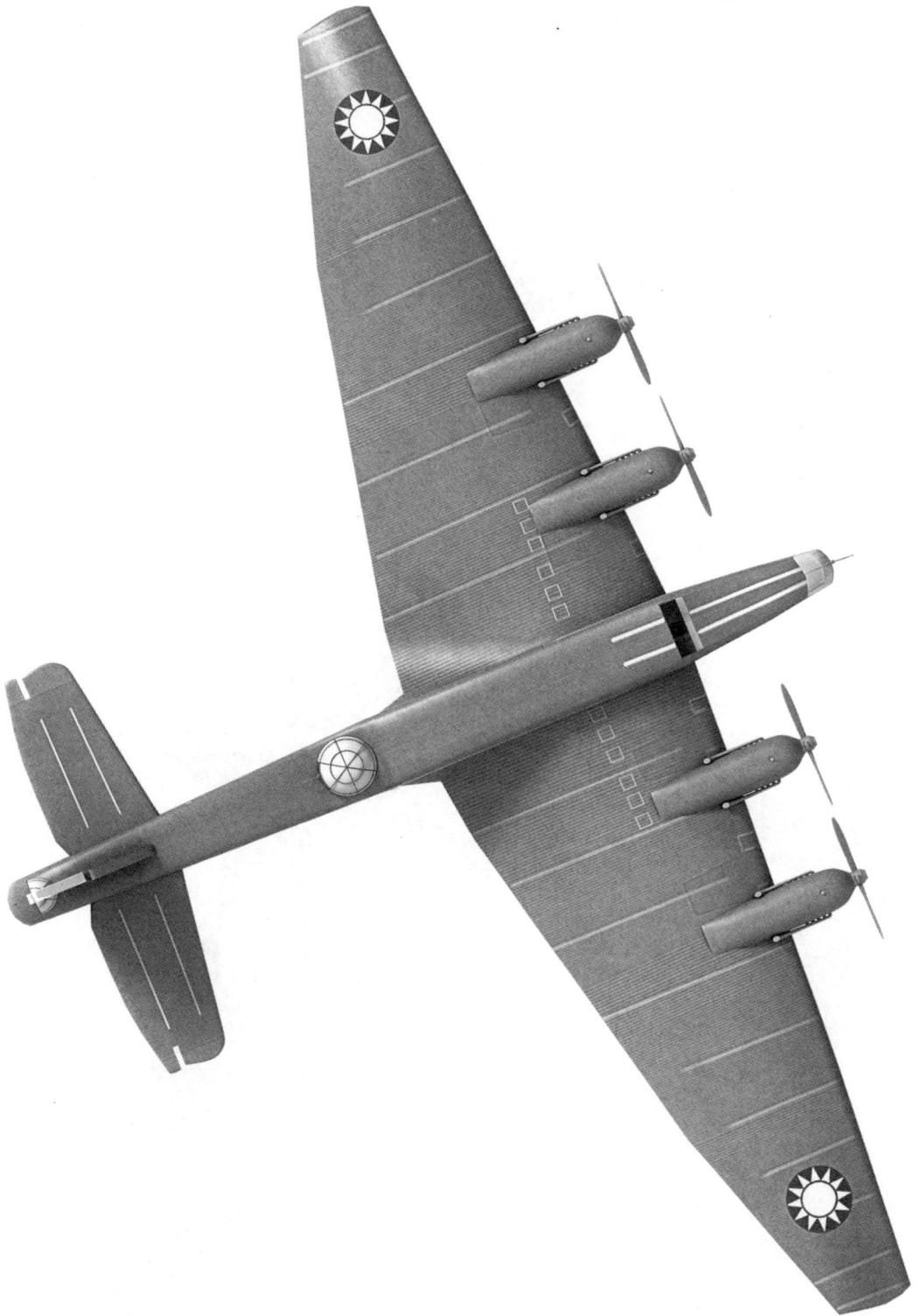

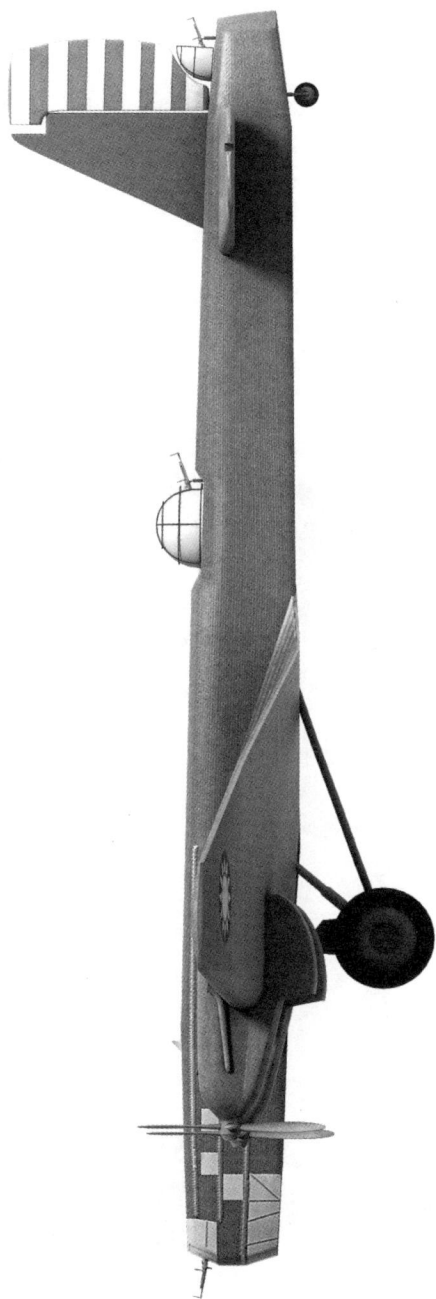

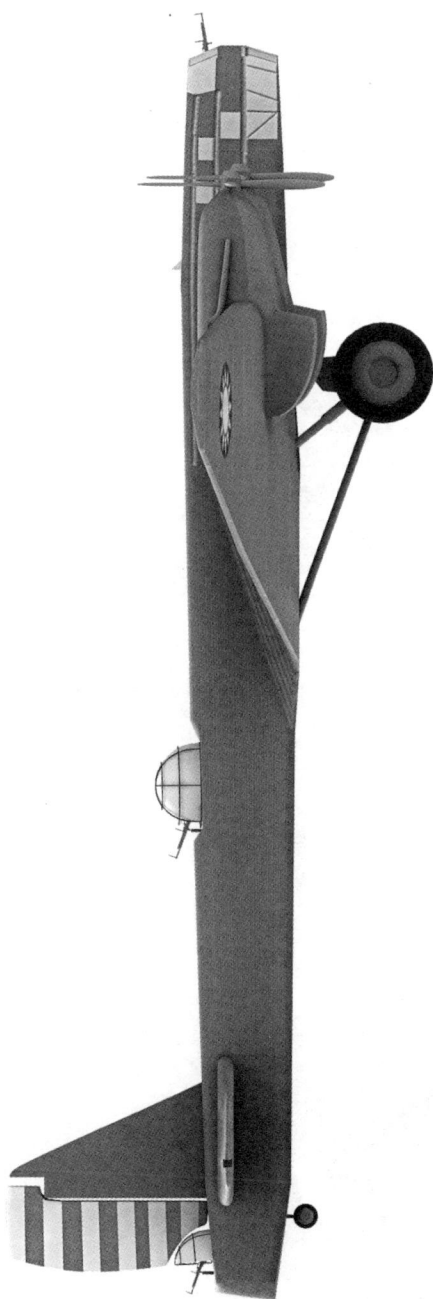

日本96式舰载战斗机

（1938年2月25日，南昌空战击落并缴获，已涂上苏联机徽）

I-16 系列与 96 舰战（A5M4）对比

特性	I-16-5	I-16-10	I-16-18	A5M4
投产年份	1936	1938	1938	1937
翼展（米）	9	9.004	9.004	11
高（米）	3.25	3.25	3.25	3.2
长（米）	5.985	6.074	6.074	7.56
翼面积（平方米）	14.54	14.54	14.54	17.8
发动机	M-25A	M-25	M-62	中岛寿 41 型
动力（马力）	730（高度 2400 米）	750（高度 2900 米）	800（高度 4500 米）	785（高度 3000 米）
翼载荷（千克/平方米）	103.5	118	125.5	95.87
最大起飞重量（千克）	1508	1716	1830	1822
空重（千克）	1118.5	1327	1433.5	1705
海平面最高时速（千米/小时）	390	398	413	1216
最高时速（千米/小时）	445（高度 2700 米）	448（高度 3160 米）	461（高度 4400 米）	440（高度 3000 米）
爬升到 3000 米用时（分钟）	4（高度 3400 米）	3.4	2.9	3.9
爬升到 5000 米用时（分钟）	7.7（高度 5400 米）	6.9	5.4	
转弯用时（秒）	14-15	16-18	17	
实用升限（米）	9100	8470	9300	9800
实用航程（千米）	540	525	485	740（带副油箱时 1200）
武器	2 挺 7.62 毫米 ShKAS 机枪	4 挺 7.62 毫米 ShKAS 机枪	4 挺 7.62 毫米 ShKAS 机枪	2 挺 7.7 毫米 89 式机枪

世界军服图解百科丛书

HTTP://ZVENBOOK.COM

《罗马世界甲胄、兵器和战术图解百科》

★ 军事史视角下的部落与帝国，西方冷兵器时代的视觉盛宴。

★ 超过600幅精美彩色手绘插画及历代地图、布阵图、油画、雕塑、遗址照片，打造出罗马军事历史的百科全书。

★ 包括罗马人、伊特鲁里亚人、撒姆尼人、迦太基人、凯尔特人、马其顿人、高卢人、日耳曼人、匈人、波斯人与突厥人等民族，全面展现古代地中海世界的军事传统与战争艺术。

《美国独立战争军服、武器图解百科1775-1783》

★ 美国独立战争，北美殖民地革命者奋起反抗剥削的战争，这是一场激烈的斗争，这是一个国家的锻造。

★ 超过600幅为制服、武器、军舰、徽章、旗帜和作战方案所特别绘制的彩图。

★ 一部关于美国民兵和大陆军，英国、法国陆海军，德意志、西班牙部队及其北美印第安盟友的军服、武器专业指南。

《拿破仑时期军服图解百科》

★ 600多幅高清插图（制服、装备、历史场景、作战图），50多张表格（各团制服的区别）。

★ 以图文结合的方式展示了奥地利、大不列颠、法兰西、普鲁士、俄国、美国和其他相关部队制服和徽章的细节。

★ 简明扼要地描述了拿破仑战争的进程，分析了政治背景，具有里程碑意义的交战。

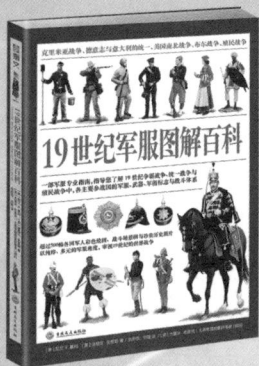

《19世纪军服图解百科》

★ 列强争霸时代的艺术之花，各国史实军备的图文解读。

★ 超过500幅精美彩色手绘插画，展现克里米亚战争、德国与意大利统一战争、美国南北战争、布尔战争与殖民战争中各国军队的细节。

★ 包括英国、法国、俄国、普鲁士、奥地利、意大利、美国、非洲、印度、中国等，展示19世纪的多元军事文化。

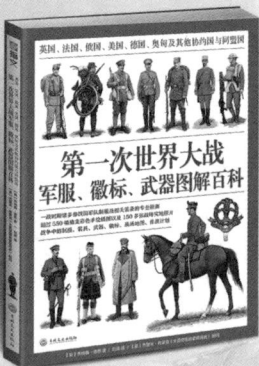

《第一次世界大战军服、徽标、武器图解百科》

★ 一战时期诸多参战国制服及相关装备的专业指南

★ 超过550幅精美彩色手绘插画及150多张战场实地照片

★ 战争中的制服、装具、武器、徽标、战场地图、作战计划

★ 20万字精心制作，力求在百年之后重新还原战争的点点滴滴，为你勾勒出英、法、俄、美、德、奥匈、奥斯曼等诸多参战国军队当年的风采。

《第二次世界大战军服、徽标、武器图解百科》

★ 二战时期各主要参战国军队的制服及相关装备，从细节上再现人类历史上规模最大的全球战争。

★ 超过600幅精美彩色手绘插画及照片，精心还原战争中的军服、徽标、武器。

★ 囊括盟国与轴心国两大阵营，涉及英、美、德、苏、中、法、日等多国军队。

近距离触摸现代空战 ★ F-16战斗机作战手册 ★ 实操解读防空压制作战

美国空军F-16战斗机精英飞行员一线作战实录

翻开

这本书

你就等于坐进了

战斗机的驾驶舱